中国关中—天水经济区发展报告（2018—2019）

Annual Report on Development of China's Guanzhong-Tianshui Economic Zone (2018-2019)

李忠民　姚　宇　主编

杨　勇　庆东瑞　副主编

中国人民大学出版社

·北京·

《中国关中—天水经济区发展报告》编委会

主要编撰者简介

李忠民，男，经济学博士，陕西师范大学教授、博士生导师，民建中央委员、陕西省委副主委，陕西省人大常委会委员，陕西省发展经济学学会名誉会长，国家“211工程”重点学科“中国特色社会主义发展经济学”首席专家，中央马克思主义理论研究和建设工程“发展经济学”专家组成员，省级重点学科“人口、资源与环境经济学”和“国民经济学”学科带头人。1992年以来，围绕中国发展经济学开展学术研究，先后出版学术著作5部、教材3部，发表学术论文200余篇，主持国家级、省部级课题十余项，获省部级奖励13项，2000年荣获陕西省优秀经济理论工作者称号。和何炼成教授一起创建的“中国发展经济学”得到经济学界认可和重视。其在该领域所取得的学术成果《中国发展经济学》获得陕西省哲学社会科学优秀成果一等奖（2001年）和首届张培刚发展经济学研究优秀成果奖（2006年）；《中国发展经济学概论》被教育部确定为研究生479种推荐优秀教材之一，入选面向21世纪课程教材，2005年获得陕西省教学特等奖；《发展经济学：中国经验》被列为“十一五”国家级规划教材，是以当代中国话语和中国经验为基础的发展经济学教材。他注重理论联系实际，基于中国发展经济学理论体系，积极开展以中国西部发展为对象的应用研究，形成了“一点（关中—天水经济区发展）、一线（丝绸之路经济带发展）、一面（西部区域发展）”的研究格局，《中国关中—天水经济区发展报告》被列为教育部首批（13种）重点支持的重大研究报告项目之一。

姚宇，男，经济学博士，哲学博士后，陕西师范大学国际商学院副教授、硕士生导师，陕西省《资本论》研究会秘书长，《〈资本论〉研究》副主编。主要从事中国发展经济学、价值分配、经济学方法论、资源环境与可持续发展等领域的研究。近年来先后在《人文杂志》《求是学刊》《陕西师范大学学报》《内蒙古社会科学》《新政治经济学评论》《经济与管理研究》《中国人口·资源与环境》《干旱区资源与环境》《青海社会科学》等杂志发表学术论文 60 余篇，出版《对立统一规律与凯恩斯主义经济学》《自由主义经济学的解读与批判》《社会学简明讲义：从实证主义到实用主义的社会分析》《丝绸之路经济带经济一体化和五通建设研究》《中国产业低碳化经济发展研究》5 部著作，主持国家社科基金项目 1 项、省部级课题 10 项。

杨勇，男，经济学博士，西安工业大学经济管理学院副教授。主要从事中国发展经济学、以大关中为中心的区域经济发展等领域的研究。近年来先后在《软科学》《经济问题探索》《当代经济管理》等学术期刊发表论文 20 余篇，作为副主编出版的教材《计量经济学》获得第七届兵工高校精品教材，参编著作多部。主持省部级课题 2 项，参与国家级和省部级课题 10 余项。

庆东瑞，男，经济学博士、博士后（在站），西安财经大学公共管理学院讲师、硕士生导师，西安财经大学园区管理与创新发展研究中心研究员。主要从事后凯恩斯主义经济学、技术创新与可持续发展等领域的研究。近年来先后在《福建论坛》《统计与信息论坛》《统计与决策》《兰州学刊》《中国经济报告》等杂志发表论文多篇，作为副主编或第二作者出版教材《低碳经济学》和《社会学简明讲义：从实证主义到实用主义的社会分析》两部，参编著作多部。主持和参与国家级和省部级课题 8 项。

中文摘要

《中国关中—天水经济区发展报告》由陕西师范大学《中国关中—天水经济区发展报告》课题组组织全国长期研究关中—天水经济区及周边区域发展问题的专家学者撰写。

《中国关中—天水经济区发展报告（2018—2019）》内容包括总报告、综合分析篇、专题研究篇、附录四个部分。本期报告的主题是“关中—天水经济区可持续发展”。

总报告以“丝绸之路经济带”共建和我国经济发展方式转型为背景，对关中—天水经济区可持续发展的现状、成因和问题进行了理论和实证分析。报告认为，资源环境友好和城镇化引领既是关中—天水经济区发挥本地市场效应、摆脱英美海洋经济一体化雁形位序的关键，也是作为内陆欠发达地区实现可持续发展的主线。基于“丝绸之路经济带”共建背景和可持续发展的两条主线，报告对关中—天水经济区可持续发展提出了如下政策建议：将生态环境保护放在地区发展的基础地位，切实打造青山绿水的美丽关天；全力投入“丝绸之路经济带”共建，深刻认识摆脱英美海洋经济一体化、实现经济发展的陆地经济一体化转型才是关中—天水经济区可持续发展的唯一路径；加大力度推进关中—天水经济区城镇化进程，凝心聚力推动关中平原城市群建设；不断推动关中—天水经济区产业结构调整，重点关注高耗能产业技术升级和战略性新兴产业快速发展；破除行政藩篱，在主动谋求关中—天水经济区经济一体化进程中消除地区间发展不平衡；促使经济驱动中心由投资驱动向消费驱动转变，在不断优化营商环境的同时消除金融行业对本地消费市场的歧视现象。

西安市分报告根据西安市可持续发展的内涵，建立了西安市可持续发展的指标评价体系，将西安市经济子系统、社会子系统、资源环境子系统纳入指标体系，基于西安市 2002—2018 年的数据指标，采用主成分分析法对西安市可持续发展水平进行了实证分析。咸阳市分报告在对咸阳市可持续发展现状各方面历史数据进行分析的基础上，基于 OECD 脱钩模型、选取咸阳市能源资源和水资源与经济增长的关系进行实证分析，发现了咸阳市可持续发展中存在的问题并提出了具体的政策建议。宝鸡市分报告在定性和定量分析基础上指出了宝鸡市可持续发展中存在的问题：区域经济发展不平衡，产业经济增长率不稳定；经济过度依赖于投资项目，高新技术产业量少，创新内生动力不足；城乡人均收入差距扩大，城市风险化显现；资源消耗维持高位，工业技术升级效果不佳；地方环境污染物分布不均。天水市分报告用主成分分析法测算了 2007—2018 年天水市可持续发展水平，结果表明：在这 12 年间，天水市可持续发展水平在稳步提升，经济、社会、资源环境三个子系统可持续发展水平均有所改进，但发展中三个子系统间关系并不协调，天水市当前的经济发展模式缺乏可持续性。渭南市分报告通过对渭南市可持续发展现状的回顾和可持续发展指标评价对渭南市可持续发展存在的问题进行了分析，提出了“十三五”期间渭南市可持续发展的对策和建议。铜川市分报告以人类发展指数作为被解释变量，以平均 GDP 能耗下降率、专利申请授权数、一般公共服务支出、贸易开放度、政府开放度以及教育支出占 GDP 的比重作为解释变量进行回归分析，结果显示：平均 GDP 能耗下降率、贸易开放度以及教育支出占 GDP 的比重对铜川市可持续发展的影响显著。商洛市分报告运用层次分析法从经济发展、社会发展和环境保障三方面对商洛市 2008—2018 年可持续发展状态进行了实证分析，结果表明商洛市十年来可持续发展能力发生了质的飞跃且可持续性较强，不足之处在于协调性相对较弱。杨凌示范区分报告利用因子分析等方法，通过对当地产业结构、人口、环境等自然及社会经济系统的分析，客观评价了该地区可持续发展的能力，结果显示杨凌示范区可持续发展能力是逐年提高的，但经济社会发展的增长速度高于资源环境保护水平的提高速度。

专题研究篇侧重从学术研究角度对相关的具体问题进行深入的分析和研究，本辑包括相关报告七篇：《陕西省社会经济重心与雾霾污染重心的动态演变分析》《关中城市群城镇化路径选择研究》《商洛新型城镇化发展的成就、问题及对策》《“一带一路”中西安节点城市的优势和作用的发挥》《推动陕西省先进制造业和现代服务业深度融合》《陕西自贸区贸易便利化制度创新研究》《对陕西经济发展的思考和建议》。

附录按照时间顺序分别记录了 2018 年 1 月至 2019 年 12 月关中—天水经济区内发生的重大事件和这段时间内针对关中—天水经济区经济社会发展研究的主要理论成果。

目 录

附录

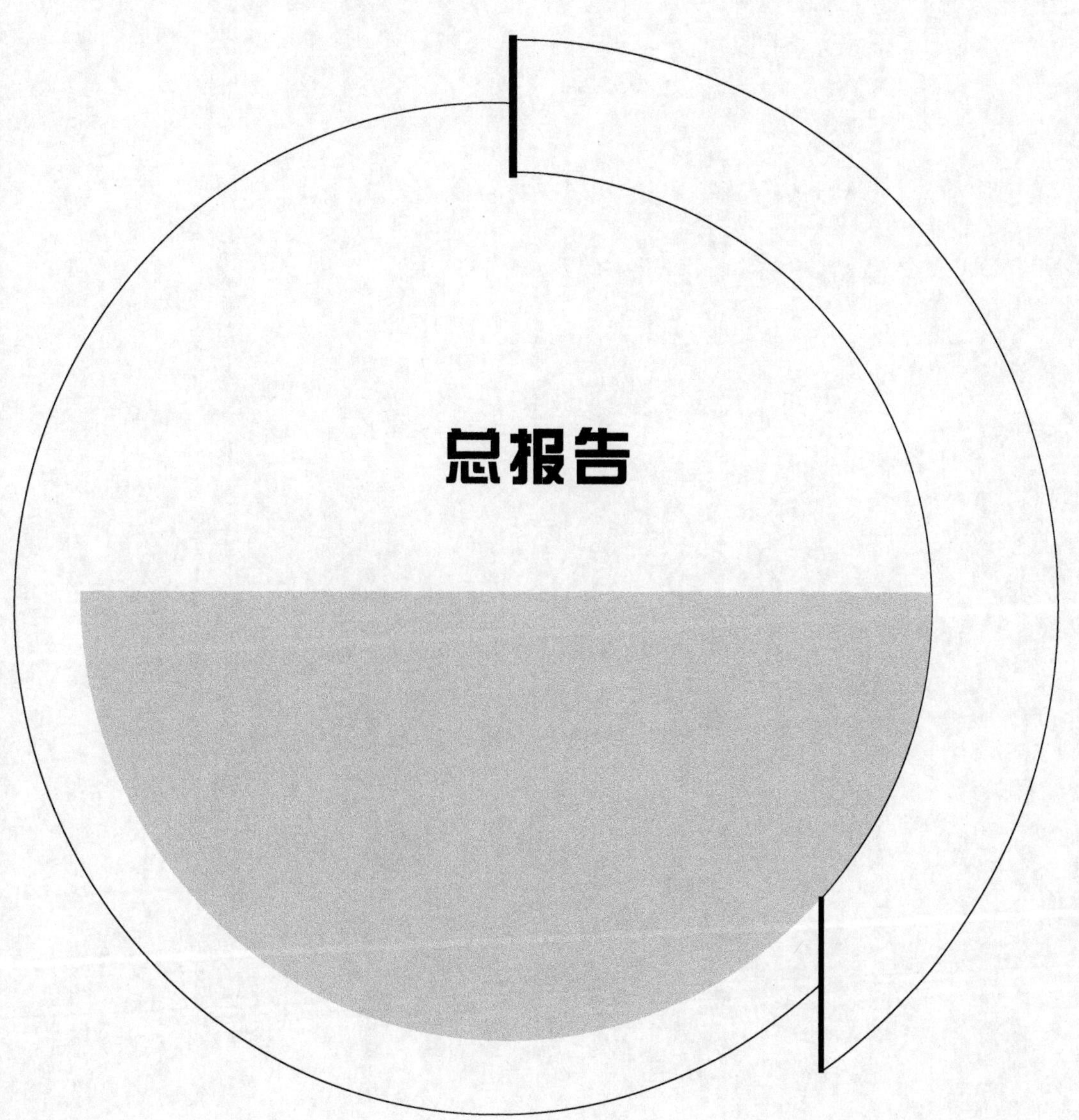

总报告

环境友好与城镇化，内陆地区发展的两条主线：关中—天水经济区可持续发展报告

课题组*

摘　要

本报告以“丝绸之路经济带”共建为时代背景，对关中—天水经济区可持续发展的成绩、可持续发展的当前状态和动因以及可持续发展中存在的问题进行了分析，并对经济区可持续发展提出了切实可行的政策建议。研究结果表明，关中—天水经济区近年来在可持续发展方面尽管已经取得一定成绩，但经济增长对于生态环境的压力依然很大，实现关中—天水经济区的可持续发展必须认识到本地区经济发展与东部沿海地区在自然环境和社会环境上的根本不同，在经济区可持续发展中必须坚持环境友好和城镇化两条主线。报告指出，当前关中—天水经济区可持续发展主要存在六个方面的问题：生态环境压力依然严重；城镇化水平不高、结构不合理，本地市场效应和聚集效应难以发挥；投资拉动在经济增长驱动中比重过高，经济增长转化为人均收入水平提升不足；产业结构不合理，石油化工和矿产资源等高耗能产业在经济结构中比重过高；城乡间和地区间发展不平衡仍然存在；科技创新不足，未能形成科技引领战略性新兴产业为主体的低消耗、高增长经济发展动力。报告基于理论和实证研究结果提出了针对性政策建

* 课题组组长：李忠民；执笔人：姚宇、马艺冰、苗静云；成员：王琴梅、睢党臣、尹海员、柴建、王保忠、刘育红、杨勇、庆东瑞。

议：将生态环境保护放在地区发展的基础地位，切实打造青山绿水的美丽关天；全力投入“丝绸之路经济带”共建，深刻认识摆脱英美海洋经济一体化、实现经济发展的陆地经济一体化转型才是关中—天水经济区可持续发展的唯一路径；加大力度推进关中—天水经济区城镇化进程，凝心聚力推动关中平原城市群建设；不断推动关中—天水经济区产业结构调整，重点关注高耗能产业技术升级和战略性新兴产业快速发展；破除行政藩篱，在主动谋求关中—天水经济区经济一体化进程中消除地区间发展不平衡；促使经济驱动中心由投资驱动向消费驱动转变，在不断优化营商环境的同时消除金融行业对本地消费市场的歧视现象。

关键词：关中—天水经济区；可持续发展；环境友好；城镇化

引 言

与我国东部沿海地区的自然环境和社会环境不同，关中—天水经济区所处的我国中西部内陆地区远离海岸线，既没有大海送来的充沛雨量，更没有利于大宗商品贸易开展的便捷海上运输，就海洋经济一体化而言，这一地区应处于空间产业雁形转移的后端，在经济发展的自然基础上较之泰国、越南、印度尼西亚等东南亚国家和地区还有劣势。但随着 20 世纪后期以来以高速公路铁路为代表的交通运输革命和以因特网为代表的互联网革命的到来，内陆地区经济发展产生了新的发展模式，一种以“需求”为中心、以本地市场效应为引擎的经济发展模式正在逐步兴起，并在越来越大的范围内开始替代依靠海洋便捷交通的以“生产”为中心、以生产规模效益为引擎的经济发展模式。这种模式的替换既是化石能源日益枯竭和全球气候变暖对大宗商品长途运输限制的要求，更是全球政治经济多极化、社会文化多元化发展趋势的必然。“丝绸之路经济带”共建倡议的提出和所得到的普遍响应从另一个角度印证了这种发展模式转化的发生。

内陆地区实现经济发展模式的转型存在两个关键之处：首先是城镇化。本地市场效应的发挥必须以人口空间聚集为前提，虽然商品多样化是未来以“需求”为核心的经济发展趋势的必然，但如果没有一定的生产规模，多样化需求优势相较规模生产优势也无法真正展现，同时只有本地市场达到一定规模，中短途贸易替代长途贸易的运输成本优势才能体现出来。其次是环境友好。内陆地区气候干旱，自然环境对污染物的降解能力差，没有了环境友好的支撑，其经济社会发展会走向崩溃，这也正是除却运输成本之外内陆地区无法融入大宗商品贸易海洋经济一体化的根本原因。以文化多样性为前提、以本地市场为中心的新的经济发展模式为内陆地区摆脱发展中的两难困境提供了新的思路，基于这一道路，关中—天水经济区可以更加坚决地走上可持续发展之路。

关中—天水经济区地处我国内陆的中西部地区接壤地带，这里既是古代丝绸之路的起点，更是今天我国参与“丝绸之路经济带”共建的关键枢纽，经济发展模式转换既是关中—天水经济区自身经济发展的内在需要，同时作为我国整个西部地区的引领也具有示范性。对关中—天水经济区以城镇化和环境友好为两条发展主线从而实现可持续发展的报告十分必要。

一、关中—天水经济区可持续发展现状

（一）经济增长持续稳定

从表 1 和图 1 可见，2008 年以来关中—天水经济区 GDP 持续快速上升，地区经济实力不断增强，数据说明关中—天水经济区经济增长具有可持续性、经济增长动力源稳定。进一步观察，关中—天水经济区 GDP 由 2008 年的 4 872.82 亿元快速增长到 2017 年的 14 706.99 亿元，总量上涨到 3 倍以上，年均增速达到

表 1　2008—2017 年关中—天水经济区 GDP　　单位：亿元

	2008 年	2009 年	2010 年	2011 年	2012 年	2013 年	2014 年	2015 年	2016 年	2017 年
GDP	4 872.82	5 636.62	6 831.63	8 304.98	9 494.72	10 830.57	11 936.83	12 138.94	13 115.70	14 706.99

资料来源：《陕西统计年鉴》《甘肃发展年鉴》。

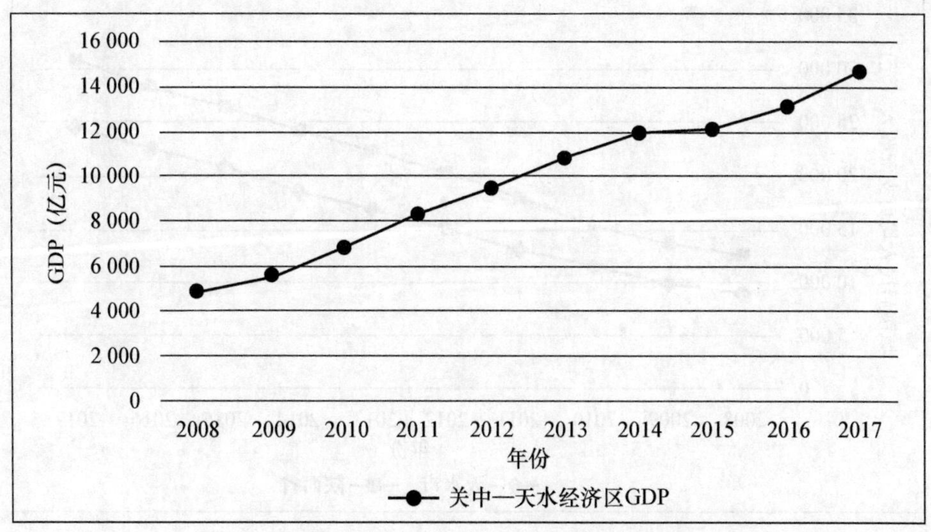

图 1　2008—2017 年关中—天水经济区 GDP 变动图

13.06%；这一过程中2014—2015年增长速度虽然较之前有大幅下降，但也达到了1.70%，这主要源自经济发展新常态下地区经济增长方式的主动转型，2015年之后，地区经济增速又恢复到了年均10.07%以上。

（二）人均收入水平持续攀升

1. 城镇居民人均可支配收入

从表2和图2可见，2008年以来关中—天水经济区所处陕西省与天水市城镇居民人均可支配收入呈稳定快速增长态势，数据说明关中—天水经济区的经济增长有效带动了城镇人均收入水平的提升。进一步观察，陕西省城镇居民人均可支配收入由2008年的12 613元快速增长到2017年的30 810元，十年增长额为18 197元，年均增速达到10.43%；天水市城镇居民人均可支配收入由2008年的9 050元快速增长到2017年的24 612元，十年增长额为15 562元，年均增速达到11.76%。城镇居民人均可支配收入的稳健增长体现了近年来关中—天水经济区城镇居民生活水平的快速提升。

表2　2008—2017年陕西省和天水市城镇居民人均可支配收入　　单位：元

地区	2008年	2009年	2010年	2011年	2012年	2013年	2014年	2015年	2016年	2017年
陕西省	12 613	13 836	15 343	17 836	20 269	22 346	24 366	26 420	28 440	30 810
天水市	9 050	9 932	11 507	13 051	15 177	16 892	18 565	20 809	22 684	24 612

资料来源：《陕西统计年鉴》《甘肃发展年鉴》。

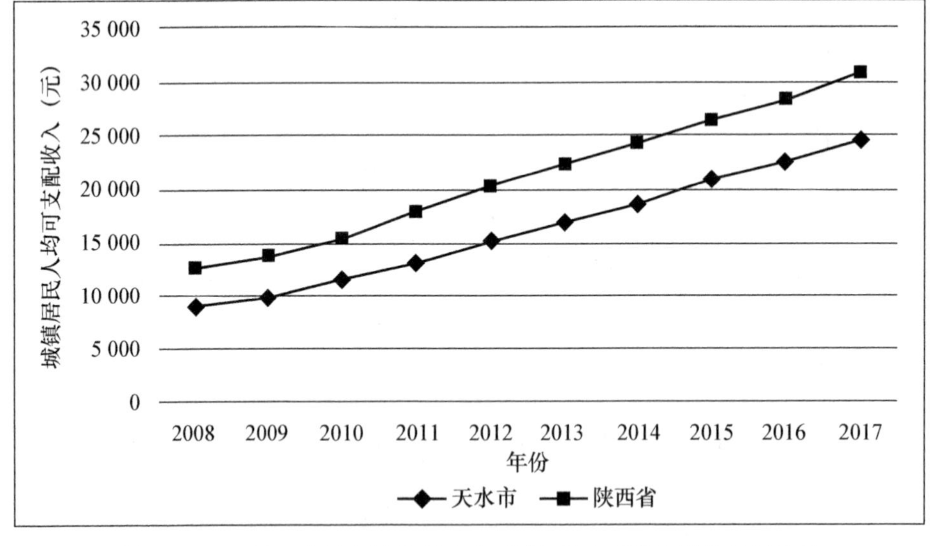

图2　2008—2017年陕西省和天水市城镇居民人均可支配收入变动图

2. 农村居民人均纯收入

从表3和图3可见，2008年以来关中—天水经济区所处陕西省与天水市农村居民人均纯收入呈稳定快速增长态势，数据说明关中—天水经济区的经济增长有效带动了农村人均收入水平的提升。进一步观察，陕西省农村居民人均纯收入由2008年的3 136元快速增长到2017年的10 265元，十年增长额为7 129元，年均增速达到14.08%；天水市农村居民人均纯收入由2008年的2 148元快速增长到2017年的7 065元，十年增长额为4 917元，年均增速达到14.14%。农村居民人均纯收入的稳健增长体现了近年来关中—天水经济区农村居民生活水平的快速提升。

表3 2008—2017年陕西省和天水市农村居民人均纯收入 单位：元

地区	2008年	2009年	2010年	2011年	2012年	2013年	2014年	2015年	2016年	2017年
陕西省	3 136	3 438	4 105	5 028	5 763	7 092	7 932	8 689	9 396	10 265
天水市	2 148	2 404	2 825	3 266	3 864	4 386	4 982	6 007	6 499	7 065

资料来源：《陕西统计年鉴》《甘肃发展年鉴》。

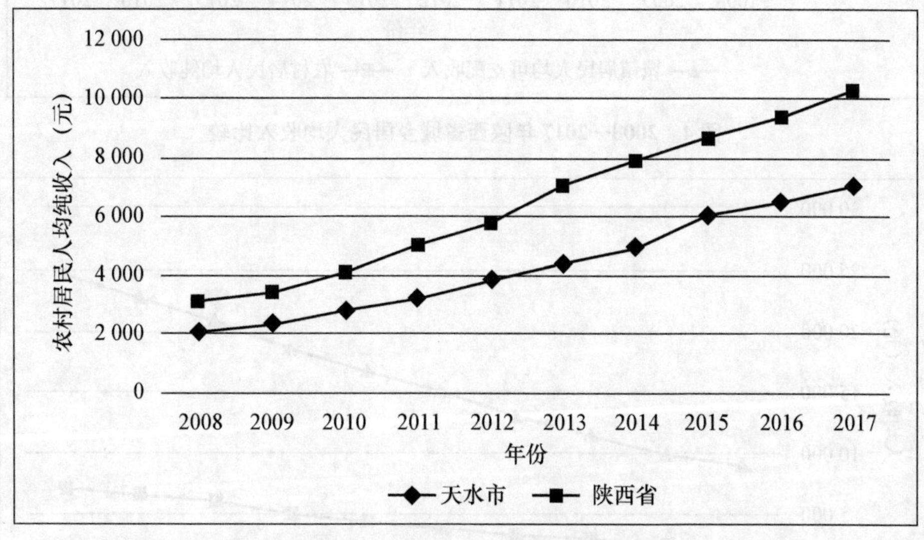

图3 2008—2017年陕西省和天水市农村居民人均纯收入变动图

3. 城乡居民收入比较

从图4和图5可见，2008年以来关中—天水经济区所处陕西省与天水市城乡居民人均收入虽都呈现持续快速增长态势，但城乡之间差距不仅依然存在，而且有拉大趋势。进一步观察，陕西省2008年城乡居民人均收入差距为9 477元，到2017年这一差距进一步拉大到了20 545元，并且差距拉大是一个持续的过程；

天水市的情况与陕西省类似，2008 年城乡居民人均收入差距为 6 902 元，到 2017 年这一差距进一步拉大到了 17 547 元，差距拉大同样是一个持续的过程。关中—天水经济区城乡收入差距的不断拉大一方面反映了当前本地区城乡发展的不平衡，另一方面也说明了城镇化作为本地区经济发展动力的中心地位。

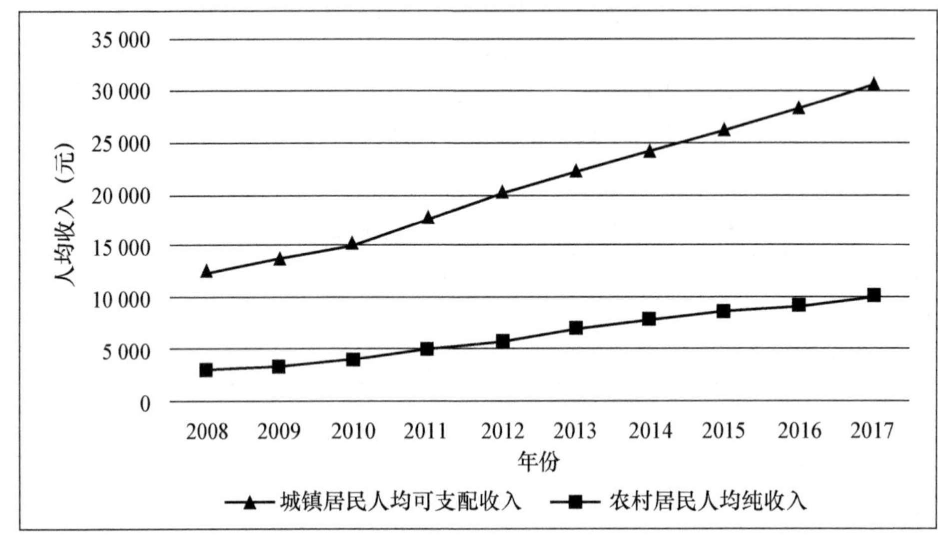

图 4　2008—2017 年陕西省城乡居民人均收入比较

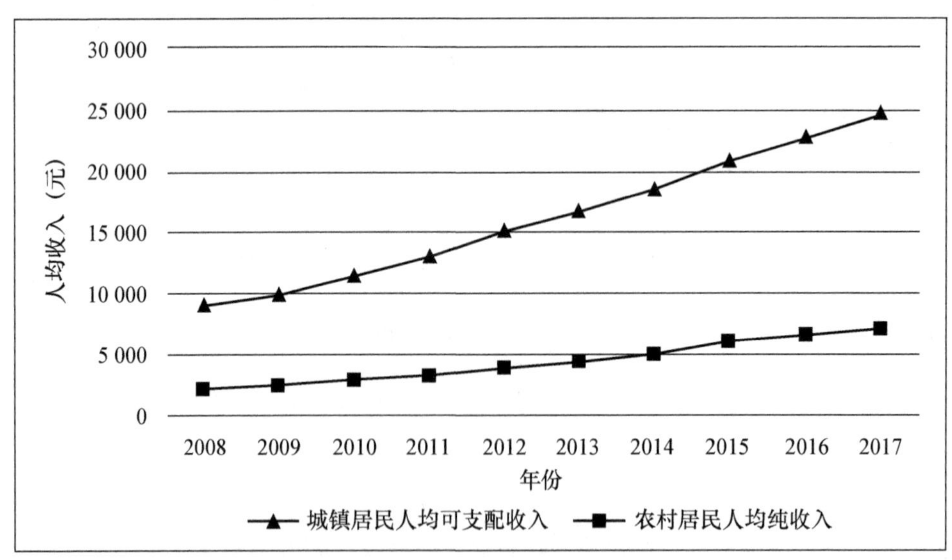

图 5　2008—2017 年天水市城乡居民人均收入比较

（三）城镇化水平不断提升

从表4和图6可见，2008年以来关中—天水经济区所处陕西省与甘肃省城镇化水平均持续稳步上升，本地区正在经历着一个良好的城镇化进程。进一步观察，陕西省2008年城镇化率为42.10%，到2017年达到了56.79%，年均城镇化率提升达到3.38%；甘肃省的情况与陕西省类似，甘肃省2008年城镇化率为32.15%，到2017年达到了46.39%，年均城镇化率提升达到4.16%。关中—天水经济区城镇化率的提升一方面表现出了发展中国家二元经济转化的一般过程，另一方面也是因为内陆型地区城镇化具有区别于沿海地区的不同意义。

表4 2008—2017年陕西省和甘肃省城镇化率（%）

地区	2008年	2009年	2010年	2011年	2012年	2013年	2014年	2015年	2016年	2017年
陕西省	42.10	43.50	45.70	47.30	50.02	51.31	52.57	53.92	55.34	56.79
甘肃省	32.15	32.65	36.12	37.15	38.75	40.13	41.68	43.19	44.69	46.39

资料来源：《陕西统计年鉴》《甘肃发展年鉴》。

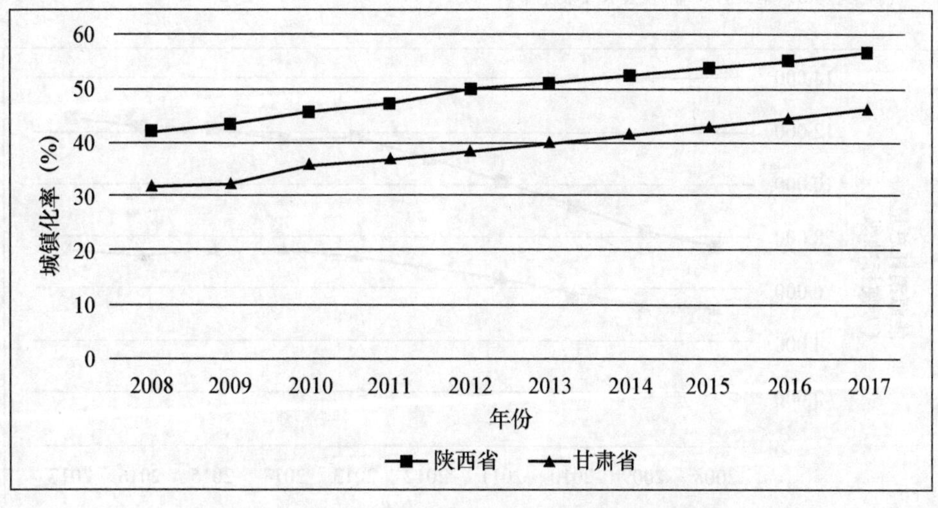

图6 2008—2017年陕西省和甘肃省城镇化率变动图

（四）资源环境消耗持续增加

1. 能源消耗

从表5和图7可见，2008年以来关中—天水经济区所处陕西省与甘肃省能源消耗尽管总体上还表现为上升趋势，但在2014年出现了重要转变，如果说2014年之前两省的能耗表现为一种与经济增速同步的快速上涨态势，此后几年则增速明显减缓。进一步观察，2008 年到 2013 年陕西省能源消耗从 7 639 万吨标准煤增长到了 11 836 万吨标准煤，年消耗量增长 4 197 万吨标准煤，年均增长速度达到 9.15%，2014 年到 2017 年增长量仅为 809 万吨标准煤，年均增长速度仅有 2.25%；甘肃省的变化较陕西省更为显著，2008 年到 2013 年甘肃省能源消耗从 5 265 万吨标准煤增长到了 7 287 万吨标准煤，年消耗量增长 2 022 万吨标准煤，年均增长速度达到 6.72%，2014 年到 2017 年增长量仅为 17 万吨标准煤，年均增长速度仅有 0.08%，并且 2016 年还出现了明显的下降。关中—天水经济区能源消耗的转折和变化说明了本地区经济发展新常态转型取得了一定成效，也说明了内陆地区实现经济增长与能耗脱钩的可持续发展不仅具有可能性，更具有现实性。

表 5　2008—2017 年陕西省和甘肃省能源消耗总量　　单位：万吨标准煤

地区	2008 年	2009 年	2010 年	2011 年	2012 年	2013 年	2014 年	2015 年	2016 年	2017 年
陕西省	7 639	8 255	9 238	10 128	11 013	11 836	11 728	12 152	12 248	12 537
甘肃省	5 265	5 398	5 830	6 394	6 894	7 287	7 521	7 523	7 334	7 538

资料来源：《陕西统计年鉴》《甘肃发展年鉴》。

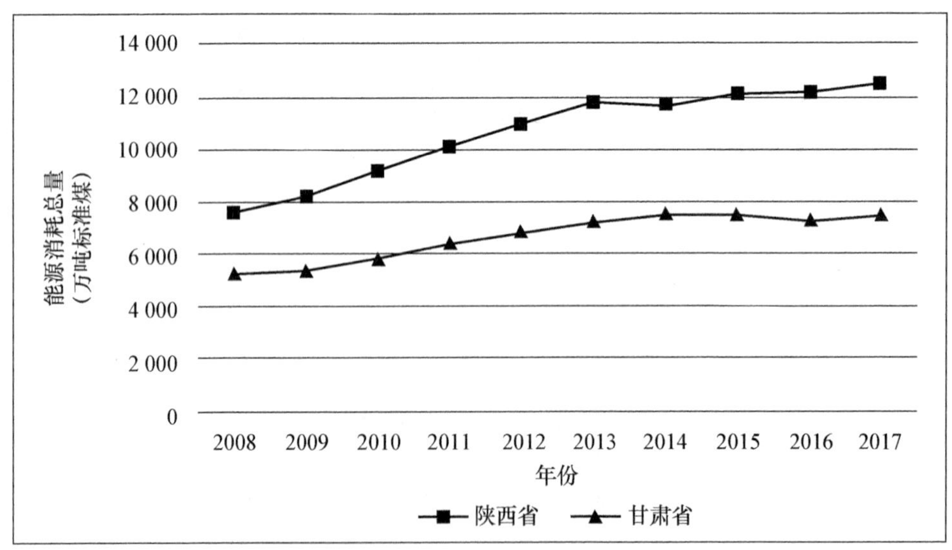

图 7　2008—2017 年陕西省和甘肃省能源消耗总量变动图

2. 水资源消耗

从表 6 和图 8 可见，2008 年以来关中—天水经济区所处陕西省与甘肃省水资源消耗总量总体较为稳定，但两省之间差异较为显著，陕西省的水资源消耗整体上升而甘肃省整体下降。进一步观察，2008 年到 2017 年陕西省用水总量从 85.5 亿立方米增加到了 93.0 亿立方米，年消耗量增长 7.5 亿立方米，年均增长速度为 0.94%，其中 2009 年、2010 年和 2016 年还表现为下降；甘肃省与陕西省趋势相反，2008 年到 2017 年甘肃省用水总量从 121.5 亿立方米下降到了 116.1 亿立方米，年消耗量下降 5.4 亿立方米，年均下降速度为 0.50%。关中—天水经济区水资源消耗的稳定性一方面是源于内陆自然环境的限制，另一方面也说明了节水政策一直贯彻于地区经济发展中。

表 6　2008—2017 年陕西省和甘肃省用水总量　　单位：亿立方米

地区	2008 年	2009 年	2010 年	2011 年	2012 年	2013 年	2014 年	2015 年	2016 年	2017 年
陕西省	85.5	84.3	83.4	87.8	88.0	89.2	89.8	91.2	90.8	93.0
甘肃省	121.5	120.6	121.8	122.9	123.1	122.0	120.6	119.2	118.4	116.1

资料来源：《陕西统计年鉴》《甘肃发展年鉴》。

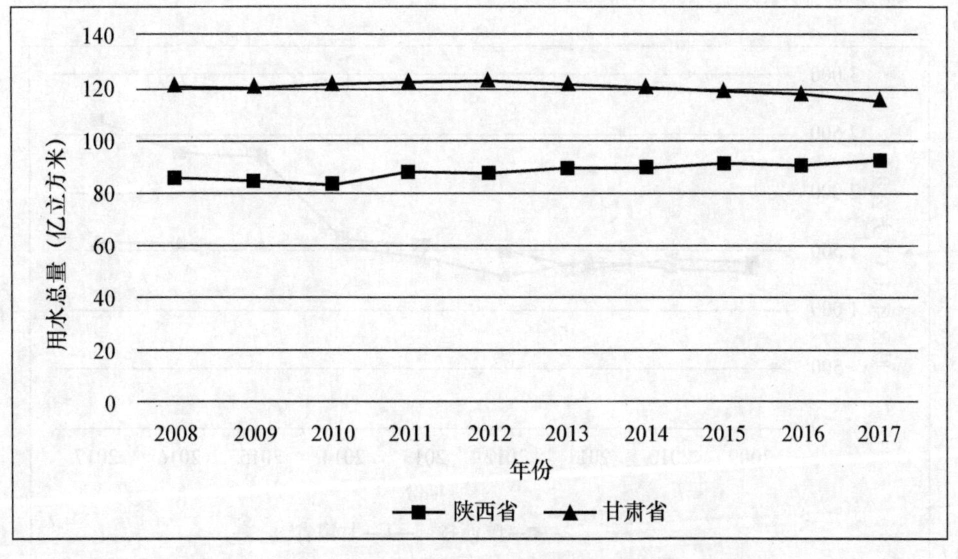

图 8　2008—2017 年陕西省和甘肃省用水总量变动图

3. 城市土地资源使用

从表 7 和图 9 可见，2009 年以来关中—天水经济区所处陕西省与甘肃省城市土地资源使用量总体表现为稳步上升，本地区工商业土地资源使用量持续增长。进一步观察，2009 年到 2017 年陕西省城区面积从 1 405.56 平方公里增加到了 2 620.92 平方公里，增长总量达到 1 215.36 平方公里，年均增长速度为 8.10%，其中2015年和2017年出现了两次高速增长，增长量分别为701.38平方公里和286.16平方公里；较之陕西省的高速增长，甘肃省相对缓慢，2009年到2017年甘肃省城区面积从1 351.62平方公里增加到了1 590.66平方公里，增长总量达到239.04平方公里，年均增长速度仅为2.06%，并且增长过程整体平稳。关中—天水经济区城市土地资源使用量的提升一方面是因为人口城镇化的内在要求，另一方面也是因为地区工商业发展的需要。关中—天水经济区作为内陆地区，与沿海地区相比可用农田数量和比例相对较低，工商业用地数量扩张过快无疑不利于地区经济的可持续发展。

表7 2009—2017年陕西省和甘肃省城区面积 单位：平方公里

地区	2009年	2010年	2011年	2012年	2013年	2014年	2015年	2016年	2017年
陕西省	1 405.56	1 430.60	1 373.40	1 504.44	1 555.04	1 610.32	2 311.70	2 334.76	2 620.92
甘肃省	1 351.62	1 380.16	1 436.55	1 292.43	1 450.12	1 554.80	1 569.90	1 580.10	1 590.66

资料来源：《陕西统计年鉴》《甘肃发展年鉴》。

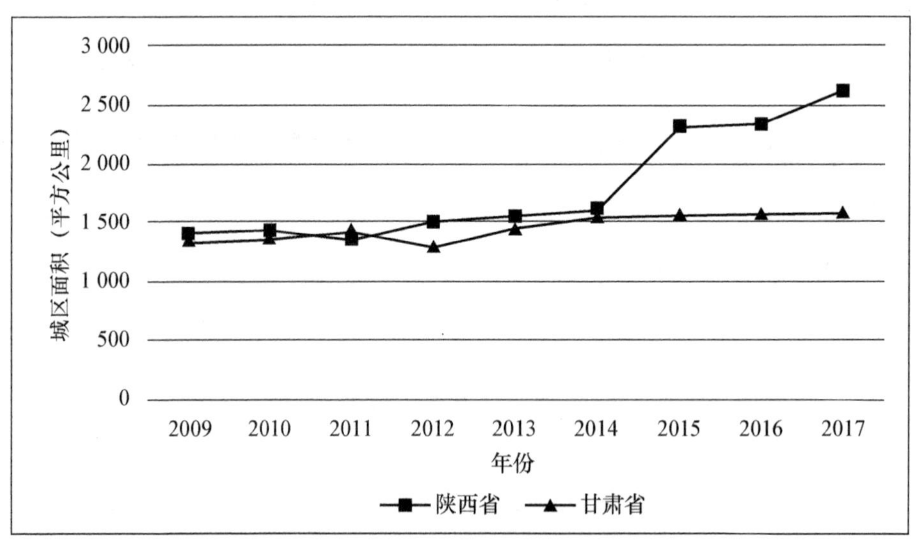

图9 2009—2017年陕西省和甘肃省城区面积变动图

二、关中—天水经济区可持续发展指标评价

（一）可持续经济发展的评价方法

经济可持续发展的本质就是实现经济增长与资源环境消耗的脱钩，即以较少

的资源消耗和环境牺牲为代价取得更好的社会产出。实现这一本质的指标评价方法包括两个类型，即静态评价法和动态评价法。其中静态评价法一般采用强度分析，而动态评价法一般采用脱钩分析。

1. 资源环境消耗强度

静态评价一般采用结果性的强度分析，即获取某一时段经济产量的资源消耗和环境牺牲额与该经济产量的比值，可以称作资源环境消耗强度。比如碳强度，就是指单位 GDP 的二氧化碳排放量。资源环境消耗强度可以较好地反映经济产出与资源消耗和环境牺牲的相关关系，是其他动态可持续发展评价方法的基础，但资源环境消耗强度高低并不表明经济效率的高低。一般情况下，资源环境消耗强度指标随着技术进步和经济增长而下降。以碳强度为例，它的值一般取决于以下因素：化石能源的碳排放系数，化石能源的结构，化石能源在能源消费总量中的比例，能源强度和经济产出总量，同时它也受经济波动（如汇率和通货膨胀等）的影响。资源环境消耗强度的特点是静态性，只能对结果评价，只能衡量可持续发展的状态而不能衡量可持续发展状态的原因。

资源环境消耗强度可用如下公式表示：

$$ZQ=\frac{C}{\text{GDP}} \tag{1}$$

式中，ZQ 表示资源环境消耗强度；C 表示资源消耗或环境牺牲；GDP 即国内生产总值，代表经济产出。

2. 资源环境消耗边际强度

在资源环境消耗强度概念的基础上，进一步可以通过求导思想发展出资源环境消耗边际强度的概念，从而以这一指标评价经济可持续发展水平的动态变化。比如边际碳强度，就是指增加单位 GDP 所带来的碳排放的增加量。该指标既可以用于监测产业规模扩大与资源消耗和环境牺牲之间的动态关系，也可以用于观测资源环境消耗强度在时间上的动态变化趋势。

资源环境消耗边际强度可用如下公式表示：

$$\mathrm{d}_{ZQ}=\frac{\Delta C}{\Delta\,\text{GDP}} \tag{2}$$

式中，d_{ZQ} 表示资源环境消耗边际强度；ΔC 表示资源消耗或环境牺牲变化值；ΔGDP 表示国内生产总值变化值。

3. OECD 脱钩指标

对于衡量脱钩关系而言，资源环境消耗边际强度指标的缺陷在于忽略了社会生产即存状态，无法准确描述不同经济背景下的可持续发展状态。针对这一缺陷，OECD（经济合作与发展组织）在2002年提出了用于评价经济增长与资源消耗和环境牺牲之间脱钩关系的专门指标“OECD脱钩指标”。OECD脱钩指标构建主要是描述环境压力（状态）与驱动力变化的关系，以及衍生政策拟定的问题。以能源消耗为例，能源消费总量为环境压力（pressure），GDP为经济驱动力，如果能源消费总量与GDP增长率呈现不平行关系，则经济体产生脱钩关系。不平行增长可分为两种情况：如果经济增长率高于能源消费总量增长率，称为“相对脱钩”；如果经济稳定增长而能源消费总量反而减少，则为“绝对脱钩”。OECD为衡量脱钩指标构建变化，首先建立脱钩指数与脱钩因子，见式（3）和式（4），其中EP为资源环境压力指标值；DF为经济驱动力指标值，再选定某一年作为基期年，例如以2006年为基期年，令其指数为100，以2017年为终期年，直接计算终期年相对于基期年的脱钩因子变化值，即可看出两者是呈现绝对脱钩（脱钩因子为正，且值接近1），或是相对脱钩（脱钩因子为正，且值接近0），又或是连结（脱钩因子为0或为负值）。

$$\text{脱钩指数}=(EP/DF)\text{期末}/(EP/DF)\text{期初} \tag{3}$$

$$\text{脱钩因子}=1-\text{脱钩指数} \tag{4}$$

OECD脱钩指标的缺陷在于对于基期年的选定具有高度敏感性，在不同的基期年下，将呈现截然不同的评价结果。

4. Tapio脱钩指标

为了回避OECD脱钩指标评价的缺陷，Tapio（2005）基于高等数学中的弹性思想构建了Tapio脱钩指标，见式（5），其中$t_{C,GDP}$代表脱钩值。Tapio脱钩指标采用弹性概念可以动态地反映变量间的脱钩关系，有效克服了OECD脱钩模型在基期年选择上的困境。

$$t_{C,GDP}=\frac{\Delta C}{C}/\frac{\Delta \text{GDP}}{\text{GDP}} \tag{5}$$

同时Tapio（2005）还进一步将脱钩评价分类细分为弱脱钩（weak decoupling）、强脱钩（strong decoupling）、增长连结（expansive coupling）、衰退脱钩（recessive decoupling）等八项指标，这些分类以弹性值范围作为脱钩状态界定根据，例如弹性值介于0～0.8之间界定为弱脱钩，介于0.8～1.2之间则界定为连结。表8列举了Tapio弹性脱钩的评价标准。

表 8 Tapio（2005）8 个等级与弹性值比照表

状态		ΔC（环境压力）	ΔGDP（经济增长）	弹性 t
负脱钩	扩张负脱钩	＞0	＞0	＞1.2
	强负脱钩	＞0	＜0	＜0
	弱负脱钩	＜0	＜0	0＜t＜0.8
脱钩	弱脱钩	＞0	＞0	0＜t＜0.8
	强脱钩	＜0	＞0	＜0
	衰退脱钩	＜0	＜0	＞1.2
连结	增长连结	＞0	＞0	0.8＜t＜1.2
	衰退连结	＜0	＜0	0.8＜t＜1.2

资料来源：Tapio P. Towards a theory of decoupling：degrees of decoupling in the EU and the case of road traffic in Finland between 1970 and 2001 [J]. Journal of Transport Policy，2005（12）：137-151.

（二）可持续经济发展评价的数据取得

基于数据的可取得性，本报告可持续发展评价选择关中—天水经济区所处陕西省与甘肃省 GDP、能源消耗量、水资源消耗量和城市土地资源使用量的合计值进行计算（见表 9）。

表 9 2008—2017 年陕西省和甘肃省资源消耗量及 GDP 比照表

年份	GDP（以 2000 年不变价格计）（百亿元）	能源消耗量（兆吨）	水资源消耗量（亿立方米）	城市土地资源使用量（平方公里）
2008	10 431.40	12 903.36	206.96	—
2009	11 557.36	13 652.59	204.94	2 757.18
2010	14 244.23	15 067.96	205.20	2 810.76
2011	17 532.67	16 522.10	210.66	2 809.95
2012	20 103.88	17 906.77	211.14	2 796.87
2013	22 536.14	19 122.54	211.21	3 005.16
2014	24 526.76	19 249.53	210.41	3 165.12
2015	24 812.18	19 674.58	210.36	3 881.60
2016	26 599.96	19 581.13	209.23	3 914.86
2017	29 358.71	20 074.84	209.09	4 211.58

资料来源：《中国能源统计年鉴》《陕西统计年鉴》《甘肃发展年鉴》。

（三）关中—天水经济区资源环境消耗强度和边际强度评价

针对关中—天水经济区能源消耗、水资源消耗和城市土地资源使用的静态效率，本报告构建评价指标如下：

$$R_{ZQ}=\frac{R_C}{\mathrm{GDP}} \tag{6}$$

$$W_{ZQ}=\frac{W_C}{\mathrm{GDP}} \tag{7}$$

$$L_{ZQ}=\frac{L_C}{\mathrm{GDP}} \tag{8}$$

式中，R_{ZQ}、W_{ZQ} 和 L_{ZQ} 分别表示能源消耗强度、水资源消耗强度和城市土地资源使用强度，用于评价关中—天水经济区可持续发展的结果状态；R_C、W_C、L_C 分别表示关中—天水经济区能源消耗量、水资源消耗量和城市土地资源使用量。基于式（6）（7）（8）可以计算得到表 10。

表 10　2008—2017 年关中—天水经济区能源消耗强度、水资源消耗强度与城市土地资源使用强度

年份	能源消耗强度（吨/百万元）	水资源消耗强度（立方米/万元）	城市土地资源使用强度（平方公里/百亿元）
2008	1.236 973	1.984	—
2009	1.181 290	1.773	0.238 565
2010	1.057 829	1.441	0.197 326
2011	0.942 361	1.202	0.160 269
2012	0.890 712	1.050	0.139 121
2013	0.848 528	0.937	0.133 348
2014	0.784 838	0.858	0.129 048
2015	0.792 940	0.848	0.156 439
2016	0.736 134	0.787	0.147 175
2017	0.683 778	0.712	0.143 452

从表 10 可见，2008 年到 2017 年关中—天水经济区可持续发展水平全方位提升，不论能源消耗强度、水资源消耗强度还是城市土地资源使用强度都表现为整体的下降趋势。进一步观察，关中—天水经济区所处两省能源消耗强度从 2008 年的每百万元 1.236 973 吨标准煤下降到了 2017 年的每百万元 0.683 778 吨标准煤，总体下降幅度达到 44.72%，年均下降幅度达到 6.37%，且下降过程平稳，只有 2015 年略有反弹；关中—天水经济区所处两省水资源消耗强度从 2008 年的每万元 1.984 立方米下降到了 2017 年的每万元 0.712 立方米，总体下降幅度达到 64.11%，年均下降幅度达到 10.76%，且下降过程十分平稳；关中—天水经济区所处两省城市土地资源使用强度从 2009 年的每百亿元 0.238 565 平方公里下降到了 2017 年的每百亿元 0.143 452 平方公里，总体下降幅度达到 39.87%，年

均下降幅度达到 5.49%，但下降过程并不稳定，2014 年之后出现了小幅上升，其主要原因在于当地政府的土地政策调整。

基于能源消耗强度、水资源消耗强度和城市土地资源使用强度可以进一步计算关中—天水经济区的相应资源环境消耗边际强度，计算公式如下：

$$dR_{ZQ}=\frac{\Delta R_C}{\Delta GDP} \tag{9}$$

$$dW_{ZQ}=\frac{\Delta W_C}{\Delta GDP} \tag{10}$$

$$dL_{ZQ}=\frac{\Delta L_C}{\Delta GDP} \tag{11}$$

式中，dR_{ZQ}、dW_{ZQ} 和 dL_{ZQ} 分别表示能源消耗边际强度、水资源消耗边际强度和城市土地资源使用边际强度，用于评价关中—天水经济区可持续发展结果的变化趋势；ΔR_C、ΔW_C、ΔL_C 分别表示关中—天水经济区能源消耗量、水资源消耗量和城市土地资源使用量的年变化额。基于式（9）（10）（11）可以计算得到表 11。

表 11 2008—2017 年关中—天水经济区能源消耗边际强度、水资源消耗边际强度与城市土地资源使用边际强度

年份	能源消耗边际强度（吨/百万元）	水资源消耗边际强度（立方米/万元）	城市土地资源使用边际强度（平方公里/百亿元）
2008	0.438 484	0.117 8	—
2009	0.665 414	−0.179 0	—
2010	0.526 773	0.009 7	0.019 941
2011	0.442 198	0.166 0	−0.000 250
2012	0.538 529	0.018 7	−0.005 090
2013	0.499 852	0.002 9	0.085 636
2014	0.063 794	−0.040 0	0.080 357
2015	1.489 209	−0.018 0	2.510 266
2016	−0.052 270	−0.063 0	0.018 604
2017	0.178 961	−0.005 1	0.107 556

从表 11 可见，关中—天水经济区资源环境消耗边际强度整体变化趋势不显著，规律性不明显。进一步观察，关中—天水经济区所处两省能源消耗边际强度在 2008 年到 2013 年间整体稳定在每百万元 0.4 吨标准煤到 0.7 吨标准煤之间，

但 2014 年之后开始大幅波动；水资源消耗边际强度变动趋势呈阶段性，2014 年之后开始稳定地保持在负值上；城市土地资源使用边际强度整体波动不大，只是在 2015 年出现了一次异常值。

（四）关中—天水经济区可持续发展 OECD 脱钩指标评价

OECD 脱钩指标首次将可持续发展的变化过程与即存状态结合在一起，分析经济增长与资源消耗和环境牺牲之间的脱钩关系。基于这一方法，本报告针对关中—天水经济区可持续发展分别计算能源、水资源和城市土地资源的 OECD 脱钩指标。具体计算公式如下：

$$\begin{cases}\text{能源脱钩指数}=(R_C/\text{GDP})\text{期末}/(R_C/\text{GDP})\text{期初} \\ \text{能源脱钩因子}=1-\text{能源脱钩指数}\end{cases} \tag{12}$$

$$\begin{cases}\text{水资源脱钩指数}=(W_C/\text{GDP})\text{期末}/(W_C/\text{GDP})\text{期初} \\ \text{水资源脱钩因子}=1-\text{水资源脱钩指数}\end{cases} \tag{13}$$

$$\begin{cases}\text{城市土地资源脱钩指数}=(L_C/\text{GDP})\text{期末}/(L_C/\text{GDP})\text{期初} \\ \text{城市土地资源脱钩因子}=1-\text{城市土地资源脱钩指数}\end{cases} \tag{14}$$

由于 OECD 脱钩模型对于基期年的高度敏感性，本报告分别以同比计算方式及环比计算方式对该指标进行计算（见表 12 和表 13）。

表 12　2008—2017 年关中—天水经济区 OECD 脱钩因子变化表

（分别以 2005 年、2006 年、2010 年为基期年）

年份	能源脱钩因子		水资源脱钩因子		城市土地资源脱钩因子	
	脱钩因子	脱钩情形	脱钩因子	脱钩情形	脱钩因子	脱钩情形
2008	0.232 102	相对脱钩	0.328 592	相对脱钩	—	—
2009	0.266 670	相对脱钩	0.399 918	相对脱钩	—	—
2010	0.343 312	相对脱钩	0.512 493	绝对脱钩	—	—
2011	0.414 994	相对脱钩	0.593 391	绝对脱钩	0.187 794	相对脱钩
2012	0.447 057	相对脱钩	0.644 587	绝对脱钩	0.294 969	相对脱钩
2013	0.473 244	相对脱钩	0.682 841	绝对脱钩	0.324 222	相对脱钩
2014	0.512 782	绝对脱钩	0.709 686	绝对脱钩	0.346 018	相对脱钩
2015	0.507 752	绝对脱钩	0.713 093	绝对脱钩	0.207 204	相对脱钩
2016	0.543 017	绝对脱钩	0.733 814	绝对脱钩	0.254 151	相对脱钩
2017	0.575 519	绝对脱钩	0.758 988	绝对脱钩	0.273 018	相对脱钩

从表 12 可见，基于 OECD 脱钩基期指标计算，关中—天水经济区所处两省经济增长与资源消耗和环境牺牲之间在 2008 年到 2017 年整体呈现脱钩趋势，脱钩因子整体表现为随着时间发展由 0 向 1 增加。进一步观察，关中—天水经济区能源脱钩因子增大趋势明显，2008 年到 2017 年呈现稳定增长过程，2017 年与 2008 年的脱钩因子的绝对差值为 0.343 417，但最终值仅略高于相对脱钩与绝对脱钩的中间值 0.5，这说明推行经济增长与能源消耗脱钩的努力一直在进行，但当前技术条件下脱钩还是一个缓慢过程；2008 年到 2017 年水资源脱钩因子不仅增大趋势明显稳定，而且成效显著，2017 年与 2008 年的绝对差值达到 0.430 396，最终值已高于 0.75，这说明经济区节水措施卓有成效，也说明作为内陆地区，本地区以往水资源利用结构和形式都有较大调整空间；2008 年到 2017 年城市土地资源脱钩因子增大趋势并不明显，波动性十分显著，特别是 2015 年还发生了显著下降，这说明经济区的城市土地政策仍为粗放型，依然存在依靠城市土地扩张推进经济增长的现象。

表 13　2008—2017 年关中—天水经济区 OECD 脱钩因子变化表

（以前一年为基期年）

年份	能源脱钩因子		水资源脱钩因子		城市土地资源脱钩因子	
	脱钩因子	脱钩情形	脱钩因子	脱钩情形	脱钩因子	脱钩情形
2008	0.130 664	相对脱钩	0.179 670	相对脱钩	—	—
2009	0.045 016	相对脱钩	0.106 233	相对脱钩	—	—
2010	0.104 513	相对脱钩	0.187 599	相对脱钩	0.172 861	相对脱钩
2011	0.109 156	相对脱钩	0.165 943	相对脱钩	0.187 795	相对脱钩
2012	0.054 808	相对脱钩	0.125 909	相对脱钩	0.131 956	相对脱钩
2013	0.047 360	相对脱钩	0.107 631	相对脱钩	0.041 492	相对脱钩
2014	0.075 059	相对脱钩	0.084 641	相对脱钩	0.032 253	相对脱钩
2015	−0.010 324	连结	0.011 738	相对脱钩	−0.212 260	连结
2016	0.071 640	相对脱钩	0.072 221	相对脱钩	0.059 217	相对脱钩
2017	0.071 123	相对脱钩	0.094 573	相对脱钩	0.025 296	相对脱钩

从表 13 可见，基于 OECD 脱钩环比指标计算，关中—天水经济区所处两省经济增长与资源消耗和环境牺牲之间在 2008 年到 2017 年整体呈现脱钩趋势，但脱钩过程有减缓趋势，经济增长与环境友好的协调发展路径并不明确。进一步观察，关中—天水经济区能源脱钩因子十年来除 2015 年外整体稳定在相对脱钩状态，因子值基本维持在 0.1 以下，这说明脱钩过程仍然较为缓慢；2008

年到 2017 年水资源脱钩因子全部处于相对脱钩状态，但过程上两阶段特征明显，在 2013 年之前因子值均大于 0.1，而此后则都在 0.1 以下；2008 年到 2017 年城市土地资源脱钩因子也整体稳定在相对脱钩状态，过程上同样存在两阶段性，2012 年之前因子值均大于 0.1，而此后均远小于 0.1。

（五）关中—天水经济区可持续发展 Tapio 脱钩指标评价

Tapio 脱钩指标借用数学中的弹性概念计算经济增长与资源消耗和环境牺牲之间的脱钩关系，相较 OECD 脱钩指标更具方法上的稳定性。基于这一方法，本报告针对关中—天水经济区可持续发展分别计算能源、水资源和城市土地资源的 Tapio 脱钩指标。具体计算公式如下：

$$能源脱钩值=(\Delta R_C/R_C)/(\Delta GDP/GDP) \quad (15)$$

$$水资源脱钩值=(\Delta W_C/W_C)/(\Delta GDP/GDP) \quad (16)$$

$$城市土地资源脱钩值=(\Delta L_C/L_C)/(\Delta GDP/GDP) \quad (17)$$

从表 14 可见，关中—天水经济区所处两省能源 Tapio 脱钩状态在 2008 年到 2017 年期间整体表现为弱脱钩，脱钩趋势并不显著。进一步观察，经济区能源脱钩弹性值在 2013 年之前相对稳定地围绕在 0.4 上下波动，此后出现了剧烈波动，这主要是国家经济发展新常态政策外在作用的结果。

表 14　2008—2017 年关中—天水经济区 Tapio 能源脱钩值表

年份	Δ能源消耗量	ΔGDP	能源脱钩弹性	能源与 GDP 脱钩状态
2008	863.87	1 970.13	0.308 163	弱脱钩
2009	749.23	1 125.96	0.537 938	弱脱钩
2010	1 415.37	2 686.87	0.445 930	弱脱钩
2011	1 454.14	3 288.44	0.418 024	弱脱钩
2012	1 384.67	2 571.21	0.571 468	弱脱钩
2013	1 215.77	2 432.26	0.561 182	弱脱钩
2014	126.99	1 990.62	0.075 182	弱脱钩
2015	425.05	285.42	1.897 473	扩张负脱钩
2016	−93.45	1 787.78	−0.065 920	强脱钩
2017	493.71	2 758.75	0.243 110	弱脱钩

从表 15 可见，关中—天水经济区所处两省水资源 Tapio 脱钩状态在 2008 年到 2017 年期间整体表现为脱钩且脱钩趋势显著。进一步观察，在 2013 年之前虽然经济区水资源脱钩状态主要为弱脱钩，但脱钩弹性值非常接近于 0，脱钩趋势

显著，从 2014 年开始这一趋势进一步强劲，脱钩值全部表现为负值，脱钩状态全部表现为强脱钩。

表 15 2008—2017 年关中—天水经济区 Tapio 水资源脱钩值表

年份	Δ水资源消耗量	ΔGDP	水资源脱钩弹性	水资源与 GDP 脱钩状态
2008	2.32	1 970.13	0.048 690	弱脱钩
2009	−2.02	1 125.96	−0.090 420	强脱钩
2010	0.26	2 686.87	0.005 457	弱脱钩
2011	5.46	3 288.44	0.115 256	弱脱钩
2012	0.48	2 571.21	0.015 537	弱脱钩
2013	0.07	2 432.26	0.002 740	弱脱钩
2014	−0.80	1 990.62	−0.042 880	强脱钩
2015	−0.05	285.42	−0.020 420	强脱钩
2016	−1.13	1 787.78	−0.074 550	强脱钩
2017	−0.14	2 758.75	−0.006 450	强脱钩

从表 16 可见，关中—天水经济区所处两省城市土地资源 Tapio 脱钩状态在 2008 年到 2017 年期间整体表现为脱钩，但脱钩趋势呈明显的波动性。进一步观察，经济区城市土地资源脱钩状态每隔两年左右就出现一次较为显著的波动，这说明城市土地资源的使用与外在政策冲击直接相关，而经济系统对每一项政策的出台都具有一个逐步接受的过程。

表 16 2008—2017 年关中—天水经济区 Tapio 城市土地资源脱钩值表

年份	Δ城市土地资源消耗量	ΔGDP	城市土地资源脱钩弹性	城市土地资源与 GDP 脱钩状态
2008	—	—	—	—
2009	—	—	—	—
2010	53.58	2 686.87	0.083 589	弱脱钩
2011	−0.81	3 288.44	−0.001 250	强脱钩
2012	−13.08	2 571.21	−0.031 740	强脱钩
2013	208.29	2 432.26	0.615 554	弱脱钩
2014	159.96	1 990.62	0.602 608	弱脱钩
2015	716.48	285.42	19.452 240	扩张负脱钩
2016	33.26	1 787.78	0.118 922	弱脱钩
2017	296.72	2 758.75	0.730 801	弱脱钩

三、关中—天水经济区可持续发展的 LYQ 分析

（一）LYQ 分析框架模型构建

可持续发展的指标测评只能反映经济增长与资源消耗和环境牺牲之间关系的静态结果和动态趋势，对于形成这样结果和趋势的内在原因或者发生机理需要更进一步的深入研究。LYQ 分析框架（2011）基于 Tapio 弹性脱钩计算方法而建立，旨在针对目标函数，从变量逻辑因果关系出发进行成因分解（因果链构造）和因果链上影响因素的影响力测评，从而发现实现目标结果的主要原因并基于此形成针对性对策。因果链构造可以选择一个中间变量，也可以选择多个中间变量，但变量之间应具有明确的逻辑相关关系，通过两个连续变量之间弹性脱钩值的相乘可以得到经济驱动力与资源环境驱动力之间最终的脱钩关系，而每两个连续变量之间弹性脱钩值的大小可以说明其对最终结果的影响力。比如可以构建我国履行碳强度下降国际承诺的因果链为“地区碳排放—地区能耗（减排因素）—地区经济规模（节能因素）—地区实际经济产出（价值创造能力因素）—地区名义经济产出（通货膨胀因素）—国际评价的经济产出（汇率因素）”。

如前文所述，关中—天水经济区地处我国中西部内陆地区，在海洋为主导外向型经济中处于相对劣势地位，“丝绸之路经济带”共建倡议既是对国际政治经济多极化趋势的战略判断，也为关中—天水经济区提供了新的发展契机，更为本地区经济发展提供了新的思路。以本地市场效应为中心的经济发展内需转型和内陆转型，是对原有以规模生产优势为中心的海洋经济发展模式的扬弃，它强调对多元文化下多样化需求的尊重和对资源消耗与环境牺牲的减少，更加有利于内陆地区的可持续发展，而要实现这种路径发展的前提就是城镇化，即通过人口空间聚集保证本地市场效应的发挥。基于这一理论分析可以构建本报告 LYQ 分析框架：“资源消耗和环境牺牲—城镇化—经济增长—人均收入提升”。基于这一分析框架可以对关中—天水经济区经济增长与资源消耗和环境牺牲之间脱钩关系的动因进行分析，环境友好限制、内陆发展路径和经济增长目标被整体涵盖在分析框架之内，框架同时将研究扩展到了收入水平，以体现经济发展的根本目的是实现人民生活水平提升。

LYQ 弹性脱钩分析框架的一般模型如下：

$$T_{x_0,x_n}=\prod_{i=1}^{n}T_i \tag{18}$$

式中，$T_i=(\Delta x_{i-1}/x_{i-1})/(\Delta x/x_i)$，为因素 i 的弹性值，其中 x_i 表示逻辑链上第 i 个因素指标值。显然，因素 i 的弹性值在正值时越接近于 0 说明该因素脱钩

趋势越显著。

基于弹性脱钩的定义，上式可以进一步表示为：

$$T_{x_0,x_n}=\prod_{i=1}^{n}\frac{V_{x_{i-1}}}{V_{x_i}} \tag{19}$$

式中，$V_{x_i}=(\Delta x_i/x_i)$，表示因素 i 在时间上的变化速度。

为研究某一较长时期的主导性因素，可以通过如下方法计算该时期内相关变量的变化速度：

$$x_{i_t}=x_{i_0}\times(1+V_i)^t \tag{20}$$

式中，x_{i_t} 代表变量 i 的 t 时期数据；x_{i_0} 代表变量 i 的基期数据；V_i 代表变量 i 在 0 到 t 时期的变化速度。由此，可以利用式（19）求得影响整体脱钩的主导因素。

通过对等式两边分别求 log 值，可以将各影响因素的影响力程度标准化，得到：

$$1=\sum_{i=1}^{n}\log_{T_{x_0,x_n}}T_i \tag{21}$$

通过定义影响因素的权重函数 w_{T_i}，可以达到对不同因素影响力的直接判断，即：

$$w_{T_i}=\begin{cases}-\log_{T_{x_0,x_n}}^{T_i}, & \text{当 } T_{x_0,x_n}>1 \text{ 时}\\ \log_{T_{x_0,x_n}}^{T_i}, & \text{当 } T_{x_0,x_n}<1 \text{ 时}\end{cases} \tag{22}$$

式中，$\left|\sum_{i=1}^{n}w_{T_i}\right|=1$ 确保了对影响力评价的标准化和可比较性。

基于 LYQ 一般模型，本报告从能源、水资源和城市土地资源等环境友好的三个方面分别构建模型如下：

$$T_{R_C:Py}=T_{R_C:UP}\times T_{UP:GDP}\times T_{GDP:Py} \tag{23}$$

$$T_{W_C:Py}=T_{W_C:UP}\times T_{UP:GDP}\times T_{GDP:Py} \tag{24}$$

$$T_{L_C:Py}=T_{L_C:UP}\times T_{UP:GDP}\times T_{GDP:Py} \tag{25}$$

式中，$T_{R_C:Py}$、$T_{W_C:Py}$、$T_{L_C:Py}$ 为目标脱钩弹性值；$T_{R_C:UP}$、$T_{W_C:UP}$、$T_{L_C:UP}$ 分别为能源消耗、水资源消耗、城市土地资源使用量与城镇化之间的脱钩弹性值，分析中分别称为节能弹性、节水弹性和土地资源节省弹性；$T_{UP:GDP}$、$T_{GDP:Py}$ 分别为城镇化与 GDP 的脱钩弹性值和 GDP 与人均收入的脱钩弹性值，分析中分别称为城镇化效率弹性和增长收入弹性。

上式中 UP 表示城镇化率，Py 表示人均收入。

（二）数据来源

基于数据的可取得性，本报告 LYQ 分析选择关中—天水经济区所处陕西省与甘肃省 GDP、能源消耗量、水资源消耗量和城市土地资源使用量的合计值以及城镇化率和城镇居民人均可支配收入[①]的加权值进行计算。所有数据均根据《中国能源统计年鉴》《陕西统计年鉴》《甘肃发展年鉴》整理计算。

（三）数据分析

基于本报告构建的 LYQ 分析框架和表 9 的数据，可以得到如下计算结果，见表 17、表 18 和表 19。

表 17　2005—2017 年关中—天水经济区人均收入与能源消耗脱钩主导因素状态表

指标	Tapio 弹性脱钩值	弹性状态	因素影响力
节能弹性	1.95	扩张负脱钩	−0.69
城镇化效率弹性	0.12	弱脱钩	2.19
增长收入弹性	1.61	扩张负脱钩	−0.50
整体脱钩弹性	0.38	弱脱钩	1.00

从表 17 可见，2005 年到 2017 年期间关中—天水经济区人均收入提升与能源消耗 Tapio 脱钩整体状态为弱脱钩，Tapio 弹性脱钩值为 0.38。通过逻辑因果链对这一状态的成因进行分析可以发现，几个影响因素对脱钩趋势的贡献中只有城镇化效率弹性表现为正，是最终导致整体脱钩弹性呈现弱脱钩的决定性力量，城镇化对于关中—天水经济区经济增长具有强劲驱动力，这与本报告的理论分析完全一致；节能弹性表现为扩张负脱钩状态，反映了当前的能耗增加并不是推进城镇化水平提升的动因，以工业制造业为主体的能源消耗与城镇化水平并无太大关联，在工业生产上关中—天水经济区仍表现为以海洋经济一体化外需拉动的特征；增长收入弹性同样表现为扩张负脱钩状态，说明经济增长对于人均收入水平的驱动力有限，目前关中—天水经济区的经济增长仍然更多表现为投资拉动型。

表 18　2005—2017 年关中—天水经济区人均收入与水资源消耗脱钩主导因素状态表

指标	Tapio 弹性脱钩值	弹性状态	因素影响力
节水弹性	1.54	扩张负脱钩	−0.37
城镇化效率弹性	0.13	弱脱钩	1.74
增长收入弹性	1.54	扩张负脱钩	−0.37
整体脱钩弹性	0.31	弱脱钩	1.00

① 由于城镇居民人均可支配收入与农村居民人均纯收入变化趋势基本一致但统计口径有区别，本研究选择了地区城镇居民人均可支配收入替代地区人均收入进行计算。

表 19　2005—2017 年关中—天水经济区人均收入与城市土地资源使用脱钩主导因素状态表

指标	Tapio 弹性脱钩值	弹性状态	因素影响力
土地资源节省弹性	1.53	扩张负脱钩	−0.52
城镇化效率弹性	0.21	弱脱钩	1.90
收入增长弹性	1.37	扩张负脱钩	−0.38
整体脱钩弹性	0.44	弱脱钩	1.00

从表 18 和表 19 可见，2005 年到 2017 年期间关中—天水经济区人均收入提升与水资源消耗和城市土地资源使用 Tapio 脱钩整体状态均为弱脱钩，Tapio 弹性脱钩值分别为 0.31 和 0.44。通过逻辑因果链上的成因分析可以发现，关中—天水经济区人均收入提升与水资源消耗和城市土地资源使用脱钩状态整体情况同人均收入与能源消耗脱钩状态类似，城镇化效率弹性均是导致脱钩状态的决定性因素且是唯一正向贡献因素，另外两个因素都只发生负向影响，造成这一结果理论上的原因与前述讨论相同。

（四）进一步讨论

进一步对关中—天水经济区能源消耗、水资源消耗和城市土地资源使用与人均收入 Tapio 脱钩值进行逐年的 LYQ 分解，可以得到如下结果，见表 20、表 21 和表 22。

表 20　2008—2017 年关中—天水经济区人均收入与能源消耗逐年脱钩弹性状态表

年份	节能因素		城镇化因素		经济增长因素	
	脱钩值	脱钩状态	脱钩值	脱钩状态	脱钩值	脱钩状态
2008	2.131 4	扩张负脱钩	0.173 8	弱脱钩	1.612 0	扩张负脱钩
2009	1.488 3	扩张负脱钩	0.328 5	弱脱钩	1.881 2	扩张负脱钩
2010	2.964 5	扩张负脱钩	0.150 9	弱脱钩	1.339 2	扩张负脱钩
2011	1.600 2	扩张负脱钩	0.365 6	弱脱钩	1.040 5	增长连结
2012	2.321 0	扩张负脱钩	0.207 9	弱脱钩	1.370 5	扩张负脱钩
2013	0.223 5	弱脱钩	0.290 9	弱脱钩	1.129 1	增长连结
2014	0.754 9	弱脱钩	1.727 5	扩张负脱钩	0.197 7	弱脱钩
2015	−0.161 6	强脱钩	0.365 4	弱脱钩	1.050 1	增长连结
2016	0.827 5	增长连结	0.251 1	弱脱钩	1.462 3	扩张负脱钩
2017	2.197 3	扩张负脱钩	0.282 5	弱脱钩	1.498 4	扩张负脱钩

从表 20 可见，2008 年到 2017 年期间关中—天水经济区人均收入与能源消耗脱钩弹性的影响因素中：节能因素的作用分为两个阶段，在 2012 年之前为显著的负向作用，而在 2013 年开始则表现为正向作用，尽管仍然十分有限；城镇化

因素除 2014 年之外一直具有稳定的正向作用，是各年整体脱钩状态的决定性因素；经济增长因素则除 2014 年外一直表现为稳定的负向作用，历年状态都是扩张负脱钩和增长连结。

表 21　2008—2017 年关中—天水经济区人均收入与水资源消耗逐年脱钩弹性状态表

年份	节水因素		城镇化因素		经济增长因素	
	脱钩值	脱钩状态	脱钩值	脱钩状态	脱钩值	脱钩状态
2008	3.662 8	扩张负脱钩	0.173 8	弱脱钩	1.612 0	扩张负脱钩
2009	3.319 6	扩张负脱钩	0.328 5	弱脱钩	1.881 2	扩张负脱钩
2010	1.223 3	扩张负脱钩	0.150 9	弱脱钩	1.339 2	扩张负脱钩
2011	2.296 8	扩张负脱钩	0.365 6	弱脱钩	1.040 5	增长连结
2012	1.166 4	增长连结	0.207 9	弱脱钩	1.370 5	扩张负脱钩
2013	0.207 0	弱脱钩	0.290 9	弱脱钩	1.129 1	增长连结
2014	0.674 3	弱脱钩	1.727 5	扩张负脱钩	0.197 7	弱脱钩
2015	−0.145 7	强脱钩	0.365 4	弱脱钩	1.050 1	增长连结
2016	0.779 1	弱脱钩	0.251 1	弱脱钩	1.462 3	扩张负脱钩
2017	2.060 0	扩张负脱钩	0.282 5	弱脱钩	1.498 4	扩张负脱钩

表 22　2008—2017 年关中—天水经济区人均收入与城市土地使用逐年脱钩弹性状态表

年份	土地使用因素		城镇化因素		经济增长因素	
	脱钩值	脱钩状态	脱钩值	脱钩状态	脱钩值	脱钩状态
2008	—	—	—	—	—	—
2009	2.016 7	扩张负脱钩	0.328 5	弱脱钩	1.881 2	扩张负脱钩
2010	2.658 9	扩张负脱钩	0.150 9	弱脱钩	1.339 2	扩张负脱钩
2011	2.383 1	扩张负脱钩	0.365 6	弱脱钩	1.040 5	增长连结
2012	2.150 2	扩张负脱钩	0.207 9	弱脱钩	1.370 5	扩张负脱钩
2013	0.105 4	弱脱钩	0.290 9	弱脱钩	1.129 1	增长连结
2014	0.590 9	弱脱钩	1.727 5	扩张负脱钩	0.197 7	弱脱钩
2015	−0.078 2	强脱钩	0.365 4	弱脱钩	1.050 1	增长连结
2016	0.752 2	弱脱钩	0.251 1	弱脱钩	1.462 3	扩张负脱钩
2017	2.016 7	扩张负脱钩	0.328 5	弱脱钩	1.881 2	扩张负脱钩

表 21 和表 22 所反映的状况与表 20 类似，都反映了城镇化因素在 2008 年到 2017 年期间对关中—天水经济区人均收入与资源消耗和环境牺牲脱钩弹性的稳定、正向和决定性的影响，以及资源使用因素正负向影响的不稳定和经济增长因素的持续稳定负向影响。造成这一结果理论上的原因与前述讨论相同。

四、关中—天水经济区可持续发展存在的问题

(一) 生态环境压力依然严重

环境友好是关中—天水经济区实现发展的前提，是关中—天水经济区这样的内陆地区相较沿海地区经济发展面临的更严格的自然约束，关中—天水经济区当前的环境压力十分严重。

首先，关中—天水经济区地处我国西北部，具有先天的自然降解能力不足和生态环境脆弱问题。这一客观存在既是关中—天水经济区发展的自然制约，也构成了关中—天水经济区发展的环境压力。西部内陆地区由于远离海洋，再加上周围地形的影响，雨量稀少，炎热干燥成为西部内陆气候的主要特点，大部分地区属于干旱和半干旱气候，水资源十分匮乏。经济区所处陕西省人均水资源 1 200 立方米，只有全国平均水平的一半，即便如此还十分不均，关中和陕北占全省人口总量和经济总量的 80%以上，但水资源仅为不到三成。这种匮乏令经济区从地表水到地下水环境都面临严峻局势。横贯关中—天水经济区的渭河，自古滋润着关中大地，但随着经济区的经济发展和城镇化推进，已日渐成为一条排污河，不仅不能作为饮用水水源，甚至连农业灌溉用水也受到严重的威胁，水域内鱼类等水生生物已经基本绝迹，在 2010 年的 13 个监测断面中，劣Ⅴ类水质断面有 9 个，水质处于重度污染的状态①。

其次，关中—天水经济区作为矿产资源和能源产地，生态补偿明显不足。经济区生态环境本就脆弱，却又是能源和矿产资源主要生产地，为满足经济发展需要而进行的对煤等资源的大量开采，使得生态更加恶化。目前关中—天水经济区及周边地区生态环境问题已十分突出：水土流失问题尚未得到根本性改变；沙化耕地和沙化草地的面积呈持续增长的趋势；局部地区土壤盐渍化增长势头仍在加重；沙漠化问题突出；森林生态系统调节能力减弱，病虫害加剧；草地面积持续减少，质量下降，鼠害严重；河流断流，湖泊绿洲萎缩，地下水位下降；因矿产资源开发造成的土地破坏面积大，且呈持续增长的趋势。与其他地区比较，关中—天水经济区环境压力更严重。

再次，关中—天水经济区地处我国陕西和甘肃这两个内陆经济欠发达省份，强烈的内在经济增长动力使得经济区环境承受着更大的增长压力。当前，关中—天水经济区整体处于工业化中期的初始阶段，不仅当下的经济产出与污染排放呈现直接的相关关系，能源消耗与环境牺牲强度本身就高于全国平均值，同时由于

① 阮幸. 陕西省环境承载力的分析及研究 [D]. 西安：西安建筑科技大学，2012.

经济欠发达所带来的强烈发展要求还会推进经济区进一步加速工业化进程，这一进程如果仍然延续传统的工业化道路，经济区环境压力还会进一步加剧。这一发展给予经济区环境的压力也可以从图 10 中反映的关中—天水经济区所处陕西省 2008 年到 2016 年间碳排放量持续快速上升的状况窥得一二。

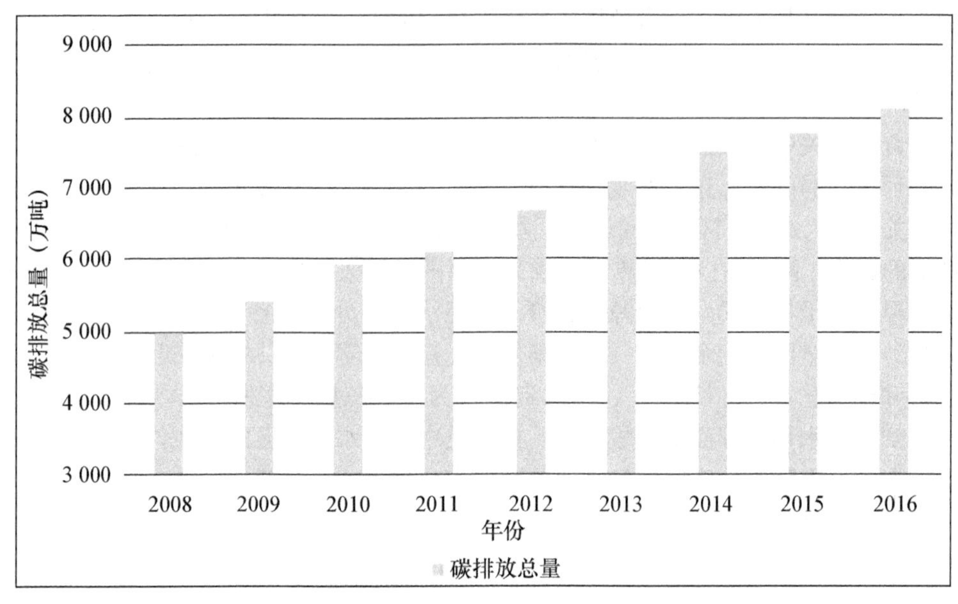

图 10　2008—2016 年陕西省碳排放趋势图

资料来源：黄光球，刘富垒．陕西省能源消费结构对碳排放强度的作用机理研究．生态经济，2019，35（5）：36-41．

（二）城镇化水平不高、结构不合理，本地市场效应和聚集效应难以发挥

如本报告的理论分析和实证研究结论所指出的，城镇化是关中—天水经济区摆脱大宗商品生产带来的环境压力、实现可持续发展的关键动力，本地市场效应的发挥必须建立在人口城镇化聚集的基础之上。而当前的现实情况是关中—天水经济区城镇化水平仍然不高，城镇结构不合理，聚集效应和本地市场效应难以发挥。

首先，关中—天水经济区除西安市之外其他城市还主要由县域组成，经济区城镇化水平整体不高。以关中—天水经济区的典型城市渭南市为例，该市由 2 个市辖区（临渭和华州）、7 个县（大荔、富平、白水、潼关、蒲城、澄城、合阳）以及 2 个省辖市（韩城和华阴）组成，人口总量达到 528 万（第六次人口普查数据），而城镇化率在 2017 年仅达到 52.43%，刚刚超过一半，并且其中还有一些源自撤乡并镇过程中人口户籍形式的单纯转变。进一步以渭南市的典型农业县潼关县为例，具有典型市区特征的仅城关街道办事处，该街办城镇人口不及三万

人，以这些人口的窄口径计算城镇化率，该县城镇化率到2018年底也不足两成。整体来看，关中—天水经济区本地市场效应和规模生产优势所要求的城镇化人口聚集并未形成。

其次，关中—天水经济区城镇化体系结构不合理，大、中、小城市比例失衡。城镇体系是区域内经济布局、要素流动、信息传输等的依托，合理的城镇体系应是大、中、小城市在一定数量上按一定比例组成，城镇等级具有连续性，利于要素、信息等的顺利流动及分配。关中—天水经济区现有城镇体系的组合明显表现为：在首位城市西安市和其余城市之间存在巨大差距，缺少一个等级的城市，即大城市，致使城市首位度偏高，西安市对应的空间范围较大，而西安市自身的影响力却难以波及整个区域，不利于西安市效能的发挥和各种生产要素的扩散。这种城市与区域的关系扩大了城乡之间、城市与城市之间的差距。若就城镇空间分布而言，关中—天水经济区城镇分布呈现出明显的城镇稀疏区和城镇密集区。城镇密集区主要为陇海铁路沿线地区，这些地区城镇密度大，其中有些地区已密集连片成为城镇群。而在其他地区，城镇密度、城镇等级均很低，地区发展缺乏增长极。

再次，城市病不仅在西安这样的特大城市，甚至咸阳、宝鸡这样的中型城市已经有所展现。城市病作为畸形城镇化发展的产物，不仅严重影响着城镇化进程，更对已有城镇化的成果产生破坏作用，它的主要表现形式包括交通拥堵、房地产价格飞涨、环境污染和公共资源短缺等。交通拥堵是城市病的一个重要方面，目前西安市的交通拥堵问题已经十分严重，根据百度地图发布的报告，截至2019年底，在全国百城交通拥堵排名TOP10中西安市排名第八，通勤高峰期最大时速仅为28.13公里/小时。交通拥堵所导致的通勤成本提升对城市社会的生产效率具有严重破坏性，城市通勤时间挤占劳动时间比重过高已成为制约城市社会发展的重要瓶颈。房地产价格过高会严重瓦解人口向城市聚集的动力，是城市病的另一个重要表现形式。西安市的房地产价格近年来呈快速增长态势，2018年更成为中国房价涨幅最高的城市，全年涨幅达14.6%。西安市的房地产价格对经济区具有引领作用，房地产价格上涨已经对关中—天水经济区城镇化进程产生了严重的抑制作用。

（三）投资拉动在经济增长驱动中比重过高，经济增长转化为人均收入水平提升不足

报告实证结论指出，关中—天水经济区经济增长并未实现向人均收入水平提升的全面转化，这主要源自本地区经济增长方式过多依赖于投资拉动，特别是固定资产投资拉动，收入法表示的GDP构成中资本收益和折旧占据很大比例，但这些GDP构成并不能在短期内转化为个人收入。投资拉动，特别是以

交通基础设施和能源化工产业基础设施为主体的固定资产投资拉动固然可以在短期内迅速推进地区经济增长，但投资作为消费的引致需求，不能过多依赖于外力，它需要与消费需求同比提升。当前关中—天水经济区在经济增长驱动结构上存在严重的失衡问题，这种失衡已经对经济区长期可持续发展动力造成影响。

上述结论可以通过以下分析得到进一步证明。关中—天水经济区作为我国的资源富集地区，是拉动西部地区经济增长、提高社会发展水平的重要引擎，同时也是“一带一路”的重要战略支点。国家对于地区的扶持和地区经济发展要求使得本地区固定资产投资规模不断攀升，以经济区所处主要省份陕西省为例，在国家西部大开发战略的推动下，陕西省全社会固定资产投资 2011 年跨过万亿元，2015 年伴随着“一带一路”建设的春风陕西省年固定资产投资超过两万亿元，2017 年陕西省全社会固定资产投资达到 23 819.38 亿元，比 2011 年增加了 1.38 倍。2011 年到 2017 年间陕西省投资增速年均增长率为 15.52%，高于全国平均水平 2.17 个百分点。较高的固定资产投资增速并没有带来同步的经济增长，投资驱动的经济效果并不理想。与之前数据对比来看，2017 年陕西省 GDP 为 21 898.81 亿元，仅比 2011 年增加了 75%，陕西省固定资产投资增长幅度远高于经济增长。即使是这样的成绩，对于经济区发展也不可持续，未来关中—天水经济区投资驱动力的不足会越来越严重。这是因为，随着投资红利的消失，投资推动经济增长瓶颈问题会更加突出，在固定资产投资不断增加和投资率不断增长的情况下，优势项目数量会不断减少，固定资产投资的边际收益会越来越差，长此以往会严重影响经济区经济的持续健康发展。目前关中—天水经济区经济增长过度依赖于投资的问题并未缓解，在仍然要保持较高投资率的前提下，经济区的经济发展会受到严重的制约①。

（四）产业结构不合理，石油化工和矿产资源等高耗能产业在经济结构中比重过高

如报告实证所反映，关中—天水经济区产业结构不合理主要表现在两个方面：一是产业特别是工业规模提升与城镇化程度提升缺少关联，当前的能耗增加并不是推进城镇化水平提升的动因，在产业结构上关中—天水经济区仍表现为服务于海洋经济一体化的大宗商品生产式特征；二是作为资源能源富集区，关中—天水经济区在产业结构上起到主导作用的产业多数表现为产业链短、产业附加值低，经济区在海洋经济一体化中更多充当了与其他内陆地区相同的初级资源提供者经济角色。

---

① 张雪飞．陕西省固定资产投资效率与经济增长实证研究［D］．西安：西北大学，2019.

从表23可见，关中—天水经济区所处省份之一的陕西省2018年规模以上工业企业中煤炭开采和洗选业，石油和天然气开采业，石油、煤炭及其他燃料加工业，非金属矿物制品业，以及有色金属冶炼和压延加工业等高耗能产业比重仍然很高，这一高占比全面反映在用工人数、资产规模、工业总产值规模和利润规模等各个方面。仅煤炭开采和洗选业就占到了陕西省规模以上工业总产值的12.5%、资产总额的15.4%、利润总额的35.0%和用工人数的11.6%。与之形成明显对比的是作为战略性新兴产业典型代表的计算机、通信和其他电子设备制

表23 2018年陕西省规模以上工业企业分行业统计表

产业	企业单位数（个）	工业总产值（万元）	资产总额（万元）	利润总额（万元）	用工人数（人）
煤炭开采和洗选业	515	31 515 534	50 077 787	8 529 033	170 097
石油和天然气开采业	6	15 316 302	44 485 692	2 818 733	111 591
农副食品加工业	635	14 429 643	5 848 944	676 004	62 195
食品制造业	288	6 169 134	2 909 069	434 391	48 128
酒、饮料和精制茶制造业	339	6 656 416	4 649 067	627 997	43 765
石油、煤炭及其他燃料加工业	110	18 151 936	39 173 123	1 065 976	56 997
化学原料及化学制品制造业	374	15 458 201	25 020 559	1 085 314	68 619
医药制造业	208	7 696 009	6 529 879	717 931	45 286
非金属矿物制品业	778	14 527 597	11 234 360	1 124 493	91 068
黑色金属冶炼和压延加工业	61	7 716 683	4 619 203	433 554	27 571
有色金属冶炼和压延加工业	205	12 441 394	10 847 372	530 836	56 918
专用设备制造业	313	6 852 361	8 766 798	149 841	56 488
汽车制造业	142	17 623 354	12 101 478	981 754	87 647
电气机械和器材制造业	278	10 776 199	11 929 244	361 350	62 458
计算机、通信和其他电子设备制造业	148	8 871 529	13 914 375	1 201 657	52 907
电力、热力生产和供应业	207	14 162 610	30 999 615	966 965	87 499
⋮	⋮	⋮	⋮	⋮	⋮
总计	6 426	251 923 609	324 324 819	24 362 682	1 467 767

注：表中仅列示了工业总产值大于500亿元的产业。
资料来源：《陕西统计年鉴》。

造业在 2018 年仅占到陕西省规模以上工业总产值的 3.5%、资产总额的 4.3%、利润总额的 4.9%和用工人数的 3.6%。陕西省的情况可以反映整个关中—天水经济区的状况，在经济区整个工业体系中就目前而言毫无疑问高耗能产业占有主导性。这种主导性不仅反映在各种规模指标上，在经济区内能源化工等高耗能产业的资产利润率也较低耗能的通信电子等战略性新兴产业更高，这说明本地区的产业结构还整体按照海洋经济一体化的雁形顺序布局，更能实现经济区可持续发展的、以本地市场效应为中心的产业结构布局还未开始形成。

（五）城乡间和地区间发展不平衡仍然存在

关中—天水经济区尽管在空间上跨度并不大，从最东部的渭南市到最西部的天水市仅约 400 公里，而南北跨度更小，基本限于渭河平原之内，自然环境在经济区内并无太大差别，但关中—天水经济区内部仍然表现出了不同结构之间发展的不平衡。

首先，城乡间收入差距仍在拉大。近年来尽管关中—天水经济区城镇和乡村均取得了较为快速的经济发展，但城乡之间的发展并不同步。从图 11 可见，在 2013 年到 2017 年期间关中—天水经济区所处省份之一的陕西省城乡居民收入绝对差距不仅未见减小，反而在持续不断地拉大。从相对数据分析，2013 年到 2017 年期间陕西省农村居民人均纯收入与城镇居民人均可支配收入的比值一直维持在 31%到 34%之间，并未出现任何的提升迹象。城乡差距的拉大说明了当前关中—天水经济区仍然表现为单纯的工农和城乡两个二元经济转化的一维模式，整个经济区的发展模式还受约束于海洋经济一体化的雁形转移安排模式，并未形成基于自身需要、实现城乡互动的新型城镇化和乡村振兴发展模式。以上发展模式不改变，城乡收入差距拉大短期内在关中—天水经济区就无法改变。

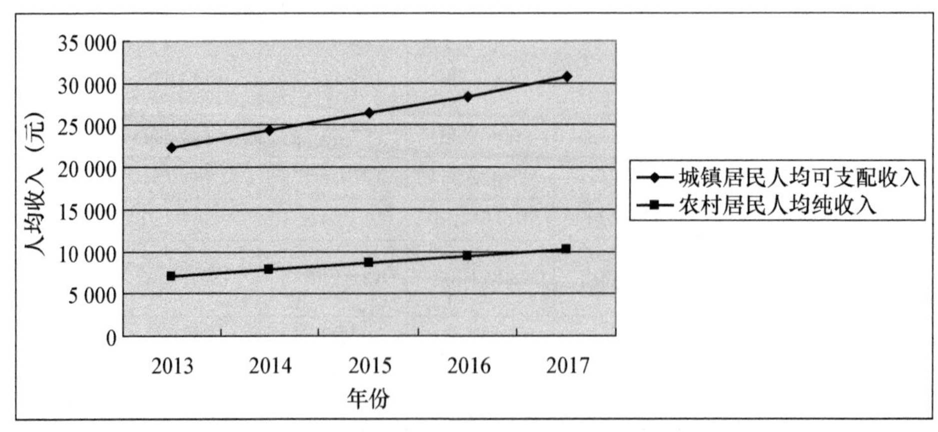

图 11　2013—2017 年陕西省城乡居民人均收入比照图

其次，地区间发展不平衡并未改观。近年来尽管关中—天水经济区各市区均取得了较为快速的经济增长和人均收入水平提升，但地区间仍然存在较大差距，并且这种差距也并未显示出迅速缩小的趋势。从表 24 可见，从静态上看，2017 年人均收入最高的西安市较之人均收入最低的天水市要高出 13 924 元，天水市城镇居民人均可支配收入只占到西安市的 63.9%；从动态上看，经济区所辖各市区与西安市之间的绝对差距并未表现出明显的缩小，与 2013 年相比，2017 年宝鸡市、渭南市和咸阳市与西安市之间的绝对差距分别仅缩小了 406 元、208 元和 322 元，而商洛市、铜川市和杨凌区与西安市之间的绝对差距还有所扩大。地区间差距的存在和改善不大一方面是因为路径依赖和产业聚集效应所致，西安市和宝鸡市良好的工业基础使得它们在人才吸收和产业聚集上占得了先机，而另一方面的原因在于海洋经济一体化所导致的由沿海到内陆的递推过程，这一点最能说明天水市的情况。尽管与渭南市同属于关中—天水经济区的农业市，并且均紧邻新欧亚大陆桥沿线，但由于更向内陆深入近 400 公里，天水市的人均产出和人均收入与渭南市还有不小差距。

表 24　2013—2017 年关中—天水经济区主要市区城镇居民人均可支配收入 单位：元

市区	2013 年	2014 年	2015 年	2016 年	2017 年
西安市	33 100	30 715	33 188	35 630	38 536
宝鸡市	28 509	27 161	29 475	31 730	34 351
渭南市	24 164	23 470	25 472	27 485	29 808
咸阳市	28 488	27 138	29 425	31 662	34 246
商洛市	22 257	21 613	23 509	25 468	27 647
铜川市	24 495	23 550	25 559	27 594	29 928
杨凌区	33 007	30 642	33 109	26 790	38 336
天水市	16 892	18 565	20 809	22 682	24 612

资料来源：《陕西统计年鉴》《甘肃发展年鉴》。

（六）科技创新不足，未能形成科技引领战略性新兴产业为主体的低消耗、高增长经济发展动力

关中—天水经济区科技实力不仅在西部甚至在全国都位居前列，这里有国家级高新技术开发区和全国唯一的农业高新技术示范区，有国家 211、985 高校八所，有众多国家级科研院所，但这里并未形成经济的科技引领，战略性新兴产业规模并不是经济的产业主体，科技创新十分不足，整体来看经济区科技引领的低消耗、高增长经济发展方式还远未形成。经济区创新不足主要表现在以下方面：

第一，科技成果转化效率低，创新水平有待提高。在全国大城市科技实力排名中西安排在第七位，但在科技创新能力和科技成果转化力的排名中却被甩到十五名以后。第二，传统产业创新活力不足，产业设备陈旧。20 世纪中期关中地区的工业基础虽不断进行小范围的更新，但随着科学技术的不断发展，许多生产设备已经不能满足市场需求。第三，缺乏高科技人才与复合型人才。提高产业技术除了加强研发的资金投入以外，加大科研人员的研发创新能力也是关键。然而对比东部优厚的人才待遇，关中—天水经济区难以留住人才①。

进一步分析其中内在原因，主要存在如下问题：

首先，关中—天水经济区科技资源市场体系建设缓慢，企业尚未成为科技创新的主体。关中—天水经济区地处我国西北内陆地区，与长三角、珠三角等经济发达地区相比，市场经济体系建设起步晚，资本市场、劳动力市场、知识产权市场等要素市场虽受政府重视并一再强调加强建设力度，但制度建设本身就是一个循序渐进、由量变引起质变的过程。市场制度建设的不足表现在经济运行上就是企业无法承担社会创新的主体地位，企业科技研发的投入严重不足。一方面，关中—天水经济区规模以上工业企业开展研发活动严重不足，2018 年关中—天水经济区所处省份之一的陕西省该数据仅为 1 963 697 万元，而中部省份安徽省的该数据已达到 4 973 027 万元。另一方面，关中—天水经济区强大的国防科研能力没有对地方发展做出应有的贡献，科技创新能力没有起到应有的辐射带动作用，科技资源在市场配置与行政配置之间的关系不协调导致了经济区强大的科研能力难以充分发挥。

其次，关中—天水经济区整体的产业布局排斥战略性新兴产业的科技创新。如前文所述，关中—天水经济区通信电子等战略性新兴产业的利润率目前尚不及能源化工产业，对生产要素的产业吸引力明显不足。这种不足除了前一点所述的内在原因，外在原因也是重要方面。在海洋经济一体化的“中心—外围”经济结构安排下，发展中国家内陆地区在国际金融体系中被定位为能源资源等初级产品加工地，关中—天水经济区科技创新最需要的金融创新支持不到位，也根本不可能到位。海洋经济体系下对发展中国家社会文化和社会信用体系的歧视最集中的表现就是对其文化固守内陆地区的歧视，在市场经济体系中不改变这种歧视倾向，关中—天水经济区市场化的科技引领就不具有可能性。

① 王保忠，段颖霞，陈方方，等. 新时代关中—天水经济区创新体系及产业升级路径［J］. 西安工程大学学报，2018（6）：724-730.

五、关中—天水经济区可持续发展的政策建议

（一）将生态环境保护放在地区发展的基础地位，切实打造青山绿水的美丽关天

习近平指出：“中国明确把生态环境保护摆在更加突出的位置。我们既要绿水青山，也要金山银山。宁要绿水青山，不要金山银山，而且绿水青山就是金山银山。我们绝不能以牺牲生态环境为代价换取经济的一时发展。”① 对于关中—天水经济区这样自然再生能力不足的内陆地区，绿水青山对于经济发展的基础性作用更加重要。关中—天水经济区生态环境保护应重点做好以下几方面工作：

首先，强化各级政府在生态环境保护中的主体地位，坚决树立生态红线意识，在生态环境问题上不搞政策弹性，坚决杜绝“秦岭违建别墅事件”类似事件的再次发生。关中—天水经济区所处陕、甘两省地处我国西北内陆，生态环境本身就相对严苛，又由于后起地区强烈的发展要求和资源富集禀赋特征，发展稍有不慎就会对生态环境造成不可逆转的破坏。但经济发展的动力，特别是英美海洋经济一体化的“先污染后治理”范式思维，常常让各级政府忘记了环境约束的关键性，忘记了本地区与欧美发达国家在雁形转移位置上的根本差异，让环境政策为经济增长让步，在环境政策面前搞灵活、要弹性的事件仍然时有发生，“秦岭违建别墅事件”就是深刻教训。因此，强化经济区各级政府在环境保护中的主体地位、树立生态红线意识刻不容缓，只有如此才能保证关中—天水经济区可持续发展的基本条件。

其次，制定各个社会领域生态环境保护的细则，以法律法规为基础开展环境保护工作，严格执法，从环保工作问政策要结果转向环保工作问法律要结果。环境保护工作的长期性和细致性要求这项工作不能以“专项运动”的形式开展，不能仅仅依靠短时期的行政指向维持工作效果，而必须把该项工作建立在专业化的立法、司法和行政基础之上。从专业化的角度对各个社会领域进行环境保护实施细则研究，并将这些细则通过法律程序落实到相关法律法规之中，让行政人员依法行政，形成地区环境保护以法律为准绳的长效机制。必须如此，才能保证关中—天水经济区环境保护工作开展的严格性、持久性和高效性。

---

① 中共中央文献研究室. 习近平关于全面建成小康社会论述摘编. 北京：中央文献出版社，2016：171.

（二）全力投入“丝绸之路经济带”共建，深刻认识摆脱英美海洋经济一体化、实现经济发展的陆地经济一体化转型才是关中—天水经济区可持续发展的唯一路径

“丝绸之路经济带”共建倡议是党和国家在后金融危机时代对世界经济多极化趋势所进行的重大判断，是党和国家站在人类历史进程高度上对我国未来经济发展方向和模式所进行的重大设计，是当前我国经济摆脱对欧美体系依赖、应对全球危机和实现经济多元转型的重大选择，它既符合我国利益，也符合经济带沿线绝大多数国家的利益，将会对实现我国乃至世界经济长期稳定的可持续发展发挥重要作用。

“丝绸之路经济带”共建倡议的本质是实现迥异于英美海洋经济一体化（文化消灭、商品倾销）的陆地经济一体化（文化尊重、合作发展），旨在复兴古代丝绸之路的繁荣，但却与之完全不同，是社会生产力进步推动下历史发展的否定之否定，它所适用的范围也不再局限于陆地相邻国家之间，而是由于交通运输革命和信息技术革命成为普遍适用于全世界各国间的经济社会合作模式。“丝绸之路经济带”共建倡议特质的来源正在于陆地国家地理上的山水相连和文化上的渐进交融。与英美海洋经济一体化发展模式完全不同，它所强调的经济发展模式是以需求为中心、以文化多样性为特征的本地市场效应，强调了每一个地区自身在发展中的中心地位，而英美海洋经济一体化发展模式则是以供给为中心、以文化消灭为特征的大宗商品规模生产，强调的是主导国家的中心地位。在英美海洋经济一体化模式之下，雁形位置中置后的内陆地区只能充当资源的提供者和环境的牺牲者，可持续发展根本难以实现，“丝绸之路经济带”共建倡议为关中—天水经济区可持续发展带来了真正的历史机遇。

关中—天水经济区所处地区既是中华文明的重要发祥地之一，周秦汉唐等中国历史最为鼎盛的时代在这里建都，周礼、秦制、汉风、唐韵荟萃于斯，也是古代丝绸之路的东方起点，其核心城市西安市更在世界范围内具有中华文明的符号象征意义，被誉为世界文明四大古都之一。关中—天水经济区的可持续发展必须全力投入到“丝绸之路经济带”共建中去，各级政府要深刻认识到它既是历史赋予关中—天水经济区的责任，也是本地区经济可持续发展的唯一可行方式。要认识到国家赋予西安国际化大都市的战略定位，不是因为它现有的经济规模和人口规模，而是它的特殊历史文化含义，是它在“丝绸之路经济带”共建中的特殊地位，要认识到这种战略定位与本地区资源环境属性高度一致，是本地区摆脱英美海洋经济一体化不可持续发展模式、实现可持续发展的唯一办法。

（三）加大力度推进关中—天水经济区城镇化进程，凝心聚力推动关中平原城市群建设

如报告的理论分析和实证研究所述，城镇化是内陆地区实现可持续发展的根

本路径，也是“丝绸之路经济带”共建所强调的本地市场效应发挥的前提，没有人口空间聚集所带来的集中市场和生产聚集效益，内陆地区的多样化需求优势就难以抗衡英美海洋经济一体化中的大宗商品规模生产优势。2008 年世界金融危机以来英美海洋经济体系的衰退和世界经济多极化秩序的逐渐形成也外在地说明了城镇化所带来的本地市场效应正在广大发展中国家和内陆地区兴起。关中—天水经济区的可持续发展从路径上就是要大力推动经济区城镇化进程。

2018 年 1 月 9 日，国务院正式批准了《关中平原城市群发展规划》（以下简称《规划》）。这一规划是《关中—天水经济区发展规划》的升级换代，在《关中—天水经济区发展规划》2020 年即将结束之际，以这样一个新的规划予以发展可以说是对城镇化在关中—天水经济区可持续发展中根本路径判断的高度认可。《国家发展改革委 住房城乡建设部关于印发关中平原城市群发展规划的通知》中指出：“关中平原是华夏文明重要发祥地和古丝绸之路的起点，在国家现代化建设大局和全方位开放格局中具有独特战略地位。培育发展关中平原城市群，发挥其承东启西、连接南北的区位优势，推动全国经济增长和市场空间由东向西、由南向北拓展，有利于引领和支撑西北地区开发开放，有利于推进西部大开发，有利于纵深推进‘一带一路’建设。陕西、山西、甘肃省人民政府和国务院有关部门要认真贯彻落实《国务院关于关中平原城市群发展规划的批复（国函〔2018〕6 号）》精神，提高认识、紧密合作、扎实推进，共同推动《规划》的落实，努力把关中平原城市群建设成为具有国际影响力的国家级城市群、内陆改革开放新高地。”

《规划》对关中—天水经济区发展路径做出了具体的判断，给经济区以城镇化推进可持续发展的方向吃下了定心丸。关中—天水经济区发展的进一步工作就是凝心聚力围绕关中平原城市群建设定思路、出政策、求落实。基于本报告所指出的问题，我们认为在推进关中平原城市群建设中应注意以下几点：一是注重县域城镇化，以县城为中心协调推进新兴城镇化和乡村振兴；二是注意城镇化结构，协调大中小城市和乡镇同步发展；三是着力消除大城市中的城市病，有效实现城镇化的经济发展动力。

（四）不断推动关中—天水经济区产业结构调整，重点关注高耗能产业技术升级和战略性新兴产业快速发展

如报告分析所指出的，当前关中—天水经济区产业结构十分不合理，资源消耗高和环境牺牲大的产业在地区经济结构中的比重大，而战略性新兴产业比重却十分有限。这一状况非常不利于经济区未来的可持续发展，尽早有效地调整经济区产业结构势在必行。

所谓产业结构，即国民经济的部门结构，是国民经济各产业部门之间以及各

产业部门内部的构成。社会生产的产业结构或部门结构在一般分工和特殊分工的基础上产生和发展起来。调整和建立合理的产业结构目的在于促进经济和社会的发展以及人民物质文化生活的改善。产业结构调整包括产业结构合理化和高级化两个方面。产业结构合理化是指各产业之间相互协调，有较强的产业结构转换能力和良好的适应性，能适应市场需求变化，并带来最佳效益，具体表现为产业之间的数量比例关系、经济技术联系和相互作用关系趋向协调平衡的过程。产业结构高级化，又称为产业结构升级，是指产业结构系统从较低级形式向较高级形式的转化过程。产业结构高级化一般遵循产业结构演变规律，由低级向高级演进。

对关中—天水经济区的产业结构进行调整，应重点关注两个方面：一是高耗能产业的技术升级，二是战略性新兴产业的快速发展。污染较多、能耗较大的能源化工和矿产资源产业，既是地区禀赋优势，也对地区经济发展仍然具有支撑作用，限制其发展规模的方法并不可取，更重要的应是运用新理念、新技术和创新型的管理模式升级传统产业，一方面在生产上节能减排，提高产业环保指数，另一方面延长产业链、增加附加值，将初级的资源能源开采转变为依托资源优势的高技术、低排放精细加工。战略性新兴产业是指以重大技术突破和重大发展需求为基础，对经济社会全局和长远发展具有重大引领带动作用，成长潜力巨大的产业，是新兴科技和新兴产业的深度融合，既代表着科技创新的方向，也代表着产业发展的方向，具有科技含量高、市场潜力大、带动能力强、综合效益好等特征。《国务院关于加快培育和发展战略性新兴产业的决定》中把节能环保、新一代信息技术、生物、高端装备制造、新能源、新材料、新能源汽车等作为现阶段重点发展的战略性新兴产业。高端装备制造和新能源汽车一直是关中—天水经济区的优势产业，而通信电子信息产业也正在经济区发展壮大，对于这些产业要从政策上予以扶持，通过政府搭平台和完善市场化机制的方法，加速这些产业向经济区聚集，以知识产权保护和营商环境改善等对这些产业发展至关重要的制度吸引推进经济区此类战略性新兴产业的发展。

（五）破除行政藩篱，在主动谋求关中—天水经济区经济一体化进程中消除地区间发展不平衡

如报告分析所指出的，关中—天水经济区仍然存在较为显著的地区间发展不平衡问题，破除行政藩篱工作仍然十分重要。所谓行政藩篱，是指由于行政区划设置和行政考核属地化所导致的地区间在市场化推进和资源配置有效化方面的障碍。这些障碍有些是由于行政区划设定所带来的结果，还有些是为了实现局部利益而有意实施的地方保护主义政策，但不论哪种都对整个经济区的发展十分不利，而后者因为具有主观性更需也更易破除。关中—天水经济区内的各级政府都应该认识到经济区内的每一座城市、每一个乡村都不是一个简单的个体，而是处

于和其他地区不断的相互作用与影响之中。市场经济体制的效率就在于它能够在更广阔的范围内实现资源有效配置，要素自由流动的范围越广，市场机制的效力才能够越大。各级政府要深刻认识到，关中—天水经济区的设立正是为了实现经济区经济一体化，做到整个经济区一个市场、一盘棋；要深刻认识到，“大河有水才能小河满”这一市场化发展的根本道理。

要实现关中—天水经济区破除行政藩篱、整体协调发展，就必须在经济区内部建立有效的区域合作机制，设立组织领导机构，统一规划、协调和实施经济区发展，从而实现协作共赢，这对于未来的关中平原城市群发展仍然有效。要实现这一目标，最重要的是需要加强各地政府间的合作联系，定期召开经济区合作交流会议，对跨行政区域的、对各城市发展影响巨大的战略性问题进行沟通和讨论，寻找合理有效的解决方案，共同协调实施。这些战略性问题具体包括：第一，培育区域合作发展的市场体系和市场机制，促进市场中介体系的完善，为区域合作营造成熟的市场经济环境；第二，对跨区域的重大基础设施建设、污染综合治理、生态环境保护与修复、重大资源开发等重要发展规划进行协调统一、力求同步开展，既要避免重复建设，也要避免相互掣肘。

特别需要说明，省作为我国行政施政的中心单位，省级行政合作对于关中—天水经济区发展具有关键性作用。关中—天水经济区横跨陕西和甘肃两省，未来的关中平原城市群还要地跨三省，作为跨省区的国家级经济区，要实现区域经济协调发展目标，必须依靠省级政府的合作来推动。离开省级政府合作推动及其必要的监督，省以下地方政府合作是难以有效开展的，至少地方政府合作成效会受很大影响。以省级政府合作来推动和监督下级地方政府合作是区域发展中地方政府合作机制不可或缺的要素。从陕西省和甘肃省来看，关中地区和天水地区分别是两省中工业基础较好地区，在两省产业构成中占有较高比重。加强省级政府合作，并以省级政府合作推动为基础，关中—天水经济区发展前景才会更广阔。

（六）促使经济驱动中心由投资驱动向消费驱动转变，在不断优化营商环境的同时消除金融行业对本地消费市场的歧视现象

如报告分析所指出的，关中—天水经济区当前的经济增长较大程度上依赖于投资拉动，特别是交通基础设施和能源化工等产业的固定资产投资拉动，这种经济驱动方式不仅不能较短时间内实现经济增长向人均收入水平提升的转变，更不利于经济长期的可持续发展。按照凯恩斯主义经济学，经济增长的驱动力可以归纳为三个类型，分别是消费驱动、投资驱动和外需驱动，其中投资驱动又可以分为政府支出型投资驱动和市场支出型投资驱动。三种经济驱动形式内涵各有不同：凯恩斯主义经济学认为，消费驱动是经济增长的原动力，人们进行经济生产的最终目的是为了自身消费，脱离了消费目标的经济增长无益处、无用处，可以称为经济过热或经济泡沫；投资驱动是实现扩大再生产的条件，是消费需求的引致需求，但又相对脱离于消费需求，有着自身的形成动力，一方面政府支出型投资驱动主要来自政府信用向市场信用的转化，其实施并不直接受消费需求诱导，另一方面市场支出型投资驱动受金融体系的评估预期机制所操控，也可能脱离消费需求诱导；外部驱动完全来自本地市场之外的力量，它服务于消费需求的形式是行使对外债权，它的价值评判在于同样的社会生产在服务于外部需求和内部需求时收益的相对比较结果。

实现关中—天水经济区可持续发展需要将经济区当前即存的投资拉动型经济转向消费拉动型经济，让经济发展的长效机制发挥作用，避免非市场性投资中的专家决策失误和英美海洋金融体系机制下的金融投机型投资泡沫。实现这一转变的关键有两个方面：一是优化经济区营商环境，二是改革经济区金融制度。所谓“营商环境”是指市场主体在准入、生产经营、退出等过程中涉及的政务环境、市场环境、法治环境、人文环境等有关外部因素和条件的总和，是市场经济体制构建中发挥企业主体地位、快速有效识别市场价格信号的关键组成。要实现消费驱动的经济增长模式，识别消费需求尤为关键，而营商环境的功能正在于此。来自英美社会文化的金融制度是维持英美世界经济霸权地位的基石，但它破坏着关中—天水经济区这样的中华文明历史深厚地区的社会消费需求。当前关中—天水经济区金融体系与我国很多地区一样普遍复制了基于英美社会制度的风险管理体系，这种复制在市场经济体制建立初期对市场经济发展十分有效，但长期来看对本地区发展特别是关中—天水经济区这样的内陆地区发展十分不利，它会导致金融歧视下本地市场需求被忽视、外部市场需求被高估和个别领域出现严重资产泡沫（如房地产）。关中—天水经济区金融改革必须被提上日程，政府应引导各类金融体系摆脱英美制度约束、主动融入本地区社会文化，建立新的、适合于本地区的金融规则，只有这样经济区经济驱动的模式转型才会成为可能。

参考文献

[1] 张志伟. 环境保护与可持续发展战略问题的思考 [J]. 低碳世界，2019，9 (4)：18-19.

[2] 刘书明. 基于区域经济协调发展的关中—天水经济区政府合作机制研究 [D]. 兰州：兰州大学，2013.

[3] 阮幸. 陕西省环境承载力的分析及研究 [D]. 西安：西安建筑科技大

学，2012.

［4］时颖，刘世伟. 中国能源资源业可持续发展思考：以陕西省为例［J］. 中国国土资源经济，2016，29（5）：39-43.

［5］张敬花，雍际春. 关中—天水经济区生态保护的困境及路径选择［J］. 甘肃社会科学，2010（5）：193-196.

［6］颜毓洁，华艺，刘冉夏. 当前陕西生态环境、自然资源和经济发展的成就及问题［J］. 陕西科技大学学报，2005（1）：108-112.

［7］张强. 关中—天水经济区区域经济的差异与空间格局探析［J］. 改革与开放，2019（5）：27-30.

［8］白海荣. 对陕西人口、资源、环境与经济协调发展的思考［J］. 经济视角（中旬），2012（2）：12-13，19.

［9］赵欣欣，刘科伟，任仪，等. 陕西省人口城镇化发展存在问题及策略研究：基于2010年人口普查资料和2015年1%抽样调查数据［J］. 西北人口，2017，38（5）：120-126.

［10］陶涛. 关中—天水经济区科技资源统筹研究［D］. 西安：西安科技大学，2013.

［11］蒋琼. 马克思经济增长理论对关中—天水经济区发展的启示［D］. 西安：西安建筑科技大学，2011.

［12］王保忠，段颖霞，陈方方，等. 新时代关中—天水经济区创新体系及产业升级路径［J］. 西安工程大学学报，2018（6）：724-730.

［13］岳国芳，寿纪云. 陕西省新型城镇化建设可持续发展研究［J］. 经济问题，2016（11）：118-120，128.

［14］北京兰瑞环球投资管理咨询有限公司. 人口问题：中国现状、国外经验与对策建议［J］. 发展研究，2018（9）：37-47.

［15］马春紫. "关中—天水"经济区产业结构优化的战略路径选择［J］. 时代金融，2016（23）：36，43.

［16］王根良，王元莉. 提高陕西可持续发展能力问题探讨［J］. 价格与市场，2010（3）：12-14.

［17］程承坪. 十大举措促进乡村振兴［J/OL］. 武汉科技大学学报（社会科学版），2019（3）：250－257.［2019－05－21］. http://kns.cnki.net/kcms/detail/42.1596.c.20190514.1751.008.html.

［18］穆宏浪. 关中—天水经济区与陕甘宁经济区经济合作研究［D］. 西安：西安电子科技大学，2012.

［19］姚宇，夏德水，赵雨晴. 丝绸之路经济带经济一体化和五通建设研究

[M]. 西安：陕西师范大学出版社，2018.

[20] 姚宇，夏德水，李忠民. 丝绸之路经济带经济发展因果链分析 [J]. 经济与管理研究，2015（11）：19-24.

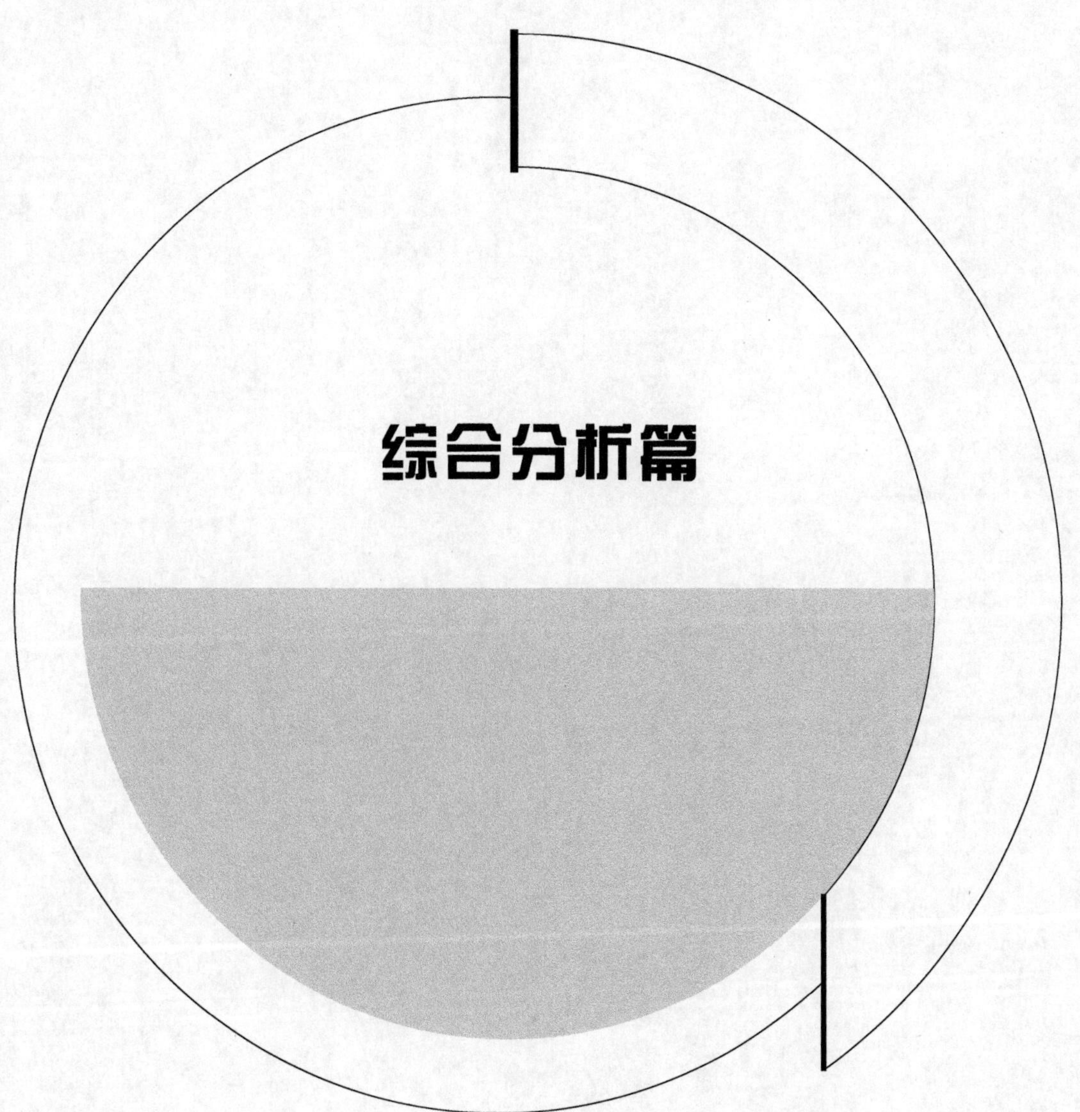

综合分析篇

西安市可持续发展报告

赵依梅　刘育红*

摘　要

可持续发展观是对人类全面发展和可持续发展的高度概括，结合西安市可持续发展的目标，报告从经济、社会、资源环境三个方面介绍了西安市可持续发展现状，根据西安市可持续发展的内涵，建立西安市可持续发展的指标评价体系，将西安市经济子系统、社会子系统、资源环境子系统纳入指标体系，基于西安市2002—2018年的数据指标，采用主成分分析法对西安市可持续发展水平进行实证分析，得出西安市经济、社会、资源环境的可持续发展综合得分。根据实证结果及西安市可持续发展现状，分析西安市可持续发展存在的一些问题，并结合西安市可持续发展新理念、新政策，针对性地提出与西安市可持续发展相关的政策建议。

关键词：可持续发展；主成分分析；指标体系

一、西安市可持续发展现状

（一）经济发展现状

自我国实施西部大开发战略后，中西部地区发展迅猛，西安作为陕西省的省

* 赵依梅，西安财经大学经济学院财政学硕士研究生；刘育红，经济学博士，西安财经大学经济学院教授、硕士生导师。

会，经济也得到高速发展，综合实力显著增强，在近二十年间取得了非凡的成绩。

（1）西安市生产总值持续增长，在 2004 年西安市全年生产总值就突破了千亿元大关。西安市生产总值从 2002 年的 826.68 亿元增长到 2018 年的 8 349.86 亿元，增长了 9.1 倍（见图 1），相信在不久的将来，西安市生产总值会迅速突破万亿元，迈向新的台阶。

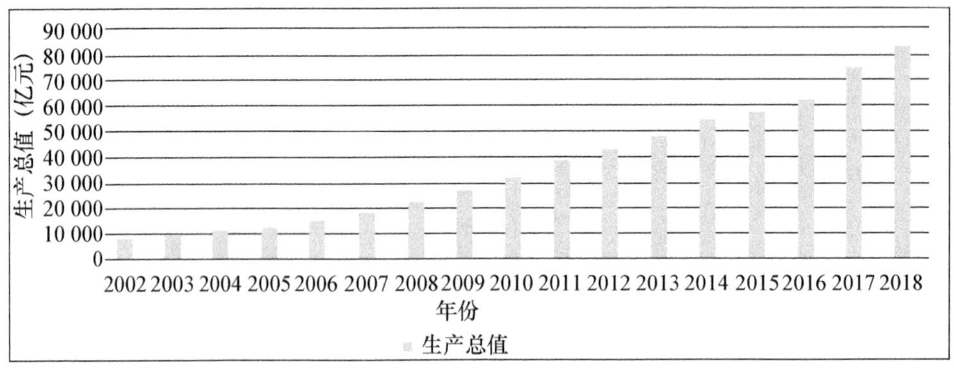

图 1　2002—2018 年西安市生产总值

尽管西安市经济发展总体上保持着增长，但是经济增长的速度明显放缓，经济增长放缓的趋势从图 2 可以看出：2002—2018 年西安市经济的线性增长趋势是下降的。

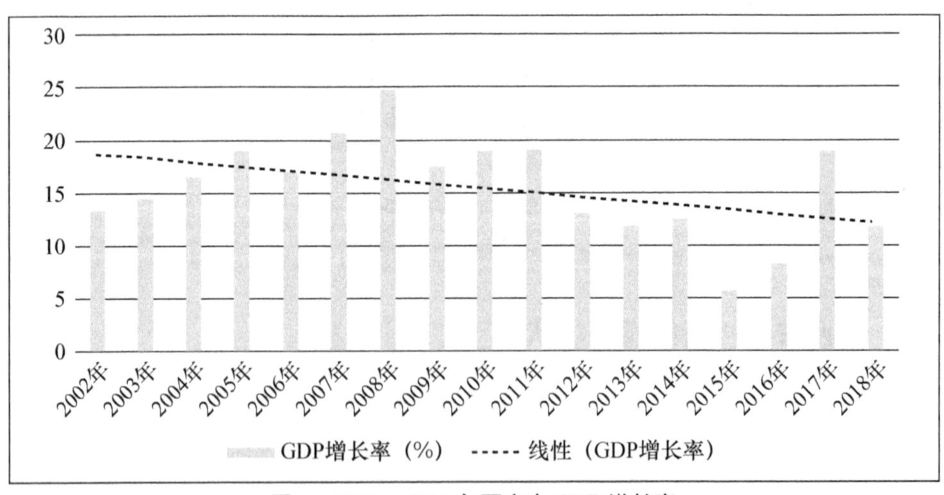

图 2　2002—2018 年西安市 GDP 增长率

（2）西安市的经济布局在不断调整，第三产业对经济发展的贡献率越来越大。2002 年西安市第三产业的贡献率只有 49.1%，到了 2018 年第三产业的贡献率为 72.9%，第三产业的贡献率明显增加，第三产业在经济结构中占比明显。更重要的是，西安市第一、第二产业在经济结构调整中逐渐趋于合理的比例。自 2013 年我国提出“一带一路”倡议后，西安市作为“丝绸之路经济带”的起点，这给西安市的经济发展带来了机遇和有利的战略条件，西安市经济开放程度越来越大。表 1 列示了 2002—2018 年西安市三次产业贡献率的变化。

表 1　2002—2018 年西安市三次产业贡献率

年份	第一产业贡献率	第二产业贡献率	第三产业贡献率
2002	1.5%	49.4%	49.1%
2003	0.8%	57.7%	41.5%
2004	2.5%	54.1%	43.4%
2005	2.6%	41.3%	56.1%
2006	2.5%	40.2%	57.3%
2007	1.4%	41.4%	57.2%
2008	2.0%	41.4%	56.6%
2009	1.7%	36.5%	61.8%
2010	1.7%	42.5%	55.8%
2011	2.1%	38.5%	59.4%
2012	2.0%	40.7%	57.3%
2013	1.5%	50.3%	48.2%
2014	1.7%	39.3%	59.0%
2015	1.9%	28.4%	69.7%
2016	1.7%	36.0%	62.3%
2017	2.4%	26.1%	71.5%
2018	1.8%	25.3%	72.9%

资料来源：2002—2018 年《西安统计年鉴》。

（3）西安市经济开放度不断加深。近二十年中，在不断吸引外商进行投资的同时，西安市的对外贸易量不断增加。相比 2002 年西安市的进出口总值 153.31 亿元，2018 年的进出口总值为 3 303.87 亿元，增长了 20.55 倍（见图 3），进出口总值每年都保持着稳定的增长，经济开放规模不断扩大。

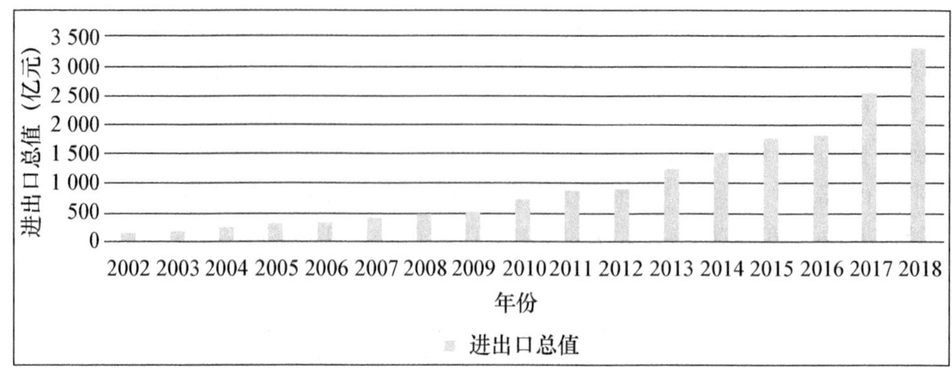

图 3　2002—2018 年西安市进出口总值

为响应国家政策的号召，西安市的招商引资也取得了极佳的成绩，2010 年西安市实际利用外商进行直接投资的金额为 121 872 万美元，2018 年西安市实际利用外商进行直接投资的金额为 635 400 万美金，相较之下增长了 4.21 倍（见图 4），外资利用稳定增长。

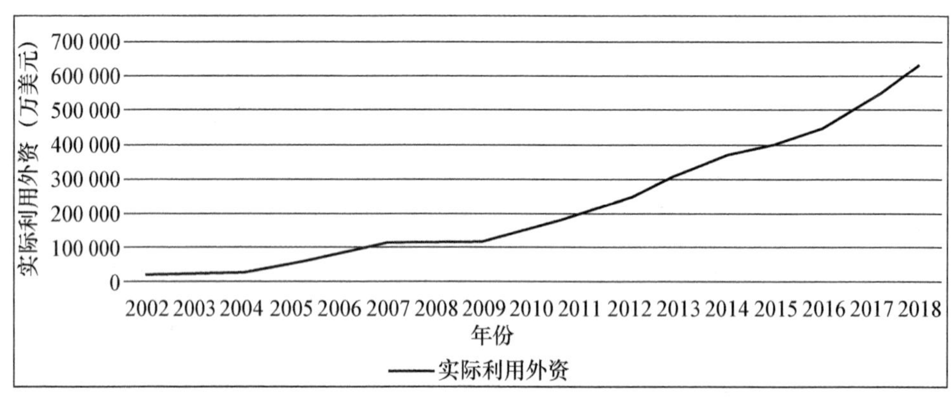

图 4　2002—2018 年西安市实际利用外资情况

（4）西安市固定资产投资态势良好。随着经济开放程度越来越深入，西安市固定资产的投资也越来越多，相比 2002 年全市固定资产投资 338.15 亿元，2018 年全市固定资产投资 8 160.99 亿元，增长了 23.13 倍（见图 5）。近些年来西安市持续优化投资结构，调整投资布局，特别是围绕扩大高端制造业生产、推动产业聚集、促进转型升级等方面，精准聚焦补短板的主攻方向，从追求经济增量到谋求发展质量，不断推动产业蝶变升级。全市固定资产投资呈现循序渐进的良好态势，成为推动全市经济高质量发展的重要支撑。

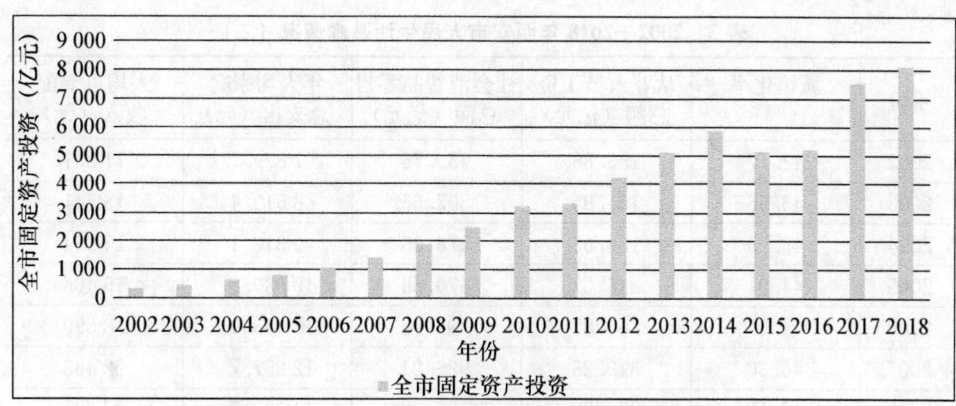

图 5　2002—2018 年西安全市固定资产投资

（二）社会发展现状

经济的发展与社会的发展是相辅相成的，西安市在经济稳定增长的同时，社会方面也稳步发展，更加和谐。近二十年来，西安市居民的社会生活得到了很大改善，人民生活越来越幸福，这不仅仅受益于经济的迅速发展，同样也是社会进步的结果。具体数据如表 2 和表 3 所示。

表 2　2002—2018 年西安市人民生活基本情况（一）

年份	人口密度（人/平方公里）	人口自然增长率（‰）	城镇恩格尔系数（%）	农村恩格尔系数（%）	城镇失业率（%）	居民人民币储蓄存款（亿元）
2002	704	3.23	34.40	31.10	3.70	988.04
2003	718	3.80	34.80	37.60	4.50	1 210.56
2004	717	3.32	36.10	35.70	4.30	1 432.86
2005	734	4.42	37.00	36.30	4.30	1 716.76
2006	745	4.52	34.40	36.80	4.30	1 950.53
2007	756	4.52	36.60	38.20	4.30	2 002.38
2008	764	4.58	36.40	37.00	4.20	2 513.70
2009	773	4.45	32.40	35.80	4.30	3 084.20
2010	774	4.39	31.30	32.50	4.20	3 641.09
2011	783	4.33	31.30	31.90	3.90	4 155.65
2012	788	4.56	32.50	33.80	3.50	4 787.03
2013	799	4.20	32.50	33.00	3.40	5 357.05
2014	807	4.64	32.30	34.20	3.40	5 698.15
2015	808	4.64	32.70	32.20	3.30	6 571.18
2016	817	6.14	29.30	26.90	3.30	7 035.81
2017	837	7.20	29.10	27.30	3.20	7 497.30
2018	842	6.42	28.90	26.90	3.10	7 723.56

资料来源：2002—2018 年《西安统计年鉴》。

表 3　2002—2018 年西安市人民生活基本情况（二）

年份	城镇化率（%）	从业人员工资总额（亿元）	社会消费品零售总额（亿元）	年人均家庭总支出（元）	人均可支配收入（元）
2002	42.77	138.88	459.76	7 879.7	11 831
2003	43.66	155.95	502.65	8 610.4	13 341
2004	43.93	184.63	578.55	9 312.1	15 294
2005	44.91	215.67	670.56	10 030.6	16 406
2006	45.65	250.87	784.95	12 033.9	18 890
2007	46.30	319.23	936.21	12 257.7	22 463
2008	47.12	379.29	1 176.58	14 380.7	27 794
2009	47.42	450.48	1 398.37	17 619.4	32 411
2010	47.86	520.88	1 678.01	20 597.8	38 343
2011	49.41	658.73	2 039.24	23 991.3	45 475
2012	50.05	770.86	2 400.67	26 523.9	51 166
2013	50.79	1 031.46	2 742.89	30 553.4	56 988
2014	51.29	1 151.53	3 093.89	52 182.9	63 794
2015	66.93	1 255.75	3 405.38	58 311.6	66 938
2016	66.94	1 358.95	3 767.20	60 222.6	71 647
2017	67.12	1 542.35	4 249.81	64 462.5	78 368
2018	68.56	1 678.54	4 658.72	68 702.4	86 072

资料来源：2002—2018 年《西安统计年鉴》。

（1）西安市城镇化率不断提升，人均可支配收入大幅度增加。2002 年西安市的城镇化率只有 42.77%，2018 年达到 68.56%，是 2002 年的 1.6 倍。2002 年西安市的人均可支配收入为 11 831 元，2018 年达到 86 072 元，增幅为 6.28 倍。

（2）人均可支配收入的增长能够有效地促进我国居民购买力的提升和消费升级趋势的加快。伴随着收入的增加，居民在消费结构上也发生了一些变化。总体来看，近二十年来西安市人民生活水平有了很大程度的改善和提高，衡量居民的生活质量可参照恩格尔系数。2018 年城镇恩格尔系数为 28.90%，相比较 2002 年的 34.40%来说，下降了 5.5 个百分点；2018 年农村恩格尔系数为 26.90%，相比较 2003 年的 37.60%来说，下降了 10.7 个百分点。

（3）西安在经济较快发展的同时，也在不断推进城乡一体化，全民生活得到了很大的改善。2018 年西安市居民人民币储蓄存款余额达到 7 723.56 亿元，相比 2002 年增长了 6.82 倍，并且城乡收入差距呈现不断缩小的趋势。与此同时，随着城镇化进程的不断加快，居民住房条件不断提高。

(4) 西安市人口增长较为平缓。2002 年西安市人口密度为 704 人/平方公里，人口自然增长率为 3.23‰，2018 年西安市人口密度为 842 人/平方公里，人口自然增长率为 6.42‰。

比较近二十年的数据可以发现，随着经济发展和战略地位的提高，西安这座古都这两年正在高歌猛进，从吸引人才的数量和规模可见一斑，但在城市不断迈进新门槛的同时，更应该重视在发展中暴露出的城市与人之间的矛盾和问题。

(三) 资源环境发展现状

城市自身所拥有的资源和环境是城市发展的基础和前提条件，这在一定程度上可以决定城市的发展情况和前景。自可持续发展战略提出以后，西安市也开始逐渐重视城市资源和环境问题，尤其在我国进入新时代的大背景之下，西安市在注重经济发展的同时，把越来越多的注意力放在了生态保护上面，逐渐改善城市环境质量，提高资源利用效率。

(1) 西安市单位 GDP 能源消耗逐年降低。单位 GDP 能源消耗是每万元 GDP 所消耗的能源，可以反映出该地区能源利用效率。在能源消费总量控制目标完成方面，西安市工作进展顺利，2018 年西安市单位 GDP 能源消耗只有 0.368，相较 2002 年单位 GDP 能源消耗在 1 以上降幅明显（见图 6），反映出西安市近些年在节能降耗方面颇有成效。

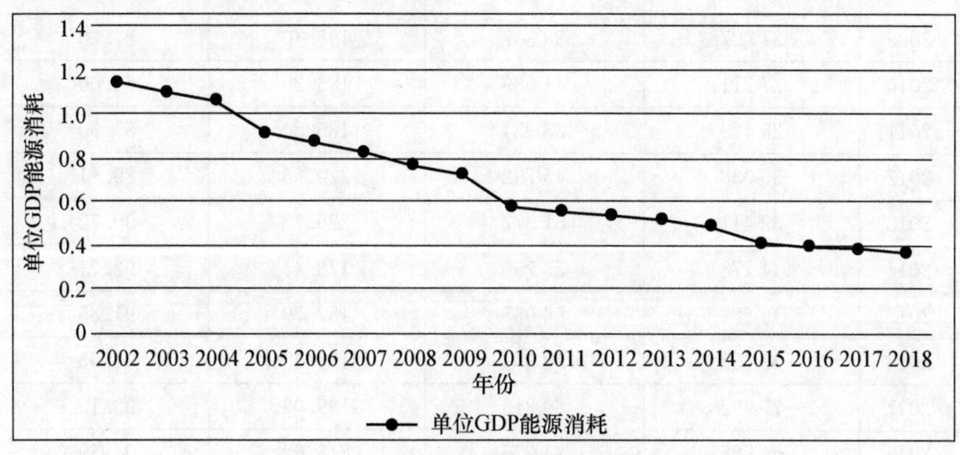

图 6　2002—2018 年西安市单位 GDP 能源消耗

(2) 西安市水资源消耗持续增加。国际公认的维持一个地区经济和社会发展必须达到的人均占有地表水资源量为 1 000 立方米，而西安市人均占有地表水资源量不足 380 立方米。这个数量仅相当于陕西全省人均占有量的 1/3，全国人均占有量的 1/6。当前西安市属严重缺水地区，水资源短缺已成为严重制约西安市社会经济发展的重要因素，要实现社会经济的可持续发展，水资源的可持续利用是当前最重要的议题之一。西安市水资源消耗、城市供水、人均生活用水量和污水处理率的详细数据如表 4 所示。尽管水资源较为匮乏，但西安市通过对水资源的合理利用、污水处理率的逐年提高等来实现水资源的可持续发展。2002 年西安市的污水处理率只有 35.32%，到 2018 年污水处理率较 2002 年增长了 1.69 倍，污水处理率有显著的提升，对污水进行再利用的同时也保护了生态环境。

表 4　2002—2018 年西安市水资源情况

年份	水资源消耗（万立方米）	城市供水（万立方米）	人均生活用水量（升）	污水处理率（%）
2002	18 008	33 776	252.34	35.32
2003	20 696	36 122	172.29	37.02
2004	20 441	36 092	146.82	39.30
2005	20 387	35 776	147.25	38.87
2006	15 657	28 762	126.50	60.10
2007	19 501	32 959	187.00	61.60
2008	23 802	36 471	179.70	65.10
2009	24 927	38 307	198.40	81.00
2010	27 211	41 089	186.20	84.00
2011	25 429	38 934	185.20	85.90
2012	30 038	45 792	220.96	89.51
2013	32 411	51 372	225.78	90.72
2014	44 178	53 790	178.45	92.71
2015	46 889	56 055	187.79	91.85
2016	48 750	59 953	191.35	91.93
2017	77 992	89 216	199.09	93.10
2018	64 585	84 375	215.68	94.89

资料来源：2002—2018 年《西安统计年鉴》。

（3）西安市绿化量持续增加，园林品质不断提升，城市园林绿化成效显著，居民居住环境更加绿色舒畅。2002 年西安市城市绿化面积为 6 873 公顷，建成区绿化覆盖率为 35.06%；2018 年西安市城市绿化面积为 37 847 公顷，相较 2002

年增长了 4.51 倍（见图 7）。为贯彻落实党的十九大精神，建成美丽西安，在园林建设方面西安市做出了重大举措，围绕大都市发展思路，打造生态家园，为了满足广大消费者的需求，全面建设园林，不断地完善西安市的城市绿化体系。

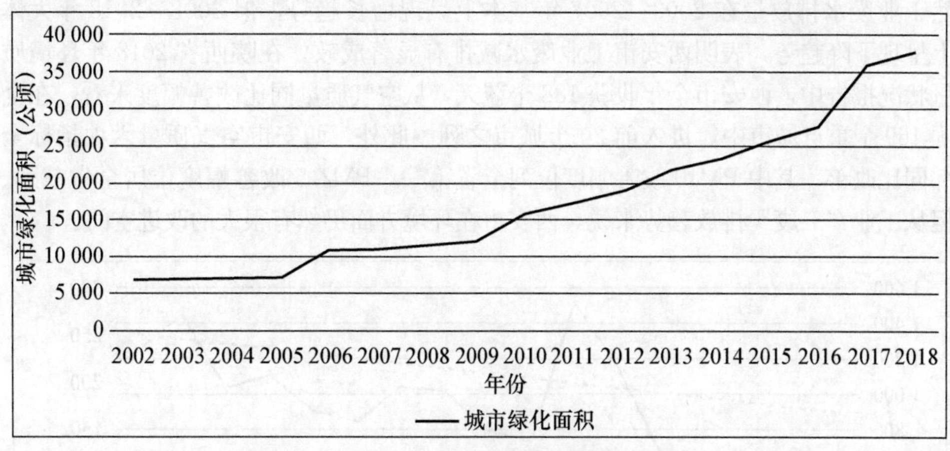

图 7　2002—2018 年西安市城市绿化面积

（4）西安市城市建设用地越来越多，城建区面积逐年增加。随着科学技术的进步，土地的利用无论广度还是深度都有了巨大的发展。2002 年西安市城建区面积为 203 平方公里，对比 2002 年，2018 年西安市城建区面积增长了 2.47 倍（见图 8）。以后城市将成为人们生活的主要地点，越来越多的人将生活在城市，所以城市土地资源的可持续利用对今后的经济社会发展有着极其重要的意义。加大土地利用强度是建立在保障基本的生态环境要求基础之上的，所以要合理地控制土地开发的强度以维护土地生态系统的自我更新能力。

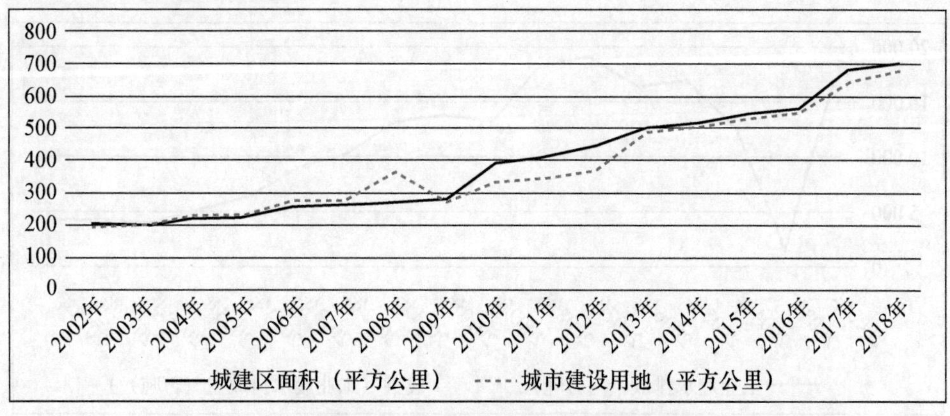

图 8　2002—2018 年西安市城市土地使用情况

（5）从图 9 和图 10 可以看出，西安市工业“三废”排放量 2002—2018 年间有一些年份出现了一定程度的下降。但近二十年来工业废气排放量、工业固体废物排放量总体上来说呈现一个上升的趋势。工业废水排放量整体呈下降趋势，虽然工业废水排放量在 2003—2007 年基本上呈现增长趋势，但 2008—2018 年大体上呈现下降趋势，表明西安市工业废水减排有显著成效。在陕西省 2018 年环境质量状况报告中，西安市全年收获 188 个蓝天，从空气质量同比改善幅度来看，在全国 169 个重点城市中，进入前 20 个城市之列。此外，西安市空气质量六项指标全部同比改善，其中 PM10 改善幅度位列全省第一，PM2.5 改善幅度位居全省前列。但从工业“三废”排放趋势来说，西安市在环境方面仍然有很大的改进空间。

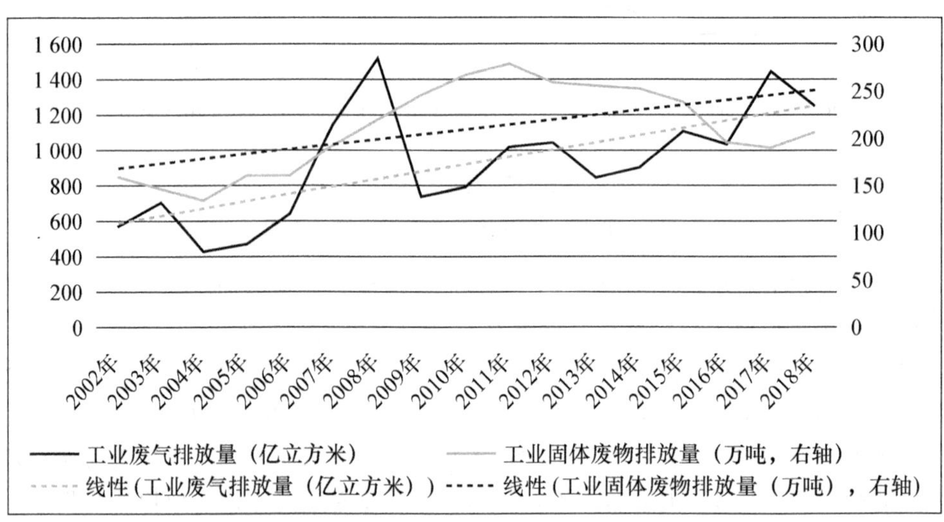

图 9　2002—2018 年西安市工业废气、工业固体废物排放量

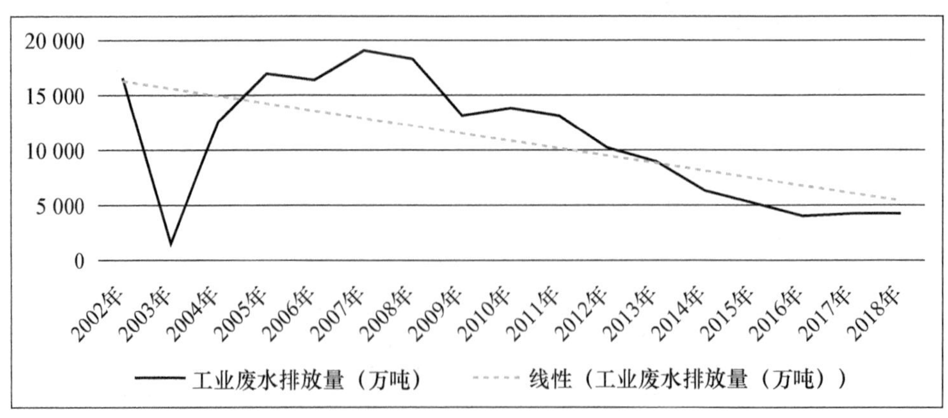

图 10　2002—2018 年西安市工业废水排放量

二、西安市可持续发展的实证分析

(一) 西安市可持续发展指标体系的建立

总指标：即西安市可持续发展评价的最终指标，是对西安市可持续发展进行一个总体评价。

一级指标：由经济、社会、资源环境三个子系统构成西安市可持续发展评价的一级综合指标。

具体指标：由量化的实际指标构成，共有40个具体指标（见表5）。

表5　西安市可持续发展指标体系

总指标	一级指标	具体指标
西安市可持续发展总指标	西安市可持续发展经济指标	生产总值（亿元）、GDP增长率（%）、第一产业贡献率（%）、第二产业贡献率（%）、第三产业贡献率（%）、全市固定资产投资（亿元）、财政总收入（亿元）、实际利用外资（万美元）、进出口总值（亿元）、人均可支配收入（元）、全社会劳动生产率（元/人）
	西安市可持续发展社会指标	全市每天创造的生产总值（万元）、居民消费价格指数、商品零售价格指数、人口密度（人/平方公里）、人口自然增长率（‰）、居民人民币储蓄存款（亿元）、城镇化率（%）、城镇失业率（%）、农村恩格尔系数、城镇恩格尔系数、高校毕业生人数（万人）
	西安市可持续发展资源环境指标	耕地面积（万亩）、工业固体废物综合利用率（%）、污水处理率（%）、生活垃圾无害化处理率（%）、城市绿化面积（公顷）、建成区绿化覆盖率（%）、人均公园绿地面积（平方米）、单位GDP能耗降低率（%）、单位GDP能源消耗、污水年处理量（万立方米）、用水普及率（%）、当年造林面积（万亩）、封山育林面积（万亩）、人均生活用水量（升）、城市天然气供气总量（万立方米）、城市液化石油气供气总量（吨）、城市供水总量（万立方米）、水资源存量（亿立方米）

(二) 原始数据的处理

多个指标评价体系构成了可持续发展指标体系，由于各评价指标的量纲与数量级均不相同，各指标间的水平相差非常大，如人口自然增长率与人均可支配收入这两个指标，量纲与数量级都不同。如果直接用原始指标值进行分析，就会突出数值较高的指标在综合分析中的作用，相对削弱数值较低的指标的作用。在可持续发展指标体系中，指标不仅在量纲与数量级上有区别，在性质上也存在差别，对不同性质的指标直接加总不能正确反映不同作用力的综合结果，须先考虑改变指标数据性质，然后进行加总才能得出正确结果。因此，为了保证结果的可靠性，需要对原始指标数据进行标准化处理与方向调整。

1. 指标的方向调整

一般而言，可以将可持续发展指标分为三类性质的指标：一类指标需要数值适中，既不能数值太大，也不能数值太小，而是有合理的范围，例如人口自然增长率指标；一类指标的数值越小表示对可持续发展贡献度越高，例如单位 GDP 能源消耗指标；另一类指标性质恰好相反，数值越大表示对可持续发展贡献度越高，例如污水处理率指标。为了使综合指标的评价方向更加统一，往往要对性质不同的指标进行调整。对阻碍可持续发展的指标通常的做法是取其倒数。对数值应适中的指标通常的做法是取一个公认的最合适的值减去指标值，最终取其绝对值的倒数。

2. Z-score 标准化

对数据的标准化处理方法是借助 SPSS 软件采用“Z-score 标准化”。Z-score 称为标准化指标值或 Z 值，这种方法基于原始数据的均值和标准差进行数据的标准化，其计算公式为：

$$Z=\frac{X_i-\overline{X}}{S} \tag{1}$$

式中，Z 表示标准化值；X_i 表示经过方向调整后的指标值；$\overline{X}$ 表示指标均值；S 表示指标方差。

（三）主成分分析法

在用统计分析方法研究多变量的课题时，变量个数太多就会增加课题的复杂性。人们自然希望变量个数较少而得到的信息较多。更重要的是在很多情形下，许多变量之间可能存在相关性，从而增加了问题分析的复杂性。如果分别对每个指标进行分析，分析往往是孤立的，不能完全利用数据中的信息。因此盲目减少指标会损失很多有用的信息，从而产生错误的结论。例如人均可支配收入与生产总值就存在着相关性。当两个变量之间有一定相关关系时，可以解释为这两个变量反映此课题的信息有一定的重叠。因此需要采用主成分分析法，在减少需要分析的指标的同时，尽量减少原指标包含信息的损失，以达到对所收集数据进行全面分析的目的。由于各变量之间存在一定的相关关系，因此可以考虑将关系紧密的变量变成尽可能少的新变量，使这些新变量是两两不相关的，那么就可以用较少的综合指标分别代表存在于各个变量中的各类信息。

主成分分析法大致步骤：（1）将处理过的数据列成矩阵。（2）根据标准化数据矩阵建立协方差矩阵，这是反映标准化后的数据之间相关关系密切程度的统计指标，值越大，说明降维的效果会越好，主成分分析的效果就越好。（3）根据协方差矩阵求出特征值、主成分贡献率和累计方差贡献率，确定主成分个数。根据主成分选取的原则，特征值要求大于 1 且累计贡献率要达到 85%的特征值。(4) 计算各子系统得分。计算公式如下：

$$Y=\sum_{i}^{n}F_i\frac{\lambda_i}{\sum_{j}^{m}\lambda_j} \tag{2}$$

式中，Y 表示系统可持续发展得分；F_i 表示第 i 个主成分得分系数；n 表示主成分的个数；λ_i 表示第 i 个主成分的特征值；m 表示特征值大于 1 的个数；λ_j 表示第 j 个特征值大于 1 的主成分的特征值。

（四）经济子系统可持续发展能力实证分析

对西安市各项经济可持续发展指标原始数据进行标准化处理，处理结果如表 6 和表 7 所示。

表 6　2002—2018 年西安市经济可持续发展指标标准化（一）

年份	生产总值（亿元）	GDP 增长率（%）	第一产业贡献率（%）	第二产业贡献率（%）	第三产业贡献率（%）	全市固定资产投资（亿元）
2002	−1.189	−0.429	−0.797	0.988	−0.962	−1.206
2003	−1.139	−0.210	−2.304	1.912	−1.823	−1.150
2004	−1.074	0.193	1.354	1.511	−1.608	−1.083
2005	−0.985	0.763	1.570	0.085	−0.169	−1.007
2006	−0.891	0.334	1.354	−0.037	−0.033	−0.915
2007	−0.758	1.065	−1.013	0.096	−0.045	−0.768
2008	−0.565	1.942	0.278	0.096	−0.113	−0.580
2009	−0.395	0.414	−0.367	−0.450	0.476	−0.344
2010	−0.179	0.724	−0.367	0.219	−0.203	−0.045
2011	0.081	0.755	0.494	−0.227	0.205	−0.006
2012	0.291	−0.517	0.278	0.018	−0.033	0.351
2013	0.508	−0.761	−0.797	1.088	−1.064	0.706
2014	0.763	−0.637	−0.367	−0.138	0.159	1.013
2015	0.892	−2.060	0.063	−1.352	1.371	0.719
2016	1.093	−1.502	−0.367	−0.505	0.533	0.729
2017	1.591	0.709	1.139	−1.608	1.575	1.672
2018	1.958	−0.784	−0.152	−1.697	1.734	1.913

表 7　2002—2018 年西安市经济可持续发展指标标准化（二）

年份	财政总收入（亿元）	实际利用外资（万美元）	进出口总值（亿元）	人均可支配收入（元）	全社会劳动生产率（元/人）
2002	−1.108	−1.085	−0.961	−1.221	−1.323

续表

年份	财政总收入（亿元）	实际利用外资（万美元）	进出口总值（亿元）	人均可支配收入（元）	全社会劳动生产率（元/人）
2003	−1.065	−1.058	−0.921	−1.161	−1.221
2004	−1.038	−1.047	−0.850	−1.082	−1.135
2005	−0.975	−0.892	−0.777	−1.037	−1.016
2006	−0.908	−0.760	−0.763	−0.937	−0.893
2007	−0.773	−0.607	−0.680	−0.794	−0.730
2008	−0.640	−0.591	−0.591	−0.579	−0.500
2009	−0.484	−0.553	−0.570	−0.393	−0.315
2010	−0.253	−0.371	−0.326	−0.155	−0.086
2011	0.037	−0.141	−0.155	0.132	0.174
2012	0.252	0.107	−0.124	0.361	0.351
2013	0.564	0.448	0.241	0.595	0.547
2014	0.807	0.748	0.563	0.869	0.773
2015	1.006	0.908	0.817	0.996	0.926
2016	1.049	1.168	0.893	1.185	1.136
2017	1.525	1.589	1.683	1.456	1.483
2018	2.003	2.137	2.522	1.766	1.831

根据SPSS的输出结果，从图11可以看出成分特征值大于1的有两个，第一成分的特征值是8.419，第二成分的特征值是1.494。由表8可知，经济子系统的降维效果很好，两个主成分的累计贡献率达到了90.117%，能够解释大部分的变量所携带的信息。

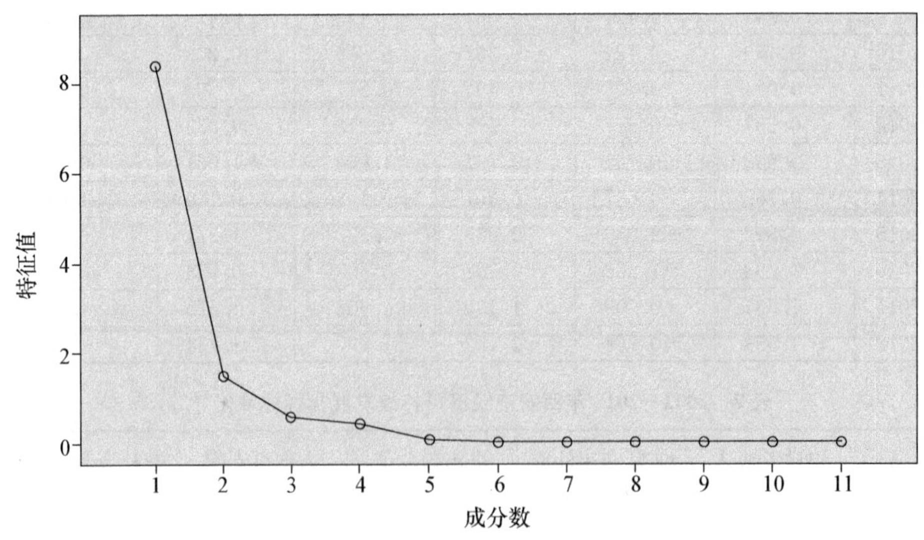

图11　经济子系统碎石图

表 8　经济子系统成分特征值及其贡献率

成分	初始特征值	贡献率	累计贡献率
1	8.419	76.540%	76.540%
2	1.494	13.577%	90.117%

通过 SPSS 软件进行数据分析，时间样本第一主成分与第二主成分的得分情况如表 9 所示。由式（2）计算可得西安市经济子系统可持续发展得分情况。

表 9　2002—2018 年西安市经济可持续发展指标综合得分

年份	第一主成分	第二主成分	可持续综合得分	排名
2002	−1.125	−0.797	−1.406	17
2003	−1.287	−2.071	−1.076	16
2004	−1.160	0.309	−0.939	15
2005	−0.833	1.451	−0.568	14
2006	−0.713	1.191	−0.489	13
2007	−0.684	0.084	−0.426	12
2008	−0.601	1.109	−0.343	11
2009	−0.293	0.371	−0.208	10
2010	−0.252	0.046	−0.193	9
2011	0.020	0.708	−0.027	8
2012	0.214	−0.161	0.124	7
2013	0.243	−1.554	0.157	6
2014	0.709	−0.658	0.503	5
2015	1.120	−0.367	0.743	4
2016	1.033	−0.894	0.896	3
2017	1.575	1.328	1.538	2
2018	2.035	−0.095	1.714	1

由表 9 可知，西安市 2002—2018 年经济可持续发展指数一直保持增长，经济总量增加，经济发展态势越来越好，这与西安市经济发展情况一致。

（五）社会子系统可持续发展能力实证分析

对西安市各项社会可持续发展指标原始数据进行标准化处理，处理结果如表 10 和表 11 所示。

表 10　2002—2018 年西安市社会可持续发展指标标准化（一）

年份	全市每天创造的生产总值（万元）	居民消费价格指数	商品零售价格指数	人口密度（人/平方公里）	人口自然增长率（‰）	居民人民币储蓄存款（亿元）
2002	−1.173	−1.710	−1.613	−1.693	−0.926	−1.274
2003	−1.124	−0.769	−0.806	−1.356	−0.670	−1.178
2004	−1.060	0.122	0.215	−1.380	−0.888	−1.083
2005	−0.991	−0.868	−0.968	−0.972	−0.333	−0.962
2006	−0.908	−0.224	0.234	−0.708	−0.271	−0.861
2007	−0.750	1.311	1.183	−0.444	−0.271	−0.839
2008	−0.561	1.955	2.097	−0.251	−0.233	−0.620
2009	−0.394	−1.165	−1.075	−0.035	−0.314	−0.376
2010	−0.182	0.717	0.645	−0.011	−0.351	−0.138
2011	0.075	1.757	1.559	0.205	−0.386	0.083
2012	0.291	0.370	0.430	0.325	−0.246	0.353
2013	0.508	0.320	0.108	0.589	−0.461	0.597
2014	0.741	−0.323	−0.430	0.781	−0.194	0.743
2015	0.868	−0.670	−0.968	0.805	−0.194	1.117
2016	1.065	−0.571	−0.753	1.021	1.170	1.316
2017	1.553	−0.026	0.108	1.502	3.016	1.513
2018	2.041	−0.224	0.269	1.622	1.552	1.610

表 11　2002—2018 年西安市社会可持续发展指标标准化（二）

年份	城镇化率（%）	城镇失业率（%）	农村恩格尔系数	城镇恩格尔系数	高校毕业生人数（万人）
2002	−0.978	0.155	0.497	−0.556	−2.052
2003	−0.882	−1.230	−1.033	−0.693	−1.678
2004	−0.853	−0.932	−0.643	−1.115	−1.358
2005	−0.746	−0.932	−0.771	−1.391	−0.920
2006	−0.666	−0.932	−0.874	−0.556	−0.618
2007	−0.596	−0.932	−1.148	−1.270	−0.152
2008	−0.507	−0.773	−0.914	−1.209	0.118
2009	−0.475	−0.932	−0.665	0.177	−0.023
2010	−0.427	−0.773	0.116	0.620	0.210

续表

年份	城镇化率(%)	城镇失业率(%)	农村恩格尔系数	城镇恩格尔系数	高校毕业生人数(万人)
2011	−0.259	−0.244	0.275	0.620	0.454
2012	−0.190	0.601	−0.210	0.138	0.628
2013	−0.110	0.843	−0.012	0.138	0.463
2014	−0.056	0.843	−0.305	0.216	0.671
2015	1.637	1.100	0.195	0.061	1.004
2016	1.638	1.100	1.880	1.510	1.163
2017	1.658	1.374	1.730	1.606	0.964
2018	1.813	1.664	1.880	1.703	1.127

根据SPSS的输出结果，从图12可以看出成分特征值大于1的有两个，第一成分的特征值是8.509，第二成分的特征值是2.210。由表12可知，社会子系统的降维效果很好，两个主成分的累计贡献率达到了89.329%，能够解释大部分的变量所携带的信息。

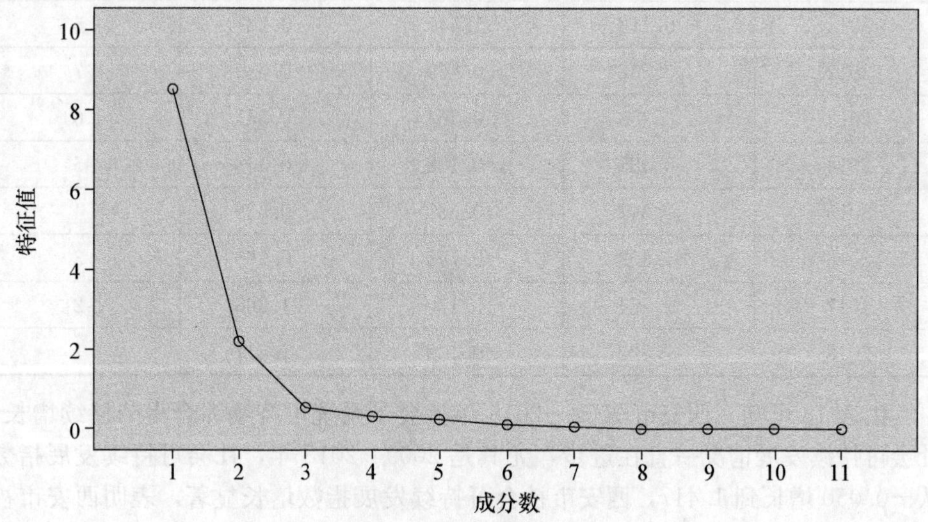

图12　社会子系统碎石图

表12　社会子系统成分特征值及其贡献率

成分	初始特征值	贡献率	累计贡献率
1	8.509	70.912%	70.912%
2	2.210	18.417%	89.329%

通过 SPSS 软件进行数据分析，时间样本第一主成分与第二主成分的得分情况如表 13 所示。由式（2）计算可得西安市社会子系统可持续发展得分情况。

表 13　2002—2018 年西安市社会可持续发展指标综合得分

年份	第一主成分	第二主成分	可持续综合得分	排名
2002	－1.024	－1.968	－1.218	17
2003	－1.199	－0.815	－1.120	16
2004	－1.129	0.040	－0.888	14
2005	－0.993	－0.807	－0.954	15
2006	－0.802	－0.051	－0.647	13
2007	－0.777	1.320	－0.473	12
2008	－0.591	2.032	－0.344	11
2009	－0.376	－0.848	－0.050	10
2010	－0.117	0.682	0.048	9
2011	0.112	1.547	0.281	8
2012	0.232	0.469	0.339	7
2013	0.358	0.264	0.347	6
2014	0.485	－0.182	0.408	5
2015	0.841	－0.669	0.529	4
2016	1.403	－0.745	0.960	3
2017	1.754	－0.130	1.366	2
2018	1.822	－0.139	1.417	1

由表 13 可知，西安市 2002—2018 年社会子系统可持续综合得分持续增长，社会可持续发展情况一直在进步，尤其是 2009—2018 年，社会可持续发展指数从－0.050 增长到 1.417，西安市社会可持续发展指数增长显著，表明西安市社会发展越来越繁荣、和谐、健康，这与西安市的实际情况是一致的。

（六）资源环境子系统可持续发展能力实证分析

对西安市各项资源环境可持续发展指标原始数据进行标准化处理，处理结果如表 14 和表 15 所示。

表 14 2002—2018 年西安市资源环境可持续发展指标标准化(一)

年份	耕地面积(万亩)	工业固体废物综合利用率(%)	污水处理率(%)	生活垃圾无害化处理率(%)	城市绿化面积(公顷)	建成区绿化覆盖率(%)	人均公园绿地面积(平方米)	单位 GDP 能耗降低率(%)	单位 GDP 能源消耗
2002	1.943	−1.661	−1.634	0.704	−1.075	0.444	−1.357	−0.202	−1.277
2003	1.428	−1.245	−1.560	−0.878	−1.063	−0.422	−1.385	−0.548	−1.222
2004	0.994	−0.849	−1.459	−0.262	−1.063	−0.875	−1.510	−0.712	−1.170
2005	0.766	−0.453	−1.478	−1.505	−1.027	−0.944	−1.275	0.318	−0.924
2006	0.554	−0.278	−0.546	−1.822	−0.685	1.872	−0.509	−0.089	−0.848
2007	0.359	−0.383	−0.480	−1.888	−0.650	−0.743	−0.501	1.295	−0.738
2008	0.311	1.276	−0.326	−0.255	−0.596	−0.503	−0.427	2.074	−0.600
2009	0.171	1.285	0.372	−0.273	−0.552	2.045	−0.388	1.131	−0.481
2010	−0.050	1.324	0.504	0.366	−0.189	−1.313	0.081	−1.897	0.093
2011	−0.351	1.190	0.587	0.331	−0.020	−0.803	0.394	−0.600	0.192
2012	−0.699	0.944	0.746	0.549	0.151	−0.713	0.519	−0.643	0.299
2013	−0.878	0.857	0.799	0.375	0.439	−0.377	0.707	−0.591	0.408
2014	−1.144	0.321	0.887	0.292	0.576	−0.294	0.910	1.416	0.598
2015	−1.330	0.034	0.849	1.110	0.820	0.135	1.008	−0.911	1.202
2016	−1.819	−0.949	0.852	0.863	1.020	0.411	1.063	−0.366	1.359
2017	−0.480	−1.188	0.904	1.114	1.861	0.960	1.231	0.309	1.464
2018	0.224	−0.225	0.982	1.178	2.054	1.122	1.438	0.015	1.644

表 15　2002—2018 年西安市资源环境可持续发展指标标准化(二)

年份	污水年处理量（万立方米）	用水普及率（%）	当年造林面积（万亩）	封山育林面积（万亩）	人均生活用水量（升）	城市天然气供气总量（万立方米）	城市液化石油气供气总量(吨)	城市供水总量（万立方米）	水资源存量（亿立方米）
2002	−0.962	−0.564	1.943	−0.990	2.077	−1.354	0.669	−0.759	1.160
2003	−0.962	−0.418	1.584	−1.280	−0.519	−1.224	1.004	−0.624	0.857
2004	−1.083	−0.401	0.377	−1.337	−1.344	−1.148	1.004	−0.626	0.857
2005	−1.083	−0.432	0.862	−1.270	−1.330	−0.937	1.035	−0.644	0.705
2006	−0.962	−0.401	0.197	−1.093	−2.003	−0.726	0.964	−1.047	0.705
2007	−0.907	−0.081	−1.053	−0.812	−0.042	−0.677	0.889	−0.806	0.823
2008	−0.872	3.817	−0.575	−0.276	−0.278	−0.504	0.920	−0.604	0.823
2009	−0.479	−0.084	0.685	0.345	0.328	−0.354	0.941	−0.499	−0.137
2010	−0.229	−0.501	0.777	1.870	−0.068	−0.174	−0.878	−0.339	−0.171
2011	0.113	−0.084	−0.270	0.681	−0.100	−0.020	−1.037	−0.463	1.631
2012	0.323	−0.084	−0.516	0.733	1.060	0.280	−1.077	−0.069	−0.981
2013	0.665	−0.084	0.075	0.948	1.216	0.434	−1.033	0.252	−1.715
2014	0.985	−0.084	0.519	0.826	−0.319	0.882	−1.055	0.391	−0.996
2015	1.471	−0.084	−0.664	0.913	−0.016	1.026	−1.062	0.521	−1.004
2016	1.203	−0.084	−1.358	0.896	0.099	1.152	−1.065	0.745	−0.671
2017	1.324	−0.345	−1.440	−0.396	0.350	1.496	−0.988	2.425	−0.950
2018	1.455	−0.084	−1.143	0.242	0.888	1.848	0.769	2.147	−0.935

根据SPSS的输出结果，从图13可以看出成分特征值大于1的有四个，第一成分的特征值是10.139，第二成分的特征值是2.121，第三成分的特征值是2.024，第四成分的特征值是1.180。由表16可知，西安市资源环境子系统的降维效果不错，四个主成分的累计贡献率达到了85.909%，能够解释大部分的变量所携带的信息。

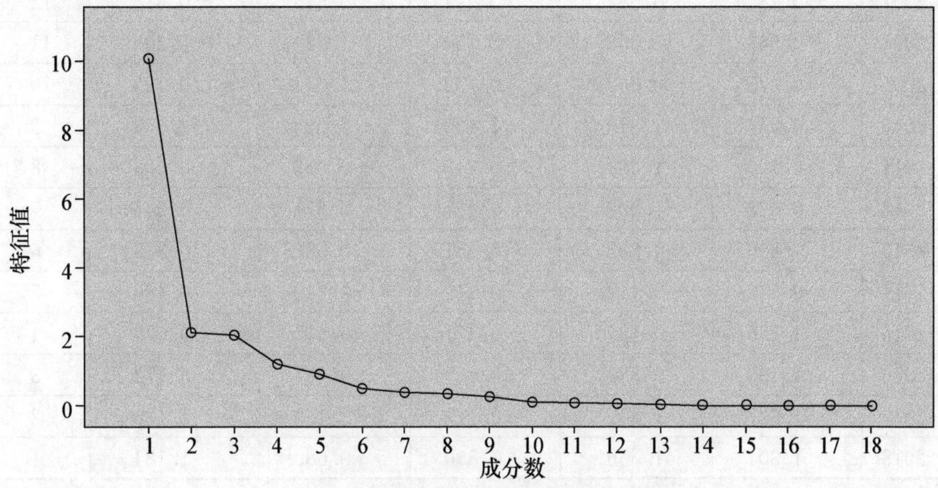

图13　资源环境子系统碎石图

表16　资源环境子系统成分特征值及其贡献率

成分	初始特征值	贡献率	累计贡献率
1	10.139	56.330%	56.330%
2	2.121	11.781%	68.111%
3	2.024	11.245%	79.356%
4	1.180	10.553%	85.909%

通过SPSS软件进行数据分析，时间样本第一主成分、第二主成分、第三主成分、第四主成分的得分情况如表17所示。由式（2）计算可得西安市资源环境子系统可持续发展得分情况。

表17　2002—2018年西安市资源环境可持续发展指标综合得分

年份	第一主成分	第二主成分	第三主成分	第四主成分	可持续综合得分	排名
2002	−1.187	0.968	−1.512	2.510	−0.652	14
2003	−1.336	0.580	−0.866	−0.076	−0.915	17

续表

年份	第一主成分	第二主成分	第三主成分	第四主成分	可持续综合得分	排名
2004	−1.210	0.309	−0.584	−0.841	−0.891	16
2005	−1.241	0.154	−0.009	−1.033	−0.873	15
2006	−0.956	0.691	0.588	−1.647	−0.581	13
2007	−0.782	0.087	0.992	−0.615	−0.418	12
2008	−0.563	−1.058	2.754	1.334	−0.309	11
2009	−0.275	−0.069	0.792	1.014	−0.123	10
2010	0.216	−1.819	−1.400	−0.225	−0.052	9
2011	0.170	−1.280	−0.245	−0.353	−0.008	8
2012	0.628	−1.008	−0.467	0.371	0.241	7
2013	0.806	−0.827	−0.551	0.552	0.385	6
2014	0.768	−0.412	0.419	−0.213	0.486	5
2015	1.136	−0.159	−0.421	−0.510	0.629	4
2016	1.198	0.382	−0.059	−0.767	0.772	3
2017	1.327	1.807	0.177	−0.189	1.126	2
2018	1.301	1.656	0.390	0.689	1.184	1

从表 17 中资源环境可持续发展指数情况来看，尽管 2002—2005 年西安市资源环境可持续发展指数没有保持增长，但是 2006—2018 年该指数得到了很大的改善，表明西安市政府增加了对环境的投入，大量消耗资源的趋势有所改变。

综合分析，从 2002 年到 2018 年，西安市经济、社会、资源环境子系统可持续发展大体上都呈现上升趋势。2002 年西安市经济可持续发展指数为−1.406，社会可持续发展指数为−1.218，资源环境可持续发展指数为−0.652。经过近二十年的发展，2018 年西安市经济可持续发展指数为 1.714，社会可持续发展指数为 1.417，资源环境可持续发展指数为 1.184，各子系统指数增长明显，具体表现为西安市经济发展繁荣，社会进步显著，资源环境改善。从西安市经济、社会、资源环境发展指数来看，2002 年和 2004 年，资源环境可持续发展指数与社会可持续发展指数要比经济可持续发展指数好一些，这表明了早期经济发展相对薄弱，经济发展对资源环境的消耗较少，经济发展对社会进步作用明显。

从 2002 年到 2018 年，西安市经济、社会、资源环境可持续发展一直在上升，但是三者发展不够协调。从图 14 可以看出，经济、社会、资源环境可持续发展可以分为三个阶段：第一阶段为 2002—2004 年，经济、社会都呈上升趋势，资源环境呈下降趋势；第二阶段为 2005—2015 年，从变化趋势上看，经济、社会、资源环境都呈上升趋势，但是经济和社会可持续发展指数增长程度不同，有

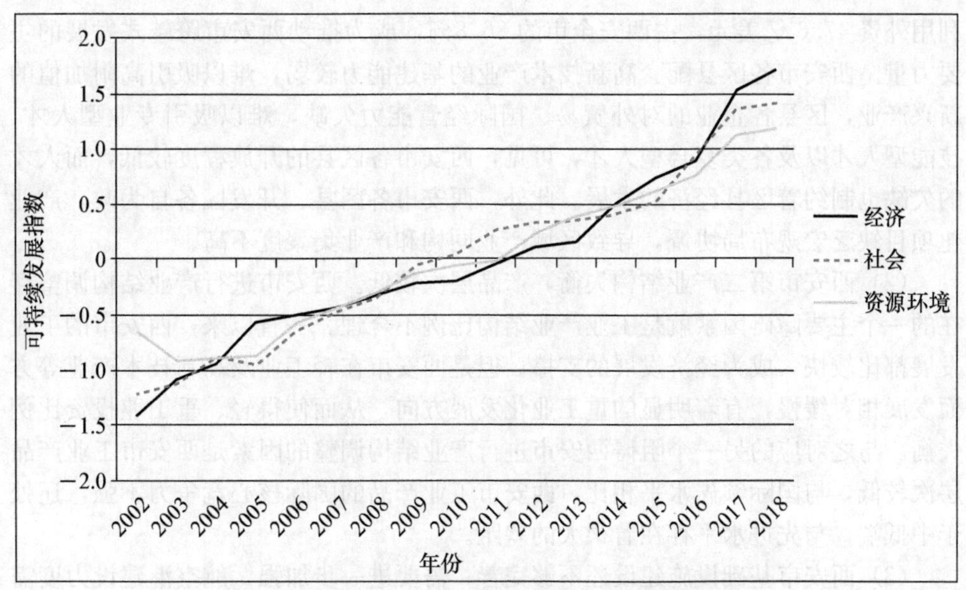

图 14 2002—2018 年西安市各系统可持续发展指数

的年份经济可持续发展指数排第一，有的年份社会可持续发展指数排第一，资源环境可持续发展指数大多排在第二位；第三阶段为 2016—2018 年，此阶段经济可持续发展指数排在第一位，社会可持续发展指数次之，经济发展、社会发展二者情况都比较好，资源环境可持续发展指数却一直处于二者之下。表明在资源环境发展方面的投入力度还不够，西安市政府的发展主要集中在经济的繁荣和社会的进步上，侧面表明不能以资源的大幅消耗和生态的破坏来换取经济的增长，这种发展模式可持续性不强，不可取。可持续发展是由经济、社会、资源环境等因素共同决定的，不能凭一而论。可持续发展强调的是多因素共同发展，不能顾此失彼。

三、西安市可持续发展存在的问题

（一）经济发展方面

近些年西安市经济总量逐年增加，但经济发展仍然存在着一些不足。全市经济基础不够稳固，比如地方财政收入、人均生产总值等存在不足，开放经济发展方面存在经济投资环境、产业结构、全市基础设施建设等因素的制约。

（1）投资环境需进一步改善。西安市各区县对外开放水平有很大的提升空间。随着西安市开发区的投入与发展，西安市各区县的开放程度与开发区的差距越来越大，逐渐成为西安市开放经济的短板。2018 年，西安市八个开发区实际利用外资47.6亿美元，占西安全市的86.8%，成为推动西安市跨越式发展的主要力量。西安市各区县配套高新技术产业的基建能力较弱，难以吸引高附加值的新兴产业，区县各企业的对外贸易、国际经营能力欠缺，难以吸引专业型人才、技能型人才以及各类复合型人才，可见，西安市各区县的开放程度较低，而人才的欠缺也制约着区县经济的发展。此外，西安市各区县、开发区各自为政，产业化项目缺乏宏观布局协调，导致区域产业同构和产业集聚度不高。

（2）西安市第二产业结构失衡，产品层次较低。西安市进行产业结构调整存在的一个主要障碍因素就是工业产业结构比例不合理。一直以来，西安市的工业发展都比较快，成为经济发展的支撑。但是西安市在轻工业及高新技术产业等方面发展相对缓慢，有着明显的重工业化发展方向，从而使得轻、重工业投资比例失衡。与之对应的另一个阻碍西安市进行产业结构调整的因素是西安市工业产品层次较低，与国际领先水平相比，西安市工业产品的国际核心竞争力不强，还处于中低端，与先进水平存在着很大的差距。

（3）西安市基础设施建设还不够完善，需要进一步加强，航空港建设力度需加大。目前，西安（咸阳）机场附近还没有高铁、地铁等其他基础设施与其接驳，从机场到市区的交通不够便捷。口岸服务体系需不断完善，开放服务能力仍要逐步提升。而西安陆港国际物流设施总量不足，空港货运支撑条件偏弱，多式联运转运设施匮乏，园区间、市域内物流通道不畅，园区间、港区间联动发展不足。物流基础设施支撑能力亟待提升，集约化发展水平偏低。

（二）社会发展方面

从前文的实证分析可以看出，在西安市经济发展的同时，社会发展方面也存在着一些不容忽视的问题。

（1）存在社会发展的步伐跟不上经济发展的现象，居民生活水平有待进一步提升。历经数十年的快速发展，西安市居民整体的生活水平有了大幅度的提升，但若将这一水平与国内一线城市（北京、上海、深圳、广州）相比，就会发现城市之间的社会发展水平存在着很大的差距。无论是城镇恩格尔系数还是农村恩格尔系数，都与一线城市有着差距，需不断完善城市的管理体制来提升居民的幸福感。

（2）人口结构需进一步优化。人口结构的优化，包括人口区域结构、年龄结构、性别结构、文化结构、素质结构、产业结构等诸多方面。尽管近几年西安市大幅引进人才，但在我国人口老龄化的形势下，人才引进并不能解决人口结构的问题，需要实施积极的生育政策，优化人口结构。应重建人口和生育价值观，摆脱人口是负担的人口观，树立人口是资源和财富的积极人口观，引导家庭负责任、有计划地安排生育，促进家庭幸福和人口均衡发展。

(3) 居民社会保障方面有待加强以提高居民幸福感。社会保障安排不能仅以西安当地人口基数为确定基础，还应与当地的经济发展水平相匹配，使经济资源更多地倾斜于社会保障。合理安排社会保障资源能切实有效地提升居民幸福感。社会保障支出、财政社会保障支出和社会保险基金支出人均值的提高能显著提升居民幸福感。应健全优质教育保障体系、公共卫生和医疗服务体系、城乡住房保障体系等社会救助体系，并完善就业保障政策，尽快做到社会保障全覆盖，大幅提升居民的幸福指数。

(三) 资源环境方面

相比经济可持续发展指数和社会可持续发展指数，西安市资源环境可持续发展指数并不突出，在资源环境方面有很多可改进的地方。

(1) 西安市绿色发展总体水平相对滞后，面临节能减排的压力较大。图 13 表明，西安市 2016—2018 年资源环境可持续发展指数都低于经济、社会可持续发展指数，环境问题日益突出。从人口总量来分析，西安是人口总数超过百万的特大型城市，城市化水平高，人口较密集，随着城镇化进程的加快以及人才引进的推进，在未来一段时间，西安城市人口仍将继续增加。城市人口密度过高势必会增加对资源的利用量，并且加大整治环境的难度。为改善生态环境，西安市应积极应对，采取有力措施，加大生态环保投入力度，使西安地区生态环境有所好转。

(2) 能源利用及再利用效率相对较低。十八大以来，西安市能源利用效率有所提高，但与全国其他城市相比，还存在着一定的差距。从城市统计公布的数据来看，西安市单位 GDP 能耗降低率排在中游，能源消费总量增长率却在全国城市中排名较前。西安市第二产业（主要是能源化工业）的持续增长将给生态环境造成巨大的压力，有悖于可持续发展理念。因此，应坚持优化第二产业结构，改进传统工业布局，加速产业转型和升级，不断提高第二产业的科技含量和科技创新比重，大力发展先进制造业及高新技术产业。这虽然是个巨大的挑战，但将使西安市可持续发展产生质的飞跃。

(3) 环境质量仍需改善。近年来，西安市政府出台了一系列政策，通过全市上下的共同努力，环境质量较前期有明显改善。但从全市的总情况来看，环境问题依然不能掉以轻心。例如，西安市雾霾天气仍时有发生，空气优良天数比率仍然偏低，从数据来看，2018 年西安市空气优良天数为 188 天，空气质量的改善幅度仍未达标。根据生态环境部发布的 2019—2020 年蓝天保卫战重点区域强化监督定点帮扶工作进展情况，西安市问题较为突出，共发现问题 141 个，发现未安装治污设施、治污设施不正常运行、未落实 VOCs 整治要求等工业企业污染防治问题 104 个，在城市问题中占比达 73.8%，主要集中在家具制造、包装印刷、机械加工等行业，涉气环境问题较为突出。以上数据说明西安市在环境方面仍然面临着很大的压力。

四、西安市可持续发展的政策建议

可持续发展内容涉及社会、经济、资源环境等各个方面，结合西安市的发展现状及实证分析结果，现对西安市可持续发展提出以下政策建议：

（一）探索西安开放经济发展新路径，切实用好各类开放平台

树立对外开放和对内开放同步推进的理念，不能顾此失彼，坚持对内、对外开放相促进。制定并不断完善各区县、开发区等全市地区统一的开放经济发展规划。加大对高端产业链的吸引，围绕“中国制造 2025”的战略重点，加大对先进技术和研发机构的引进力度，在现有基础上大力发展战略性新兴产业，同时提升装备制造业水平。积极推广以“低投入、高产出、再利用、资源化”为特点的循环发展模式。在提高第二产业核心竞争力的同时，优化资源配置，合理利用西安古都的文化底蕴，吸引外资和民资加大对服务业的投资，大力发展文化创意产业。在注重引资规模的同时，更要注重引“智”，大力引进技术、管理和人才，实现由引进资金向引进全要素的转变。同时充分利用西安市各大高等院校和科研机构的资源，努力培养一批高质量人才，为以后的持续发展提供人力支撑。

建立丝博会和欧亚论坛连同办会机制，做大并用好这一平台。探索与“一带一路”沿线国家主要城市及地区共建境外经贸合作区，推动在境外形成产业集聚，加快建设内外对接的研发设计新体系，大力引进境外研发机构、设计项目到西安落户，推动境外研发机构与西安企业开展多层次合作。依托西安市的战略地位和独特的地理位置大力发展现代物流业，有步骤地建设大型物流中心，加强航空口岸与陆港口岸的联动发展，完善西安口岸平台，努力形成内陆地区对外开放新优势，实现经济平稳健康发展，开启大西安建设新格局。

（二）继续推进城乡一体化，不断完善基础设施建设，发展科教事业，提升居民生活的社会保障

城乡统筹战略是我国可持续发展研究重点关注的领域，因此需全面加快西安新区建设，继续推动旧城改造，积极推进西安新型城镇化。在加快新城区建设的同时，重点推进周边县的城镇化进程，优化城市环境，提升文化内涵，打造城市经济增长新引擎。在“两型社会”建设的良好机遇下，积极拓宽就业渠道，加快新农村建设步伐，实现社会保险全覆盖，缩小城乡差距，促进城镇和农村协调发展，逐步实现城乡一体化，提升西安市可持续发展社会协调能力。

继续完善基础设施建设，实施地铁线建设，打通西安市区与机场间的快速连

接通道，提高道路的载运力和通达性，缓解交通压力，提升居民出行的愉悦感。在人才引进的同时，积极发展教育事业，为城市文明传承服务。高素质人才可以为城市可持续发展提供智力支持。政府要加大财政性教育支出，为科学和教育的发展提供物质支撑，在城乡之间实现公平教育，做到教育均衡发展。贯彻党的十九大精神，以习近平新时代中国特色社会主义思想为指导，紧扣“五新战略”和“聚焦‘三六九’，振兴大西安”奋斗目标，统筹推进稳增长、促改革、惠民生等各项工作，加强居民的社会保障，促进西安社会发展和谐，人民生活幸福。

（三）坚持绿色西安，加强生态保护，形成政府、企业和市民三方联动环保

陕西省是能源大省，而西安市对能源、水资源等需求较大，要加快产业布局调整以及技术创新，提高西安市资源利用效率。在全市提倡资源节约和能源循环利用，实施节水行动、节能减排行动，大力发展循环经济，提高资源综合利用效率。合理控制高耗能行业，发展能耗较低的高端制造业、新兴产业，抢占产业发展制高点。要严格执行国家环保标准，淘汰落后产能，积极发展低碳产业，提高废物利用率和回收率，进行“绿色”生产，打造“绿色”产业链。

加强生态环境保护是绿色西安的关键内容，要继续加大生态环境保护力度，解决危害环境的有关问题。保护生态、整治污染应该采取“预防为主，防治结合，综合治理”的方针，扩大西安森林覆盖率，加大对大气污染、水污染、土地污染以及资源开发对生态环境的破坏等的综合防治。努力提高水污染、大气污染、土壤污染等的防治力度，要坚持从源头防治、全民共治，争取从源头上杜绝污染。加强各个污染源治理，有效推进大气污染防治和水污染防治。通过居民生活及产业垃圾减量化、无害化、资源化治理，加大固体废物治理力度，加快推进土壤防治。

走可持续发展道路的关键在于人人参与，而并非仅仅是政府的事情，因此西安市资源生态环境的建设需要在政府宏观调控下，引导企业通过引进先进生产工艺及节能减排技术，走一条兼顾经济效益、社会效益、生态效益的可持续发展道路；同时加强对绿色生活理念和生态环保的宣传工作，引导居民逐渐形成良好的环保意识和绿色生活的观念，提高全民对保护生态环境、建设生态文明的共识度。在减少社会不经济行为的同时要加大惩处力度，制定相应的惩罚措施来增加破坏生态的成本，当违法行为给其他公众带来影响时违法者要缴纳赔偿金，当违法行为造成严重影响时要对违法者追究刑事责任。

参考文献

［1］秦炳涛，刘蕾，陶玉．我国资源型城市的可持续发展评价［J］．环境经济研究，2019，4（3）：142-158．

［2］周祖玲．重庆市可持续发展评价研究［J］．经济论坛，2018（4）：31-35．

［3］景丽华，庄海燕．海南省可持续发展研究：基于改进熵权 TOPSIS 法［J］．知识经济，2017（15）：11-13．

［4］王军，张焕波，刘向东，等．中国可持续发展评价指标体系：框架、验证及其分析［C］//中国国际经济交流中心．中国经济分析与展望（2016—2017），2017：195-212．

［5］李莉莉．煤炭资源型城市转型及可持续发展文献综述［J］．中国经贸导刊（中），2019（3）：140-141．

［6］杨锋，邢立强，刘春青，等．ISO 37120 城市可持续发展指标体系国际标准解读［J］．中国经贸导刊，2014（29）：24-27，38．

［7］王腊芳，朱丹，澎湃．长株潭地区可持续发展的综合评价：基于“两型社会”建设的视角［J］．经济数学，2014，31（3）：35-42．

［8］王中亚．灰关联分析的资源型城市可持续发展能力实证研究［J］．西北农林科技大学学报（社会科学版），2011，11（4）：102-106．

［9］杨立娜，仇蕾，张继国．城市可持续发展指标体系的构建与研究［J］．中国城市经济，2010（10）：62-63．

［10］高中杭．城市可持续发展指标体系研究及实证评价［J］．科技信息，2016（24）：109-110．

［11］李天星．国内外可持续发展指标体系研究进展［J］．生态环境学报，2013，22（6）：1085-1092．

［12］曹斌，林剑艺，崔胜辉．可持续发展评价指标体系研究综述［J］．环境科学与技术，2010，33（3）：99-105，122．

［13］于洋．绿色、效率、公平的城市愿景：美国西雅图市可持续发展指标体系研究［J］．国际城市规划，2011，24（6）：46-52．

［14］刘晓红，李国平．基于可持续发展的城市综合评价体系实证研究：以西安市为例［J］．当代经济科学，2016（3）：96-101，127-128．

［15］张艳磊，秦芳，吴昱．“可持续发展”还是“以污染换增长”：基于中国工业企业销售增长模式的分析［J］．中国工业经济，2015（2）：89-101．

咸阳市可持续发展报告

庆东瑞　李可欣　樊荣*

摘　要

作为关中平原城市群内重要节点城市的咸阳市既具备老工业基地的优势，又面临着老工业基地产业转型的压力，可持续发展对于咸阳市意义重大。本报告在对咸阳市可持续发展现状各方面历史数据进行分析的基础上，基于 OECD 脱钩模型，选取咸阳市能源资源和水资源与经济增长的关系进行实证分析，发现了咸阳市可持续发展中存在的问题并提出了具体的政策建议。

关键词： 咸阳市；可持续发展；OECD 脱钩模型；政策建议

咸阳是中国大地原点所在地，东邻省会西安，西接杨凌国家农业高新技术产业示范区，西北与甘肃接壤。辖 2 市 2 区 9 县，总面积 10 196 平方公里。咸阳市地处陕西省关中盆地中部，地势北高南低，呈阶梯状，属关中平原的一部分，是关中平原城市群重要节点城市。《关中平原城市群发展规划》将关中平原城市群定位为内陆生态文明建设先行区，要求关中平原城市群内各城市要转变产业发展方式，积极发展绿色经济，建设美丽城镇和乡村，打造显山露水、透绿见蓝、人与自然和谐共生的新型城市群。作为城市群内重要节点城市的咸阳市既具备老工业基地的优势，又面临着老工业基地产业转型的压力。咸阳市

* 庆东瑞，经济学博士，西安财经大学公共管理学院讲师，西安财经大学园区管理与创新发展研究中心研究员，硕士生导师；李可欣，西安财经大学公共管理学院行政管理专业本科生；樊荣，西安财经大学公共管理学院硕士研究生。

推动可持续发展任重而道远。

一、咸阳市可持续发展现状

（一）经济增长持续稳定

咸阳市 2008—2018 年经济总量逐步增加，2008 年咸阳市生产总值仅有 764.55 亿元，2018 年咸阳市生产总值为 2 376.45 亿元，比 2008 年增长了 2 倍多。除 2017 年较之于 2016 年呈现负增长态势外，其他年份生产总值均较上年有一定程度的增长，2018 年较 2017 年上涨了 3.66%（见表 1）。

表 1　2008—2018 年咸阳市生产总值变化情况

年份	生产总值（亿元）	增长率（%）
2008	764.55	—
2009	873.25	14.22
2010	1 098.68	25.82
2011	1 361.32	23.91
2012	1 573.68	15.60
2013	1 860.39	18.22
2014	2 085.15	12.08
2015	2 152.92	3.25
2016	2 390.97	11.06
2017	2 292.51	−4.12
2018	2 376.45	3.66

资料来源：根据 2018 年《咸阳统计年鉴》、2018 年《咸阳市国民经济和社会发展统计公报》整理。

2009 年，咸阳市第一、二、三产业贡献率占比为 7.8∶47.3∶44.9，2018 年，第一、二、三产业贡献率占比为−32.4∶39.0∶93.4，十年间第一产业贡献率下降明显，第二产业贡献率在 2014 年后逐步下降，第三产业贡献率逐步上升（见表 2）。从这些数据可以看出，咸阳市城镇化的效果已经开始凸显，城镇化使得大量农村剩余劳动力不断地向第二、三产业转移，特别值得一提的是，咸阳市第三产业发展的态势明显，从而使得第二、三产业的总产值不断提高，并带动整个经济总量的提高。

表 2　2009—2018 年咸阳市三次产业发展情况

年份	第一产业增加值增量（亿元）	第二产业增加值增量（亿元）	第三产业增加值增量（亿元）
2009	8.44	51.37	48.84
2010	45.88	139.25	40.35
2011	49.17	167.13	46.34
2012	30.64	46.38	45.34
2013	32.34	289.39	54.98
2014	6.28	151.53	66.95
2015	7.06	2.71	58.00
2016	16.54	154.59	66.92
2017	−33.15	−64.82	−0.49
2018	−27.20	32.74	78.40

资料来源：根据 2018 年《咸阳统计年鉴》、2018 年《咸阳市国民经济和社会发展统计公报》整理。

从所有制类属对经济进行分析发现咸阳市经济所有制结构不断优化，反映出咸阳市市场活力逐步提高。咸阳市非公有制经济增加值从 2008 年的 360.98 亿元人民币提高到 2018 年的 1 271.65 亿元人民币，占 GDP 比重从 2008 年的 47.42%提高到 2018 年的 53.5%，年均增长率为 13.8%（见表 3）。

表 3　2008—2018 年咸阳市非公有制经济发展情况

年份	非公有制经济增加值（亿元）	占 GDP 比重（%）	增长率（%）
2008	360.98	47.42	—
2009	419.87	48.08	16.31
2010	532.92	48.51	26.93
2011	668.87	49.13	25.51
2012	786.81	50.00	17.63
2013	944.95	50.79	20.10
2014	1 072.42	51.43	13.49
2015	1 121.60	52.10	4.59
2016	1 267.00	53.00	12.96
2017	1 232.66	52.70	−2.71
2018	1 271.65	53.50	3.16

（二）人均收入水平持续攀升

2007 年咸阳市城镇单位在岗职工平均工资 17 863.81 元，2017 年咸阳市城镇单位在岗职工平均工资 57 183.00 元，2017 年比 2007 年增长了 2.2 倍（见表 4）。

表 4　2007—2017 年咸阳市城镇单位在岗职工平均工资及就业情况（市辖区）

年份	城镇单位在岗职工平均工资（元）	第一产业就业人员占全部城镇单位就业人员比重（%）	第二产业就业人员占全部城镇单位就业人员比重（%）	第三产业就业人员占全部城镇单位就业人员比重（%）
2007	17 863.81	0.64	55.73	43.62
2008	20 631.85	0.63	52.25	47.12
2009	24 374.05	0.47	50.07	49.47
2010	27 660.68	0.47	49.93	49.60
2011	31 803.23	0.43	49.73	49.85
2012	37 153.66	—	49.51	50.49
2013	39 870.82	0.27	57.00	42.73
2014	58 679.03	0.26	55.58	44.16
2015	46 383.00	0.25	53.29	46.46
2016	48 707.00	0.24	52.04	47.72
2017	57 183.00	0.64	55.73	43.62

资料来源：2007—2017 年《咸阳统计年鉴》。

（三）城镇化率不断提升

咸阳市城镇化推进步伐较快，常住人口城镇化率从 2000 年的 41.02%提高到 2017 年的 50.26%，年均提高 1.32 个百分点。这主要得益于城镇规模不断扩大，城镇基础设施不断完善，城市聚集、辐射功能和城市的承载力不断增强，以及随着工业化进程的加快，农村人口向城镇转移速度加快。2017 年，咸阳市城镇人口 219.94 万人，比上年增加 5.89 万人，增长 2.75%；常住人口城镇化率 50.26%，比 2016 年提高 1.24 个百分点。

（四）资源环境消耗持续增加

1. 土地资源消耗

2007—2016 年咸阳市城市建设用地面积有所增加，2007 年咸阳市城市建设用地 62 平方公里，2016 年为 92 平方公里（见表 5），城市和农村人均住房面积也在逐年上升，表明咸阳市土地资源的消耗在逐年递增。同时，咸阳市城市居住用地面积在 2007—2016 年递增幅度不大，具有较大增长空间。

表 5 2007—2016 年咸阳市土地使用情况 单位：平方公里

年份	城市土地面积	城市建成区面积	城市建设用地面积	城市居住用地面积
2007	527	62	62	—
2008	527	63	95	15
2009	527	77	95	16
2010	527	81	95	18
2011	528	83	95	19
2012	528	83	86	21
2013	528	88	90	22
2014	528	89	90	23
2015	528	90	91	23
2016	528	92	92	23

资料来源：中经网统计数据库。

2. 城市绿化

2007—2016 年咸阳市城市建成区绿化覆盖面积和城市绿地面积稳步增加，2007 年咸阳市城市建成区绿化覆盖面积 2 105 公顷，城市建成区绿化覆盖率为 34.9%，2016 年咸阳市城市建成区绿化覆盖面积 3 632 公顷，城市建成区绿化覆盖率为 39.5%，呈现平稳上升态势。

3. 水资源消耗

河川径流和地下水是构成咸阳市水资源的主要部分。咸阳市全市水资源总量为 73.8 亿立方米，地表径流及地下水补给的主要来源之一是大气降水，河流水系属黄河流域渭河水系。总体来说，咸阳市的水资源总量并不丰富，无法满足咸阳市现在的经济发展所必需的用水量，进行水资源的可持续发展对咸阳市来说十分迫切。2007—2016 年咸阳市生活用水量在不同时段有不同的发展趋势，但自 2013 年以来呈稳定增长态势。

二、咸阳市可持续发展实证研究的模型选择

对于咸阳市可持续发展的研究国内学者已有所开展。张东明（2017）从咸阳市绿色生态城区规划入手进行分析研究，结合相关技术规范，提出咸阳市绿色城

区生态规划的基本框架，得出绿色生态城区建设不应该像做外科手术一样瞬间改变，而应该像针灸一样循序渐进，影响局部之后再去影响整体，不能急功近利、追求可持续发展目标的迅速达成，应该踏踏实实走稳走好每一步，稳步实现可持续发展战略。王捍政（2017）指出可持续发展战略涉及多个领域，因此想要实现可持续发展，社会经济发展、生态保护、美化环境等各方面就应该协调发展，而不单单是在一个领域实现可持续发展，可持续发展的实现必须依靠多个领域互相协调、互相帮助。其余学者如李燃、王盼（2019），郭宇锋（2019），梁静、张丹（2017）等也为城市的可持续发展提供了新思路，为本报告对咸阳市可持续发展的研究奠定了基础。

在城市工业化发展过程中，对于经济的增长是否与物质和能源的消耗水平保持同步关系，一般使用脱钩模型来衡量。脱钩模型理论在西方国家，尤其是在经济合作与发展组织（OECD）成员国被普遍应用。“脱钩”是指在城市经济发展过程中，创造了较以往更多的经济与社会财富，但却使用了少于以往的物质和能源消耗，这与国际上普遍认可的经济增长需要依赖大量的物质与能源消耗观点相对照。本报告将脱钩理论用于咸阳市的可持续发展分析，以此来探索咸阳市能源消耗与经济增长之间的关系，并对数据结论进行分析，指明咸阳市可持续发展现状，提出针对咸阳市可持续发展现状所应采取的措施。

三、咸阳市工业部门能源利用的可持续发展实证分析

（一）咸阳市碳排放清单介绍

由于目前我国尚未拥有碳排放量的直接检测数据，本报告中大部分的测算研究都是以能源消耗量为基础计算得来的。本报告中的咸阳市工业部门终端能源使用数据来源于《中国能源统计年鉴》《陕西统计年鉴》《咸阳统计年鉴》，参照IPCC的参考办法，得出咸阳市的碳排放量，为下文对咸阳市能源资源与工业产值之间的脱钩分析研究提供基础依据。

本报告中的工业部门终端能源使用数据主要涵盖以下12类：煤炭、焦炭、焦炉煤气（含其他煤气）、原油、汽油、煤油、柴油、其他石油产品、炼厂干气、天然气、热力、电力。

根据表6显示的数据可知，2012—2014年，工业产出值的增加伴随着能源消耗量和二氧化碳排放量数值的增长；2015年时，能源消耗量与二氧化碳排放量均有减少，但工业产出值仍旧呈增长趋势，可以得出咸阳市在不断优化产业结构，加大使用清洁能源以减少二氧化碳的排放，贯彻执行可持续发展道

路；到2016年时，能源消耗量仍旧减少，但二氧化碳排放量却增多。2016年煤炭能源的消耗量大于2015年煤炭能源的消耗量，造成2016年的二氧化碳排放量增加，但整体仍呈可持续发展态势，工业产出值有较大幅度的增长。

表6 2012—2016年咸阳市工业部门能源消耗量、二氧化碳排放量及工业产出值比照

年份	能源消耗量（兆吨）	二氧化碳排放量（兆吨）	工业产出值（亿元）
2012	4.98	52.87	2 293.52
2013	6.26	73.58	2 633.00
2014	6.91	83.25	3 002.05
2015	6.53	76.78	3 164.89
2016	6.41	77.87	3 541.50

资料来源：根据2013—2017年《陕西统计年鉴》整理。

（二）OECD脱钩指标分析

基于OECD脱钩模型对于基期年的高度敏感性，本报告分别以2012年和前一年为基期年，运用OECD脱钩指标对咸阳市工业产出值、能源消耗量和二氧化碳排放量进行分析。由表7可见，如果以2012年为基期年，不难发现在2013—2014年两年间，咸阳市能源脱钩因子与二氧化碳脱钩因子都是负值，两者状态呈现为连结，这就说明若以2012年为基期年做比较，咸阳市工业部门产值的增加与能源资源的投入以及二氧化碳的排放量呈正相关关系；到2015年能源脱钩因子为正值，二氧化碳脱钩因子为负值，说明在2015年时咸阳市政府使用了较2012年更少的能源资源，但二氧化碳排放量却并未减少，说明咸阳市在2015年虽然使用了更多的清洁能源，但是能源资源中煤炭资源所排放的二氧化碳量仍旧呈增加的趋势。由表8可见，若以前一年为基期年分析工业能源脱钩因子与二氧化碳脱钩因子变化趋势，则2013年的能源脱钩因子与二氧化碳脱钩因子均为负值，而2014—2016年的脱钩因子均为正值，这说明在2014—2016年，咸阳市工业产出值的增加消耗了更少的能源资源，与此同时也大量减少了二氧化碳的排放，可见咸阳市逐渐重视清洁能源的利用以及可持续发展，慢慢在向可持续发展靠拢。通过对表7与表8进行上述分析，不难看出咸阳市积极响应国家号召，调整并完善了工业产业结构，对工业产业结构实施进一步优化，在近年来的工业发展中大量使用了可再生能源与清洁能源，减少了能源资源的使用，创造了大量的工业产出值，既保证了经济增长，同时又减少了能源资源消耗与二氧化碳排放，充分体现了可持续发展的理念。

表 7　2012—2016 年咸阳市工业能源脱钩因子与二氧化碳脱钩因子变化趋势一览表
（以 2012 年为基期年）

年份	能源脱钩因子		二氧化碳脱钩因子	
	脱钩因子	脱钩情形	脱钩因子	脱钩情形
2013	−0.09	连结	−0.21	连结
2014	−0.06	连结	−0.20	连结
2015	0.05	相对脱钩	−0.05	连结
2016	0.17	相对脱钩	0.05	相对脱钩

资料来源：根据表 6 中的数据按 OECD 脱钩指标计算公式计算整理。

表 8　2012—2016 年咸阳市工业能源脱钩因子与二氧化碳脱钩因子变化趋势一览表
（以前一年为基期年）

年份	能源脱钩因子		二氧化碳脱钩因子	
	脱钩因子	脱钩情形	脱钩因子	脱钩情形
2013	−0.09	连结	−0.21	连结
2014	0.03	连结	0.007	连结
2015	0.10	相对脱钩	0.13	连结
2016	0.12	相对脱钩	0.09	相对脱钩

资料来源：根据表 6 中的数据按 OECD 脱钩指标计算公式计算整理。

四、咸阳市水资源与人均生产总值之间的脱钩分析

（一）咸阳市水资源与人均生产总值概况

根据表 9 可知，咸阳市水资源消耗量与人均生产总值的增长在 2012—2013 年间呈正相关关系，说明 2012—2013 年人均生产总值的增加是以大量水资源的消耗为代价的，人们没有意识到节约水资源的重要性；在 2013—2015 年间，水资源消耗量减少，但人均生产总值依旧增长，说明人们意识到了水资源的不可或缺性，在不浪费水资源的前提条件下发展经济，使人均生产总值仍旧呈增长态势；2016 年，虽然人均生产总值仍然增长，但水资源消耗量也激增，说明 2016 年出现了意外情况，使水资源消耗大幅度增长。从整体分析来看，水资源消耗与人均生产总值的发展还是可观的，咸阳市水资源利用率越来越高，这与人们意识到水资源的重要性密不可分，体现了可持续发展的理念。

表 9 2012—2016 年咸阳市水资源消耗量与人均生产总值比照表

年份	水资源消耗量（万立方米）	人均生产总值（万元）
2012	12 826.9	31 982
2013	13 032.0	37 695
2014	12 687.5	42 128
2015	12 587.3	43 365
2016	12 976.7	48 016

资料来源：根据 2013—2017 年《陕西统计年鉴》整理。

（二）OECD 脱钩指标分析

通过对表 10 和表 11 的研究数据进行分析可以看出，如果以 2012 年为基期年，那么在 2013—2016 年这四年间，都实现了水资源消耗与人均生产总值的相对脱钩，且年份越靠后，脱钩因子的值越接近 1，说明与 2012 年相比，2013—2016 年间均以最小的水资源消耗量获取了最大的人均生产总值。如果以前一年为基期年，2013—2016 年依旧实现了水资源消耗与人均生产总值的相对脱钩，不过数值越来越接近 0，也就是说，近年来，水资源消耗量的增长幅度虽然依旧小于人均生产总值的增长幅度，但人们需要更加重视水资源的保护与利用，珍惜水资源。

表 10 2013—2016 年咸阳市水资源消耗与人均生产总值脱钩因子变化趋势一览表（以 2012 年为基期年）

年份	脱钩因子	脱钩情形
2013	0.14	相对脱钩
2014	0.25	相对脱钩
2015	0.28	相对脱钩
2016	0.35	相对脱钩

资料来源：根据表 9 中的数据按 OECD 脱钩指标计算公式计算整理。

表 11 2013—2016 年咸阳市水资源消耗与人均生产总值脱钩因子变化趋势一览表（以前一年为基期年）

年份	脱钩因子	脱钩情形
2013	0.14	相对脱钩
2014	0.13	相对脱钩

续表

年份	脱钩因子	脱钩情形
2015	0.04	相对脱钩
2016	0.07	相对脱钩

资料来源：根据表 9 中的数据按 OECD 脱钩指标计算公式计算整理。

五、咸阳市可持续发展存在的问题

如前文所述，作为关中平原城市群重要节点城市的咸阳既具备老工业基地的优势，又面临着老工业基地产业转型的压力。咸阳市推动可持续发展任重而道远，主要反映在以能源为代表的产业部门的资源可持续利用效率的提高，以及以水资源利用为代表的环境友好型经济业态的形成上。本研究通过对咸阳市工业部门能源利用的可持续发展实证分析及咸阳市水资源与人均生产总值之间的脱钩分析，发现咸阳市可持续发展方面存在以下问题：

（一）能源使用结构仍不合理

具体表现在对于化石能源的使用占比过高，具体来说，咸阳市工业部门对于煤炭资源的利用仍处于高位，反映出咸阳市工业部门“去物质化”的任务仍很严峻，在工业部门的投入端仍需以高比例的化石能源输入为条件实现经济输出端的产出提高。虽然咸阳市在逐步提高清洁能源的使用比例，但是化石能源的使用比例仍未下降，导致咸阳市二氧化碳排放量仍居高不下。这说明在经济层面，咸阳市的重工业化特征还很明显，导致在收入端必须依赖价格较为低廉的以煤炭为代表的化石能源的高比例使用。

（二）化石能源的使用效率不高是咸阳市二氧化碳减排空间有限的重要原因

如前文所述，在 2015 年时咸阳市政府使用了较 2012 年更少的能源资源，但二氧化碳排放量却并未减少，能源资源中煤炭资源所排放的二氧化碳量不仅未有减少，反倒呈增加的趋势。在咸阳市产业部门重工业化短时间内难以调整完毕，产业部门的“去物质化”难以短期见效的情况下，咸阳市无法更有效地提升化石能源的使用效率，其二氧化碳减排的空间就极为有限了。一旦国内外经济面临较大的动荡，咸阳市工业部门的能源脱钩因子与二氧化碳脱钩因子极易由脆弱的相对脱钩状态退化为连结状态。

（三）经济发展的用水量较大，水资源的使用处于紧平衡状态，水资源使用效率较低，可资挖掘的水资源容量有限

整体来看，咸阳市水资源消耗量与人均生产总值在 2013—2016 年实现了相

对脱钩，显示随着咸阳市人均生产总值的逐年增加，咸阳市水资源的消耗量并未实现同比例提高，这是咸阳经济“去物质化”的一个良好表现。但是需要指出的是，咸阳市虽然在2013—2016年水资源使用效率得到大幅提高，但毕竟咸阳市处于关中平原城市群核心区，面临着西咸一体化战略下人口大量内迁的压力，快速的人口城市化必然要求相应的工业与服务业发展，因此咸阳市要实现全面的城市化，仍旧面临着关中地区水资源缺乏的紧约束。

六、咸阳市可持续发展的政策建议

经济可持续发展的关键是实现以能源为代表的资源可持续利用和以水资源为代表的环境友好型发展，基于本研究的实证分析，对咸阳市以能源利用和水资源节约为代表的可持续发展提出如下政策建议：

（一）能源资源可持续发展的政策建议

1. 优化能源结构

利用现代科学技术，使咸阳市各种能源的使用比例趋于合理；加强对咸阳市污染治理的力度，倒逼能源结构加快调整；加大对清洁能源的开发和使用力度，降低化石能源的使用率，不要着重于依靠某一单一能源来提高地区生产总值与人均生产总值，这是优化能源结构的关键。

2. 提高能源利用率

咸阳市不恰当的产业结构给咸阳市能源结构的合理布局和能源的充分有效利用带来了巨大的麻烦。这提醒我们必须要走可持续发展道路，把城市区域的发展和能源结构的调整优化结合起来，既保持经济的增速发展，又提高资源利用率，减少污染。一方面要对化石能源的使用量进行限制；另一方面要加大对生产机器的改进，以使能源能够有效利用。

3. 加强科技投入

能源资源的消耗利用给环境带来污染是当前经济发展不容忽视的一个重要问题，因此需要通过科学技术的研发和投入使用，以科学的力量来减少资源消耗对环境的污染，从而达到节约资源、保护环境的目的。在清洁能源、节能建筑、节能机器、废弃废水处理等方面寻求科学有效的方法，并积极进行推广，是使环境实现可持续发展的重要一步。

4. 将节能放在优先位置

咸阳市发展面临两大问题：一是人口基数大；二是由于人口基数大所造成的人均能源的不足。这两大问题严重阻碍了咸阳市经济的发展。在过去相当长的一段时间里，咸阳市消耗大量的能源换取了短暂的经济快速发展，但在重视可持续发展的当今社会，这种发展方式已然行不通，我们不能再采用大量消耗能源走降级发展的方式，必须保证开发和节能双管齐下，优先节约能源，走可持续发展之路。

5. 大力开发应用可再生能源

煤炭、石油等一次性能源均属于不可再生能源，具有不可再生性和稀缺性两大特点，用多少就少多少。因此，应该寻求新的能源使用之路，利用可再生能源及清洁能源代替不可再生能源就显得极为重要。可再生能源的投入使用是实现可持续发展的重要一步，大量使用可再生能源代替不可再生能源，应当是咸阳市可持续发展的目标。

6. 加快建立能源经济的预警机制

能源陷入危机，是长期过度使用能源和不节约保护能源所造成的。这从侧面反映出咸阳市没有建立起有效且完善的能源监管和能源预警机制。因此应该尽快地建立能源经济预警体系，紧抓能源源头，这样就可以及时发现能源在经济发展中出现的各种问题，并提出行之有效的解决办法，在问题发生前就进行阻止，从而确保能源经济的可持续发展。

（二）水资源可持续发展的政策建议

1. 增强对水资源重要性的认知

伴随着人口急剧增长、社会经济快速发展和工业化、城市化、农业现代化进程的不断加快，咸阳市的需水量势必会大幅度上涨，供水缺口将进一步扩大，水资源的供需矛盾将更加突出。所以十分有必要使人们认识到水资源的重要性，只有认识到水资源的重要性，人们才会重视节约和保护水资源，提高水资源利用率。必须通过各种渠道大力宣传保护和节约水资源，树立起节约水资源的意识。

2. 扩大水资源可采量

咸阳市现有的水利设施薄弱，主要表现在两个方面：一是水利设施标准过低，工程老化，配套不齐全，不具备良好的抗灾能力，部分水库年久失修，使得有效蓄水面积大大减少；二是蓄水、节水工程少，调节能力差，地表水利用率低，造成了水资源的浪费。因此，要想节约和更好地利用水资源，首先应该做好现有水利工程的整修和维护工作，使其发挥应有的作用。其次，要将建设新的水利工程设施提上日程。最后，水资源问题的解决也要与当地实情相结合，以当地现实问题为基础，因地制宜。

3. 采取措施提高水资源利用率

咸阳市的水资源总量十分有限，供水量严重不足，这就要求我们必须采取一系列措施来提高水资源的利用率，尤其是在农村土地用水方面。第一，可以在农村地区发展节水灌溉技术，推广适合咸阳本地的节水灌溉措施，建立节水型农业。第二，根据咸阳市的实际情况，采取高科技技术，选育耐旱能力更强的农作物品种。第三，制定并大力推行关于强化节水措施的办法，随时确认其实施状况。

4. 加快对水污染的防治和对劣质水的二次利用

水资源的短缺和用水量的不断增加本来就是一对供需矛盾，为了使这个矛盾得到解决，应该大力推行清洁生产，可以从经济惩罚措施入手，提高污水费征收标准，对污水排放超标的企业征收高额污水费，从而迫使其自觉处理污水，通过加强对水污染的防治来减少污水费的征收。与此同时，可以把劣质水开发利用作为补充淡水资源的后备军，对劣质水加以利用，使其在某些水资源利用方面代替淡水资源。

5. 加强水资源管理措施

建立一套完整的水资源管理体系，确定一个机关对水资源进行统一协调管理，全面负责水资源的开发、保护和利用工作，加强依法治水。吸取国内外经验教训，尽快建立水资源配置与利用的市场机制。通过管理辅助措施，最终实现水资源的可持续发展。

参考文献

[1] 张东明. 咸阳市绿色生态城区规划思路与内容 [J]. 规划师，2017，33 (S2)：81-86.

[2] 王捍政. 咸阳可持续发展战略研究 [J]. 中国管理信息化，2017，20 (14)：117-118.

[3] 李燃，王盼. 可持续城镇化面临的形势分析 [J]. 邢台学院学报，2019，34 (1)：70-73，80.

[4] 郭宇锋. 关于城市可持续发展理论的研究 [J]. 现代营销（信息版），2019 (2)：102.

[5] 梁静，张丹. 基于生态足迹理论的西安市人口与环境可持续发展评价研究 [J]. 经济研究导刊，2017 (30)：115-117.

[6] 巫亚琪. 京津冀经济增长与环境污染脱钩关系研究 [D]. 秦皇岛：燕山大学，2017.

[7] 何长全，刘兰，段宗志，等. 建筑业碳排放与经济增长关系研究：基于“脱钩”理论视角 [J]. 建筑经济，2016，37 (1)：97-99.

[8] Morales E，Tello-Ortiz F. Compact anisotropic models in general rela-

tivity by gravitational decoupling [J]. European Physical Journal C, 2018, 78 (10): 841.

[9] Maurya S K, Tello-Ortiz F. Generalized relativistic anisotropic compact star models by gravitational decoupling [J]. European Physical Journal C, 2019, 79 (1): 85.

宝鸡市可持续发展报告

于江波*

摘 要

我国正处于特殊的"三期叠加"时期——经济增速换挡期、产业结构调整阵痛期、前期消费政策消化期，宝鸡市以高于全国平均经济增速近2个百分点的速度高速增长，其内生动力是否具有可持续性？本报告探讨宝鸡市经济可持续发展现状，并通过数据分析找出宝鸡市可持续发展中存在的问题，最后提出解决方案。研究结果表明，宝鸡市的高速经济增长是由传统项目投资推动的，工业产值占总产值比例较大，城市化率高，居民基本生活能够得到保障。宝鸡市可持续发展中存在五个问题：第一，区域经济发展不平衡，产业经济增长率不稳定；第二，经济过度依赖于投资项目，高新技术产业量少，创新内生动力不足；第三，城乡人均收入差距扩大，城市风险化显现；第四，资源消耗维持高位，工业技术升级效果不佳；第五，地方环境污染物分布不均。针对这些问题，本报告提出了五点政策建议。

关键词： 可持续发展；城市风险化；宝鸡

为了加快推进西部开发建设，实现区域经济协调发展目标，2009年国家正式颁布实施了《关中—天水经济区发展规划》，其中宝鸡东连咸阳西接天水，在关中经济区的战略定位中属于副中心城市，而且自然条件得天独厚，经济基础较强，历史文化积淀深厚久远，宝鸡城市经济的可持续发展对关中—天水经济区的开发建设具有重要的影响作用。2019年是《关中—天水经济区发展规划》颁布十周年，经过十年的发展，宝鸡作为副中心城市，其在国家战略支持下的发展状

* 于江波，经济学博士，陕西师范大学地理科学与旅游学院讲师。

况如何？本报告将对宝鸡市十年发展现状进行分析，发现其发展中存在的问题，并提出整改建议。

一、宝鸡市可持续发展现状

经济的可持续发展与经济增长具有较大的区别，党的十八大之前，以经济建设为中心的方针强调经济总量的增长，并没有将经济质量的提高提到国家战略层面。习近平新时代中国特色社会主义理论强调经济发展的“质量”和“效率”，其中效率是手段，质量是目标，要通过提高全要素生产率实现高质量发展目标。本部分从经济结构、产业结构、人均可支配收入、城镇化、居民基本生活保障等方面，探讨宝鸡市的经济可持续发展现状。

（一）项目投资拉动经济持续增长，投资结构趋于优化

2017 年宝鸡市保持较快的经济增长速度，实现地区生产总值 2 179.81 亿元，增长 8.7%，较全国平均增长速度高出约 2 个百分点，三次产业结构比达到 8.0∶64.5∶27.5，工业产值在总产值中占有绝对优势，其中，工业固定资产投资是拉动宝鸡市经济快速增长的源泉。

如图 1 所示，2000 年到 2017 年，宝鸡市生产总值逐年增长，从 2000 年的 195.34 亿元，增长到 2017 年的 2 179.81 亿元，增长了 10 倍。从 GDP 增长率层

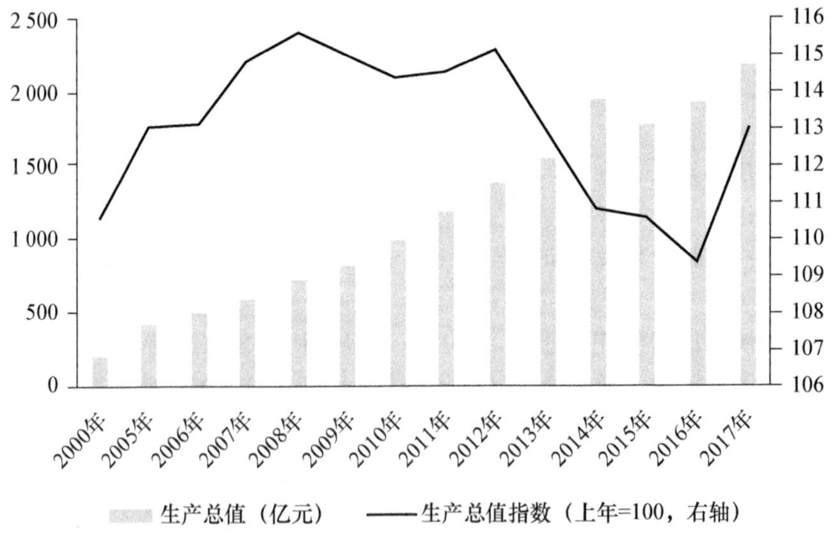

图 1　2000 年和 2005—2017 年宝鸡市生产总值及增速

资料来源：根据历年《陕西区域统计年鉴》整理。

面看，宝鸡市经济增长并不稳定，经历着 N 字形波动，2000 年到 2012 年保持高速增长，2012 年到 2016 年经济增速呈直线型大幅度下滑，2016 年之后开始加速增长。

从消费端看宝鸡市经济增长的拉力，在消费、投资和出口“三驾马车”中，投资是拉动宝鸡市经济增长的最主要因素。如图 2 所示，2013 年到 2017 年宝鸡市全社会固定资产投资额呈阶梯式增长，投资增长率呈现等比例下滑。2017 年，工业投资对经济增长形成强有力的支撑，形成以重工业投资和项目投资为依托的投资模式，仅 2017 年完成重工业投资 1 089.18 亿元，相较于 2016 年同比增长 10.3%，绝对值位居全省第一，增速领跑关中五地市。

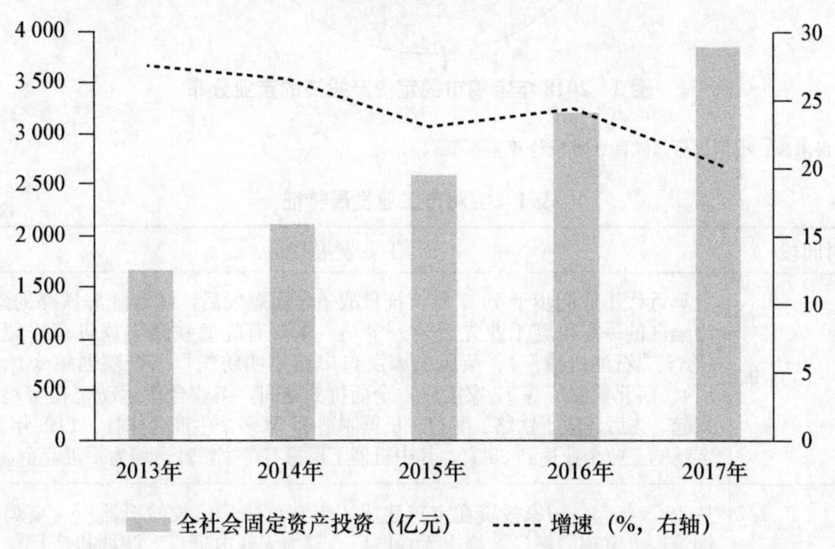

图 2 2013—2017 年宝鸡市固定资产投资及增速

资料来源：根据历年《陕西区域统计年鉴》整理。

如图 3 所示，尽管项目投资在经济增长中起到关键性作用，但是在投资结构中，第三产业投资额占到总投资额的 65.6%，第二产业投资额占到 21.8%，第一产业投资额仅占 12.6%，说明宝鸡市工业具有较好的基础，前期积累的工业投资对当前经济起到重要作用。宝鸡市以投资为抓手，在实现工业强市的同时撬动结构的调整。

（二）工业强市效果显著，支柱产业升级带动工业提质增量

宝鸡市地处西部，经济发展起步较晚，工业是其支柱产业，如表 1 所示。

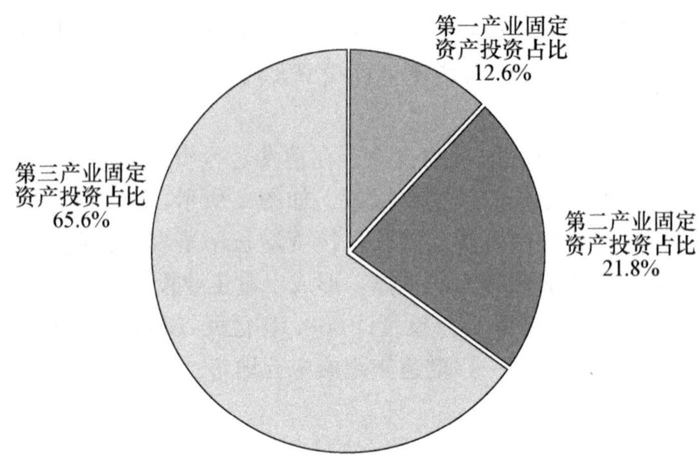

图 3 2018 年宝鸡市固定资产投资的产业分布

资料来源：根据历年《陕西区域统计年鉴》整理。

表 1 宝鸡市工业发展特征

时间段	工业发展特征
1937—1953 年	宝鸡近代工业起步于 1937 年，抗日战争全面爆发后，随着陇海铁路的建成，沦陷区的一批民族工业先后迁入宝鸡，主要有陇海铁路宝鸡机车修理分厂（今宝鸡石油机械厂）、荣氏家族汉口申新第四纺织厂（今陕西第十二棉纺厂）、西北机器厂等 17 家工厂。全面抗战期间，工业合作运动也在宝鸡蓬勃兴起，先后建成了铁路、酿造、机器制造等 20 多个生产合作社。1949 年 7 月，宝鸡的工业企业达到 85 家，其中机器工厂只有 7 家，其余均为手工业企业
1953—1963 年	从 1953 年起，国家投资在宝鸡建成了宝鸡仪表厂、长岭机器厂、宝鸡石油钢管厂、宝鸡酒精厂、烽火无线电厂、群力无线电器厂、陕西机床厂等大型企业，形成了以机械、电子工业为重点的工业基地。这一时期，国家在宝鸡的投资占到宝鸡工业总投资的 70%以上，标志着工业主导地位开始在宝鸡确立
1963—1980 年	进入 20 世纪 60 年代后，根据当时的国际国内形势，宝鸡被国家列为三线建设重点地区，一批沿海企业的内迁和一批国防企业的兴建，使宝鸡工业建设迎来了发展的第二次高潮。这一时期，国家在宝鸡建设了 39 个项目，共有 27 户大中型企业在宝鸡建成投产，包括宝光电厂、秦川机床厂、宝鸡桥梁厂等，使宝鸡在机械、电子等工业方面的优势更加突出
1980—2016 年	这一时期是从计划经济向市场经济转型的阶段，国家对宝鸡工业方面的投资主要是宝二电项目，通过深化改革、调整结构、参与竞争，工业结构不断优化，企业规模不断扩大，基本形成了门类齐全的重型工业体系，宝鸡制造的重型汽车及零部件、数控机等 60 多个产品销量居全国行业前列
2016 年后	重型工业开始转型，但转型力度较小，没有受到重视

资料来源：wenku. baidu. com/view/3ee2cc23f342336c1eb91a37f111f18582d00c4b. html.

宝鸡市仍然处在工业化初期，工业依然是经济总量的最主要推动力。宝鸡市工业有五大支柱产业，包括汽车及零部件、钛及钛合金、烟酒食品、优势装备制造和能源化工，2017 年五大支柱产业累计完成产值 2 392.26 亿元，增长 25.26%，拉动工业产值增长 19 个百分点，对全市工业发展贡献率达 72%。尤其是汽车制造业产值增长 1.01 倍，对全市工业产值增长的贡献率达 32.5%，增加值贡献率达到 47.6%。2017 年装备制造业加快增长，所属的 7 个行业全部保持 15%以上的增长速度。金属制品业增长 29.7%，专用设备制造业增长 20.2%，铁路、船舶、航天航空和其他运输设备制造业增长 17.5%，通用设备制造业增长 15.1%。战略性新兴产业发展壮大。截至 2017 年底，宝鸡市共有 148 户战略性新兴产业企业，比上年增加 46 户。宝鸡机床数控智能化等重点项目建成投产，机器人及智能制造产业园、渭滨区互联网大数据产业孵化基地、7107 航天产业基地、凤县动力电池负极材料等重点工业项目完成年度投资，发展新动能不断壮大。

如图 4 所示，2000 年到 2017 年，宝鸡市生产总值和工业增加值均呈现递增态势，工业增加值占生产总值的比重基本保持平稳。如图 5 所示，工业增加值占第二产业生产总值的比重总体上呈下降趋势，说明宝鸡市依赖于原材料支出的比重在下降，工业生产向产业链的末端改进，原材料的简单工业生产逐渐消失。可以看出，尽管宝鸡市的传统工业依然是高耗能产业，但宝鸡市已经意识到高耗能行业的不可持续性，但鉴于高耗能工业的经济拉动作用，并没有彻底更新换代高

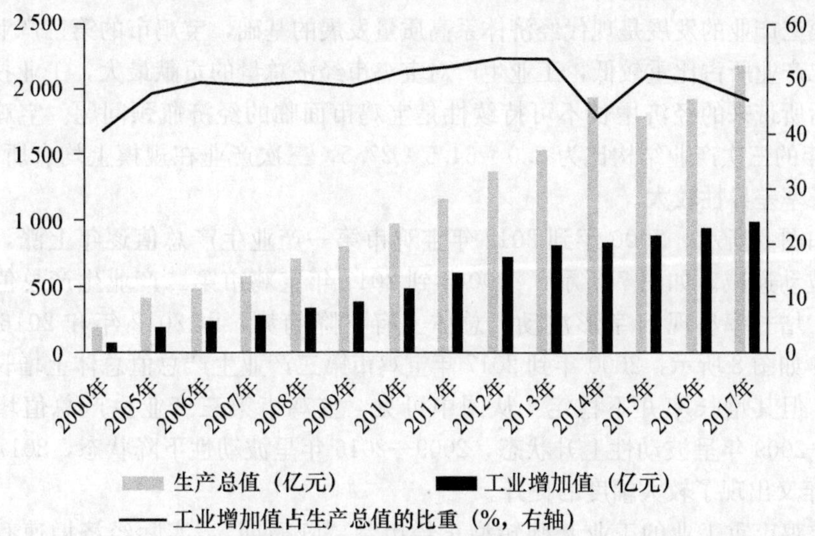

图 4　2000 年和 2005—2017 年宝鸡市工业增加值占生产总值的比重

资料来源：根据历年《陕西区域统计年鉴》整理。

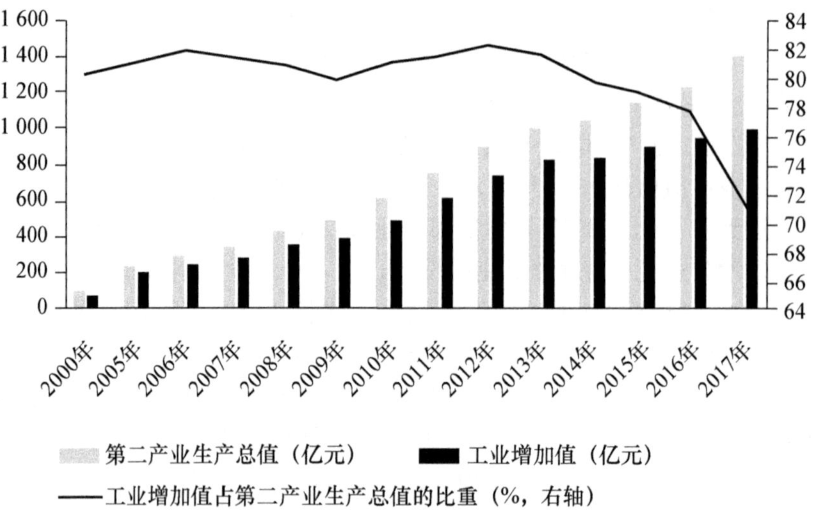

图 5　2000 年和 2005—2017 年宝鸡市工业增加值占第二产业生产总值的比重

资料来源：根据历年《陕西区域统计年鉴》整理。

耗能行业，只是在产业链的末端进行升级，降低产业链的前端生产能力，发展产业链的末端生产能力。

（三）结构调整趋向合理，人均收入持续攀升

第三产业的发展是现代经济体系高质量发展的基础，宝鸡市的第三产业相对于第二产业所占比重较低，工业生产对宝鸡市经济总量的贡献最大，工业技术整体落后所带来的经济增长不可持续性是宝鸡市面临的经济瓶颈问题。宝鸡市在 2018 年的三次产业结构比为 8.0：64.5：27.5，三次产业在规模上均有所增长，但增长率差异性较大。

如图 6 所示，2000 年到 2017 年宝鸡市第一产业生产总值逐年上涨，但增长率波动递减。如图 7 所示，2000 年到 2017 年宝鸡市第二产业生产总值逐年递增，增长率呈现 N 字形波动，总体上有下降趋势，以 2012 年和 2016 年为拐点。如图 8 所示，2000 年到 2017 年宝鸡市第三产业生产总值总体上增长趋势明显，但其增长率并不稳定。从图中可见，宝鸡市第三产业生产总值增长率 2005—2009 年呈波动性上升状态，2009—2016 年呈波动性下降状态，2017 年较 2016 年又出现了较大幅度的提升。

宝鸡市重工业的工业基础转型正经历着“阵痛期”，实际经济增速有放缓趋势，人均生产总值呈现出增长速度整体上降低的趋势，如图 9 所示。

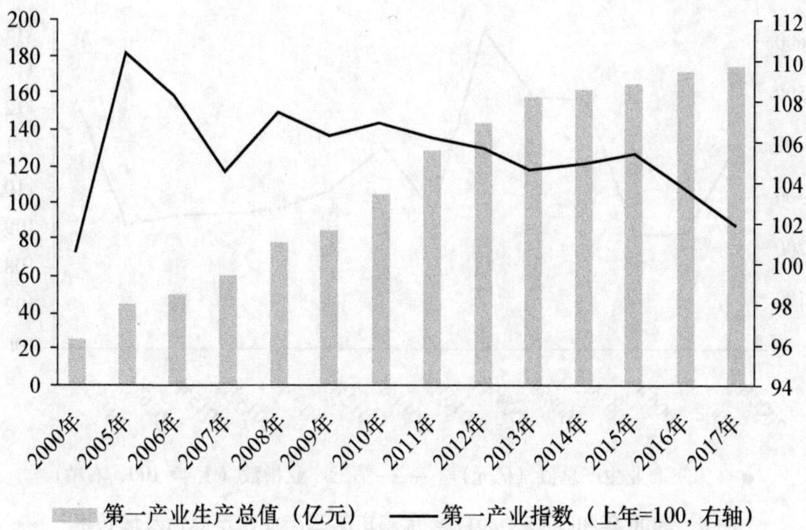

图 6　2000 年和 2005—2017 年宝鸡市第一产业生产总值及增长率

资料来源：根据历年《陕西区域统计年鉴》整理。

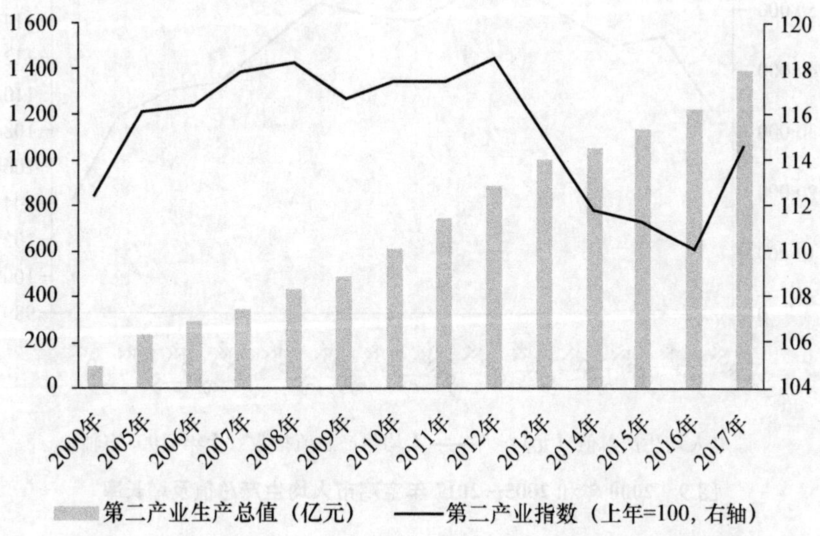

图 7　2000 年和 2005—2017 年宝鸡市第二产业生产总值及增长率

资料来源：根据历年《陕西区域统计年鉴》整理。

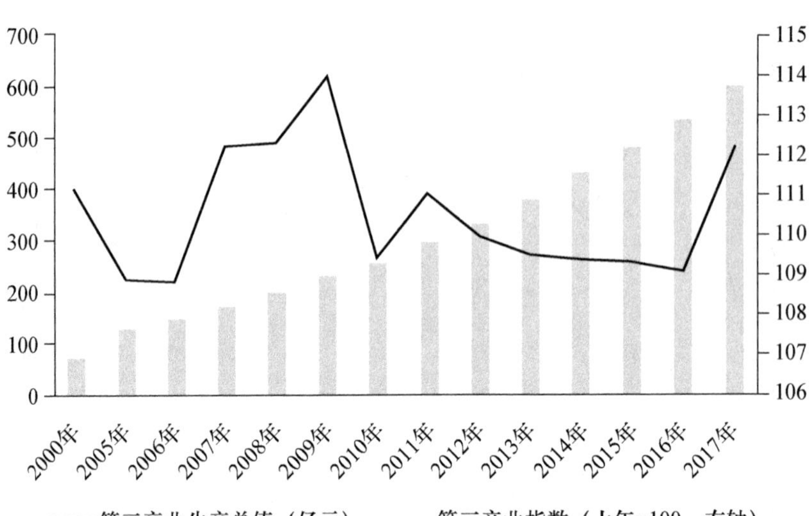

图 8　2000 年和 2005—2017 年宝鸡市第三产业生产总值及增长率

资料来源：根据历年《陕西区域统计年鉴》整理。

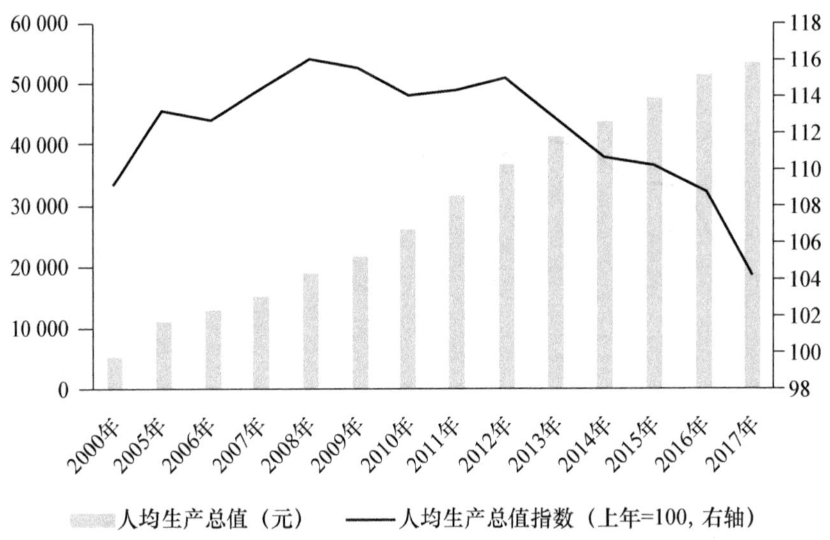

图 9　2000 年和 2005—2017 年宝鸡市人均生产总值及增长率

资料来源：根据历年《陕西区域统计年鉴》整理。

（四）城镇化率不断提升，居民基本生活得到保障

城镇化是指随着一个国家或地区社会生产力的发展、科学技术的进步以及产业结构的调整，其社会由以农业为主的传统乡村型社会向以工业（第二产业）和

服务业（第三产业）等非农产业为主的现代城市型社会逐渐转变的历史过程。城镇化的主要特征是农村人口向城市的转移。

如图 10 和图 11 所示，2013 年到 2018 年，宝鸡市常住人口并不是逐年增加，尤其是 2018 年出现骤降现象，而城镇化率却是逐年提升，由 2013 年的 46.70％

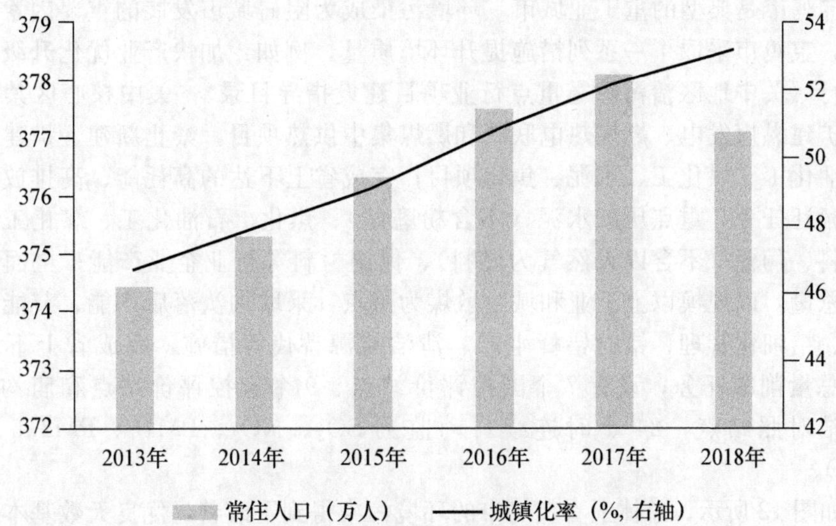

图 10　2013—2018 年宝鸡市常住人口及城镇化率

资料来源：根据历年《陕西区域统计年鉴》整理。

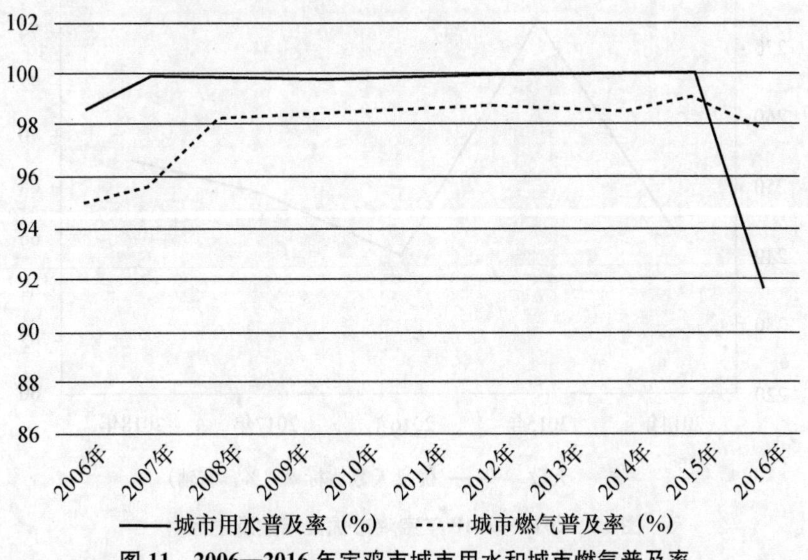

图 11　2006—2016 年宝鸡市城市用水和城市燃气普及率

资料来源：根据历年《陕西区域统计年鉴》整理。

上升到2018年的53.17%。2006年到2015年，宝鸡市城市用水普及率和城市燃气普及率基本上能够保证在98%以上，甚至城市用水普及率连续多年达到100%，但是2016年，双指标均出现下降。

（五）环境空气质量有所改善

宝鸡市是典型的重工业城市，环境污染成为阻碍城市发展的重要因素，近年来，宝鸡市采取了一系列措施提升环境质量。例如：加快产业优化升级；严格执行《关中地区治污降霾重点行业项目建设指导目录》，关中核心区禁止新建、扩建燃煤发电、燃煤热电联产和燃煤集中供热项目，禁止新建、扩建和改建石油化工、煤化工、水泥、焦化项目；完成省上下达的高耗能、高排放企业关停搬迁任务，重点压减水泥（不含粉磨站）、焦化、石油化工、煤化工、防水材料、陶瓷（不含以天然气为燃料）、保温材料等行业企业产能；全面削减燃煤总量，以规模以上工业和城乡散煤为重点，采取淘汰落后产能、节能技术改造、精细化管理、错时错峰生产、清洁能源替代等措施，完成省上下达的煤炭总量削减任务；设有7个国控评价站点、9个省控评价站点和庙沟村1个清洁对照站点，24小时连续自动监测 SO_2、NO_2、PM10、PM2.5、O_3 和CO。

如图12所示，总体上看宝鸡市的环境污染得到了改善，优良天数基本保持稳定的增长，达标率也呈现稳定增长趋势。

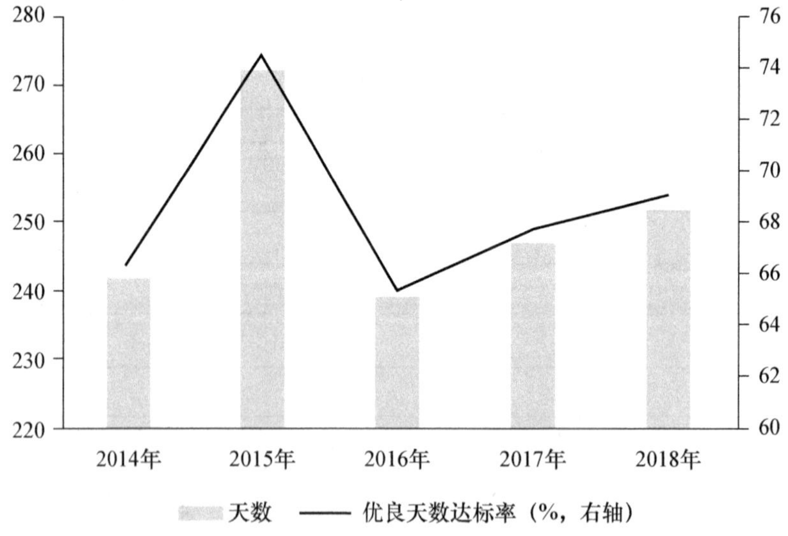

图12　2014—2018年宝鸡市优良天数及达标率

资料来源：根据历年《陕西区域统计年鉴》整理。

表 2 为宝鸡市主要污染物的种类变化数据，总体上看，2014 年到 2018 年，宝鸡市二氧化硫、一氧化碳等环境污染物均呈现下降趋势，宝鸡市的环境有所改善。

表 2　2014—2018 年宝鸡市环境污染物数据

年份	SO_2（$\mu g/m^3$）	CO（$\mu g/m^3$）	PM10（$\mu g/m^3$）	PM2.5（$\mu g/m^3$）
2014 年	24	3.6	121	70
2015 年	15	2.7	108	57
2016 年	13	2.2	111	59
2017 年	12	2.1	104	59
2018 年	10	1.5	105	54

二、宝鸡市可持续发展存在的问题

总体上看，宝鸡市的经济增长依赖于大项目投资推动，可持续发展的动力不足，具体来看，表现在以下方面：

（一）区域经济发展不平衡，产业经济增长率不稳定

宝鸡市有三区九县，三区的经济总量占据宝鸡市 50%以上，尤其是渭滨区的生产总值占据整个宝鸡市经济总量的 26.25%。

如表 3 所示，宝鸡市三区九县 GDP 排名中，各区县 GDP 差距较大，排名第一的渭滨区生产总值是排名末位的太白县生产总值的 23 倍。从区域经济增长速度层面看，经济总量越低的区域增速越快，但是凤县出现了下降，2018 年增速为－23.26%。

表 3　2018 年宝鸡市各区县 GDP 及增速

区县	GDP（亿元）	增速（%）
渭滨区	551.89	3.90
金台区	375.70	5.00
陈仓区	210.00	8.00
凤翔县	226.60	8.50
岐山县	201.00	6.65
凤　县	138.20	－23.26
扶风县	135.00	9.50
眉　县	135.00	10.00
麟游县	117.50	12.20

续表

区县	GDP（亿元）	增速（%）
陇　县	90.40	8.80
千阳县	59.40	9.20
太白县	24.47	9.00

如表 4 所示，2000 年到 2017 年，宝鸡市三次产业的产值增长率基本保持平稳，但是在增长幅度上，第二产业高于第三产业，第一产业的增长幅度最小。

表 4　2000 年和 2005—2017 年宝鸡市三次产业增长速度

年份	第一产业指数（上年=100）	第二产业指数（上年=100）	第三产业指数（上年=100）
2000	100.6	112.4	111.1
2005	110.2	116.1	108.9
2006	108.0	116.4	108.8
2007	104.4	117.9	112.2
2008	107.4	118.3	112.3
2009	106.2	116.7	113.9
2010	106.9	117.5	109.4
2011	106.1	117.5	111.0
2012	105.7	118.5	109.9
2013	104.5	115.3	109.5
2014	104.9	111.9	109.4
2015	105.4	111.4	109.3
2016	103.7	110.1	109.1
2017	101.7	114.6	112.3

（二）经济过度依赖于投资项目，高新技术产业量少，创新内生动力不足

宝鸡市尚处于工业化初期，传统工业投资在总投资中占有重要地位，高新技术产业量少，发展缓慢。以 2017 年的数据看，宝鸡市高新技术企业仅 42 户，占全市规模以上工业企业总数的 6.1%，累计完成产值 77.14 亿元，增长 17.4%，低于全市平均水平 9 个百分点。与高新技术企业相比，宝鸡市的传统企业数量较多，创新能力不强，对研发不够重视，研发力量较弱，拥有自主知识产权的核心技术和专利产品较少，高新技术企业带动作用不明显，工业转型

步伐缓慢。

如表5所示，2017年宝鸡市各区县投资于工业技术改造的资金量增速差距过大，眉县增长581.0%，而陈仓区增长－50.4%。2017年，宝鸡市技术改造投资完成173.58亿元，同比增长37.1%，高于全省平均水平6个百分点，绝对值位居全省第二。但是从规模上看，技术改造投资量相对于总投资量偏少。宝鸡市创新内生动力不足，严重阻碍了可持续发展，表现在五个方面：第一，科技创新资源不足且比较分散，统筹机制不够完善。宝鸡市仅有宝鸡文理学院一所大学，科研机构数量少；龙头企业带动、配套企业跟进、产业集群发展的产业联盟仅是产业相关，而没有科研创新联合相关，关联不够紧密，龙头产业主导的产品深加工不足，产业链过短，配套企业数量少、规模小、能力弱，企业间跨行业、跨地区资源整合不够，集智攻关促进创新的合力不强，政府部门齐抓共管的合力不强，企业与科研院所合作不够。第二，科技创新力度跟不上创新发展的步伐，企业科技研发投入不足，科技创新融资机制不健全，企业融资渠道不畅，一些中小型创新企业和民营企业贷款难，资金投入不足成为企业提高自主创新能力的瓶颈，创新跟不上同类产品的前沿。第三，企业自主创新能力不强，大部分企业都没有设立自己的研发队伍、研究院或技术研发中心，一些有独立研发团队的企业，研发中心成立较晚，刚刚起步，同时由于缺乏科技创新领军人才、技术人员专业水平不高、缺乏一些科研设备等原因，难以形成科技含量高、经济效益好、产业关联度高的创新科研成果。第四，创新制度缺陷，如创新能力不足的制度性缺陷，成果评价有重视在核心期刊发表了多少论文的现象。创新环境多方面处于较低水平，知识创新产出规模小、质量低，经济创新产出规模也小，能担当敢创新的企业家少。

表5　2017年宝鸡市各县区工业投资、工业技术改造投资情况

县区	工业投资总量（亿元）	增速（%）	工业技术改造投资总量（亿元）	增速（%）
渭滨区	240.19	－23.3	26.50	482.7
金台区	118.70	33.8	4.93	－38.5
陈仓区	123.92	22.5	15.89	－50.4
凤翔县	172.53	40.2	76.85	103.2
岐山县	107.05	40.4	5.88	－10.8
扶风县	79.02	14.8	21.73	5.8
眉　县	103.14	9.2	10.21	581.0
陇　县	12.21	－15.8	2.06	－36.5

续表

县区	工业投资总量（亿元）	增速（%）	工业技术改造投资总量（亿元）	增速（%）
千阳县	31.39	90.5	2.22	63.1
麟游县	62.47	73.6	1.28	30.3
凤　县	33.39	−12.5	5.63	−40.7
太白县	4.62	−38.6	0.40	−19.9

（三）城乡人均收入差距扩大，城市风险化显现

2018 年宝鸡市城镇化率达到 53.17%，农村人口向城市规模性转移，有限空间内聚集过多的人口，城市风险化显现，表现为城乡人均收入差距过大所衍生的问题。

如图 13 和图 14 所示，2000 年到 2017 年，宝鸡市城市居民人均可支配收入和农村居民人均可支配收入具有增长趋势，但是城市居民人均可支配收入增长幅度明显高于农村，城乡之间的收入差距逐年扩大。

宝鸡市过快城市化所带来的城市风险还表现在城市空间的被压缩，活动场所减少，道路拥挤等现象越来越制约城市的发展，城市人均公园绿地面积和城市人均道路面积两个指标能够反映城市风险化的特征。

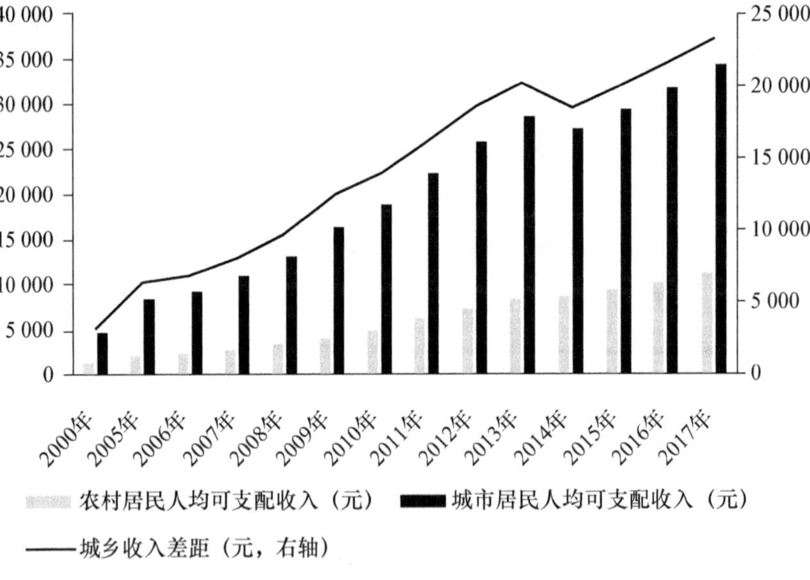

图 13　2000 年和 2005—2017 年宝鸡市城乡人均收入走势及差距

资料来源：根据历年《陕西区域统计年鉴》整理。

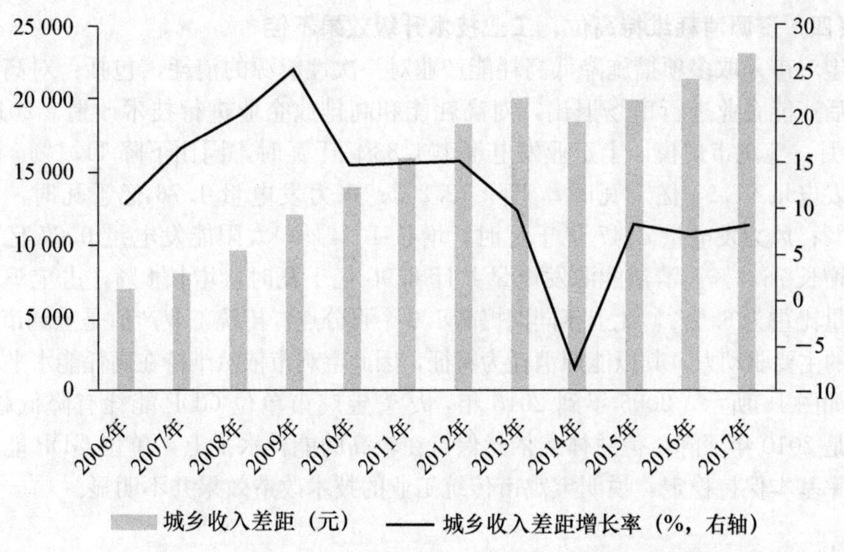

图 14　2006—2017 年宝鸡市城乡居民收入差距增长率

资料来源：根据历年《陕西区域统计年鉴》整理。

如图 15 所示，2006 年到 2016 年，宝鸡市城市人均公园绿地面积和城市人均道路面积并没有较大幅度的增长，甚至 2011 年之后出现了一定程度的降低。

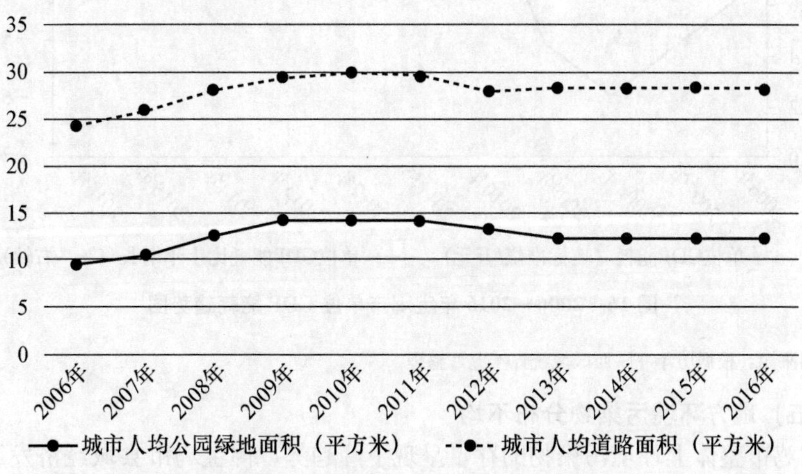

图 15　2006—2016 年宝鸡市城市人均公园绿地面积和城市人均道路面积

资料来源：根据历年《陕西区域统计年鉴》整理。

（四）资源消耗维持高位，工业技术升级效果不佳

宝鸡市采取多项措施降低高耗能产业对一次性能源的消耗，包括：对高耗能和落后产能企业进行市场退出，对高耗能和高排放企业进行技术改造。2018 年 1—9 月，宝鸡市规模以上工业发电量 104.83 亿千瓦时，同比下降 11.1%。其中火力发电量 97.93 亿千瓦时，下降 12.2%；水力发电量 1.76 亿千瓦时，下降 10.2%；风力发电量 4.47 亿千瓦时，增长 10.4%；太阳能发电量 0.67 亿千瓦时，增长 76.3%。清洁能源发电量共计 6.90 亿千瓦时，增长 8%，占宝鸡市总发电量比重为 6.6%，比上年同期提高 1.2 个百分点。传统工业产值是宝鸡市经济增长的主要驱动力，其以能源消耗为特征，因此宝鸡市依然维持在高耗能水平。

如图 16 所示，2006 年到 2016 年，尽管宝鸡市单位 GDP 能耗有降低趋势，尤其是 2010 年骤降，但总体上依然保持在较高的能耗水平上，单位 GDP 能耗的增长率基本保持稳定，说明宝鸡市传统工业的技术改造效果并不明显。

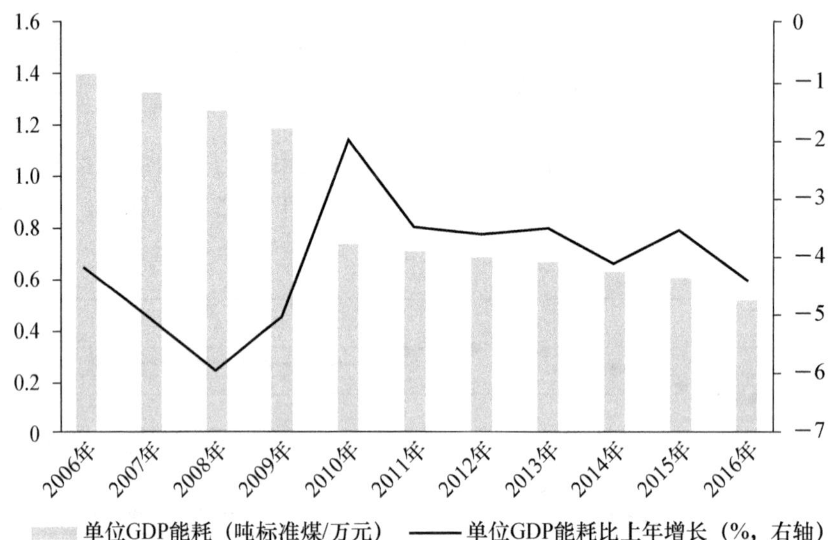

图 16　2006—2016 年宝鸡市单位 GDP 能耗趋势图

资料来源：根据历年《陕西区域统计年鉴》整理。

（五）地方环境污染物分布不均

宝鸡市整体上环境污染物的存量呈现下降趋势，但宝鸡市县域经济发展差异大，资源消耗以及行政力度和执行力均差异较大。

如图 17 所示，在宝鸡市九个县中，只有凤县、太白县的优良天数超过了 300 天，其他县大部分在 250 天左右，但扶风县和眉县的优良天数降低。

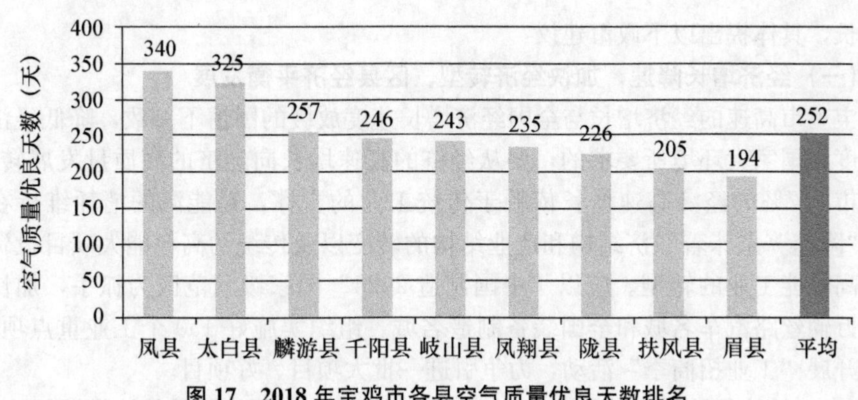

图 17　2018 年宝鸡市各县空气质量优良天数排名

资料来源：根据历年《陕西区域统计年鉴》整理。

如表 6 所示，2018 年宝鸡市各县的 PM10 污染排行中，眉县最为严重，千阳县次之，太白县较低；从空气质量综合指数排序来看，空气质量由好到差依次为太白县、凤县、麟游县、岐山县、千阳县、陇县、扶风县、凤翔县、眉县。

表 6　2018 年宝鸡市各县空气质量情况统计表

县	PM10 均值（$\mu g/m^3$）	PM2.5 均值（$\mu g/m^3$）	SO_2 均值（$\mu g/m^3$）	NO_2 均值（$\mu g/m^3$）	重度及以上污染天数（天）	空气质量综合指数	空气质量综合指数排序
太白县	53	30	10	18	4	3.47	1
凤　县	65	30	16	21	2	3.76	2
麟游县	76	39	9	18	4	4.23	3
岐山县	81	47	13	26	6	4.96	4
千阳县	93	43	16	23	5	5.08	5
陇　县	91	51	14	22	7	5.11	6
扶风县	91	51	10	29	12	5.24	7
凤翔县	82	50	12	27	9	5.32	8
眉　县	118	56	15	39	17	6.09	9

三、宝鸡市可持续发展的政策建议

宝鸡市的经济增长水平保持在高位，依赖于传统工业的低技术支撑，在未来经济可持续发展上，应该以供给侧结构性改革为主线，以提高发展质量和效益为中心，突出创新驱动，强化项目支撑，深化产业融合，全力保持工业经济平稳较快增长，具体提出以下政策建议：

（一）经济增长降速，加快经济转型，区县经济平衡发展

宝鸡市高速的经济增长与全国经济增长速度放缓的国情不一致，降低经济增长速度是国家大环境所要求的，要从经济的高速增长向经济的高质量发展转变。宝鸡市 8.7%的经济高速增长依赖于传统工业的支撑，对能源的消耗维持在高位，“降速”意味着经济结构和产业结构的转变以及传统的高耗能大项目投资拉动和高耗能工业的转型。应以“中国制造 2025”国家级示范区为抓手，加快打造百万辆丝路汽车名城和全国装备制造名城。组织实施好 150 个工业重点项目，持续开展“工业招商季”活动，力争引进一批大项目、好项目。

（二）转换经济增长动能，内生技术创新动力，实现高质量经济发展目标

通过数据可以看到，宝鸡市经济增长动能还依赖于最传统的资源消耗，这在短期内确实可以提高宝鸡市的经济总量，但长期来看，宝鸡市现有的经济发展模式完全不具有可持续性，尤其是环境已经完全恶化，宝鸡市急切需要进行经济增长动能的转换。宝鸡市具有一定的技术创新基础，短期内应在现有基础上加快新动能的转换，加快机器人产业园建设，打造国家级机器人关键零部件生产基地；加快军民融合发展，积极创建国家军民融合示范区；加快企业创新能力建设，争创企业技术中心；大力实施中小企业培育工程，积极培育“三星”企业，促进企业梯次发展。

（三）创新城市风险化治理模式，实现城市空间权利的普惠

宝鸡市过快的城镇化率导致了城市风险化表征显现，表现为交通拥堵、房价过快上涨、人均绿化面积下降、人均道路面积下降、城乡人均收入差距扩大等社会风险，产业结构调整缓慢、经济结构滞后等经济风险，以及雾霾频发等环境风险。社会风险、经济风险以及环境风险的累积，严重影响了宝鸡市的城镇化进程，而资本是推动宝鸡市城市风险化的最主要原因。宝鸡市过快的城镇化速度，无论是对农村土地的占有，还是农村人口被迫进城，都是银行资本受政府意愿进行行业流动的结果。应还原市场对资源要素的支配作用，降低政府对资源要素的行政干预程度，政府在资源要素配置中仅起到保障作用，不应过度参与。

（四）增大技术投资规模，实现资源利用效率最大化目标

宝鸡市高耗能行业的落后产能并没有完全被取代，甚至还占有较大的市场比例，但宝鸡市已经意识到了传统高耗能产业推动经济高速增长的不可持续性，投资倾向开始转向第三产业，但对于技术投资的比重过小，忽略了经济动力转向的创新性。一方面资金的使用效率极低，另一方面资金并没有给宝鸡市带来经济发展的可持续性。宝鸡市应该通过两种方式提高现有高耗能产业对资源的利用率：

第一，增加研发资金的投入量，靶向投资，专款专用，与高校等科研机构合作，有针对性地研发出能够提高资源利用效率的创新性技术。第二，增大高耗能产业能源利用技术的购买。短期内快速撤销高耗能产业将大规模降低宝鸡市的经济总量，最直接导致失业率的提高，并且短期内依靠自身提高技术也不现实。依靠资金购买相对成熟的技术，是宝鸡市较为可行的方式。

（五）产业升级、技术共享，打造环境改善的长效机制

尽管宝鸡市环境污染物的排放逐年下降，但依然存在两个问题——非可持续性和空间非均衡性，为此，本报告认为应从两方面建立长久的环境改善机制。第一，釜底抽薪式地改善产业结构，从源头控制环境污染物的排放。宝鸡市是典型的资源消耗发展型城市，在国家政策的影响下对高耗能产业进行了暂时性的停产或有限制的产量控制，而并没有从根本上对高耗能产业进行升级，环境污染物排放只是暂时性收紧，产业结构升级是解决环境问题的长效机制。第二，技术共享。宝鸡市环境污染物排放的空间分布不均衡，一方面是由产业布局所决定的，另一方面则是技术隔绝的原因。宝鸡市长期的高耗能型经济发展模式，倒逼了部分县域的减排技术升级，而这些技术并没有应用于其他区域。宝鸡市应建立相应的技术共享平台，以市场化的方式实现降能减排技术的普及。

参考文献

[1] 张俊辉，周雄辉，康秀丽，等. 渭河宝鸡市区段沉积物的粒度特征分析[J]. 干旱区资源与环境，2019，33（10）：131-137.

[2] 王亚文. 基于水环境容量的千河宝鸡段水污染防治研究［D］. 西安：西北大学，2018.

[3] 韩玲，宁昱铭，刘志恒. 宝鸡北部黄土覆盖区耕地土壤重金属污染特征及评价［J］. 江西农业学报，2018，30（11）：86-93.

[4] 李瑛. 聚力“三个经济”建设　为陕西加速追赶超越贡献力量［J］. 新西部，2018（31）：14-15.

[5] 王倩. 陕西汉江流域生态环境与经济耦合发展研究［D］. 西安：西安理工大学，2018.

[6] 杨欢. 关中地区新农村建设绩效评估及可持续发展模式研究［D］. 西安：西安建筑科技大学，2018.

[7] 强敏. 陕西省城镇化与土地集约利用协同关系研究［D］. 西安：西安建筑科技大学，2017.

[8] 陈洁，刘瑞，侯江龙. 大力推广化肥减量增效技术是促进宝鸡农业可持续发展的战略抉择［J］. 农业科技通讯，2017（1）：29-31，34.

[9] 苏美娜，蒋欣芸，张婧，等. 西部大开发前后陕西省可持续发展状态评价［J］. 北京师范大学学报（自然科学版），2016，52（2）：178-183.

天水市可持续发展报告

杨军鸽　王琴梅*

摘　要

作为内陆经济欠发达地区，天水市存在产业结构不合理、经济发展方式粗放等问题，面临保护生态环境和提高资源利用效率等可持续发展要求，天水市必须改变经济发展思维，转变经济增长方式，进行产业结构优化调整。本报告在整理天水市2007—2018年相关数据基础上分析了天水市可持续发展现状，并用主成分分析法测算了2007—2018年天水市可持续发展水平。结果表明：在这12年间，天水市可持续发展水平稳步提升，经济、社会、资源环境三个子系统可持续发展程度均有所改进，但发展中三个子系统间关系不协调，天水市当前的经济发展模式不具有可持续性。

关键词： 可持续发展；主成分分析；天水市

天水市位于甘肃省东南部，居于西安和兰州两大城市中间，地跨黄河、长江两大流域，现辖秦安县、武山县、甘谷县、清水县、张家川回族自治县、秦州区和麦积区，地势西高东低，冬无严寒、夏无酷暑，气候温和，素有“陇上江南”之称。如同关中—天水经济区其他城市一样，天水市也有着可持续发展的内在要求。

---

* 杨军鸽，经济学硕士，陕西国际商贸学院国际经济学院讲师；王琴梅，经济学博士，陕西师范大学国际商学院教授、博士生导师。

一、天水市可持续发展现状

（一）经济增长持续稳定

从图 1 可以看到，2006—2018 年天水市经济总量逐步增加，2006 年天水市 GDP 仅为 166.4 亿元，2018 年为 652.1 亿元，比 2006 年增长了近 3 倍。其中 2009—2011 年增长速度逐年增加，从 2013 年后增长速度放缓，增长率逐年下降。而 2018 年较 2017 年又上涨了 6%。

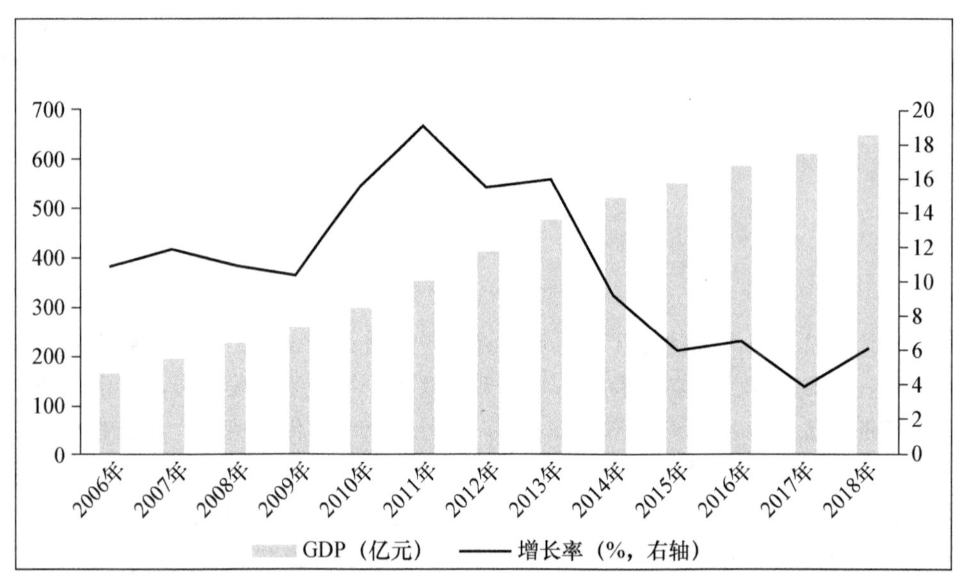

图 1　2006—2018 年天水市 GDP 总量及增长率

资料来源：根据 2012—2018 年《甘肃发展年鉴》、2006—2018 年《天水市国民经济和社会发展统计公报》整理。

从图 2 可以看到，2007 年第一、二、三产业贡献率占比为 18.2∶37.4∶44.4，2018 年第一、二、三产业贡献率占比为 14.0∶30.7∶55.3，与 2007 年相比，2018 年第一、二产业贡献率有所下降，第三产业贡献率上升，超过了总量的一半。从这些数据看出，天水市城镇化的效果已经开始凸显，城镇化使得大量农村剩余劳动力不断地向第二、三产业转移，从而使得第二、三产业的总产值不断提高，并带动整个经济总量的提高。

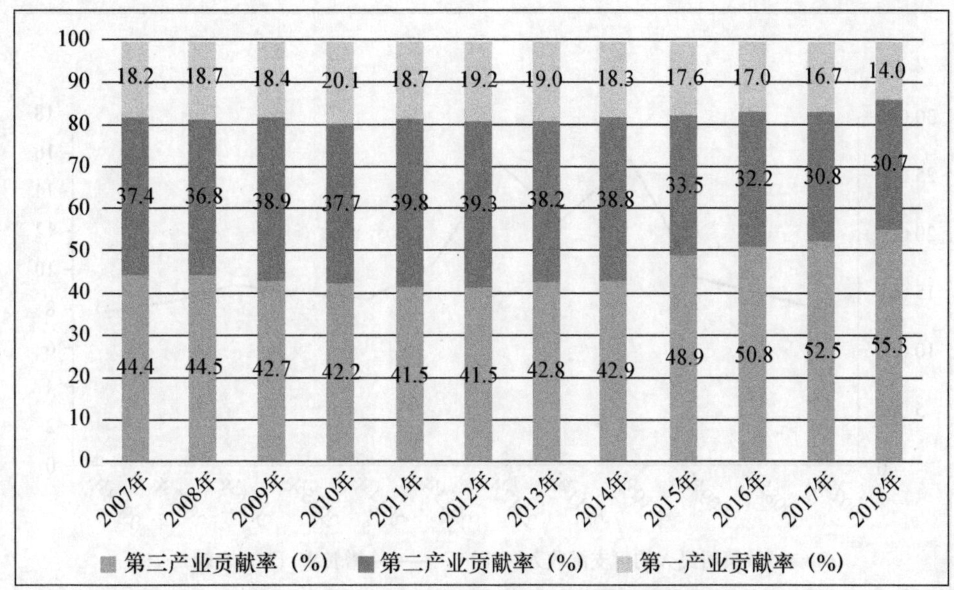

图 2　2007—2018 年天水市三大产业贡献率占比

资料来源：根据 2012—2018 年《甘肃发展年鉴》、2007—2018 年《天水市国民经济和社会发展统计公报》整理。

（二）人均收入水平持续攀升

2007 年天水市城镇居民人均可支配收入 8 318 元，2018 年天水市城镇居民人均可支配收入 26 581 元，12 年间增长了 2.2 倍。从增长率来看，2007—2010 年增长速度较快，2011 年开始放慢，但整体收入水平仍在提升（见图 3）。

2007 年天水市农村居民人均可支配收入 1 804 元，比上年增长了 20.0%。2018 年天水市农村居民人均可支配收入 7 693 元，比上年增长了 8.9%。2007—2018 的 12 年间农村居民人均可支配收入增长了 3.3 倍，平均年增长率 14.0%。农村居民人均可支配收入的增长率在下降，但整体收入水平连年提升（见图 4）。

从图 3 和图 4 综合来看，12 年间农村居民人均可支配收入增长幅度大于城镇居民人均可支配收入增长幅度，说明城乡居民收入差距在逐渐缩小，但这种缩小的幅度却一直在下降。

（三）城镇化率不断提升

2003—2018 年，天水市城镇化率在逐步上升，2003 年天水市城镇化率仅仅达到 27.0%，2018 年达到 41.7%，16 年间将近翻了一倍。但是城镇化率增长速度过于缓慢，且波动幅度较大，表明天水市城镇化进程过于缓慢，应进一步加快农业人口的转移，加快城镇化速度（见图 5）。

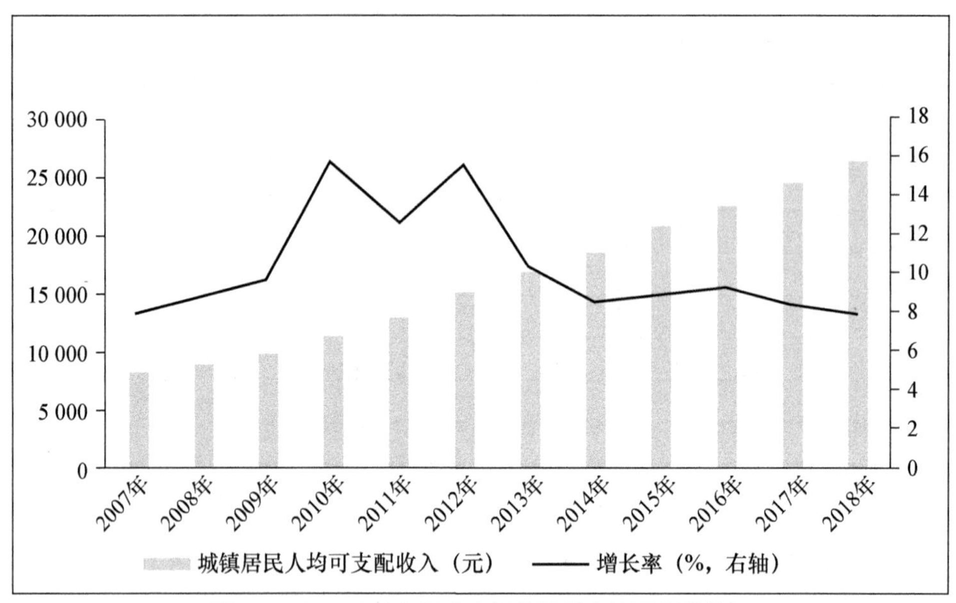

图 3　2007—2018 年天水市城镇居民人均可支配收入

资料来源：根据 2012—2018 年《甘肃发展年鉴》、2007—2018 年《天水市国民经济和社会发展统计公报》整理。

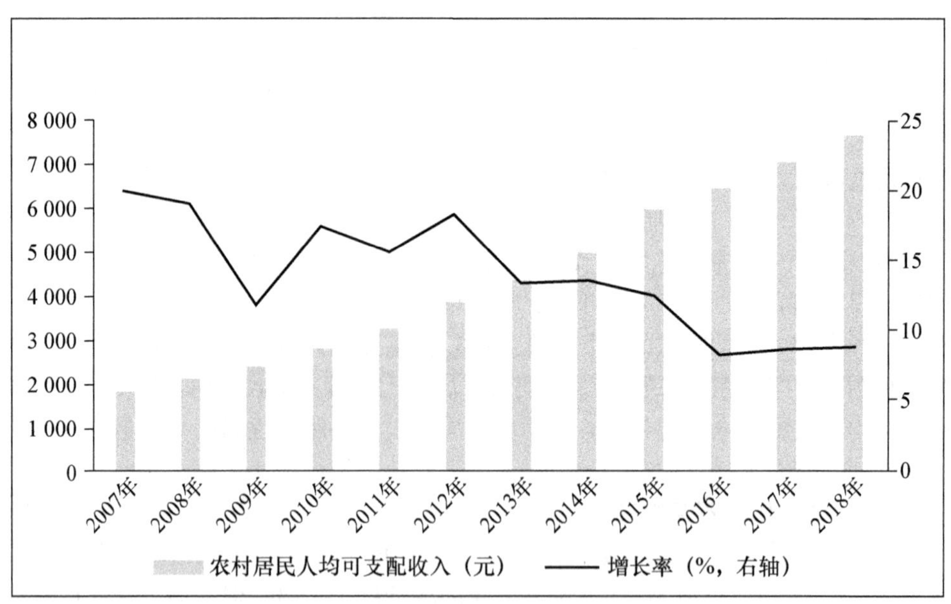

图 4　2007—2018 年天水市农村居民人均可支配收入

资料来源：根据 2018 年《甘肃发展年鉴》、2007—2018 年《天水市国民经济和社会发展统计公报》整理。

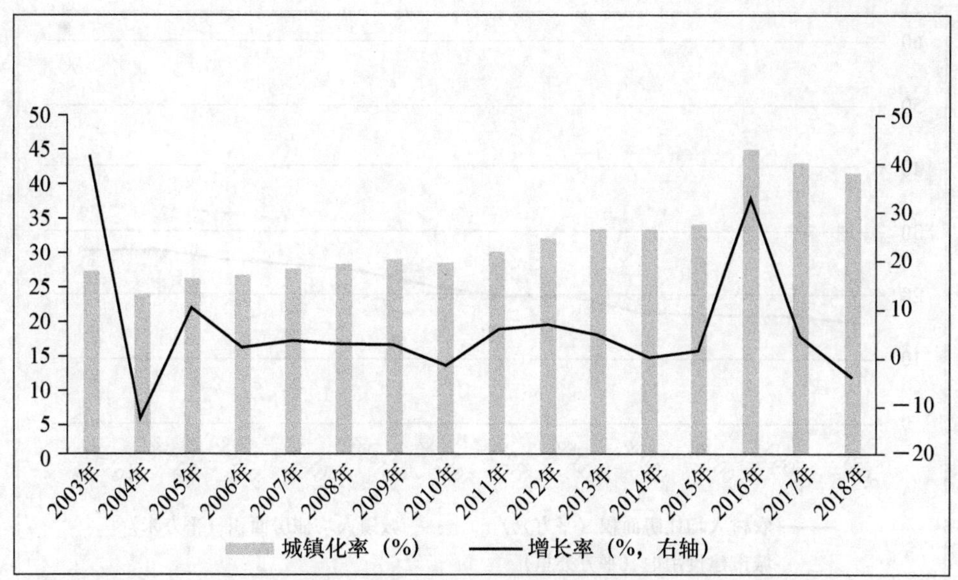

图 5　2003—2018 年天水市城镇化率

资料来源：根据 2018 年《甘肃发展年鉴》、2003—2018 年《天水市国民经济和社会发展统计公报》整理。

（四）资源环境消耗持续增加

1. 土地资源消耗

2007—2018 年天水市用地面积逐渐增加，2007 年天水市城市建设用地 42.0 平方公里，2018 年为 50.7 平方公里，城市和农村人均住房面积也在逐年上升，表明天水市土地资源的消耗在逐年递增（见图 6）。

2007—2018 年天水市耕地面积基本上逐年增加，2007 年为 583.23 万亩，2018 年为 767.70 万亩，表明农业对于土地资源的消耗在逐年递增（见图 7）。

2. 城市绿化

2007—2018 年天水市森林覆盖率稳步增加，但上升幅度较为缓慢，2007 年为 30.0%，2018 年为 36.5%；人均园林绿化面积逐步增加，2015 年后有小幅回落，2007 年为 5.3 平方米，2018 年为 7.0 平方米；建成区绿化覆盖率呈先上升后下降趋势，2007 年为 27.6%，2018 年为 27.7%，表明天水市在园林建设、植树造林方面力度还不够（见图 8）。

3. 水资源消耗

2007—2018 年天水市用水普及率逐步上升，2007 年为 75.91%，2018 年为 98.00%，几乎全部覆盖。用水普及率的上升表明天水市水资源消耗在日益增加（见图 9）。

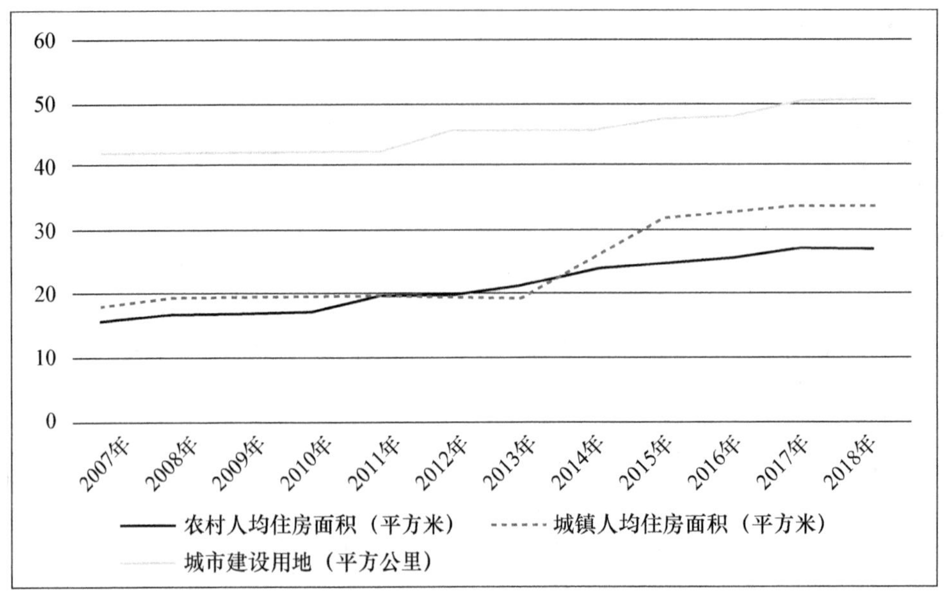

图 6　2007—2018 年天水市土地使用状况

资料来源：根据 2018 年《甘肃发展年鉴》、2007—2018 年《天水市国民经济和社会发展统计公报》整理。

图 7　2007—2018 年天水市耕地面积

资料来源：根据 2018 年《甘肃发展年鉴》、2007—2018 年《天水市国民经济和社会发展统计公报》整理。

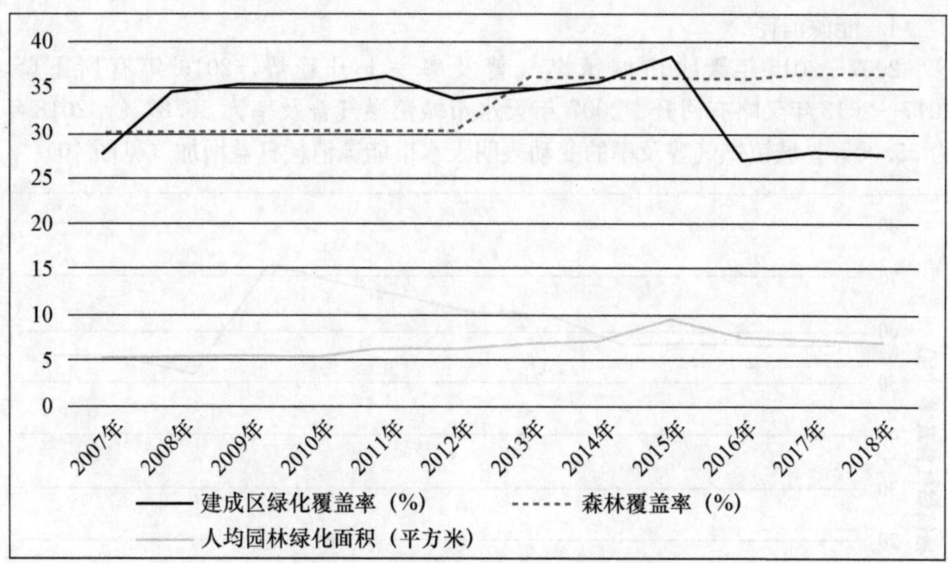

图 8　2007—2018 年天水市城市绿化状况

资料来源：根据 2018 年《甘肃发展年鉴》、2007—2018 年《天水市国民经济和社会发展统计公报》整理。

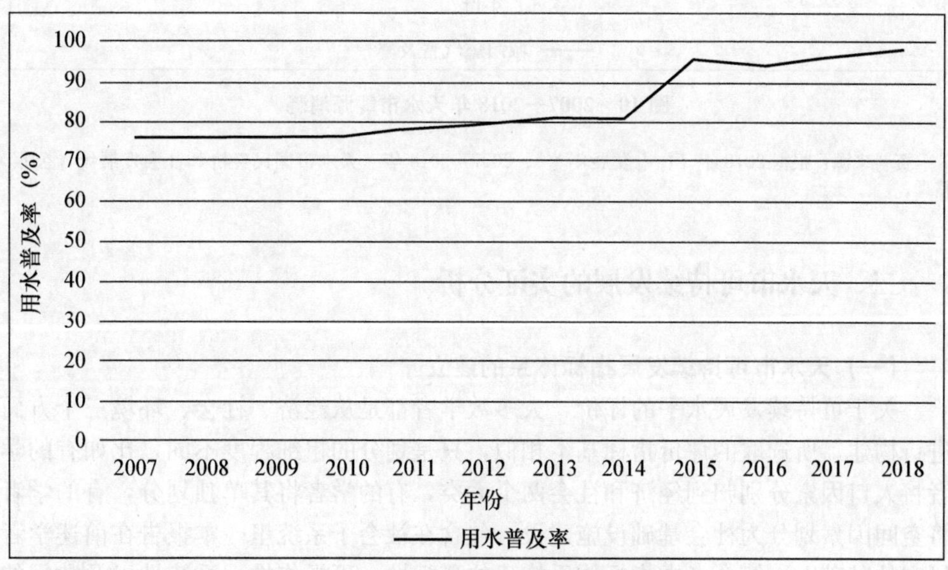

图 9　2007—2018 年天水市水资源消耗

资料来源：根据 2018 年《甘肃发展年鉴》、2007—2018 年《天水市国民经济和社会发展统计公报》整理。

4. 能源消耗

2007—2015 年天水市城镇燃气普及率呈上升趋势，2016 年有所下降，2017—2018 年又略有回升。2007 年天水市城镇燃气普及率为 56.87％，2018 年为 55.00％。城镇燃气普及率的变动表明天水市能源消耗日益增加（见图 10）。

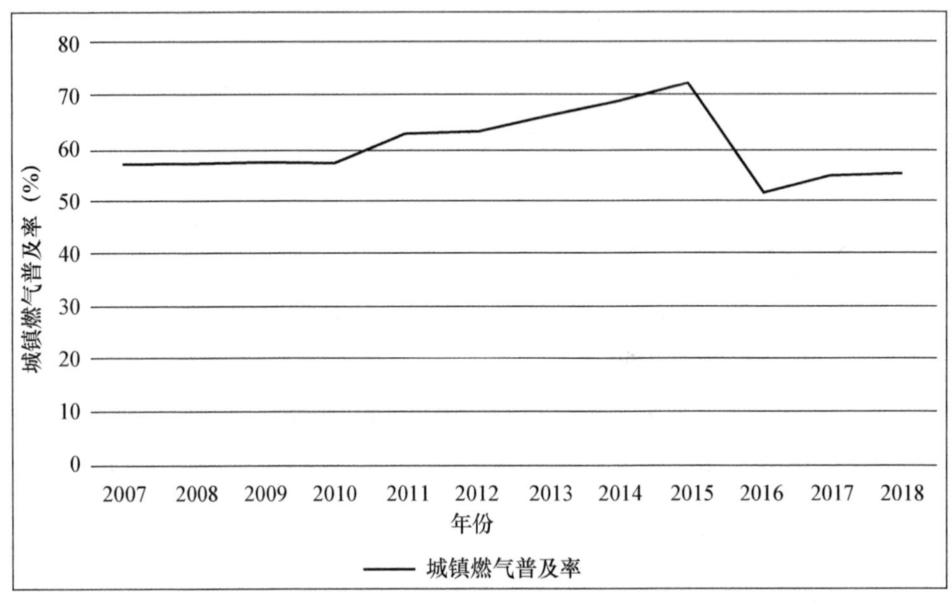

图 10　2007—2018 年天水市能源消耗

资料来源：根据 2018 年《甘肃发展年鉴》、2007—2018 年《天水市国民经济和社会发展统计公报》整理。

二、天水市可持续发展的实证分析

（一）天水市可持续发展指标体系的建立

关于可持续发展水平的评价，大多数学者都是从经济、社会、环境三个方面进行构建，所选取的评价指标基本相似，只是划分的粗细程度不同，比如有的学者将人口因素分别归到经济和社会两个大类，有的学者将其单独划分，有的学者将空间因素划分为社会基础设施建设，包含在社会子系统里。本报告在前述学者研究的基础上，综合考虑指标体系构建的科学性、可操作性、系统性以及数据的可获取性，选取了 3 个一级指标——由经济、社会、资源环境三个子系统构成，又分别选取了 28 个具体指标（见表 1）。

表 1 天水市可持续发展指标体系

总指标	一级指标	具体指标
天水市可持续发展总指标	天水市可持续发展经济指标	生产总值（亿元）、GDP 增长率（%）、第一产业贡献率（%）、第二产业贡献率（%）、第三产业贡献率（%）、固定资产投资（亿元）、财政总收入（亿元）、进出口总值（亿元）、城镇居民人均可支配收入（元）、农村居民人均可支配收入（元）
	天水市可持续发展社会指标	居民消费价格增长率（%）、消费品零售总额（亿元）、人口密度（人/平方公里）、人口自然增长率（‰）、居民人民币储蓄存款（亿元）、城镇化率（%）
	天水市可持续发展资源环境指标	耕地面积（万亩）、生活垃圾无害化处理率（%）、建成区绿化覆盖率（%）、人均园林绿地面积（平方米）、用水普及率（%）、农村人均住房面积（平方米）、城镇人均住房面积（平方米）、森林覆盖率（%）、城镇燃气普及率（%）、渭河水质达标率（%）、空气污染指数、城市建设用地（平方公里）

（二）原始数据的处理

多个指标评价体系构成了可持续发展指标体系，由于各评价指标的量纲、数量级以及指标性质均不相同，各指标间的水平相差非常大。如果直接用原始指标值进行分析，就会突出数值较高的指标在综合分析中的作用，相对削弱数值较低的指标的作用。因此，为了保证结果的可靠性，需要对原始指标数据进行标准化处理与方向调整。

（三）主成分分析法

对于可持续发展水平的测算，采用较多的有熵权法、层次分析法和主成分分析法。前两种方法最终都是通过对每一指标赋予权重值来判断其对总指标的重要性，而这两种方法的权重往往带有主观性，且权重测算难度较大，十分复杂。因此，本报告选取主成分分析法进行测算，该方法已经被认为是一种评价多指标综合水平的优选方法，且适用于指标较多、各指标间相关系数较高的情况。

该方法是利用降维的思想，通过线性变换将多个变量转化为较少的重要变量的多元统计分析方法。基本做法是：通过将 P 个指标变量提取出几个重要的综合指标，用各自方差的大小来表示它们的重要程度，方差越大，包含的信息越多，对总指标的贡献度就越大，方差最大的为第一主成分，依次为第二、第三主成分。因此，第一主成分 F1 在所有的线性组合中是方差最大的，当 F1 不能够反映原来 P 个指标的信息时，就需要选取第二主成分 F2，F1 与 F2 之间无相关性，即所包含信息不重叠，依此类推可以构造出第三、第四等等 P 个主成分，最终我们只要提取出特征值大于 1 的主成分，并计算出综合得分，特征值小于 1 的主成分对结果影响很小，予以忽略。计算公式如下：

$$Y=\sum_{i}^{n}F_{i}\frac{\lambda_{i}}{\sum_{j}^{m}\lambda_{j}} \tag{1}$$

式中，Y 表示系统可持续发展得分；F_i 表示第 i 个主成分得分系数；n 表示主成分的个数；λ_i 表示第 i 个主成分的特征值；m 表示特征值大于 1 的个数；λ_j 表示第 j 个特征值大于 1 的主成分的特征值。

（四）经济子系统可持续发展能力实证分析

对天水市各项经济可持续发展指标原始数据进行标准化处理，处理结果如表 2 和表 3 所示。

表 2　2007—2018 年天水市经济可持续发展指标标准化（一）

年份	第三产业贡献率（%）	第二产业贡献率（%）	第一产业贡献率（%）	固定资产投资（亿元）	进出口总值（亿元）
2007	−0.300	0.360	0.133	−1.457	−1.276
2008	−0.279	0.184	0.452	−1.308	−1.142
2009	−0.657	0.801	0.261	−1.024	−1.127
2010	−0.762	0.448	1.346	−0.822	−0.582
2011	−0.908	1.065	0.452	−0.458	−0.424
2012	−0.908	0.918	0.772	−0.009	−0.185
2013	−0.636	0.595	0.644	0.116	0.103
2014	−0.615	0.771	0.197	0.567	0.244
2015	0.643	−0.786	−0.250	0.877	0.249
2016	1.041	−1.168	−0.633	1.202	0.918
2017	1.397	−1.580	−0.825	1.183	1.405
2018	1.984	−1.609	−2.549	1.133	1.816

表 3　2007—2018 年天水市经济可持续发展指标标准化（二）

年份	农村居民人均可支配收入（元）	城镇居民人均可支配收入（元）	财政总收入（亿元）	生产总值（亿元）	GDP 增长率（%）
2007	−1.288	−1.294	−1.239	−1.460	0.182
2008	−1.118	−1.177	−1.085	−1.274	0.016
2009	−0.991	−1.036	−0.927	−1.063	−0.109
2010	−0.784	−0.785	−0.660	−0.812	0.953

续表

年份	农村居民人均可支配收入（元）	城镇居民人均可支配收入（元）	财政总收入（亿元）	生产总值（亿元）	GDP 增长率（%）
2011	−0.566	−0.539	−0.345	−0.455	1.702
2012	−0.271	−0.200	−0.049	−0.110	0.953
2013	−0.013	0.073	0.286	0.302	1.057
2014	0.282	0.340	0.611	0.575	−0.359
2015	0.787	0.698	0.851	0.769	−1.026
2016	1.031	0.997	1.460	0.997	−0.901
2017	1.310	1.304	1.765	1.150	−1.442
2018	1.620	1.618	−0.668	1.381	−1.026

根据 SPSS 的输出结果，从图 11 可以看出成分特征值大于 1 的有两个，第一成分的特征值是 8.018，第二成分的特征值是 1.220。由表 4 可知，经济子系统的降维效果很好，两个主成分的累计贡献率达到了 92.371%，能够解释大部分的变量所携带的信息。

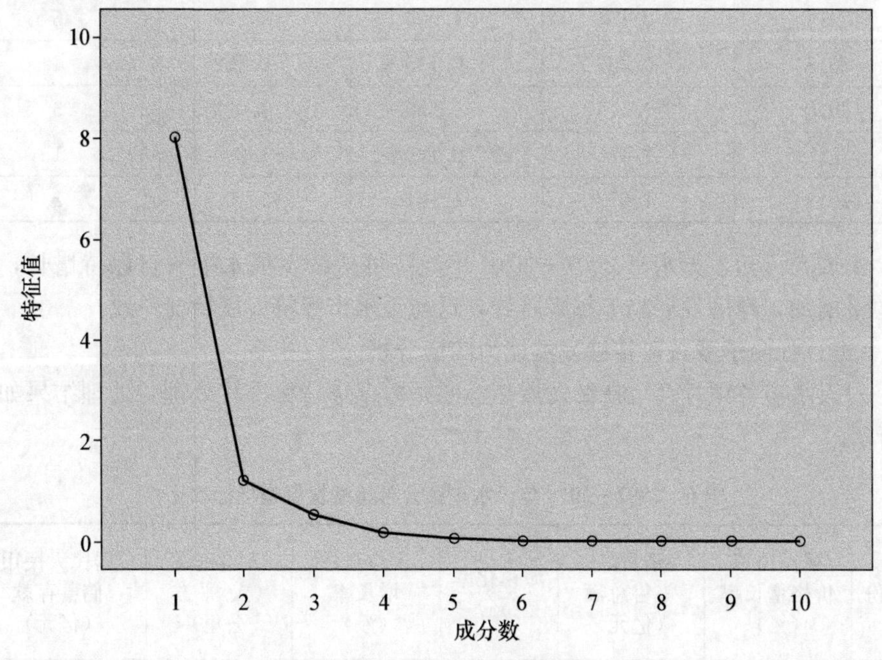

图 11　经济子系统碎石图

表 4　经济子系统成分特征值及其贡献率

成分	初始特征值	贡献率	累计贡献率
1	8.018	80.176%	80.176%
2	1.220	12.195%	92.371%

由式（1）计算可得天水市经济子系统可持续发展得分情况（见表 5）。

表 5　2007—2018 年天水市经济可持续发展指标综合得分

年份	第一主成分	第二主成分	可持续综合得分	排名
2007	−1.027	−1.412	−1.078	12
2008	−0.918	−1.200	−0.955	11
2009	−0.890	−0.779	−0.875	10
2010	−0.878	0.259	−0.728	9
2011	−0.756	0.773	−0.554	8
2012	−0.473	1.049	−0.272	7
2013	−0.211	1.223	−0.022	6
2014	0.154	1.055	0.273	5
2015	0.766	0.130	0.682	4
2016	1.145	0.330	1.038	3
2017	1.476	0.136	1.299	1
2018	1.612	−1.564	1.193	2

由表 5 可知，天水市 2007—2018 年经济可持续发展水平一直保持增长，经济总量增加，经济发展趋势越来越好，这与天水市经济发展情况一致。

（五）社会子系统可持续发展能力实证分析

对天水市各项社会可持续发展指标原始数据进行标准化处理，处理结果如表 6 所示。

表 6　2007—2018 年天水市社会可持续发展指标标准化

年份	居民消费价格增长率（%）	消费品零售总额（亿元）	城镇化率（%）	人口自然增长率（‰）	人口密度（人/平方公里）	居民人民币储蓄存款（亿元）
2007	0.757	−1.416	−1.027	0.377	−0.309	−1.347
2008	1.333	−1.228	−0.914	0.500	0.407	−1.164

续表

年份	居民消费价格增长率（%）	消费品零售总额（亿元）	城镇化率（%）	人口自然增长率（‰）	人口密度（人/平方公里）	居民人民币储蓄存款（亿元）
2009	−2.631	−0.982	−0.802	0.523	1.080	−0.949
2010	0.587	−0.787	−0.873	0.411	0.837	−0.768
2011	1.028	−0.488	−0.622	0.433	0.421	−0.541
2012	−0.090	−0.193	−0.288	0.433	−1.297	−0.266
2013	0.147	0.110	−0.065	0.456	−1.097	0.040
2014	−0.158	0.418	−0.047	0.478	−1.075	0.306
2015	−0.226	0.884	0.033	0.500	−0.202	0.740
2016	−0.226	1.204	1.832	−0.362	−1.025	1.083
2017	−0.395	1.503	1.511	−0.889	0.421	1.263
2018	−0.124	0.974	1.262	−2.860	1.839	1.603

根据SPSS的输出结果，从图12可以看出成分特征值大于1的有两个，第一成分的特征值是3.480，第二成分的特征值是1.321。由表7可知，社会子系统的降维效果很好，两个主成分的累计贡献率达到了80.015%，能够解释大部分的变量所携带的信息。

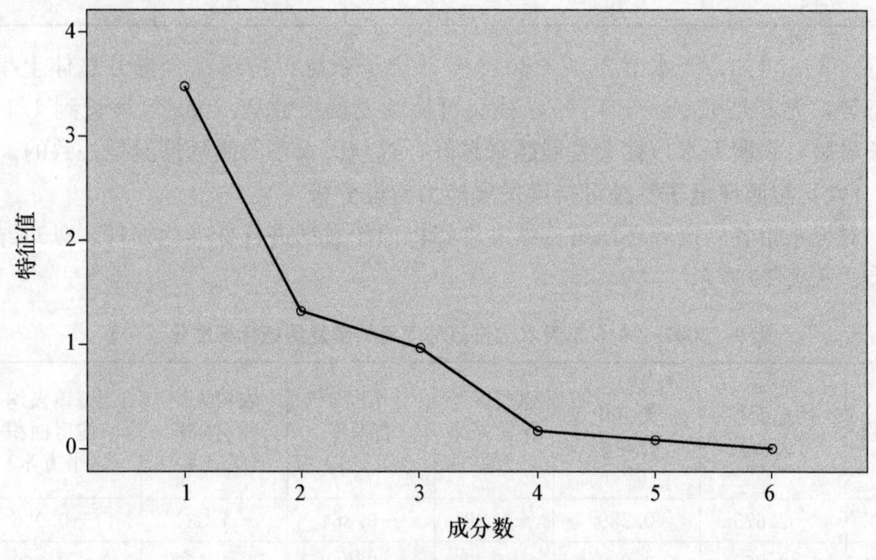

图12 社会子系统碎石图

表 7　社会子系统成分特征值及其贡献率

成分	初始特征值	贡献率	累计贡献率
1	3.480	58.003%	58.003%
2	1.321	22.012%	80.015%

由式（1）计算可得天水市社会子系统可持续发展得分情况（见表 8）。

表 8　2007—2018 年天水市社会可持续发展指标综合得分

年份	第一主成分	第二主成分	可持续综合得分	排名
2007	−1.199	−0.106	−0.899	11
2008	−1.111	−0.433	−0.925	12
2009	−0.626	−1.381	−0.834	10
2010	−0.775	−0.743	−0.766	9
2011	−0.617	−0.249	−0.516	8
2012	−0.349	0.988	0.019	7
2013	−0.136	1.007	0.179	6
2014	0.046	1.053	0.323	5
2015	0.350	0.566	0.410	4
2016	1.193	1.191	1.193	1
2017	1.426	−0.037	1.023	2
2018	1.798	−1.855	0.793	3

由表 8 可知，天水市 2007—2018 年社会子系统可持续综合得分总体上呈增长态势，尤其是 2008—2016 年，社会可持续发展指数从−0.925 增长到 1.193，增长显著，表明天水市社会发展越来越好，这与天水市的实际情况是一致的。

（六）资源环境子系统可持续发展能力实证分析

对天水市各项资源环境可持续发展指标原始数据进行标准化处理，处理结果如表 9 和表 10 所示。

表 9　2007—2018 年天水市资源环境可持续发展指标标准化（一）

年份	耕地面积（万亩）	生活垃圾无害化处理率（%）	建成区绿化覆盖率（%）	用水普及率（%）	农村人均住房面积（平方米）	城镇人均住房面积（平方米）
2007	−2.675	0.289	−1.281	−0.864	−1.331	−0.926
2008	−0.659	0.289	0.396	−0.868	−1.093	−0.769
2009	−0.453	0.289	0.606	−0.868	−1.019	−0.766

续表

年份	耕地面积（万亩）	生活垃圾无害化处理率（%）	建成区绿化覆盖率（%）	用水普及率（%）	农村人均住房面积（平方米）	城镇人均住房面积（平方米）
2010	−0.359	0.289	0.606	−0.844	−0.955	−0.766
2011	0.076	0.289	0.817	−0.657	−0.408	−0.726
2012	0.217	0.289	0.265	−0.511	−0.337	−0.693
2013	0.321	0.289	0.480	−0.342	−0.018	−0.732
2014	0.801	0.289	0.730	−0.340	0.593	0.191
2015	0.874	0.289	1.324	1.229	0.786	1.089
2016	0.857	−3.175	−1.456	1.135	1.053	1.271
2017	0.874	0.289	−1.236	1.375	1.365	1.414
2018	0.127	0.289	−1.251	1.556	1.365	1.414

表 10　2007—2018 年天水市资源环境可持续发展指标标准化（二）

年份	森林覆盖率（%）	城镇燃气普及率（%）	人均园林绿化面积（平方米）	渭河水质达标率（%）	空气污染指数	城市建设用地（平方公里）
2007	−0.988	−0.522	−1.188	−1.482	1.357	−1.047
2008	−0.982	−0.517	−1.004	0.414	0.386	−1.047
2009	−0.988	−0.472	−0.887	0.414	0.460	−0.974
2010	−0.924	−0.445	−0.870	0.414	0.386	−0.974
2011	−0.924	0.378	−0.359	0.414	0.460	−0.894
2012	−0.924	0.480	−0.267	0.414	0.274	0.113
2013	0.897	0.950	0.193	0.414	0.423	0.113
2014	0.897	1.335	0.444	0.414	0.386	0.113
2015	0.897	1.900	2.379	−2.662	−1.590	0.632
2016	0.897	−1.386	0.796	0.414	0.647	0.785
2017	1.073	−0.887	0.478	0.414	−1.591	1.570
2018	1.073	−0.814	0.285	0.414	−1.599	1.610

根据 SPSS 的输出结果，从图 13 可以看出成分特征值大于 1 的有四个，第一成分的特征值是 6.683，第二成分的特征值是 2.557，第三成分的特征值是 1.216，第四成分的特征值是 1.000。由表 11 可知，天水市资源环境子系统的降

维效果很好，四个主成分的累计贡献率达到了95.464%，能够解释大部分的变量所携带的信息。

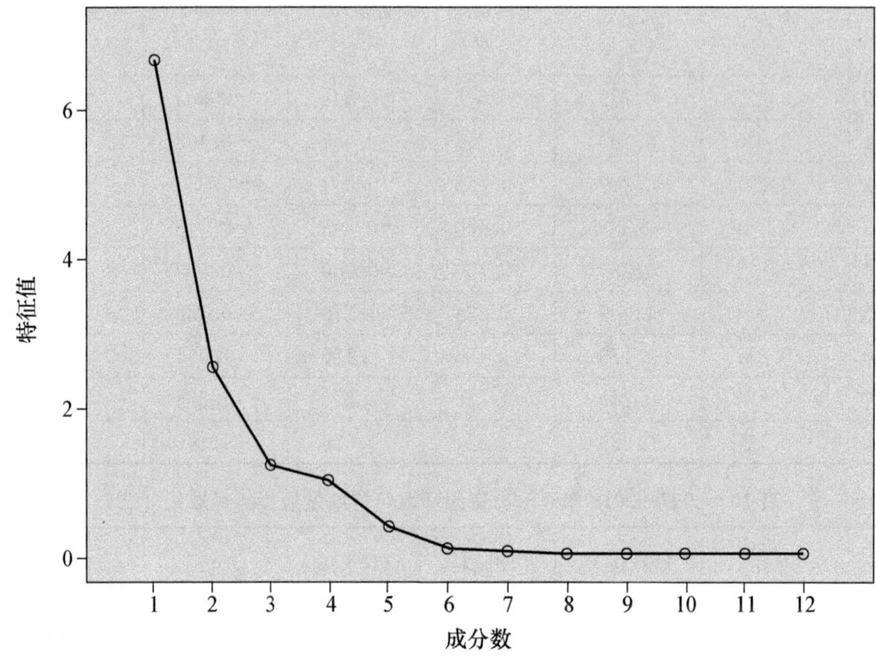

图13 资源环境子系统碎石图

表11 资源环境子系统成分特征值及其贡献率

成分	初始特征值	贡献率	累计贡献率
1	6.683	55.690%	55.690%
2	2.557	21.308%	76.998%
3	1.216	10.130%	87.128%
4	1.000	8.336%	95.464%

由式（1）计算可得天水市资源环境子系统可持续发展得分情况（见表12）。

表12 2007—2018年天水市资源环境可持续发展指标综合得分

年份	第一主成分	第二主成分	第三主成分	第四主成分	可持续综合得分	排名
2007	−1.274	−0.707	−2.414	−0.483	−1.200	12
2008	−0.970	−0.209	0.128	0.339	−0.570	11
2009	−0.930	−0.094	0.301	0.255	−0.510	10
2010	−0.887	−0.066	0.343	0.276	−0.472	9

续表

年份	第一主成分	第二主成分	第三主成分	第四主成分	可持续综合得分	排名
2011	−0.663	0.405	0.675	−0.020	−0.227	8
2012	−0.407	0.248	0.546	0.239	−0.103	7
2013	−0.048	0.594	0.803	−0.131	0.178	5
2014	0.255	0.845	1.080	−0.260	0.429	4
2015	1.233	2.214	−1.331	−0.884	0.995	1
2016	1.069	−1.794	0.551	−2.285	0.082	6
2017	1.349	−0.670	−0.150	1.423	0.746	2
2018	1.276	−0.764	−0.533	1.530	0.651	3

从表12中资源环境可持续发展指数情况来看，从2007年到2015年资源环境可持续发展指数保持增长，但是2016年有所下滑，2017年和2018年又开始回升，整体处于稳步上升的趋势，表明天水市政府增加了对环境的投入，在节能减排、保护资源环境等方面取得了显著成绩。

（七）天水市总可持续发展能力实证分析

对天水市可持续发展28个具体指标原始数据进行标准化处理，处理结果如表13、表14、表15和表16所示。

表13　2007—2018年天水市可持续发展指标标准化（一）

年份	第三产业贡献率（%）	第二产业贡献率（%）	第一产业贡献率（%）	固定资产投资（亿元）	进出口总值（亿元）	农村居民人均可支配收入（元）	城镇居民人均可支配收入（元）
2007	−0.300	0.360	0.133	−1.457	−1.276	−1.288	−1.294
2008	−0.279	0.184	0.452	−1.308	−1.142	−1.118	−1.177
2009	−0.657	0.801	0.261	−1.024	−1.127	−0.991	−1.036
2010	−0.762	0.448	1.346	−0.822	−0.582	−0.784	−0.785
2011	−0.908	1.065	0.452	−0.458	−0.424	−0.566	−0.539
2012	−0.908	0.918	0.772	−0.009	−0.185	−0.271	−0.200
2013	−0.636	0.595	0.644	0.116	0.103	−0.013	0.073
2014	−0.615	0.771	0.197	0.567	0.244	0.282	0.340
2015	0.643	−0.786	−0.250	0.877	0.249	0.787	0.698
2016	1.041	−1.168	−0.633	1.202	0.918	1.031	0.997
2017	1.397	−1.580	−0.825	1.183	1.405	1.310	1.304
2018	1.984	−1.609	−2.549	1.133	1.816	1.620	1.618

表 14　2007—2018 年天水市可持续发展指标标准化（二）

年份	财政总收入（亿元）	生产总值（亿元）	GDP 增长率（%）	居民消费价格增长率（%）	消费品零售总额（亿元）	城镇化率（%）	人口自然增长率（‰）
2007	−1.239	−1.460	0.182	0.757	−1.416	−1.027	0.377
2008	−1.085	−1.274	0.016	1.333	−1.228	−0.914	0.500
2009	−0.927	−1.063	−0.109	−2.631	−0.982	−0.802	0.523
2010	−0.660	−0.812	0.953	0.587	−0.787	−0.872	0.411
2011	−0.345	−0.455	1.702	1.028	−0.488	−0.622	0.433
2012	−0.049	−0.110	0.953	−0.090	−0.193	−0.288	0.433
2013	0.286	0.302	1.057	0.147	0.110	−0.065	0.456
2014	0.611	0.575	−0.359	−0.158	0.418	−0.047	0.478
2015	0.851	0.769	−1.026	−0.226	0.884	0.033	0.500
2016	1.460	0.997	−0.901	−0.226	1.204	1.832	−0.362
2017	1.765	1.150	−1.442	−0.395	1.503	1.511	−0.889
2018	−0.668	1.381	−1.026	−0.124	0.974	1.262	−2.860

表 15　2007—2018 年天水市可持续发展指标标准化（三）

年份	人口密度（人/平方公里）	居民人民币储蓄存款（亿元）	耕地面积（万亩）	生活垃圾无害化处理率（%）	建成区绿化覆盖率（%）	用水普及率（%）	农村人均住房面积（平方米）
2007	−0.309	−1.347	−2.675	0.289	−1.281	−0.864	−1.331
2008	0.407	−1.164	−0.659	0.289	0.396	−0.868	−1.093
2009	1.080	−0.949	−0.453	0.289	0.606	−0.868	−1.019
2010	0.837	−0.768	−0.359	0.289	0.606	−0.844	−0.955
2011	0.421	−0.541	0.076	0.289	0.817	−0.657	−0.408
2012	−1.297	−0.266	0.217	0.289	0.265	−0.511	−0.337
2013	−1.097	0.040	0.321	0.289	0.480	−0.342	−0.018
2014	−1.075	0.306	0.801	0.289	0.730	−0.340	0.593
2015	−0.202	0.740	0.874	0.289	1.324	1.229	0.786
2016	−1.025	1.083	0.857	−3.175	−1.456	1.135	1.053
2017	0.421	1.263	0.874	0.289	−1.236	1.375	1.365
2018	1.839	1.603	0.127	0.289	−1.251	1.556	1.365

表 16　2007—2018 年天水市可持续发展指标标准化（四）

年份	城镇人均住房面积（平方米）	森林覆盖率（%）	城镇燃气普及率（%）	人均园林绿化面积（平方米）	渭河水质达标率（%）	空气污染指数	城市建设用地（平方公里）
2007	−0.926	−0.988	−0.522	−1.188	−1.482	1.357	−1.047
2008	−0.769	−0.982	−0.517	−1.004	0.414	0.386	−1.047
2009	−0.766	−0.988	−0.472	−0.887	0.414	0.460	−0.974
2010	−0.766	−0.924	−0.445	−0.870	0.414	0.386	−0.974
2011	−0.726	−0.924	0.378	−0.359	0.414	0.460	−0.894
2012	−0.693	−0.924	0.480	−0.267	0.414	0.274	0.113
2013	−0.732	0.897	0.950	0.193	0.414	0.423	0.113
2014	0.191	0.897	1.335	0.444	0.414	0.386	0.113
2015	1.089	0.897	1.900	2.379	−2.662	−1.590	0.632
2016	1.271	0.897	−1.386	0.796	0.414	0.647	0.785
2017	1.414	1.073	0.887	0.478	0.414	−1.591	1.570
2018	1.414	1.073	−0.814	0.285	0.414	−1.599	1.610

根据 SPSS 的输出结果，从图 14 可以看出成分特征值大于 1 的有五个，第一成分的特征值是 17.924，第二成分的特征值是 3.726，第三成分的特征值是 2.187，第四成分的特征值是 1.536，第五成分的特征值是 1.123。由表 17 可知，天水市可持续发展的降维效果不错，五个主成分的累计贡献率达到了 94.627%，能够解释大部分的变量所携带的信息。

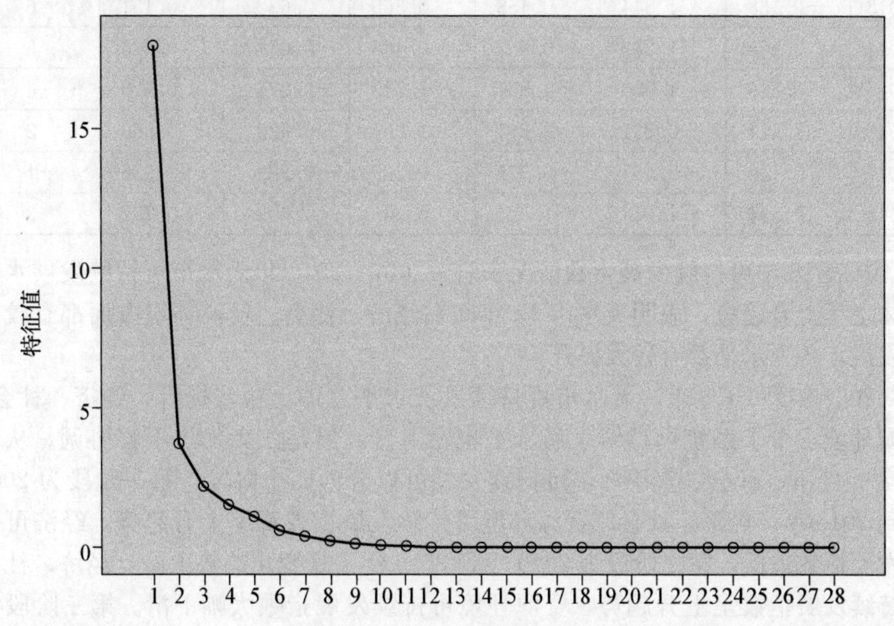

图 14　总可持续发展碎石图

表 17　总可持续发展成分特征值及其贡献率

成分	初始特征值	贡献率	累计贡献率
1	17.924	64.014%	64.014%
2	3.726	13.309%	77.323%
3	2.187	7.811%	85.134%
4	1.536	5.484%	90.618%
5	1.123	4.009%	94.627%

由式（1）计算可得天水市可持续发展综合得分情况（见表 18）。

表 18　2007—2018 年天水市可持续发展综合得分

年份	第一主成分	第二主成分	第三主成分	第四主成分	第五主成分	可持续综合得分	排名
2007	−1.148	−1.150	−0.121	−2.032	0.645	−1.039	12
2008	−0.979	−0.672	−0.179	−0.200	0.534	−0.761	10
2009	−0.874	−0.531	−0.400	0.594	−2.823	−0.784	11
2010	−0.868	−0.237	−0.027	0.581	0.229	−0.579	9
2011	−0.705	0.338	0.029	0.861	0.955	−0.336	8
2012	−0.422	0.693	0.541	0.555	0.242	−0.101	7
2013	−0.138	1.044	0.468	0.565	0.632	0.151	6
2014	0.165	1.288	0.267	0.468	−0.038	0.340	5
2015	0.819	1.580	−1.854	−1.543	−0.324	0.520	4
2016	1.171	−0.251	2.361	−1.085	−0.522	0.866	2
2017	1.446	−0.427	0.009	0.279	−0.223	0.926	1
2018	1.534	−1.674	−1.094	0.956	0.693	0.797	3

从表 18 中可持续发展指数情况来看，2007—2018 年天水市可持续发展水平总体上呈上升趋势，表明天水市 12 年间在经济、社会、资源环境方面都有较大的发展，各项水平都有较大提升。

2007 年到 2018 年，天水市可持续发展水平总体上稳步提升，经济、社会、资源环境三个子系统可持续发展水平也在上升，但是三者发展不够协调。从图 15 看，经济、社会、资源环境可持续发展可以分为四个阶段，第一阶段为 2007 年到 2015 年，经济、社会、资源环境可持续发展指数都呈上升趋势，经济可持续发展指数最低。第二阶段为 2015 年到 2016 年，从变化趋势上看，经济、社会可持续发展指数呈上升趋势，资源环境可持续发展指数大幅下滑。第三阶段为 2016 年到 2017 年，此阶段经济可持续发展指数排第一，社会可持续发展指数次之，资源环境可持续发展指数一直处于二者之下。第四阶段为 2017 年到 2018 年，此阶段经济、社会、资源环境可持续发展指数都呈下降趋势。表明在资源环境发展方面的投入力度还不够，天水市政府的发展主要集中在经济的繁荣和社会的进步上，侧面表明经济增长和社会发展不能以资源的大幅消耗和生态的破坏来换取，这种发展模式不具有可持续性。

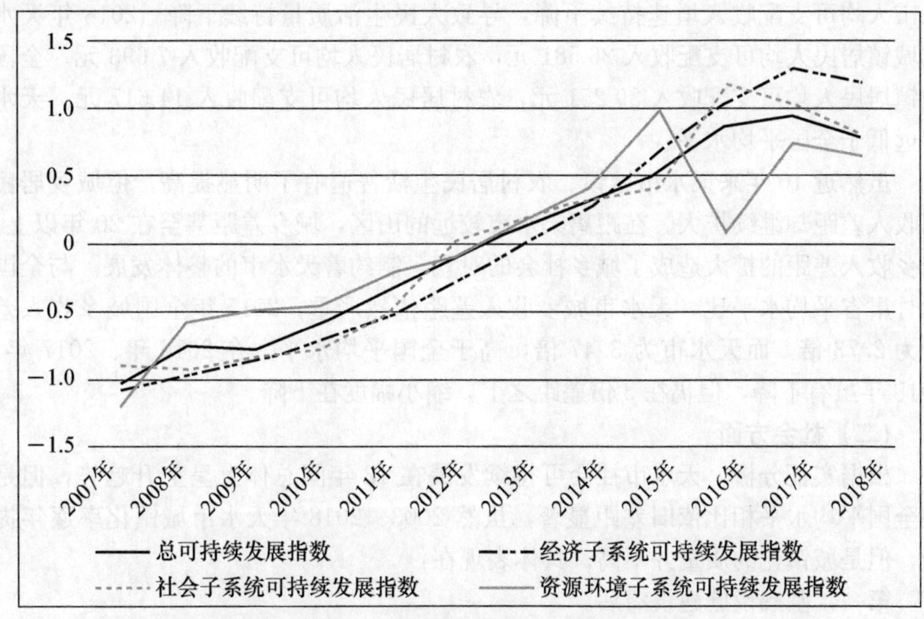

图 15 2007—2018 年天水市可持续发展指数

三、天水市可持续发展存在的问题

（一）经济方面

1. 经济发展基础薄弱，经济规模较小

天水市综合实力在全国甚至在西部地区处于劣势。虽然经济发展指数在逐年增加，但跟全国平均水平相比仍旧偏低，从 2013 年后经济增长速度也在放缓，2018 年增长率为 6.0%，低于全国平均 6.6%的增长率。2018 年天水市 GDP 规模为 652.05 亿元，全国为 900 309 亿元，仅为全国的 0.07%，经济规模较小，经济发展基础薄弱。

2. 产业结构不合理，第一产业占比偏大

天水市农业在经济总量中占比较大，而第二产业发展不足，2018 年天水市三次产业占比为 14.0∶30.7∶55.3，全国为 7.2∶40.7∶52.2，显然，天水市第二产业在经济中的贡献率较全国偏低，说明天水市工业发展依旧滞后，城镇化进程缓慢。

3. 人均可支配收入水平偏低，城乡差距较大

天水市人口长期处于超载状态，导致人均收入水平偏低，自 2012 年后，天水市人均可支配收入增速持续下降，导致人民生活质量持续下降。2018 年天水市城镇居民人均可支配收入 26 581 元，农村居民人均可支配收入 7 693 元。全国城镇居民人均可支配收入 39 251 元，农村居民人均可支配收入 14 617 元。天水市远低于全国平均水平。

虽然近 10 年来天水市城镇、农村居民生活普遍有了明显提高，但城乡居民间收入差距却继续扩大。在距离天水市较远的山区，城乡差距甚至在 20 年以上。城乡收入差距的扩大造成了城乡社会的对立，制约着天水市的整体发展。与全国及甘肃省平均水平比，天水市城乡收入差距依然严重，2015 年全国城乡收入差距为 2.73 倍，而天水市为 3.47 倍，高于全国平均水平。在 2016 年、2017 年、2018 年虽有下降，但仍在 3 倍差距之上，缩小幅度在下降。

（二）社会方面

根据实证分析，天水市社会可持续发展在 12 年间总体上呈上升趋势，但是跟全国平均水平相比依旧差距显著，虽然 2003—2018 年天水市城镇化率逐年提升，但是城镇化的质量并不高。具体表现在：

第一，基础设施建设滞后。

城镇基础设施是提高城镇化水平的物质基础，体现着城镇化发展的硬件环境，基础设施的完善与否决定着各种优质要素的聚集，基础设施过于落后，就会使得人力资本、资金等要素难以向城镇流动，导致城镇经济难以发展。天水市城镇基础设施不配套、条件差，城镇交通、供水、燃气等基础设施人均拥有量远远落后于全市城镇化发展的需要，在全国也排后位。2017 年末全市人均城市道路面积 4.17 平方米，道路照明灯 2.23 万盏，用水普及率 96.34%，生活垃圾处理率 100%，燃气普及率 54.53%，建成区绿化覆盖率 27.7%，人均园林绿化面积 7.0 平方米。

第二，生态环境脆弱，受水资源制约，城市规模、布局受到限制。

一方面城镇建设缺乏大项目带动，城镇发展缺乏大产业支撑，经济基础薄弱；另一方面建设投入不足的问题仍然很严重，城市发展中利用外资和民间投资的能力未能充分发挥。

第三，市场化程度不高，对外开放不够，城市化发展与市场发育程度相互不匹配。

市场和社会发育程度低，制约了城镇吸纳农村人口的能力，导致大多数城镇

聚集人口和生产要素的能力较弱。

(三) 资源环境方面

大多数情况下，贫困就是人类与自然环境之间的一种负相关关系，贫困的发生除了生态脆弱的自然因素外，主要是由于人类对环境生态造成破坏，超过了生态环境可以承受的极限，因而是人类发展与环境保护的失调。根据实证分析发现，天水市经济的增长是以牺牲生态环境为代价的。随着天水市经济的增长，资源环境的可持续性在下降。具体表现为：

1. 环保资金投入不足，社会发展缓慢

国际成功经验研究表明，一国经济的可持续增长与其资源的合理利用、生态环境的保护一般呈倒 U 形关系，这反映了经济发展与生态保护需求的阶段性特征。天水市是中国经济发展滞后严重的地区之一，究其原因是环境保护专项资金的投入明显有缺口：

一是环保资金来源缺乏有效的财政制度保障，环境保护财政投资稳定增长的政策法规有缺漏。按照现行环保体制，缺乏明确的立法形式及具体的可操作性，无法确保一定时期内政府环保投资的稳定比例。

二是在其他环境经济政策方面，生态补偿机制远未形成。环境保护资金投入的具体责任主体不明确，政府与市场职责分工的界限依旧模糊，相关环保投资、融资机制不健全。中央和地方政府事权与财力不匹配的根源没有彻底解决，转移支付制度缺乏明确规范，难以有效解决天水市环保资金投入的缺位问题。

2. 环境承载力弱，生态环境日趋恶化

天水市位于西北内陆地区，山多林少、水资源匮乏；同时气候恶劣，干旱少雨，水土流失严重，生态环境相当脆弱。具体表现为：一是植被破坏严重，水土流失加剧。2018 年天水市森林覆盖率仅为 36.5%。二是土地沙化严重，沙区总面积为 3.7 亿亩。三是干旱缺水，降雨量严重不足。天水市水资源极其贫乏，人均 1 300 立方米。四是环境污染严重，工业废弃物达标排放偏低。五是草原超载过牧，退化严重。草地退化、沙化每年仍以 3 万公顷左右的速度扩展。

四、天水市可持续发展的政策建议

根据天水市可持续发展现状及实证分析结果与存在的问题，对天水市可持续发展提出以下政策建议：

(一) 经济方面

1. 优化产业结构，加快经济发展

优化产业结构是天水市发展的一个主题。天水市是全国老工业基地之一，是我国最早的“三线”工业基地，工业在经济结构中所占比重较大，产业结构化特征十分明显，“三去一降一补”、供给侧结构性改革任务艰巨。根据天水市的区位优势、资源禀赋和自然条件，突出加快工业供给侧结构性改革，加快实施创新驱动发展战略的进程，建立新能源利用机制，保护民族优秀产业，对一些落后、不适应时代和发展要求的产业淘汰一批、升级改造一批，提高科技含量，突出地域特色，破解工业发展难题，培育打造新的增长点，是加快天水市经济转型升级的必由之路。

2. 加快工业企业转型升级

围绕天水市的总体规划和目标任务，坚持以装备制造业、电工电器行业等为切入点，形成拥有自主知识产权和知名品牌、主业突出、技术领先、管理先进，具有核心竞争力的装备制造业集群，把天水市建成中国西部和关中平原城市群西端先进装备制造业重要基地，为关中地区航空航天、装备制造业做好配套，延伸产业链条，并进一步强化天水市与关中及中东部地区的企业联系，尤其是在核心技术合作、产品销售等方面，构建大区域交流合作格局，达到优势互补、互利共赢。积极承接东部产业转移，推进天水经济技术开发区增容扩区，努力将其建设成为承接东部产业转移重要基地和循环经济示范园区。

3. 增加农民收益，缩小城乡差距

强化农产品新品种的培育工作。天水市自古以来就以农垦为主，农业占据主导地位，应充分发挥和挖掘天水市在农业方面的传统优势，积极主动提供温室大棚、膜下滴灌、农产品改良、优质牛羊繁育、林果花卉栽培等技术支持，通过这些基本的技术进一步向高深精领域拓展，依托天水国家农业科技园区，借助互联网技术，大力发展特色农业，扩大经济作物种植面积，开展特色农产品种植。加大农业产业化资金向农产品出口企业倾斜力度。以发展现代农业为重点，依托天水国家农业科技园区，主动与西安高新科技园区、杨凌国家级农业高新技术产业示范区协调联系，加强合作交流对接，促进农业产业提质增效、转型升级。

（二）社会方面

推进新型城镇化基础设施建设。以乡村振兴战略为依托，从生态农业入手，实施生态移民工程，以搬得出、稳得住、逐步能致富为目标开展异地搬迁。坚持以城带乡、城乡互促，重视加强五县两区城际周边建设及环境治理；整合扶贫资金和相关涉农资金，实行环保基础设施攻坚行动，加强重点行业和重点流域的治理工作。不断完善道路、水电暖气、通信和农村垃圾、污水处理等方面的基础设施；加快县域经济发展，提高县城带动乡村发展的承载能力；深入开展新型城镇化试点，采取集中力量重点扶植的办法推动城镇化建设由单纯的数量型向质量型发展，着力打造一批“小而精、小而美”的特色小镇和风情小镇，让乡村的淳朴牵动乡情，让真正的美景带动乡村旅游经济的发展。鼓励农村转移人口举家进城进镇落户，优先考虑宜居宜业宜发展前景的村镇建设，使其更好地发挥辐射带动和影响作用，真正推进以人为核心的新型城镇化建设。

（三）资源环境方面

以创新金融合作模式为契机，筑牢生态安全屏障。在我国经济步入“中高速、优结构、新动力、多挑战”的新常态下，天水市同样存在过度开采自然资源、环境遭到严重污染、绿色生态逐年退化的严峻问题。因此，必须大力推动生态农业，走绿色发展的新路，始终坚信“绿水青山就是金山银山”的发展理念，对生态环境不断实施修复和补偿，构牢生态屏障这把“保护伞”，多举措促进天水市经济发展的可持续性。

1. 加强环境治理，保护美丽天水

天水市位于渭河上游，生态资源的合理保护、有序开发、科学利用显得尤为重要。一是继续全面实施蓝天、碧水、安全、宁静、生态五大工程，以生态环境保护和建设为着力点，以污染减排为突破口，大力发展循环经济，积极发展低碳经济，统筹城乡环境保护。二是着力整治城乡结合部的环境卫生问题，认真落实“河长制”责任体系，强化城市生活污水收集治理，加大渭河、藉河、葫芦河、散渡河等重点河流整治力度，全面消除黑臭水体。三是常态化开展全域无垃圾治理，解决农村环境治理中的突出问题，实施农村环境连片整治项目，加大环境卫生设施建设力度，逐步建立“农户分类、村组收集、乡镇处理、集中处理”的农村垃圾治理体系。四是加强旅游景点及渭河流域的环境综合治理，推进农村坡耕地的综合整治工程，进一步加快退耕还林还草、天宝二期、三北五期、国家生态公益林等工程建设，力争从源头上治理脏乱差现象，巩固和保护生态环境建设取得的效果，抓好南北两山绿色生态长廊建设和铁路公路沿线绿化美化，推进生态环境动态智能监管体制改革，坚决制止和惩处破坏生态环境的行为，让山更绿、水更清，发挥好生态安全屏障的重要作用。

2. 强化环保意识，提升可持续发展能力

天水市必须走绿色发展的路子。一是在产业发展上，必须以较低的资源消耗、最小的环境污染、科技含量高的手段和最优的人才资源利用来推动经济效益的整体提高，尽快探索出适合天水市新型工业化发展的道路。尤其是注重第三产业的发展。二是在生产方式上，必须大力发展循环经济，推进清洁生产，坚持倡导简约适度、低碳的生活方式，积极开展节约型机关和绿色家庭、学校、社区创建活动，打造百里生态长廊，使高效利用资源、严格保护环境、经济社会可持续发展成为天水市经济发展的常态。

参考文献

［1］刘强，曾红霞．基于熵值法的循环经济可持续发展动态研究：以甘肃省天水市为例［J］．国土与自然资源研究，2017（2）：25-28．

［2］田彩芬．“丝绸之路经济带”战略中的天水选择［J］．天水行政学院学报，2018，19（5）：107-112．

［3］裴文涛，王学恭．天水市相对资源承载力变化及可持续发展研究［J］．资源开发与市场，2017，33（5）：545-548，625．

［4］牛彦君．在天水讨论绿色可持续发展最适宜：访天水市委副书记、市长杨维俊［N］．甘肃日报，2015-12-25．

渭南市可持续发展报告

周冲*

摘 要

可持续发展是内陆城市发展的必由路径。渭南市作为西部欠发达城市，在经济增长冲动与资源环境瓶颈约束下，城市发展、社会治理、生态环境及人民群众生活水平等各方面矛盾都十分突出。如何实现渭南市的可持续发展，在保持经济增长和人均收入水平稳定提升的同时不牺牲生态环境，这是渭南市面临的重大课题。本报告通过对渭南市可持续发展现状的回顾和可持续发展指标的评价，分析了渭南市可持续发展存在的问题，提出了"十三五"发展阶段渭南市可持续发展的政策建议。

关键词：渭南市；可持续发展；指标评价

陕西省渭南市位于关中平原东部，是陕西对外的东大门。"十一五""十二五"期间，渭南市经济实现了持续稳步增长。"十三五"时期是我国数字经济发展和政府职能转变的关键时期，数字化、网络化、智能化成为社会治理水平提升的重要手段。在此背景下，分析渭南市可持续发展中存在的突出问题将有效推进渭南市未来经济的高质量发展和社会治理取得成效。

---

* 周冲，经济法硕士，陕西仁和万国律师事务所律师。

一、渭南市可持续发展现状

（一）经济增长持续稳定

从 2015—2019 年的经济总量水平来看，渭南市经济发展处于稳定增长状态。统计数据显示，渭南市生产总值从 2015 年的 1 430.41 亿元增长到了 2019 年的 1 828.47 亿元。2016—2019 年分别实现了 4.07%、11.29%、6.71%与 3.44%的环比增长率，五年间保持了 6.33%的年均增长率，整体增幅平缓（见表 1）。

表 1　2015—2019 年渭南市生产总值　　单位：亿元

	2015 年	2016 年	2017 年	2018 年	2019 年
生产总值	1 430.41	1 488.62	1 656.62	1 767.71	1 828.47

资料来源：《渭南统计年鉴》。

从陕西省各大市区的经济发展对比情况来看（基于 2019 年陕西省统计局统计数据），2019 年上半年在陕西省 11 个市区（城市）GDP 排名中，渭南市以 1 828.47 亿元排在第五位，名义增量达到 60.76 亿元。排在前四位的分别为西安市、榆林市、宝鸡市和咸阳市。其中渭南市人均 GDP 以 34 320 元排在全省第 11 位。在 2019 年全省 GDP 名义增速排名中，渭南市处于第 7 位；在 GDP 增长总量排名中，渭南市排在前五位次中，并以 3.44%的 GDP 名义增长率高于宝鸡市与咸阳市。

从渭南市自身经济增长情况来看（以 2018 年 GDP 排名为例），富平县、临渭区、大荔县三个区域经济增长排在前三位，经济增长率分别为 14.89%、13.26%与 12.17%，华阴市和白水县经济增长率以相同的 7.30%排在中游水平，韩城市、蒲城县、合阳县、澄城县经济增长率为 2%～6%，全区出现两个经济负增长的区域，分别为华州区和潼关县。

（二）人均收入水平提升相对缓慢

从表 2 可见，渭南市 2018 年全年城镇居民人均可支配收入达到 31 133 元，比上年增长 1 325 元，增长 4.45%。其中，工资性收入 19 953 元，比上年减少 0.12%；经营净收入 2 720 元，比上年增长 66.37%；财产净收入 2 651 元，比上年减少 1.16%；转移净收入 5 809 元，比上年增长 5.35%。同期，农村居民人均可支配收入达到 11 655 元，比上年增长 1 395 元，增长 13.60%。其中，工资性收入 5 187 元，比上年增长 13.13%；经营净收入 4 047 元，比上年增长 12.70%；财产净收入 251 元，比上年增长 5.46%；转移净收入 2 170 元，比上年增长 17.55%。

表 2　2017—2018 年渭南市可支配收入　　单位：元

		2018 年	2017 年		2018 年	2017 年
城镇居民	人均可支配收入	31 133	29 808	工资性收入	19 953	19 977
				经营净收入	2 720	1 635
				财产净收入	2 651	2 682
				转移净收入	5 809	5 514
农村居民	人均可支配收入	11 655	10 260	工资性收入	5 187	4 585
				经营净收入	4 047	3 591
				财产净收入	251	238
				转移净收入	2 170	1 846

资料来源：渭南市统计局网站。

（三）城镇化率不断提升

随着农村人口向城镇的集中，渭南市城镇化率近年来稳步提升。从图 1 可见，2013 年到 2018 年期间渭南市城镇化率呈现稳步提升趋势，从 42.02%一路上升到了 57.40%。通过对 2018 年全年城镇人口的考察可以发现，新增就业人员 6.42 万人，下岗失业人员再就业 2.41 万人，就业困难人员再就业 1.02 万人，城

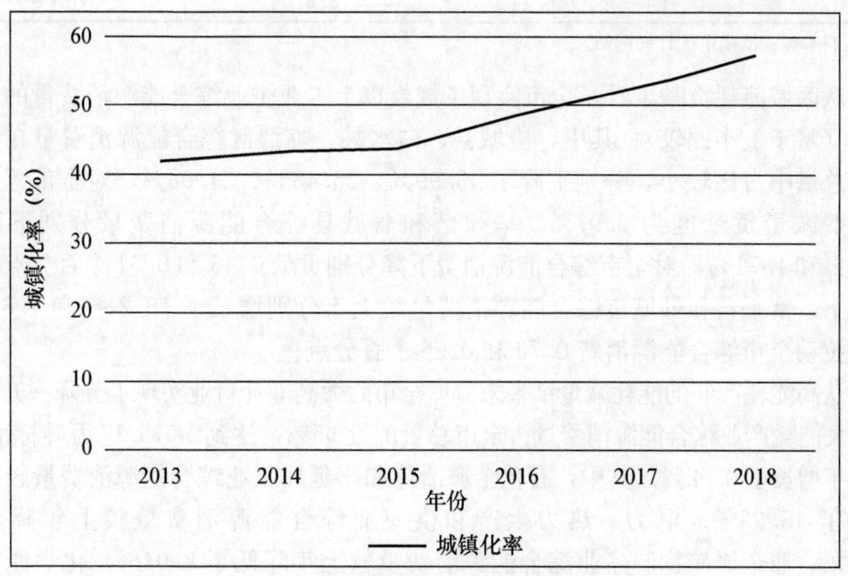

图 1　2013—2018 年渭南市城镇化率

资料来源：《渭南市国民经济和社会发展统计公报》。

镇登记失业率 3.16%，全市农村劳动力转移就业 95.6 万人①。2018 年渭南市城镇化率已经达到 57.40%，正在突破城乡二元结构的制约，经济发展步伐持续加快。

（四）资源环境消耗

1. 能源消耗

“十三五”以来，渭南市进一步加强节能减排等领域的政策实施力度，不断提升能源利用率，能源消耗总量逐渐降低。

“十三五”时期，渭南市紧紧围绕陕西关中地区煤炭消减任务，实行高能耗企业限产、错峰生产，继续加强煤改电、煤改气等措施，实现了全市能源消耗的降低，能源消耗从 2016 年的 745.21 亿吨降低到 2018 年的 518.09 亿吨（见表 3）。其中，2018 年渭南市全市规模以上工业企业综合能源消费量为 1 661.60 万吨标准煤，同比下降了 0.68%；与年内第一季度相比增长 0.23 个百分点，较第二季度下降 3.07 个百分点，较第三季度增长 1.57 个百分点，实现了全年综合能源消费量平稳过渡性增长。

表 3　2016—2018 年渭南市能源消耗　　单位：亿吨

能源消耗	2016 年	2017 年	2018 年
	745.21	676.04	518.09

资料来源：渭南市统计局网站。

从区域能耗贡献来看，全市实现了规模以上工业企业综合能源消费量的五升七降（基于上年比较）。其中，澄城县、白水县、临渭区综合能源消费量在全市能耗总量中占比较小，分别下降了 45.99%、25.48%、24.08%，对全市综合能源消费减量贡献度为 0.97%。华州区和蒲城县综合能源消费量分别下降了 5.08%和 1.71%，对全市综合能源消费下降分别贡献 0.46 和 0.51 个百分点。相比之下，富平县和韩城市综合能源消费量较上年分别增长了 19.21%和 1.67%，分别拉动全市综合能源消费 0.79 和 0.66 个百分点。

从高能耗产业的能耗减量结果来看，全市六大高能耗行业实现了五降一升。全市六大能耗产业综合能源消费量占全市总量的近 95%，达到 1 575.17 万吨标准煤，较上年增长了 0.52%。其中，有色金属冶炼和压延加工业综合能源消费量较上年降低了 45.35%；电力、热力生产和供应业综合能源消费量较上年降低了 4.37%，非金属矿物制品业综合能源消费量较上年降低了 8.04%，化学原料和化学制品业综合能源消费量较上年降低了 2.29%，炼焦工业综合能源消费量较上

① 数据来源于 2018 年《渭南市国民经济和社会发展统计公报》。

年降低了1.75%。黑色金属冶炼和压延加工业则是全市综合能源消费量较上年净增长的高能耗产业，以20.27%的年增长率拉动全市工业能耗3.33个百分点。

2. 水资源消耗

水资源短缺是渭南市经济发展面临的主要制约因素。如何优化水资源供给结构、提高水资源利用率、保护现有的水资源是渭南市亟待解决的现实问题。

近年来，为了经济发展的需要和城镇化水平的提升，渭南市水资源消耗量出现大幅提升，进入"十三五"后，渭南市水资源消耗量逐年增长，以2016年水资源消耗为参考（432.7亿立方米），2017年、2018年全市水资源消耗环比增长4.51%、5.29%（见表4），全市水资源消耗增长较快。水资源消耗的快速增长凸显了全市水资源供给的不足。

表4 2016—2018年渭南市水资源消耗 单位：亿立方米

	2016年	2017年	2018年
水资源消耗	432.7	452.2	476.1

资料来源：渭南市水利局网站。

渭南市水资源的主要特征是：第一，水资源总量不足，人均水资源占有量偏低。其中，人均水资源占有量236立方米，仅占全国水资源人均水平的1/10，占全省人均水平的1/5，远低于国际500立方米的人均标准。第二，地域、时空分布不均衡。渭河以北地区拥有全市78%的行政面积，但地表水资源仅占全市的28%；渭河以南地区占有全市绝大部分水资源。全年全市60%的降雨量集中于年后季，且年际变化较大，水旱灾害频繁。第三，水资源污染严重。受上游工业排污污染等原因的影响，过境的黄河、渭河、洛河水质污染情况较为严重。部分地区地下水水质均不同程度出现污染情况。临渭区、大荔县、蒲城县等地浅层地下水氟含量较高，形成渭河南北两岸多地浅层地下水不能饮用的情况。水质问题成为制约渭南市经济社会发展的重要瓶颈问题。

3. 森林资源存量

近年来，渭南市持续重视对森林资源的保护与利用。通过植树造林、森林保护等政府措施和民间组织的自发植被保护工作，渭南市森林资源存储量持续稳定增长。表5显示了"十三五"以来渭南市森林资源存量变化情况。

表5 2016—2018年渭南市森林资源存量 单位：万亩

	2016年	2017年	2018年
森林资源存量	304	332	359

资料来源：渭南市统计局网站。

为了贯彻落实"五大发展理念"、促进渭南市绿色发展，进入"十三五"后，全市更加注重生态资源的保护利用，逐步提高全市森林资源的覆盖率，其中森林存量指标显示：全市森林总量从 2016 年的 304 万亩增长到了 2018 年的 359 万亩，实现年均 8.67%的增速。

当前渭南市林业产业发展的主要问题表现在以下几个方面：

第一，基于传统产业划分的一、二、三产业比重不合理。种植业在全市林业发展中占绝大比重；林业产品初级化、产品附加值低；旅游、林区综合服务等产业发展体系落后。

第二，林业生产的市场化发展程度低，产业信息不畅通。全市整体经济林、用材林产业大部分仍处于传统的小规模经营发展模式下，市场化经营程度与水平不高，缺乏竞争力。

第三，林业发展的科技支撑力不足。林业产业集约化发展所需的产业规划、人才补充、政策补给不足。同时林业新技术的研究、推广、培训经费缺乏，林业科技和新技术应用无法有效落地。

第四，林业产业投资渠道单一、资金获取难度大，单纯依靠林业、治沙贴息贷款等专项资金支持林业产业发展力度不够，同时，商业银行的资产抵押政策也使得全市林业发展所需的资金获取难以落实。

二、渭南市可持续发展的实证分析

基于可持续发展指标理论，结合渭南市的发展状况，本报告建立了如表 6 所示的渭南市可持续发展评价指标体系。

表 6 渭南市可持续发展指标体系及其权重

<table>
<tr><th>综合指数（A）</th><th>权重</th><th>大类指数（B）</th><th>权重</th><th>中类指数（C）</th><th>单项指数（D）</th></tr>
<tr><td rowspan="11">渭南市可持续发展</td><td rowspan="6">0.41</td><td rowspan="6">经济支持系统（B1）</td><td>0.31</td><td>经济规模（C1）</td><td>D1 人均 GDP（元/人）</td></tr>
<tr><td>0.28</td><td>经济结构（C2）</td><td>D2 第三产业占 GDP 比重（%）</td></tr>
<tr><td>0.23</td><td>经济发展速度（C3）</td><td>D3 GDP 增长率（%）</td></tr>
<tr><td>0.18</td><td>经济发展动力（C4）</td><td>D4 固定资产投资占 GDP 的比重（%）</td></tr>
<tr><td>0.17</td><td>城市人口（C5）</td><td>D5 人口自然增长率（‰）</td></tr>
<tr><td>0.18</td><td>生活质量（C6）</td><td>D6 城镇居民人均可支配收入（元/人）</td></tr>
<tr><td rowspan="5">0.35</td><td rowspan="5">社会支持系统（B2）</td><td rowspan="2">0.22</td><td rowspan="2">城乡协调（C7）</td><td>D7 全市城市化水平</td></tr>
<tr><td>D8 城乡居民收入比（以农为 1）</td></tr>
<tr><td rowspan="2">0.21</td><td rowspan="2">文化、卫生（C8）</td><td>D9 每百人公共图书馆藏书（册）</td></tr>
<tr><td>D10 每万人拥有医生数（人）</td></tr>
<tr><td>0.22</td><td>社会稳定（C9）</td><td>D11 城镇登记失业率（%）</td></tr>
</table>

续表

综合指数（A）	权重	大类指数（B）	权重	中类指数（C）	单项指数（D）
渭南市可持续发展	0.24	生态环境支持系统（B3）	0.25	环境保护（C10）	D12 工业废水排放达标率（%）
			0.28	资源条件（C11）	D13 城市水资源保证率（%）
					D14 人均绿地面积（m^2）
			0.26	环境质量（C12）	D15 城市环境空气质量
					D16 城市水环境质量
					D17 城区环境噪声控制质量
			0.21	城市环境（C13）	D18 建成区绿化覆盖率（%）
					D19 城市生活垃圾处理率（%）
					D20 城市生活污水处理率（%）

注：综合指数是渭南市可持续发展总体水平；大类指数分为经济支持系统、社会支持系统与生态环境支持系统，表明渭南市在经济、社会、生态环境方面的发展；中类指数将渭南市可持续发展的经济、社会、生态环境分为 13 项中类指标；单项指数将 13 项中类指标细分为 20 项单项指标。

（一）渭南市可持续发展评价方法

1. 权重的确定

本研究参考了关于可持续发展的理论体系、研究方法以及评估指标体系，借鉴了全国发展较好城市的城市评价指标权重配置，结合渭南市城市发展情况，设置了能够反映经济发展、社会发展以及生态环境等的指标，并通过专家指导，最终确定本评价体系各指标的权重。

2. 指数计算方法的确立

（1）单项指数计算。单项指数是建立评价指标体系的基础，其计算公式如下：

$$B_t = \sum_{1}^{n} W_j \times C_j \text{（发展类指标）}$$

$$C_j = \left(\sum_{1}^{m} Q_j\right) / m \text{（制约类指标）}$$

式中，B_t 为某一单项指标的评价指数；W_j 为单项指标权重；C_j 为单项指标对象值；Q_j 为单项指标评价标准值；m 为该指标下属的指标数。

（2）中类指数计算。中类指数是其下属各单项指数的算术平均数，其计算公式如下：

$$C_i = \left(\sum_{1}^{m} Q_i\right) / m$$

式中，C_i 为某一中类指标的指数值；Q_i 为中类指标评价标准值；m 为该中类指标下属的单项指标数。

（3）大类指数计算。大类指数是其下属各中类指数的加权平均数，其计算公式如下：

$$E_i = \sum_{1}^{M} W_i \times B_i$$

式中，E_i 为某一大类指标的评价指数；W_i 为该大类指标下属中类指标的权重；B_i 为该大类指标下属中类指标指数；M 为该大类指标下属中类指标数。

（4）综合指数计算。综合指数是各大类指数的进一步收敛，是下属各大类指数的加权平均数，其计算公式如下：

$$EOI = \sum_{1}^{N} W_t \times B_t$$

式中，EOI 为综合指数；W_t 为大类指标权重；B_t 为大类指标指数值；N 为大类指标个数。

3. 单项指标评价标准的确立

报告选择经济发展、社会发展、生态环境三个维度全面考察 2018 年渭南市可持续发展的整体情况，指标评价标准选择并参考 2018 年国家统计局、国家统计年鉴以及原国家环保总局“生态城市建设指标”、国家环保模范城市考核指标、国家全面建设小康社会十项基本标准、陕西省全面建设小康社会 25 项统计监测指标；对于没有明确标准值的单项指标，参考全国城市平均值、陕西省地级以上城市平均值、全国城市最高值（最低值）、国内生态环境良好和可持续发展状况较好的城市确定（见表 7）。

表 7　渭南市可持续发展单项指标评价标准

单项指标层	标准来源	评价标准
D1 人均 GDP（元/人）	E	≥25 000
D2 第三产业占 GDP 比重（%）	A/E	≥50
D3 GDP 增长率（%）	B	8%～9%
D4 固定资产投资占 GDP 的比重（%）	G	35
D5 人口自然增长率（‰）	D	≤5
D6 城镇居民人均可支配收入（元/人）	A/E	≥13 000
D7 全市城市化水平	C	≥50

续表

单项指标层	标准来源	评价标准
D8 城乡居民收入比（以农为1）	E	≤2.9
D9 每百人公共图书馆藏书（册）	G	160
D10 每万人拥有医生数（人）	C	≥28
D11 城镇登记失业率（%）	E	≤6
D12 工业废水排放达标率（%）	D	≥90
D13 城市水资源保证率（%）	G	—
D14 人均绿地面积（m²）	D	≥30
D15 城市环境空气质量	F	GB3095—1996
D16 城市水环境质量	F	GB3838—2002；GB/T14848—93
D17 城区环境噪声控制质量	F	GB3096—93
D18 建成区绿化覆盖率（%）	D	≥35
D19 城市生活垃圾处理率（%）	D	≥80
D20 城市生活污水处理率（%）	D	≥80

标准来源：
A：原国家环保总局“生态城市建设指标”（试行）；
B：国家环保模范城市考核指标要求（试行）；
C：国家全面建设小康社会十项基本标准；
D：城市现代化指标体系；
E：陕西省全面建设小康社会监测指标目标值；
F：国家标准类；
G：其他。
评价标准：
D4：根据 2018 年全国城市平均值略做调整。
D9：全国文明城市测评体系标准值。

D13：地表水和地下水均充足保证，则该指数为 1；渭南市气候干燥，降水稀少，蒸发强烈，水资源匮乏，并征求当地水利部门意见，该指数可得 0.2 左右。

D15：国家环境空气质量标准 GB3095—1996。根据《2018 年渭南市环境状况公报》等材料，并征求当地环保部门意见，渭南市指数为 0.5 左右。

D16：国家地表水环境质量标准 GB3838—2002、国家地下水环境质量标准 GB/T14848—93、国家生活饮用水卫生标准 GB5749—85。指标指数可根据水质类别或污染程度确定，水质达到Ⅰ类标准，指数为 0.8～1；达到Ⅱ类标准，为 0.6～0.8；达到Ⅲ类标准，为 0.4～0.6；Ⅲ类标准以下<0.4。根据《2018 年渭南市环境状况公报》等材料，2018 年渭南市城市饮用水符合Ⅲ类标准要求，该指数可得 0.4 左右。

D17：国家城市区域环境噪声标准 GB3096—93。指标指数根据各类区域环境噪声控制情况确定。根据《2018 年渭南市环境状况公报》等材料，渭南市区域环境噪声平均等效声级为 57.4 分贝，未超过国家Ⅱ类区标准限值（60 分贝），道路交通干线噪声平均等效声级为 69.3 分贝，超过国家Ⅱ类区标准限值（60 分贝）。综上，渭南市该项指标指数为 0.6。

G类标准：没有参考标准的依据陕西省地级以上城市平均值以及国内可持续发展状况较好的城市确立。

（二）渭南市可持续发展状态评价

表 8 说明了渭南市可持续发展的评价结果。根据上述评价方法，对相关数据

进行处理，测算出2018年渭南市可持续发展的综合指数平均值为0.6。根据城市可持续发展等级分类，2018年渭南市处于基本可持续发展状态。在各项指标中，得分较低指标多集中在社会支持系统和生态环境支持系统中，可见，社会发展和生态环境已经成为渭南市可持续发展的重要影响因素。

表8 2018年渭南市可持续发展评价结果

指标层	相对于大类指数权重	2018年指标值	评价标准	指数值	相对于大类指数得分
D1 人均GDP（元/人）	0.127 1	9 379	≥25 000	0.37	0.047 0
D2 第三产业占GDP比重（%）	0.114 8	38	≥50	0.76	0.087 2
D3 GDP增长率（%）	0.094 3	12.35	8%～9%	1.00	0.094 3
D4 固定资产投资占GDP的比重（%）	0.013 2	35.4	35	1.00	0.013 2
D5 人口自然增长率（‰）	0.059 5	5.71	≤5	0.87	0.051 8
D6 城镇居民人均可支配收入（元/人）	0.063 0	6 606	≥13 000	0.50	0.031 5
D7 全市城市化水平	0.038 5	38.37	≥50	0.76	0.029 3
D8 城乡居民收入比（以农为1）	0.038 5	1.91	≤2.9	0.65	0.025 0
D9 每百人公共图书馆藏书（册）	0.036 7	15.38	160	0.09	0.003 3
D10 每万人拥有医生数（人）	0.036 7	11.3	≥28	0.40	0.014 7
D11 城镇登记失业率（%）	0.077 0	4.5	≤6	0.75	0.057 8
D12 工业废水排放达标率（%）	0.060 0	59.23	≥90	0.65	0.039 0
D13 城市水资源保证率（%）	0.033 6	—	—	0.20	0.006 7
D14 人均绿地面积（m^2）	0.033 6	13.76	≥30	0.45	0.015 1
D15 城市环境空气质量	0.016 5	—	GB3095—1996	0.50	0.008 3
D16 城市水环境质量	0.016 5	—	GB3838—2002；GB/T14848—93	0.40	0.006 6
D17 城区环境噪声控制质量	0.016 5	—	GB3096—93	0.60	0.009 9
D18 建成区绿化覆盖率（%）	0.016 5	32.3	≥35	0.92	0.015 2
D19 城市生活垃圾处理率（%）	0.025 2	100	≥80	1.00	0.025 2
D20 城市生活污水处理率（%）	0.025 2	85	≥80	1.00	0.025 2

资料来源：根据2018年《渭南统计年鉴》和《渭南市国民经济和社会发展统计公报》整理。

三、渭南市可持续发展存在的问题

（一）产业发展层面

1. 农业现代化推进缓慢，产业转型升级滞后

农业是渭南市主要的经济产业部门。近年来，在乡村振兴、精准扶贫、特色产业发展、城镇化发展等政策推动下，全市农业产业发展迅速，出现了生态农业等产业方向，特别是特色农产品发展，逐步树立品牌，并打开了销路。但整体来看，全市农业产业的现代化推进模式单一，农业产业的转型升级不足、发展后劲不足、科技投入低，表现在：全市农产品交易以初级产品生产、销售为主，缺乏深加工，农产品的附加值低。农业科技在产业转型升级中的推动作用助力不足。“农业科技”的相关支持政策落地效果不显著，缺乏农业发展动力转化机制。

2. 产业结构单一，高尖精产业缺失

“十三五”期间，渭南市经济表现出良好的发展势头，无论整体发展水平评判，还是区域特色经济布局，都表现出强劲产业效益。但是，全市产业布局的梯度不够，原生性农业、旅游业依然占据绝对比重。虽然渭南市长期致力于“工业强市”的发展思路，但是通过近十年的发展，工业布局的产业效益并未完全释放，整体的工业布局、工业发展水平相对落后。同时，在新一代信息技术产业、智能装备、节能环保、新材料、人工智能、软件和信息服务以及科技服务等高精尖产业布局上存在不足，缺乏这类产业引进机制、人才培养机制，以及产业发展的制度性供给政策。

3. 服务业发展模式单一，缺乏支柱性产业业态

渭南市整体服务业发展势头良好，产业发展的阻碍主要表现在：一是服务业行业标准和行业规范建设力度不足。在现行的服务业标准体系中，存在区域之间、行业之间的不一致，无法形成有效的对接机制。特别是存在部分服务行业国家与地方标准相矛盾、不同行业之间标准衔接难度较大等诸多问题。此外，全市服务业发展存在一定的壁垒，阻碍了服务业市场化水平的提升以及服务业发展的横向开放程度。在人才供给层面，大量中高端人才供给不足也是制约渭南市服务业发展质量提升的重要因素，无论从人才供给总量还是人才存量的供给结构来看，服务产业缺乏必要的支撑条件，从而在原生服务业发展的基础上，难以形成高效的转化机制与引进机制，更缺乏支柱性、主导型产业业态形成的制度供给、人才供给、环境供给。

（二）社会发展层面

1. 政府基层社会治理模式与治理效果巩固不足

“十三五”发展阶段是我国政府社会治理共建共治共享的管理模式的形成阶段。从整体社会治理的效果来看，渭南市整体治理水平提升、社会治理现代化转化不足。主要表现在：政府在产业发展过程中的市场引导力不足，权责清单执行模糊，存在基层组织弱化、虚化以及边缘化等问题。渭南市不同市县之间的经济发展不平衡性相比全省其他地区更为明显，因此，在整体社会治理过程中，地方和部门存有发展“争利”博弈，从而难以形成整体区域的发展合力。这在政府的社会治理模式上则表现为治理的碎片化、单一性、不可借鉴性，从而大大降低了治理的社会化程度，不仅提高了治理成本，更形成恶性循环，激发了市场矛盾。

2. 尖端技术产业、管理人才流失严重

人才作为社会发展的重要保障，是提升经济水平、促进社会进步的重要供给要素①。渭南市在经济发展、城镇化率提高和科技进步的同时，人才保有量不足，大量技术人才、管理人才流失。人才结构分布不均，高学历人才缺失。专业技术人才主要以初级为主，中级、高级技术人才供给不足。同时，有限的人才支撑条件、发展环境都很难留住高端人才。近年来，借助全省人才引进的优惠政策，渭南市大力出台相关优厚人才政策，实施人才引进计划，包括对高等院校的人才引进、高学历人才引进等。但是由于整体经济实力不足，相关的人才政策落地执行效果不显著。

（三）生态环境层面

1. 生态环境脆弱，污染治理成本高

在社会经济高速发展的同时，渭南市水土资源出现过度开发的情况，渭南市以及关联的黄河流域出现生态环境脆弱、水资源保障形势严峻等突出困难。水体污染、水土流失、河道水体自我净化能力减弱问题共存。主要表现在：第一，水体污染严重。渭南市地处黄河、洛河下游地区以及黄河中游地区，承接了两大水系上游的污染，主要河流水体污染严重。第二，水土流失严重，治理工作艰巨。全市近3 000平方公里的水土流失地区没有得到有效治理，应对水土流失的治理水平不高，治理成效难以巩固。由于存在大量的人为水土流失情况，全市生态治理的成本较高。第三，全市支流河口的生态流量较小。其中，湿地、滩地、水源生态涵养功能不足，缺乏对水生物与栖息地建设的有效措施与手段；突出的问题表现在，河口的淤积大，特别是黄河中下游地区，同时河堤内外各类生态建设严重不足。

① 林越亮．福州市人力资源与城市可持续发展研究［J］．闽江学院学报，2018，39（4）：46-52.

2. 生态环境效应的经济效应转化机制缺失

在“绿色、共享”发展理念的指导下，“十三五”发展阶段也是渭南市全面探索特色农业、旅游农业发展模式的重要时期，打造地方性特色的旅游产业成为各地探索发展路子的主要思路。但是产业发展大多依赖当地的生态资源，包括水资源、土地资源、林牧资源以及森林资源，就农民生计转型与生态环境效益协同发展机制问题缺乏有效的应对机制与策略。在原本脆弱的生态环境下，超前发展新经济产业形态忽视了基础性生态资源经济效应产生的要素、关系与路径，绝大多数产业形式流于表面化、形象化，缺乏可持续性的经济效应的输出。

四、渭南市可持续发展的政策建议

（一）经济发展政策建议

1. 推进农业现代化与农业产业数字化转型升级

农业依然是渭南市经济发展的基础产业，必须将农业高质量发展放在重要的位置，通过经济效益、生态效益和社会效益的统筹兼顾，推进农业“绿色、安全、优质、高效”发展。未来农业数字化转型发展是全市农业现代化和乡村振兴战略的重点。存在三个重要的政策方向：第一，搭建农业信息资源集成的数字农业平台。数字化供应系统是未来农业标准化发展的必然趋势，农产品的数字定制将有效提升全市特色农业、特色农产品的供销渠道畅通性，极大促进农民增收，创造农业创业机会。第二，通过“互联网＋现代农业”推动全市农业产业链融合。云计算、大数据、物联网、人工智能等数字技术是推动农业产业融合发展的必要手段，在促进智慧农业、智慧果园、产品加工智能化生产线，形成完善的农业生产系统方面发挥重要支撑作用，也是未来破解农业发展问题的关键所在。第三，制定数字农业生态的商业模式。通过特色农产品的区域化生产，将消费者的个性化需求与农业供给精准、高效对接，依赖现代快速的物流服务增强服务性农业的价值增值性，在此基础上打造出“农业种植—农业观光—农产品销售—农业产业业态—农产品生态”一体化的现代农业发展模式。

2. 推动数字经济与实体经济融合发展

数字经济作为推动经济发展的新动能已然成为区域发展的共识。加快推进数字产业化与产业数字化的发展，对于推动渭南市经济高质量发展有重要的意义。传统产业全方位、全角度、全链条的数字化改造是提升产业效益、催生新产业、新业态发展模式的重要方向，也是提升全市工业发展水平的重要途径。推动数字经济与实体经济融合发展需要从以下方面着手：一是加速工业互联网创新应用。针对全市制造业落后的局面，积极建设以支柱产业、龙头企业为代表的互联网平台，通过跨区域、跨领域的平台示范效应，形成面向中小企业的应用案例。二是推进实施智能制造工程。引导本地企业数字化、网络化、智能化的发展转型，并积极拓展数字化工厂、数字化生产线的应用范围，形成“互联网＋协同制造”的示范类企业①。三是着重发展新能源、新材料等高新技术，重视数字经济发展的区域协同力。打造落户渭南的数字产业项目类型，形成区位优势，为企业提供便利条件。

（二）生态治理政策建议

1. 大力推进水资源集约循环应用，确保水体水质安全

积极推进解决水资源供需矛盾，做好提前防范、预警政策，确保水资源供给安全。第一，基于渭南全市水资源特征，推进节约型社会建设。将水资源作为经济发展的刚性约束，以农业发展节水为示范，探索基于产业发展的资源节约型发展模式。第二，确保主体水资源存量安全，积极引流，从而形成主体水资源的空间平衡，推进输水管道、配套水厂等工程建设。第三，合理利用客体水资源，增强全市水资源的补给能力。其中，针对渭北旱塬缺水问题，积极推进渭北万亩扩灌、洛河等流域“引干入支”等工程，提高水资源的配置能力。

2. 完善污染治理措施，提高污染治理能力

积极致力于全市的治污减排工作，探究生态环境保护的适路对策②。全面了解全市污染形成的源头、原因，以及污染形式、污染形成的路径、污染结果，完善污染治理措施，提高污染治理能力；转变污染治理理念，杜绝“先污染后治理”的思维；加大对现代治污防污技术的应用和相关专业技术人才的引进；提倡绿色可持续的经济发展思路，通过经验借鉴和学习，提升全市污染治理水平与层次。

3. 积极探索生态环境效应向经济效应的转化路径

“十三五”阶段，美丽乡村建设成为全市发展特色旅游产业的主攻方向，各个市县均不同程度开发相关旅游项目，在原有生态基础条件下，通过改造、修缮完成人文景观改造。该举措在全市范围内极大提高了农民生计转型问题，特别是提升了大部分村镇农民返乡创业的机会。但同时，在美丽乡村发展的过程中也暴露出一些突出的问题，生态环境效应向经济效应转化的动力、机制与保障不足。一是渭南市大部分第三产业以及新兴产业、特色产业几乎都建立在原生态基础之上，依托本地的资源禀赋，相关产业的建立缺乏长效的供给机制，产业效益的释放在短期内具有爆发式特点，长期内则表现出后劲不足的缺陷。二是生态环境效

① 尉薛菲. 资源型城市经济可持续发展问题研究［J］. 人民论坛，2018（16）：158-159.

② 陶涛. 城市居住区的环境绿化与可持续发展探究［J］. 现代园艺，2018（6）：169-170.

应向经济效应转化的过程中缺乏明确的产业发展方向，生态环境蕴藏的经济效应短时期爆发式释放，缺少长期的路径政策供给。三是产业发展缺乏系统的保障性措施，整个产业体系中缺失相应的监管制度，难以做到集中化、标准化管理。因此，探究如何依托当地的生态环境资源实现经济效应转化是渭南市在新的经济发展阶段探索高质量发展的必要选择。

（三）社会治理政策建议

1. 利用区块链技术，提升政府的数字治理能力

利用大数据、云计算以及智能化技术等前沿科技建设城市治理的协同平台和信息共享平台。利用“城市大脑”基础设施建设实现社会治理数据的共享与监督机制，发挥大数据分析应用在城市公共资源配置、宏观经济决策、重大事件预测预警中的决策支持作用，充分利用数据，积极推进数字技术向公共服务支撑、市场监督服务、社会管理需求、生态保护需求等领域扩展。

2. 以市场需求为导向，提高政府数字化服务水平

数字化治理水平的提升是提高政府社会公信度的重要途径与手段。“数字政府”服务平台的搭建将为群众、企业提供标准化、一体化的政务服务，促进数字技术在社会治理和公共服务领域的应用。同时，通过数字政府平台建设打造精准治理、多方协作的社会治理模式，实现治理的成本效应。

3. 依托数字发展模式，推进数字经济规划制度

紧抓“数字经济”发展的热潮，加强数字资源整合以及规划引导，实现政府的引导作用。基于全市数字产业业态特征，规划数字经济发展的重点，积极引导企业、社会组织和个人投资数字经济产业，稳步提升全市数字经济发展的基础能力和产业链水平。在数字经济与产业融合发展方面制定政府、企业、公众权责清单、执行标准以及责任分工，强化统筹。

参考文献

［1］尉薛菲．资源型城市经济可持续发展问题研究［J］．人民论坛，2018（16）：158－159.

［2］余晓蕾．发展循环经济提升城市可持续发展能力［J］．北方经贸，2019（4）：120－121.

［3］吕永龙，王一超，苑晶晶，等．可持续生态学［J］．生态学报，2019（10）：3401－3415.

［4］高原．特大型城市生态化可持续发展之路［J］．中国统计，2018（6）：26－28.

［5］林越亮. 福州市人力资源与城市可持续发展研究［J］. 闽江学院学报，2018（4）：46-52.

［6］张梓舰. 城市生态环境保护与可持续发展［J］. 绿色环保建材，2018（2）：45.

［7］陶涛. 城市居住区的环境绿化与可持续发展探究［J］. 现代园艺，2018（6）：169-170.

［8］马艳梅，吴玉鸣，吴柏钧. 长三角地区城镇化可持续发展综合评价：基于熵值法和象限图法［J］. 经济地理，2015（6）：47-53.

［9］鹿晨昱，张琳，薛冰，等. 辽宁省区域可持续发展时空综合测度研究［J］. 经济地理，2015（8）：32-39.

［10］李晓西，夏光，蔡宁. 绿色金融与可持续发展［J］. 金融论坛，2015（10）：30-40.

［11］郭存芝，罗琳琳，叶明. 资源型城市可持续发展影响因素的实证分析［J］. 中国人口·资源与环境，2014（8）：81-89.

［12］贾一伟，贾利民. 高校科技企业可持续发展系统动力学模型构建［J］. 研究与发展管理，2014（3）：97-103.

［13］董亮，张海滨. 2030年可持续发展议程对全球及中国环境治理的影响［J］. 中国人口·资源与环境，2016（1）：8-15.

［14］孙新章. 中国参与2030年可持续发展议程的战略思考［J］. 中国人口·资源与环境，2016（1）：1-7.

［15］王天义. 全球化视野的可持续发展目标与PPP标准：中国的选择［J］. 改革，2016（2）：20-34.

［16］郭存芝，彭泽怡，丁继强. 可持续发展综合评价的DEA指标构建［J］. 中国人口·资源与环境，2016（3）：9-17.

［17］邓韬，张明斗. 新型城镇化的可持续发展及调控策略研究［J］. 宏观经济研究，2016（2）：37-44.

［18］杨振山，丁悦，李娟. 城市可持续发展研究的国际动态评述［J］. 经济地理，2016，36（7）：9-18.

［19］张婧，李强，周渊. 陕西省城市可持续发展评价［J］. 中国人口·资源与环境，2013（2）：448-453.

［20］袁久和，祁春节. 基于熵值法的湖南省农业可持续发展能力动态评价［J］. 长江流域资源与环境，2013（2）：152-157.

［21］杜辉. 资源型城市可持续发展保障的策略转换与制度构造［J］. 中国人口·资源与环境，2013（2）：88-93.

［22］郭淑芬，马宇红．资源型区域可持续发展能力测度研究［J］．中国人口·资源与环境，2017（7）：72-79．

［23］杜松华，陈扬森，柯晓波，等．“互联网＋生态农业”可持续发展：广东绿谷模式探究［J］．管理评论，2017（6）：264-272．

［24］臧鑫宇，王峤，陈天．生态城绿色街区可持续发展指标系统构建［J］．城市规划，2017（10）：68-75．

铜川市可持续发展报告

睢党臣　黄昕　李萌　关怡涵　刘星辰*

摘　要

党的十九大报告指出“我国经济已由高速增长阶段转向高质量发展阶段，正处在转变发展方式、优化经济结构、转换增长动力的攻关期”，因此研究铜川市可持续发展状况意义重大。本报告在对铜川市可持续发展现状进行描述性分析的基础上，以人类发展指数作为被解释变量，以平均 GDP 能耗下降率、专利申请授权数、一般公共服务支出、贸易开放度、政府开放度以及教育支出占 GDP 的比重作为解释变量进行回归分析，结果显示：平均 GDP 能耗下降率、贸易开放度以及教育支出占 GDP 的比重对铜川市可持续发展的影响显著。在实证分析基础上，报告从五大发展理念出发分析了铜川市在可持续发展过程中存在的问题，最后，基于创新、协调、绿色、开放、共享五个方面对铜川市的可持续发展提出了政策建议。

关键词：可持续；绿色；开放；共享

铜川市是陕西省省辖市，地处陕西省中部、关中盆地和陕北高原的交接地带，与延安、渭南、咸阳 3 个地市毗邻。面积 3 882 平方公里，全市下辖宜君县、王益区、印台区、耀州区和省级经济技术开发区，21 个乡镇、17 个街道

* 睢党臣，陕西师范大学国际商学院教授、博士生导师；黄昕，陕西师范大学国际商学院博士研究生；李萌、关怡涵、刘星辰，陕西师范大学国际商学院硕士研究生。

办事处、73 个社区、359 个建制村。铜川市作为以煤炭、水泥、铝业等为主导产业的资源型老工业城市，曾为新中国的发展和工业化建设发挥了重要作用，这些产业也为铜川市的财政收入立下了汗马功劳。近年来，随着自然资源的枯竭，以及我国经济发展过程中的战略调整，铜川市作为资源型城市的优势已黯然失色。

一、铜川市可持续发展现状

（一）经济增长持续稳定

2002—2009 年，按照不变价格，铜川市 GDP 保持了年平均 20%左右的高速增长，2009—2017 年铜川市 GDP 保持了 12%以上的增长速度。GDP 总量从 2002 年的 40.9 亿元增长至 2017 年的 348.59 亿元，2017 年 GDP 总量达到了 2002 年的 8 倍，成绩令人瞩目（见图 1）。

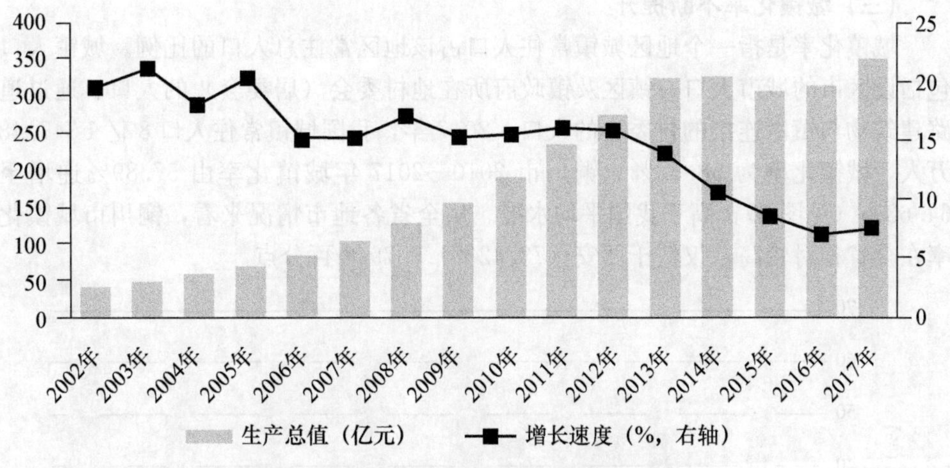

图 1　2002—2017 年铜川市生产总值趋势图

资料来源：2002—2017 年《铜川市国民经济和社会发展统计公报》。

（二）人均收入水平持续攀升

2002—2017 年，铜川市城乡居民收入持续提高。城镇居民人均可支配收入从 4 494 元增加到 29 928 元，增长近 6 倍。农村居民人均可支配收入从 1 560 元增加到 10 346 元，增长 5.63 倍。城乡居民收入比无明显差距。总体来看，铜川市经济运行稳定，城乡居民收入平稳增长，居民的生活水平得到了大幅提高（见图 2）。

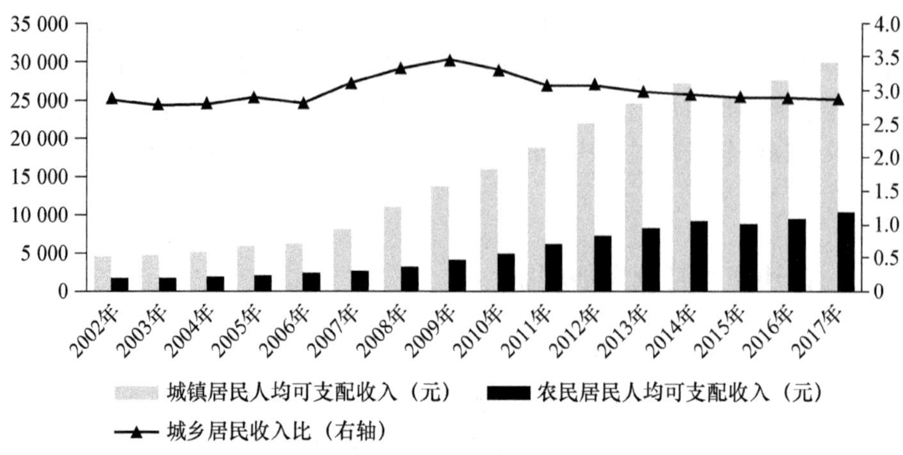

图 2　2002—2017 年铜川市城乡居民收入情况

资料来源：2002—2017 年《铜川市国民经济和社会发展统计公报》。

（三）城镇化率不断提升

城镇化率是指一个地区城镇常住人口占该地区常住总人口的比例。城镇人口包括设区市的城市人口、镇区及镇政府所在地村委会（居委会）的人口、通过道路建筑物与镇区连接的村委会的人口。2017 年，我国城镇常住人口 8 亿 1 347.48 万人，城镇化率为 58.52%。铜川市 2010—2017 年城镇化率由 57.89%递增至 64.63%（见图 3），高于我国平均水准。从全省各地市情况来看，铜川市城镇化率在全省相对较高，仅低于西安（73.42%）8.79 个百分点。

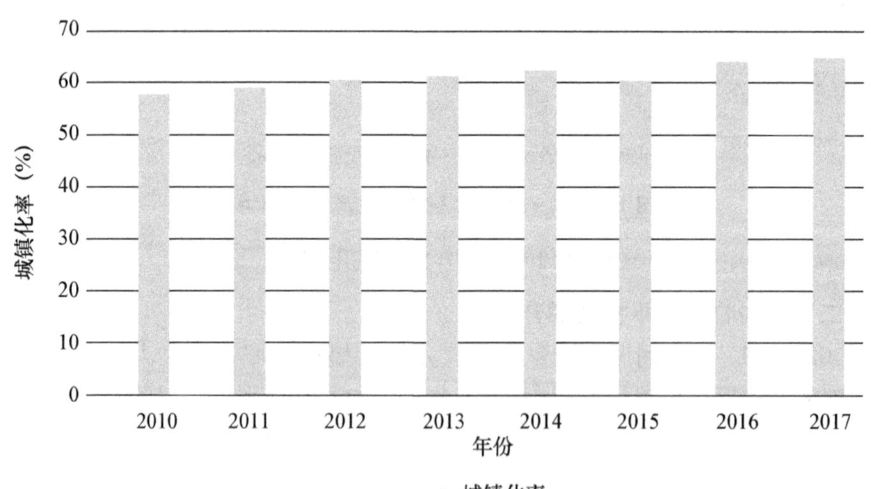

图 3　2010—2017 年铜川市城镇化率

资料来源：2010—2017 年《铜川统计年鉴》。

(四) 资源环境消耗成效与压力并存

1. 能源消耗

万元 GDP 能耗是指一定时期内，一个国家或地区创造一个计量单位（通常为万元）的 GDP 所消费的能源。其下降率是和上年同期比较该指标的降低比率。铜川市自 2010 年起万元 GDP 能耗一直呈下降趋势且维持在 3%以上，2014 年和 2015 年下降率甚至分别达到了 6.62%和 6.60%，在陕西全省处于领先地位。这说明铜川市在节能减排这一高质量发展重要维度上的工作是具有成效的（见图 4）。

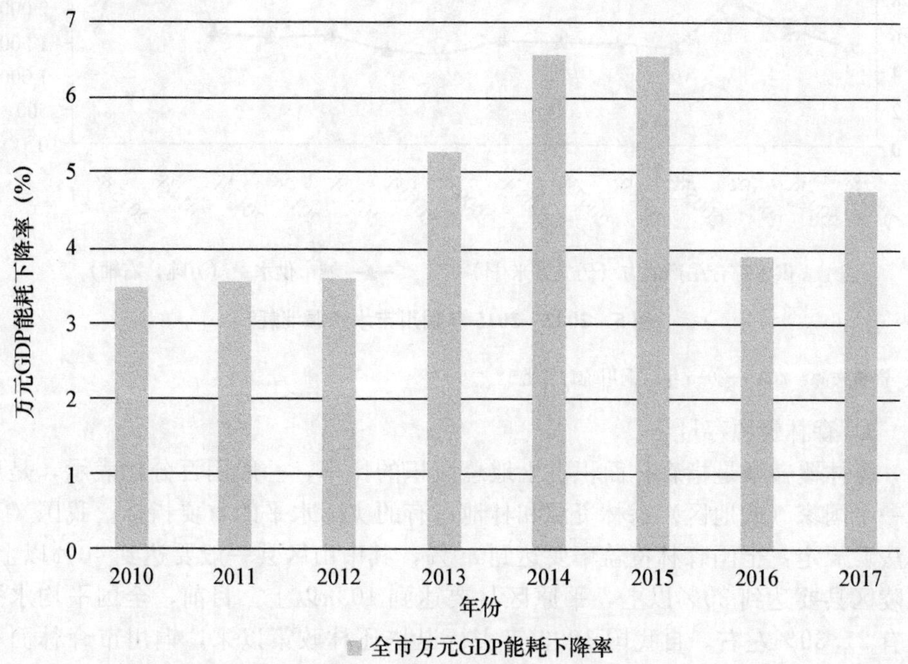

图 4　2010—2017 年铜川市万元 GDP 能耗下降率

资料来源：2010—2017 年《铜川市国民经济和社会发展统计公报》。

2. 水资源消耗

供水综合生产能力指按供水设施取水、净化、送水、出厂输水干管等环节设计能力计算的综合生产能力。包括在原设计能力的基础上，经挖、革、改增加的生产能力。计算时，以四个环节中最薄弱的环节为主确定能力。铜川市供水综合生产能力由 2002 年的 10.0 亿立方米/日增至 2015 年的 14.8 亿立方米/日，供水能力取得了显著发展成效。城市供水量由 2002 年的 1 529 万吨增至 2015 年的 1 779 万吨，其中 2014 年达到峰值 4 697 万吨（见图 5）。地表水储量由 2002 年的2.88亿立方米跌至2016年的2.295亿立方米，全年用水总量由2002年的2.15亿立方米增至2016年的2.91亿立方米。水资源总量呈逐年下降趋势，而用水量呈逐年上升趋势。

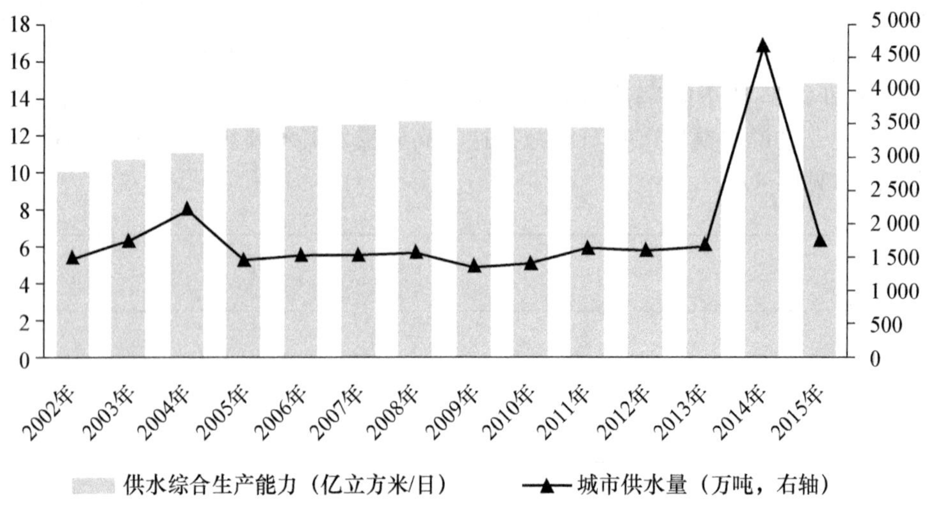

图5 2002—2015年铜川市水资源消耗

资料来源：2002—2015年《铜川统计年鉴》。

3. 森林资源存量

森林覆盖率是指森林面积占土地总面积的比率，一般用百分比表示，是反映一个国家（或地区）森林资源和林地占有的实际水平的重要指标。我国《森林法》规定：全国森林覆盖率要达到30%，其中山区县一般要达到40%以上，丘陵区县要达到30%以上，平原区县要达到10%以上。目前，全国平均水平仅有21.36%左右。自我国1999年实行退耕还林政策以来，铜川市森林面积2002—2016年由153平方公里增长至265平方公里，森林覆盖率2002—2016年由38.9%增长至46.5%，呈现出良好发展的趋势（见图6）。

4. 城市土地资源

建成区面积是指城市行政区内实际已成片开发建设、市政公用设施和公共设施基本具备的区域。对核心城市来说，它包括集中连片的部分以及分散的若干个已经成片建设起来、市政公用设施和公共设施基本具备的区域；对一城多镇来说，它包括由几个连片开发建设起来的、市政公用设施和公共设施基本具备的地区。近年来，铜川市发展速度较快，建成区面积2002—2016年由29.7平方公里增至48.8平方公里，呈上升趋势（见图7）。

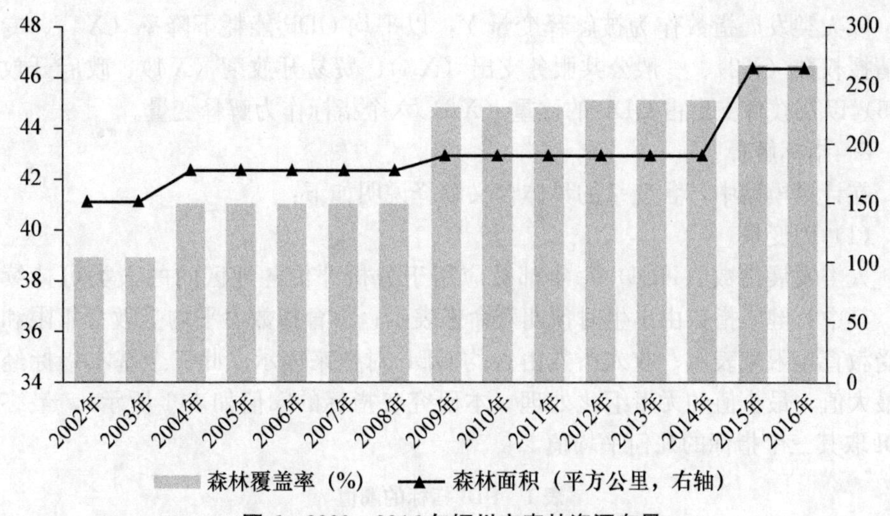

图 6　2002—2016 年铜川市森林资源存量

资料来源：2002—2016 年《铜川统计年鉴》。

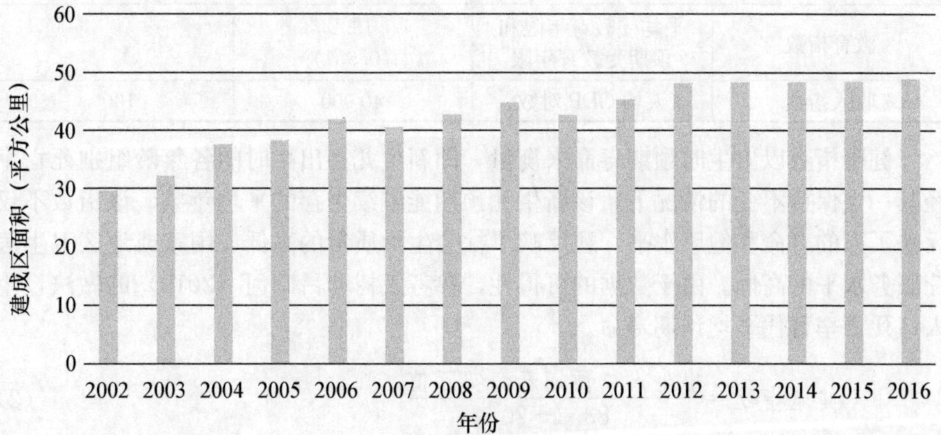

图 7　2002—2016 年铜川市建成区面积

资料来源：2002—2016 年《铜川统计年鉴》。

二、铜川市可持续发展的实证分析

（一）模型构建和指标解释

1．模型构建

$$Y=\beta 0+\beta 1X1+\beta 2X2+\beta 3X3+\beta 4X4+\beta 5X5+\beta 6X6+\mu \tag{1}$$

以人类发展指数作为被解释变量 Y，以平均 GDP 能耗下降率（$X1$）、专利申请授权数（$X2$）、一般公共服务支出（$X3$）、贸易开放度（$X4$）、政府开放度（$X5$）以及教育支出占 GDP 的比重（$X6$）六个指标作为解释变量。

2. 指标解释

在计量模型中，各变量的具体含义解释说明如下：

（1）因变量。

人类发展指数（HDI）每年都被应用于分析评价各地区间的人类可持续发展。其中：健康指数由出生时预期寿命来表示；教育指数由平均受教育年限和预期受教育年限来表示；收入指数由人均 GDP 对数来表示。此三个基本指标经过取最大值、最小值的无量纲化处理（本研究各指标的阈值如表 1 所示），最终的 HDI 取其三个指标的几何平均值。

表 1 HDI 指标的阈值

分项指数	评价指标	最大值	最小值
健康指数	出生时预期寿命	83.2	20
教育指数	平均受教育年限和预期受教育年限	13.2 （0.951）	0
收入指数	人均 GDP 对数	40 000	100

健康指数以出生时预期寿命来衡量，即新生儿在出生时的各年龄组别死亡率经其一生保持不变的情况下，该新生儿预期能继续生存的平均年数。该指数不仅反映了人的寿命和健康水平，还反映了社会生活质量的高低、国家或地区卫生医疗服务水平的高低。由于数据的可得性，参考王树和吕昭河（2019）的做法，用人口死亡率替代平均预期寿命。

$$健康指数=\frac{出生人口预期寿命实际值}{83.2-20} \tag{2}$$

教育指数由平均受教育年限和预期受教育年限来衡量，反映了人的平均知识水平和国家或地区的教育发展水平。平均受教育年限指一定时期、一定区域 25 岁及以上年龄的人口平均接受教育的年限，其中包括普通教育（小初高、职业初中、职业高中、中等专业学校、技工学校、大学专科、大学本科、硕士、博士）和成人学历教育，但不包括非学历培训。

$$平均受教育年限=\frac{6\times P_{小学}+9\times P_{初中}+12\times P_{高中}+16\times P_{大专以上}}{P_{总}} \tag{3}$$

$$平均受教育年限指数=\frac{平均受教育年限实际值}{13.2} \tag{4}$$

预期受教育年限是指当前各学龄阶段入学率保持不变的情况下，一名学龄儿童预计接受教育的年限。与平均受教育年限不同的是，预期受教育年限关注的是未来劳动力的素质及人力资本储备。由于铜川市的预期受教育年限数据难以获得，有关毛入学率的数据少且不全面，因此本报告决定仅采用平均受教育年限来计算教育指数。

$$\text{教育指数}=\frac{\text{平均受教育年限指数}}{0.951} \tag{5}$$

对于表 1 中收入指数的计算，由于铜川市的 GNI 难以获得，本报告采用人均 GDP 代表居民收入水平。为了和联合国开发计划署（UNDP）计算的收入指数保持一致性，GDP 同样用购买力平价（PPP）换算。根据 2011 年的统计数据，按购买力平价计算中国 2010 年的 GDP 为 100 848 亿美元，而按人民币计算中国 2010 年的 GDP 为 397 983 亿元，所以 2010 年人民币 PPP 汇率为：1 美元＝3.95 元。且假定该汇率不变，把历年的人均 GDP 换算成美元，则收入指数计算公式如下：

$$\text{收入指数}=\frac{\ln(\text{人均 GDP}(\text{PPP\$}))-\ln(100)}{\ln(40\,000)-\ln(100)} \tag{6}$$

最终：

$$\text{HDI}=\sqrt[3]{\text{健康指数}\times\text{教育指数}\times\text{收入指数}} \tag{7}$$

(2) 自变量。

本报告的研究对象是陕西省铜川市，样本区间为 2002—2017 年，采用时间序列数据进行铜川市可持续发展研究。所有指标数据均来自 2002—2017 年《铜川统计年鉴》。根据以习近平同志为核心的党中央提出的创新、协调、绿色、开放、共享五大发展理念，选取了 6 个指标作为解释变量。

创新：中国经济要进一步持续健康发展，必须实施创新驱动发展战略，以科技创新为经济增长最根本、最主要的动力来源，用技术创新进一步解放和发展社会生产力，全面提高劳动生产率，实现中国经济社会持续健康稳定发展。参考张建清等（2017）的做法，本报告选取专利申请授权数作为创新指标。

协调：选取教育支出占 GDP 的比重描述铜川市地区可持续发展的状态。

绿色：本报告选取平均 GDP 能耗下降率作为绿色指标。万元 GDP 能耗是反映能源消耗水平和节能减排条件的主要指标，这一指标反映了该地区经济活动中能源利用程度及使用效率的变化。如果万元 GDP 能耗下降，则在一定程度上表示地区内可持续发展能力水平提高。鉴于数据的可得性，本报告用平均 GDP 能耗下降率来代替万元 GDP 能耗。

开放：开放是可持续发展的内在要求，高层次、全方位、多领域的对外开放发展理念是经济强盛的必要条件。本报告选取两个维度的开放：政府开放和贸易开放。

在财政分权体制下，地方政府以发展本地经济作为首要目标，其财政支出安排表现出明显的效率优先特征（莫亚琳，张志超，2010）。效率优先的财政支出安排导致更多的公共资源向生产效率更高的部门和产业集中，比如地方政府向高新技术产业或企业提供的财政补贴远远高于普通企业，由此导致不同产业间发展差距扩大，引起产业间不同技能劳动力收入差距扩大，从而影响了可持续发展。借鉴雷欣等（2014）的做法，以财政支出占当地 GDP 的比重作为政府开放度的替代变量。

对外贸易依存度，是指一国的进出口总额占该国国民生产总值或国内生产总值的比重。其中，进口总额占 GNP 或 GDP 的比重称为进口依存度，出口总额占 GNP 或 GDP 的比重称为出口依存度。对外贸易依存度反映一国对国际市场的依赖程度，是衡量一国对外开放程度的重要指标。本研究用各地区进出口总额占该地区比重表示的贸易依存度作为贸易开放度的衡量指标。

共享：公共服务均等化是公共财政的基本目标之一，是指政府要为社会公众提供基本的、在不同阶段具有不同标准的、最终大致均等的公共物品和公共服务。根据已有研究，本报告选取一般公共服务支出作为共享指标。

（二）模型结果分析及检验

1. 实证结果分析

OLS 回归结果显示，平均 GDP 能耗下降率（$X1$）、贸易开放度（$X4$）对铜川市可持续发展的影响在 10%的水平上显著，教育支出占 GDP 的比重（$X6$）对铜川市可持续发展的影响在 5%的水平上显著，而专利申请授权数（$X2$）、一般公共服务支出（$X3$）和政府开放度（$X5$）对铜川市可持续发展的影响则在统计上不显著（见表 2）。

表 2　铜川市可持续发展的实证结果

变量名称	模型结果
$X1$	0.043 612 3* (0.010 304)
$X2$	0.000 048 6 (0.000 170 9)
$X3$	0.002 184 8 (0.006 943 2)
$X4$	−23.862 68* (5.773 01)

续表

变量名称	模型结果
$X5$	1.046 55 (0.412 828 9)
$X6$	8.967 439** (1.911 471)
常数项	−0.305 565 5*** (0.180 758 2)
准 R^2	0.961 3

注：***、**、*分别表示 p 值的显著水平为1%、5%和10%，括号内为稳健标准误。

创新指标中，专利申请授权数对可持续发展的效应是正向的，不过影响不大。尽管科技创新在引领社会发展方面起着重要作用，现代工业社会和信息社会中最活跃的生产力因素不再是资源、能源和劳动力等，而是发展迅速的科学技术，但铜川市属于中西部地区，并没有足够的硬件设施以及专业的科技人员支撑科技活动，因而创新方面对可持续发展的贡献较少。

协调指标中，教育支出占GDP的比重对可持续发展起到显著的正向作用。经济发展水平不高的情况下集中精力把经济搞上去是必要的，但在经济总量做大以后则要注意经济和社会之间的平衡。“协调”的要求之一是调节城乡收入差距，通过财政教育支出使教育资源在城乡达到平衡，加快社会阶层流动，减少收入差距。

绿色指标中，平均GDP能耗下降率对可持续发展具有显著的促进作用。这说明铜川市在工业发展促进经济增长的同时，也通过各项技术、政策措施减少了环境污染。铜川市属于资源型地区，主要依靠工业拉动当地经济，发展方式仍相对粗放，能耗和排放缺乏约束，通过技术改造推进节能减排的空间还比较大，充分重视生态环境改善，对可持续发展意义重大。

开放指标中，贸易开放度对可持续发展的作用是显著负向的，即贸易开放度越高，经济社会越难达到可持续状态。这一结论似乎与公众认知并不相符，但与现有相关研究契合，铜川市可能在贸易开放的过程中，多出口高污染产品，所以进出口总额占经济总量的比重越大，对经济社会的综合影响越不利。政府开放度对可持续发展的影响不显著，由于政府政策实施后需要一定的时间去显现，因而结果不明显。

共享指标中，一般公共服务支出对铜川市可持续发展的正向影响不明显。一般公共服务支出用来支持各机关单位履行职能，保障各机关部门的项目支出，促使各机关单位在发展理念的指导下，做出更有效的制度安排，使全体人民获得满足感与幸福感。由于政策的实施具有滞后性，因而促进效果并不显著。

2. 实证检验

（1）多重共线性检验。

一般情况下，若最大的 VIF 值不超过 10，则认为模型中不存在多重共线性。如表 3 所示，所有解释变量的 VIF 值中，最大的为 5.03，小于 10，故满足模型不存在多重共线性的基本假设。

表 3 多重共线性检验

Variable	VIF	1/VIF
$X1$	3.55	0.282 030
$X2$	3.39	0.295 095
$X3$	1.98	0.503 793
$X4$	4.70	0.212 786
$X5$	5.03	0.198 716
$X6$	3.79	0.263 979
Mean VIF	3.74	

（2）自相关检验（Ljung-Box Q 检验）。

如表 4 所示，Q 检验的 p 值为 0.124 8，并不能在 5%的显著性水平上拒绝“无自相关”原假设，从而认为模型不存在自相关性，满足时间序列进行最小二乘法回归的要求。

表 4 Ljung-Box Q 检验

Portmanteau test for white noise
Portmanteau（Q） statistic＝4.161 3 Prob＞chi2（2）　　　　＝0.124 8

三、铜川市可持续发展存在的问题

铜川在可持续发展过程中，存在的问题非常突出，下面从五大发展理念出发，分析铜川市在创新、协调、绿色、开放、共享方面存在的主要问题。

（一）科技创新能力不足

科技创新是推动资源型城市转型的重要动力，是实现经济社会持续健康稳定发展的核心保障。

铜川市全社会 R&D 经费支出占 GDP 比重达到 2.5%，R&D 经费总量常年居全省末尾，对科技创新的财政投入不足。部分企业缺乏质量创新的积极性，在标准创新提升和争夺行业话语权等方面能力有限，在产学研有机链条协调发展、自主品牌培育、企业各级技术中心建设研发等方面投入不足，信息化与质量创新结合、科技创新与需求衔接、以功能设计带动质量创新程度不高，导致企业核心竞争力不强，产业结构调整缓慢，缺乏科技创新活力。相当部分企业创新人才缺乏、创新基础薄弱、创新资金不足、创新技术紧缺，民营企业创新能力与动力不足；同时由于区位原因，铜川市并没有足够的硬件设施以及专业的科技人员支撑科技活动，因而创新方面对可持续发展的贡献较少。

（二）城市发展不平衡、不协调

铜川市属于我国典型的发展不协调城市，长期依赖于粗放式的能源开采，因此区域、城乡、经济发展就出现了不平衡、不协调的问题。从模型结果来看，财政教育支出对铜川市的可持续发展水平有显著的正向影响，表明铜川市在城市协调发展上还有很大的上升空间。2017 年铜川市 GDP 总量为 348.59 亿元，在全省十市一区中排名靠后，且 GDP 增速由 2011 年的 16%下降到 7.6%，城乡居民人均可支配收入为 21 922 元，在全省排名靠后，地方财政收入增速由 2011 年的 37.4%下降到 9.3%，全市整体经济增长内生动力不足，发展质量和效益不高。全市固定资产投资呈下降趋势，近年来铜川市固定资产投资第一产业仍占较大比重，第二、第三产业较为羸弱，社会消费品零售总额增速逐年下降。铜川市的可持续发展仍有很长的路要走。

（三）资源约束趋紧，绿色经济不成熟

铜川市的发展能耗较大，自 2013 年起铜川市万元 GDP 能耗整体呈上升趋势，2016 年、2017 年呈震荡向下的走势，这反映出长年来铜川市在经济发展中对能源的依赖程度和较为低下的使用效率，模型结果反映出平均 GDP 能耗下降率对可持续发展具有显著作用，铜川市通过技术改造推进节能减排的空间还比较大。虽然近两三年对可持续发展能力的重视程度增加，但一方面铜川市本身存在缺水、地质环境复杂、地质灾害频发、粗放式发展对环境资源造成不可逆破坏等问题；另一方面铜川市的绿色循环经济体系发展不成熟，煤炭企业升级改造不完全，落后产能淘汰不彻底，煤炭开采效率不高，煤矸石、煤层气等煤炭资源综合利用率较低，风能、太阳能等新能源占比低，对制造业、新能源、食药品等产业的培育和发展不够，工业结构优化升级缓慢，经济增长新动力不足，在信息技术、人工智能、新材料、生物医药等新兴产业方面表现乏力。总体看来铜川市的可持续发展仍面临巨大挑战。

（四）对外开放形式单一，出口结构不合理

铜川市交通条件便利，距省会西安和咸阳国际机场、西安国际港务区均约

60公里，陇海铁路重要支线咸铜、梅七两条铁路通达重点企业和煤矿，全国南北大动脉之一包茂高速公路和新西延高速公路纵贯全境。铜川市的开放程度也随着区位优势变得更高，进出口贸易总额持续增长，但在本研究使用的模型中，贸易开放度对可持续发展的作用是显著负向的，这个结果可能是由于铜川市出口中高能耗、高污染产品占比较大，归根结底还是产业能耗较大、污染排放较高、产业链不完善，没有形成健康的产业循环经济体系；铜川市对外贸易方式较为单一，仍以一般贸易方式为主，占比达99.9%，民营企业占主导地位。铜川市的人才吸引力不高，2017年铜川市人口自然增长率为3.71‰，但常住人口减少1.38万人，本地人才向外流出，没有利用自身的区位优势和西安中心城市建设带来的溢出效应将人口、人才吸引进来。依靠区位优势建设起来的物流行业目前存在税收较高、收费较多、物流效率不高、物流装载标准化不足、智慧物流体系建设较为缓慢等问题，整体上讲，铜川市物流行业仍有较大的发展和提升空间。

（五）公共服务水平差距大

共享发展注重的是解决社会公平正义问题。铜川市经济发展的“蛋糕”不断做大，但分配不公问题比较突出，收入差距、贫富差距、城乡区域公共服务水平差距较大。铜川市的企业发展分布不均且数量少，区县之间存在较大差距，在共享经济发展成果上，还存在较大的问题。在公共文化服务方面，铜川市存在政府的滞后供给与群众的强劲需求、政府的无效供给与群众的实际需求、政府的单一供给与群众的多元需求等方面的失衡。全市就业总量小，就业容量大的行业偏少，第三产业发展相对缓慢且发展速度逐年下降，对就业的吸纳能力极为有限；同时，随着产业结构的调整与升级，人才结构也发生了变化，第一、第二产业从业人员、滞留人员逐渐向第三产业转移，加之城镇新成长劳动力增长高峰期的到来和未就业大学生、复转军人人数逐年上升，就业再就业压力巨大。只有合理地解决以上这些问题，才能使铜川市实现共建共享可持续发展。

四、铜川市可持续发展的政策建议

（一）以创新发展理念为指导进行增长动能转换

铜川市应坚持以创新驱动为引领，着力优化创新环境、培植创新平台、激活创新主体，促进科技成果转化，让科技创新为铜川市追赶超越转型发展提供持续动力，成为经济转型发展的重要推手。首先，通过政策制定持续优化创新环境。把营造良好的创新环境作为科技工作的重要环节，将深化科技体制改革作为全面深化改革工作的重点任务，从加强技术创新体系建设、促进科技成果转化、推动科技和金融民生结合、完善人才激励机制、改革科技管理体制等方面进行政策优化设计，积极构建宽松优越的发展环境；同时，坚持把科技奖励作为鼓励企业和个人科技创新的重要抓手，激发企业和个人科技创新热情，安排专项资金，对重大自主知识产权成果、优秀企业研发中心、优秀科技合作者进行奖励。其次，通过平台建设加快科技资源开放共享。按照“大项目支撑、园区化承载、集群化发展”的思路，围绕铜川主导产业发展和经济结构调整，加快科技创新载体与平台建设。坚持以“聚集资源、聚合力量、聚焦产业、聚成品牌”为路径，积极建设省级高新技术产业开发区，抓好高新技术企业培育，扶持科技企业发展壮大。再次，通过产学研相结合，不断提升协同创新成效。把开展产学研合作作为集聚科技创新资源、提升科技创新能力的有效抓手，围绕提升企业核心竞争力，深入实施知识产权战略，推进知识产权运用、保护、管理和服务，支持专利企业“提质挖潜”，做好核心专利的培育。

（二）以协调发展理念指导城乡、地区及产业间平衡充分发展

首先，适度加强对农村地区的投入力度，提高农村居民的整体文化素质，发挥教育在启智育人方面的现实价值，为农村居民的再就业奠定文化基础，从根本上阻断农村贫困的代际流动，切实提高农村居民的收入水平，推动农村经济的平稳增长，实现农业的可持续发展，为城乡收入差距的不断缩小奠定良好的社会基础。其次，促进城镇体系发展的合理化，人口自然增长快、素质提高缓慢、人才外流严重是城镇面临的重要问题，多数城镇的集聚和辐射能力低下，从而严重影响了区域城镇进程。只有对内提高人口素质，同时借助国家大中型项目建设，制定优惠政策，建立短期与长期结合的人才交流机制，才能促进城镇的人口优质增长。对于局部生态环境脆弱地区，实施迁村并点、人口迁移政策。再次，以科教和文化建设为重点，实现城镇社会的快速进步。城镇的生态保护、产业发展离不开科技的支持，城镇应将科教、社会文化建设、社会服务和医疗保健设施建设作为重点，为城镇持续、稳定的发展提供智力保障和社会环境。最后，调整产业政策，加大产业创新。一方面，铜川市产业转型要以传统产业优化升级为基础，改变以往对第二产业的过度依赖，进行技术创新，提高传统资源产业的资源利用率，降低对环境的污染；另一方面，铜川市要通过新兴产业的培育和带动，逐渐进行产业的过渡转型，大力发展以旅游业和物流产业为代表的第三产业。

（三）以绿色发展理念为指导进行资源型城市产业发展

当前我国资源枯竭型城市产业发展转型面临的困境主要是环境资源约束与绿色经济发展水平不高。资源产业开发造成资源枯竭，附带生态环境严重破坏，以及贫富差距等经济、环境、社会等问题，这些因素也在制约着铜川市的进一步发展，解决这些问题必须以绿色发展理念为指导。从模型结果我们可以看到，平均GDP能耗下降率显著影响城市的可持续发展能力，也就是说绿色经济的发展程度很大程度上决定着这一城市能否实现可持续发展。所以铜川市要实现可持续发展，提高绿色经济在GDP中的比重，首先要制定合理可行的绿色发展规章制度，对如何合理使用能源、企业节能等进行规定；然后构建新的产业发展模式，通过积极推动提升和延长产业链实现对资源的循环利用，提高产品附加值和资源利用效率，通过经济政策支持鼓励企业进行节能降耗生产，建立完备的新能源和产业技术创新开发体系，以推动新能源及节能技术的开发和推广，从而降低平均GDP能耗，实现自然资本和其他资本之间的替代。绿色发展理念应成为资源型城市产业发展模式构建的根本理念之一。

（四）以开放发展理念为指导进行进出口结构调整

2015年习近平总书记在陕西视察工作时曾指出，陕西要主动融入“一带一路”建设大格局，加快构建内陆开放开发新高地。习近平总书记的重要指示对铜川市的全面开放具有重要战略意义。首先，铜川市应继续加快开放合作平台的建设。围绕打造内陆开放新高地的目标，坚持以西铜一体化战略为基本点，全方位打通“一带一路”的多式联运通道，构建现代化综合交通枢纽体系，加速西安至铜川高速公路改扩建项目进度。大力发展现代高科技领域，加大铜川数字经济产业园建设投入，快速落地实施呼叫中心产业、京东IDC中心项目，抓好国际海外仓数字中心、铜川市大数据学院等项目建设，全力推进铜川市数字经济加快发展，为融入“一带一路”建设夯实基础。其次，大力发展优势产业并改造传统产业，从而提升产品国际竞争力。对铜川光伏技术领跑基地、铜川光电子应用技术产业园、铜川新型绿色环保建材产业园等一批新兴重点产业加快建设步伐；加快铜川传统四大产业——煤炭、建材、有色、电力的现代化发展，加速主导产业链延伸并降低生产能耗。最后，深化与“一带一路”沿线国家和地区的深层次合作，吸引现代化企业、特色产业和高成长性项目来铜川，积极学习先进经营模式、知名企业的经验，积极吸引高层次人才并大力培养本土人才，不断提升外资利用规模和水平，将铜川市打造成“一带一路”沿线最具开放活力的现代经济体。

（五）以共享发展理念为指导进行公共服务水平提升

深化公共服务供给侧结构性改革，使改革成果由人民群众共享，提升人民群众享受公共服务供给的获得感、公平感和幸福感，必须理顺资源配置机制及供给比例关系，发挥好政府、市场与社会在公共服务供给上的比较优势，形成一个开放平等高效的公共服务供给体系。一是引入多元供给主体，构造多元供给格局。

政府在公共服务供给过程中出现的资金流转困难、产品质量低下以及供给效率低等问题都要求其重新定位自身在公共服务供给中的作用，实现服务角色转换，重视社会组织参与。真正放权给群众和市场，实现公共部门、私人部门以及社会部门的公平竞争，让有限的资源投入到供给短缺的项目中去，政府也要对社会组织进行积极的引导，对于社会力量所不能承担的部分，政府应该承担起责任。二是精准识别需求，匹配供需关系。一方面，完善公共服务需求识别机制，拓宽民众表达需求的途径，运用大数据与人工智能技术，采集民众在该区域所产生的交通、消费、医疗、教育数据，勾勒辖区民众的用户画像，精准回应民众需求。另一方面，强化信息整合的共享能力。民众向政府表达的需求往往是碎片化的，应强化对部门所掌握信息的整合与管理，积极利用“互联网＋”模式与大数据平台，在数据收集与数据分析等方面做到及时、有效，建立统一的部门信息平台，完善类别信息借调程序，实现公共服务需求信息共享。三是完善公共服务评价监督体系。一方面要加强中央对地方、上级对下级的监督职责，另一方面要吸纳多元监督主体，拓宽监督渠道，建立科学合理的公共服务质量评估体系，提高公共服务供给的科学性和有效性。

参考文献

［1］林慧．广西人类发展指数测算［D］．长春：吉林大学，2018.

［2］彭福亮．基于人类发展指数的云南县域经济社会发展研究［D］．昆明：云南师范大学，2008.

［3］张建清，张岚，王嵩，等．基于DPSIR-DEA模型的区域可持续发展效率测度及分析［J］．中国人口·资源与环境，2017，27（11）：1-9.

［4］莫亚琳，张志超．我国西部地区增加财政支出对社会收入分配的影响：基于动态面板数据计量的实证分析［J］．经济体制改革，2010（6）：116-120.

［5］雷欣，陈继勇，覃思．开放、创新与收入不平等：基于中国的实证研究［J］．经济管理，2014，36（5）：1-12.

［6］侯美玲．铜川市工业固体废弃物污染特征与控制对策［J］．牡丹江师范学院学报（自然科学版），2018（4）：45-48.

［7］余露露．陕西进出口贸易结构分析及提升对策［J］．经贸实践，2018（4）：71.

［8］王树，吕昭河．预期寿命、人口红利与居民储蓄［J］．南京审计大学学报，2019，16（2）：80-89.

［9］王柏杰，刘漂．政企合谋、资源丰裕度与“资源诅咒”：来自中国41个

资源型城市的经验证据［J］．高等财经教育研究，2019，22（2）：60-65.

［10］闫瑞娟．铜川市公共文化服务供需失衡问题研究［D］．西安：西北大学，2018.

［11］云光中．资源型城市产业发展新模式研究［D］．武汉：武汉理工大学，2012.

商洛市可持续发展报告

郭玉晶　李梦媛　蒙媛*

摘　要

报告首先对商洛市可持续发展现状进行描述性分析，从城市可持续发展能力、可持续发展持续性和可持续发展协调性三方面做出客观评价。其次运用层次分析法（AHP）从经济发展、社会发展和环境保障三方面对商洛市 2008—2018 年可持续发展状态进行实证分析，结果表明商洛市十年来可持续发展能力发生了质的飞跃且可持续性较强，但是协调性相对较弱。最后基于商洛市可持续发展中存在的问题提出了科学合理的改进措施及意见。

关键词：可持续发展；产业结构；经济发展；环境保障

商洛市位于陕西省东南部，和汉中市、安康市同为陕南三大城市之一，辖商州区、洛南县、丹凤县、商南县、山阳县、镇安县和柞水县等一区六县，总面积 19 292 平方公里，总人口 204.12 万人。商洛市地处秦岭腹地，水利资源、动植物资源、矿产资源等均十分丰富，是我国南水北调工程的重要水源涵养地、陕西省甚至全国重要的生态功能区，也是关中及周边地区一道重要的生态屏障，因此该地区可持续发展意义十分重大。

---

* 郭玉晶，经济学博士，陕西师范大学国际商学院助理研究员；李梦媛、蒙媛，陕西师范大学国际商学院本科生。

一、商洛市可持续发展现状

（一）经济增长持续稳定

1. 产业结构

由于商洛市具有重要的生态功能地位，在陕西省主体功能区划分时大部分地区被确定为限制开发区，还有一些地区为禁止开发区，政府提倡对此地进行适度开发，因此经济发展较缓慢。2018 年商洛市 GDP 为 824.77 亿元，其中第一、二、三产业分别为 94.57 亿元、441.69 亿元、288.51 亿元，第一、二、三产业占比为 11.47∶53.55∶34.98，第二产业的主导地位明显。2010 年商洛市第二产业增加值开始超过第三产业增加值，工业产值快速增长，产业结构由“三、二、一”型转变为目前的“二、三、一”型，这与产业结构演进的一般规律相背离，具有特殊性（见表 1、图 1）。商洛市农业种植以小麦、玉米、大豆为主，蔬菜、水果、油料、中药材、板栗、核桃也是主要的种植作物，产量很大。现代材料、现代中药和绿色食品加工是该市的三大支柱产业，此外，采矿业占据重要地位，旅游资源丰富，旅游业在近年来发展迅猛，被称为陕西省的生态旅游城市。

表 1　2000—2018 年商洛市产业结构变动

年份	GDP（亿元）	增长率（%）	人均 GDP（元）	第一产业（亿元）	第二产业（亿元）	第三产业（亿元）
2000	56.35	—	2 382	16.66	20.08	19.61
2001	59.52	5.63	2 529	17.29	17.88	24.35
2002	67.10	12.74	2 842	17.29	21.74	28.07
2003	92.43	37.75	3 902	18.71	32.43	41.29
2004	105.03	13.63	4 393	22.92	35.47	46.64
2005	114.43	8.95	4 800	25.43	37.25	51.75
2006	137.77	20.40	5 787	28.31	46.64	62.82
2007	160.40	16.43	6 737	33.87	55.19	71.34
2008	197.45	23.10	8 272	44.57	71.18	81.70
2009	224.47	13.68	9 383	46.65	83.75	94.07
2010	285.90	27.37	12 194	58.05	117.82	110.03
2011	362.95	26.95	15 513	70.61	163.03	129.31

续表

年份	GDP（亿元）	增长率（%）	人均 GDP（元）	第一产业（亿元）	第二产业（亿元）	第三产业（亿元）
2012	423.31	16.63	18 097	79.43	195.14	148.74
2013	510.88	20.69	21 795	85.20	258.97	166.71
2014	574.99	12.55	24 484	90.82	298.39	185.78
2015	618.52	7.57	26 274	91.75	318.60	208.17
2016	692.13	11.90	29 271	96.65	364.88	230.60
2017	757.06	9.38	31 856	98.18	398.43	260.45
2018	824.77	8.94	32 977	94.57	441.69	288.51

资料来源：陕西省统计局。

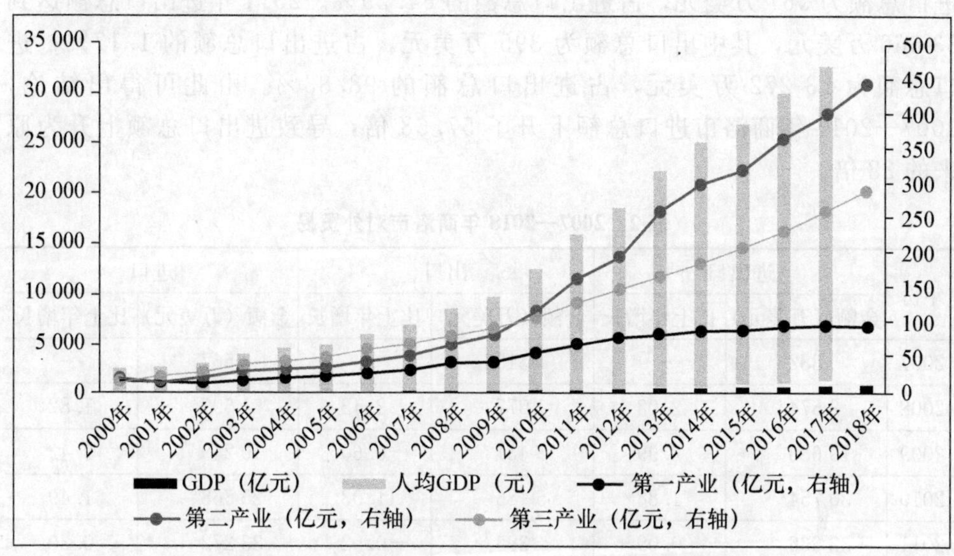

图 1　2000—2018 年商洛市产业结构变动趋势

2000—2018 年商洛市经济规模不断扩大，发展速度逐年加快。经济总量从 2000 年的 56.35 亿元增加到 2018 年的 824.77 亿元，年均增长 16.07%。商洛市第一产业占 GDP 的比重呈明显的逐年递减趋势，第二产业占 GDP 的比重稳步上升，第三产业也有平缓的上升态势；并且第二产业在 GDP 中的比重最高，其次是第三产业，最后是第一产业。2018 年第一产业增加值完成 94.57 亿元，比 2000 年的 16.66 亿元增长 77.91 亿元；第二产业增加值完成 441.69 亿元，比 2000 年的 20.08 亿元增长 421.61 亿元；第三产业增加值完成 288.51 亿元，比 2000 年的 19.61 亿元增长 268.90 亿元。总体上来说，三次产业结构呈现“二、三、一”的格局，具有典型的工业化特征。2000 年以来，商洛市人均 GDP 也逐年增长，从 2000 年的 2 382 元增加到 2018 年的 32 977 元，年均增长 15.72%。

2. 进出口趋势

从表 2 和图 2 可以看出，2007—2018 年商洛市进出口比例不均衡，进口、出口总额变化较快。商洛市的进出口发展可划分为两个阶段。第一阶段为 2007—2012 年，商洛市对外贸易中进口占绝对优势，而出口较少，表现为贸易逆差；第二阶段为 2013—2018 年，商洛市对外贸易中出口总额迅速上升，出口总额所占比例明显提升，表现为贸易顺差。2007 年商洛市进出口总额达到 882 万美元，其中出口总额为 315 万美元，占进出口总额的 35.71%；进口总额为 567 万美元，占进出口总额的 64.29%。2011 年进出口总额达到 33 666 万美元，其中出口总额为 395 万美元，占进出口总额的 1.17%；进口总额为 33 272 万美元，占进出口总额的 98.83%。由此可得出结论，2007—2011 年商洛市进口总额上升了 57.68 倍，导致进出口总额上升为原来的 38 倍。

表 2　2007—2018 年商洛市对外贸易

年份	进出口		出口		进口	
	金额（万美元）	比上年增长	金额（万美元）	比上年增长	金额（万美元）	比上年增长
2007	882	—	315	—	567	—
2008	2 674	2.03	1 077	2.42	1 597	1.82
2009	10 680	2.99	431	−0.60	10 249	5.42
2010	30 754	1.88	5 186	11.03	25 568	1.49
2011	33 666	0.09	395	−0.92	33 272	0.30
2012	7 728	−0.77	645	0.64	7 083	−0.79
2013	6 245	−0.19	4 758	6.37	1 487	−0.79
2014	3 620	−0.42	2 950	−0.38	670	−0.55
2015	2 930	−0.19	2 390	−0.19	540	−0.19
2016	14 420	3.92	9 850	3.12	4 570	7.46
2017	21 690	0.50	17 500	0.78	4 190	−0.08
2018	21 290	−0.02	12 510	−0.29	8 780	1.10

资料来源：陕西省统计局。

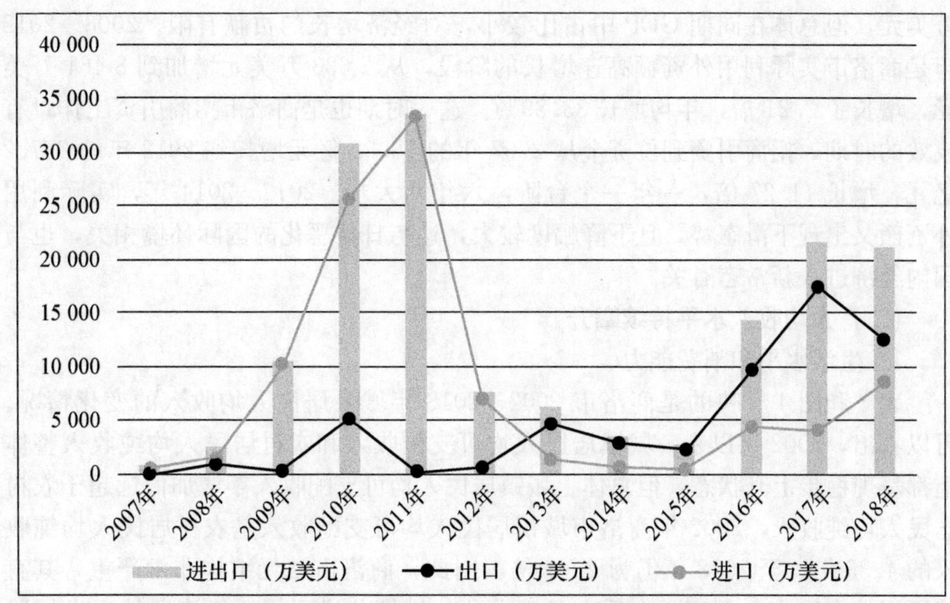

图 2 2007—2018 年商洛市进出口总额增长情况

从图 3 可以看出，商洛市 2000—2014 年实际利用外资额总体呈现出上升趋势。分阶段看，2000—2007 年，商洛市实际利用外资额从 207 万美元增加到 310

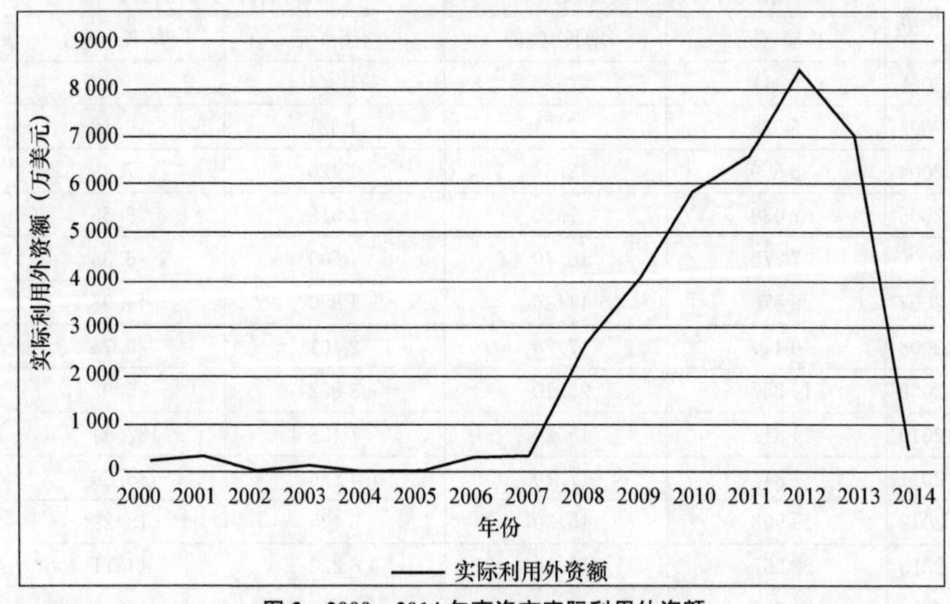

图 3 2000—2014 年商洛市实际利用外资额

资料来源：《陕西区域经济统计年鉴 2015》。

万美元，但总体在同期 GDP 中占比较小，对经济增长的贡献有限。2008—2012 年是商洛市实际利用外资额高速增长的阶段，从 2 633 万美元增加到 8 461 万美元，增长了 2.21 倍，年均增长 33.89%。这一时期也是商洛市招商引资工作卓有成效的时期，招商引资到位资金从 2007 年的 18.52 亿元增长到 2012 年的 227.2 亿元，增长 11.27 倍，一年一个台阶，六年六大步。2012—2014 年，实际利用外资额又出现下滑态势，且下降幅度较大，这与日益恶化的国际环境相关，也与国内经济进入新常态有关。

（二）人均收入水平持续攀升

1. 生活水平和消费能力

表 3 和图 4 反映的是商洛市 2002—2018 年城乡居民人均收入的变化情况。可以看出，2002 年以来，城镇居民人均可支配收入和农村居民人均纯收入整体上都呈现稳步上升状态，但总体上城镇居民人均可支配收入年增加值远超于农村居民人均纯收入，2002 年商洛市城镇居民人均可支配收入是农村居民人均纯收入的 4.35 倍，至 2018 年仍为 2.60 倍。因此，商洛市二元结构非常严重，其直接原因是农民收入不高，本质上是工业化、城镇化进程慢，经济还处于发展阶段，不能有效吸收和消化农村剩余劳动力。

表 3　2002—2018 年商洛市城乡居民收入及增速

年份	城镇居民人均可支配收入		农村居民人均纯收入	
	总额（元）	增长（%）	总额（元）	增长（%）
2002	5 411	—	1 244	—
2003	5 828	7.71	1 321	6.19
2004	6 559	12.54	1 420	7.49
2005	7 038	7.30	1 513	6.55
2006	7 770	10.40	1 609	6.35
2007	8 870	14.16	1 850	14.98
2008	10 444	17.75	2 401	29.78
2009	12 857	23.10	3 002	25.03
2010	14 811	15.20	7 128	137.44
2011	17 344	17.10	4 586	−35.66
2012	19 998	15.30	5 425	18.29
2013	22 257	11.30	6 222	14.71
2014	24 727	11.10	7 035	13.05

续表

年份	城镇居民人均可支配收入		农村居民人均纯收入	
	总额（元）	增长（%）	总额（元）	增长（%）
2015	26 896	8.77	7 706	9.54
2016	25 468	−5.31	8 358	8.46
2017	27 647	8.56	9 132	9.26
2018	23 390	−15.40	9 112	−0.21

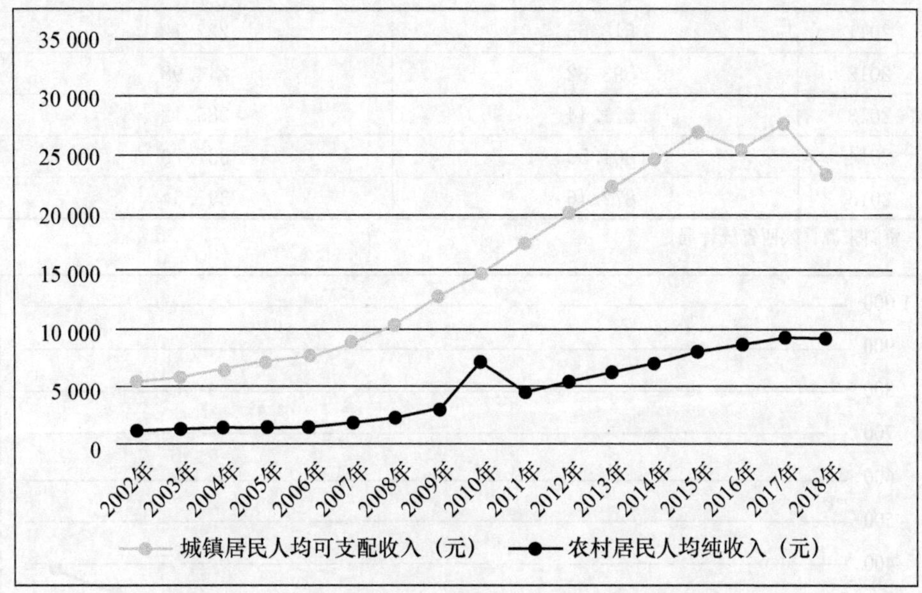

图 4　2002—2018 年商洛市城乡居民收入变动趋势

如表 4 和图 5 所示，2002—2015 年间商洛市存款每年都有所增加，其中 2015 年存款金额为 872.46 亿元，比 2014 年增长 70.96 亿元，增长 8.85%。2002—2015 年间商洛市贷款每年都有所增加，其中 2015 年贷款金额为 391.54 亿元，比 2014 年增长 53.84 亿元，增长 15.94%。

表 4　2002—2015 年商洛市存贷款情况

年份	存款（亿元）	贷款（亿元）
2002	90.78	63.76
2003	106.94	66.59
2004	131.38	66.08

续表

年份	存款（亿元）	贷款（亿元）
2005	166.95	72.52
2006	205.16	86.00
2007	256.32	97.41
2008	319.96	131.91
2009	383.00	156.50
2010	446.66	187.49
2011	518.65	222.12
2012	593.82	244.98
2013	671.44	285.12
2014	801.50	337.70
2015	872.46	391.54

资料来源：陕西省统计局。

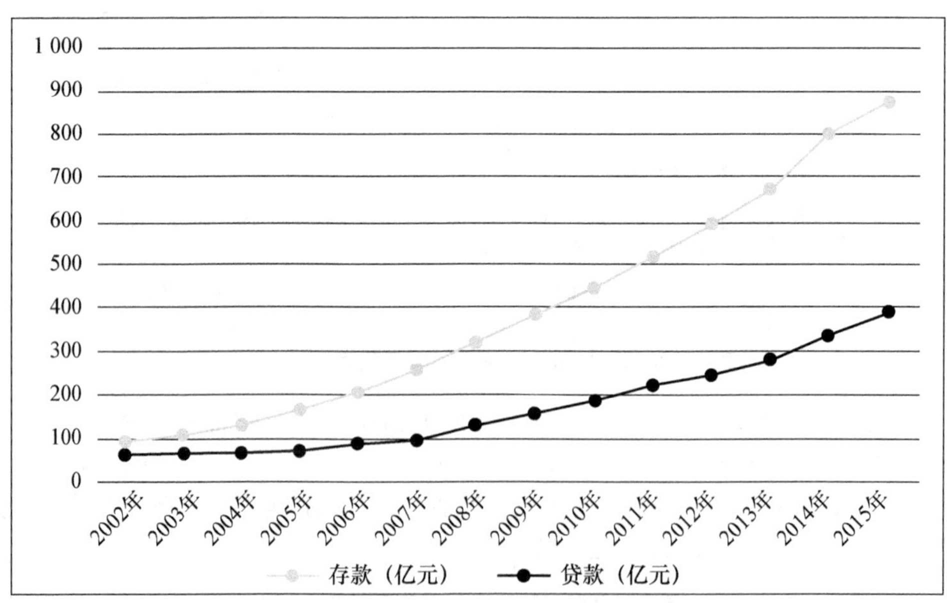

图 5　2002—2015 年商洛市存贷款变动趋势

2. 城镇化率

从表 5 和图 6 可以看出，商洛市 2008—2018 年总人口趋于稳定，城镇人口大体呈现上升势态，城镇化率也处于稳步上升状态。2018 年商洛市年末户籍人口数量为 251.03 万人，与 2017 年相比减少了 2.30 万人，同比下降 0.91%。

表 5 2008—2018 年商洛市人口情况

年份	总人口（万人）	城镇人口（万人）	城镇化率
2008	238.96	75.27	32%
2009	234.61	77.42	33%
2010	234.29	86.17	36%
2011	234.62	91.91	40%
2012	234.19	102.28	43%
2013	234.61	109.38	44%
2014	235.08	112.71	45%
2015	235.74	128.87	45%
2016	252.95	116.30	52%
2017	253.33	136.04	54%
2018	251.03	114.49	46%

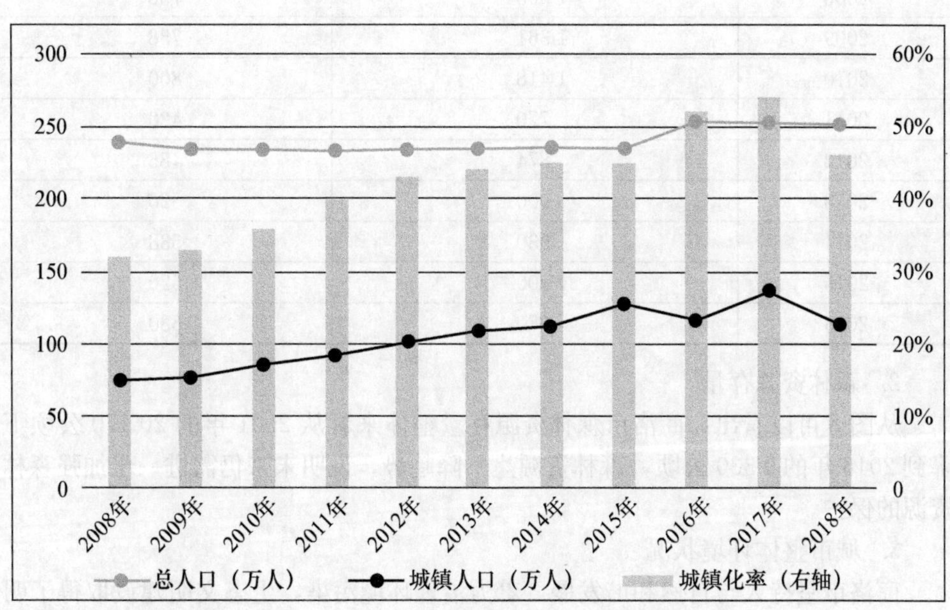

图 6 2008—2018 年商洛市人口变化趋势

（三）资源环境消耗持续增加

1. 水资源消耗

商洛市地处陕西省东南部区域，境内沟壑纵横，河流密布，水资源较为充沛，但这并不意味着该地区水资源消耗无须加以管理。作为我国南水北调中线工程重要水源地之一的丹江流域（占中线工程调水量的 15%）发源于商洛，商洛的水资源管理不仅关乎本地，还关乎整个南水北调工程。从表 6 和图 7 可以看出，商洛市的市区供水总量从 2003 年的 938 万吨，增加到 2010 年的 1 418 万吨，随后又减少到 2016 年的 970 万吨，虽然中间有所起伏，但是总体上仍然是增加的。市区居民生活用水量从 2003 年的 603 万吨，增加到 2010 年的 800 万吨，最终又减少到 2016 年的 580 万吨，总体呈现下降趋势。

表 6　2003—2016 年商洛市市区供水情况

年份	市区供水总量（万吨）	市区居民生活用水量（万吨）
2003	938	603
2004	967	620
2005	930	600
2006	950	630
2007	1 260	732
2008	1 065	738
2009	1 361	758
2010	1 418	800
2011	770	420
2012	874	486
2013	900	520
2014	930	538
2015	900	520
2016	970	580

2. 森林资源存量

从图 8 可以看出，商洛市森林资源存量整体来看从 2001 年的 20 170 公顷下降到 2016 年的 9 330 公顷，森林资源呈下降趋势，说明未来仍需进一步加强森林资源的保护。

3. 城市整体环境状况

商洛市坚持人与自然和谐发展，着力治理环境污染，生态文明建设取得了明显成效。从表 7 和图 9 可以看出，商洛市 2011—2017 年二氧化硫、氮氧化物、烟粉尘排放量整体上呈下降趋势。其中二氧化硫排放量由 2011 年的 22 788.26 吨减少至 2017 年的 5 097.35 吨，氮氧化物排放量由 2011 年的 4 909.61 吨减少至 2017 年的 1 753.96 吨，烟粉尘排放量由 2011 年的 10 231.95 吨减少至 2017 年的 2 458.28 吨。

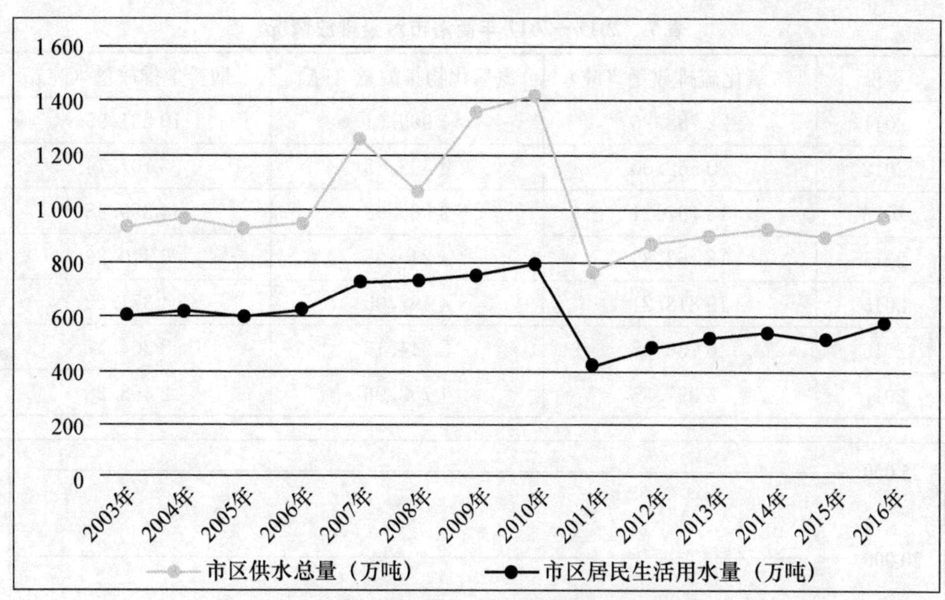

图 7　2003—2016 年商洛市市区供水变化趋势

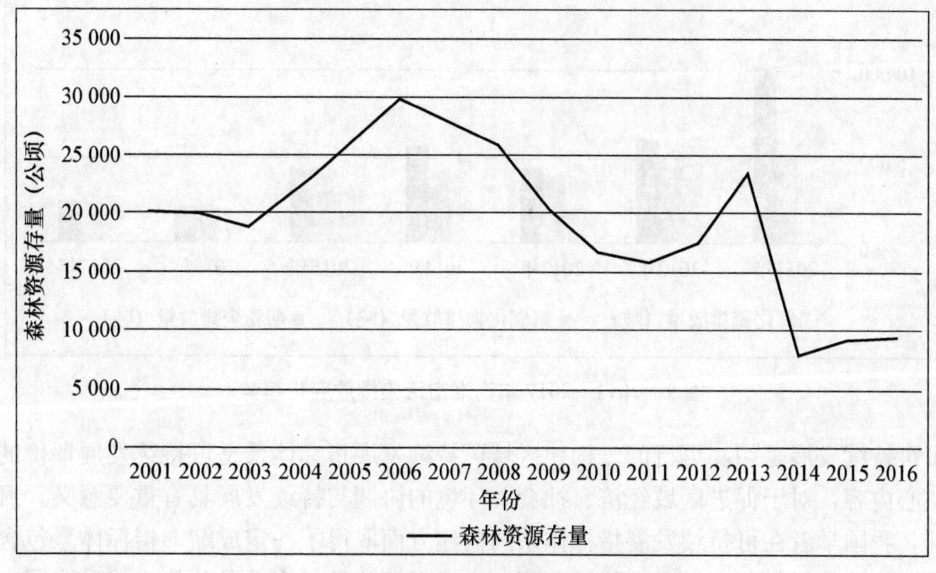

图 8　2001—2016 年商洛市森林资源存量

二、商洛市可持续发展的实证分析

客观评价城市发展状态是一个城市实现可持续发展的科学依据，综合评价城

表 7　2011—2017 年商洛市污染排放情况

年份	二氧化硫排放量（吨）	氮氧化物排放量（吨）	烟粉尘排放量（吨）
2011	22 788.26	4 909.61	10 231.95
2012	20 562.00	4 498.33	6 107.74
2013	18 797.21	3 985.98	4 359.98
2014	18 463.35	4 240.97	5 710.82
2015	19 818.21	4 497.05	4 371.22
2016	6 736.55	2 244.16	2 204.57
2017	5 097.35	1 753.96	2 458.28

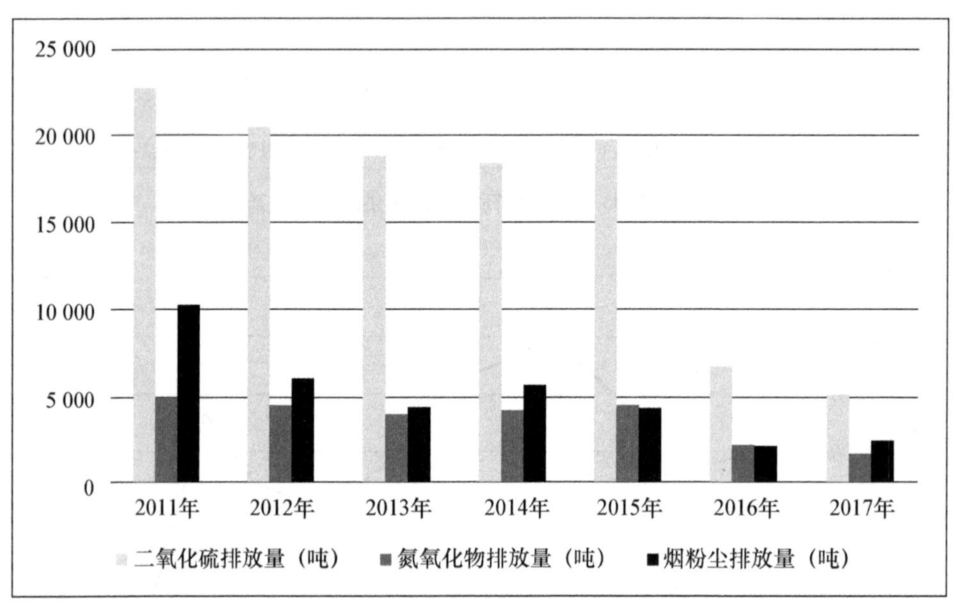

图 9　2011—2017 年商洛市污染排放变化趋势

市可持续发展是切实可行的。构建区域可持续发展指标体系是可持续发展评价的核心内容，对于促进区域经济、社会及环境的协调与持续发展具有重要意义。目前，我国学者在可持续发展指标体系的构建方面取得了一定成绩，指标体系包含了可持续发展的各个方面，能够全面地描述可持续发展水平及趋势。但采用国内建立的经济、社会及环境发展指标体系，对长期经济发展滞后、人民渴望脱贫致富以及作为南水北调水源地的商洛市做出客观评价有一定的局限性，难以解决商洛市在可持续发展进程中遇到的实际问题。现有研究分别从生态旅游资源、土地生态安全、县域经济、土地资源等方面对商洛市的可持续发展进行了分析，但以商洛市为研究对象的可持续发展指标体系的构建及评价至今未见具体的报道，因此，对商洛市的经济、社会及环境可持续发展指标体系的构建及评价值得探讨。笔者参考国内已有研究成果，构建商洛市可持续发展指标体系，从城市可持续发展能力、可持续发展持续性和可持续发展协调性三方面做出客观评价，为商洛市建设提供一定的理论依据。

（一）可持续发展理论

可持续发展的基本原则是上一代人对资源的开发和利用不影响后代的利益，实现发展的代际平衡、福利共享。随着科技进步和人类对世界认识水平的提高，可持续发展的内涵被不断丰富与延伸，在保护自然资源的质量和其所提供服务的前提下，经济和社会的稳定与持续进步是维护国家竞争力的必要前提，广泛意义的可持续发展被扩展至包括经济、社会、环境三个方面，即只有在实现经济、社会、环境之间相互协调、互为制约、相互促进，在长期内循环上升的前提下，可持续发展观才会充分发挥其自身的价值。

1. 经济可持续发展

经济可持续发展需要纠正传统的经济增长和经济发展等同的观念，是在维持资源的永续供给、不超过环境容量限度的条件下，最大化经济效益的行为。经济可持续发展兼顾经济利益和环境保护两个方面，对经济增长的质量和效益提出了新的要求，即更多以人力资本和科技资本的投入代替自然资源的投入。同时其经济行为产生的正面效益要将资源和环境成本考虑在内，产生的负面环境效应以自然环境自我修复与循环为极限。经济可持续发展要求以科学技术进步为先导，以产业结构优化升级为动力，发挥地区比较优势，同周边甚至全球实现良性分工协作，在新兴战略领域不断取得突破性进展，建立资源节约、环境友好、结构优化、产出增长的新型经济发展模式。

2. 社会可持续发展

社会的中心是以人为本，可持续发展的含义包括适度人口规模、良好的人员素质、现代化的社会设施与服务、高水平的社会保障等各个方面，根本目的是在经济、环境容许范围内促进社会群体福利最大化。积极弘扬传统文化、核心价值观，促使积极健康、有利于社会和谐稳定的道德风尚永续存在。实施积极的就业政策使社会成员通过劳动创造价值，实现收入的稳步增长，完善社会保障制度，向社会设施建设投入更多资本。优化社会群体所在的外部环境，切实提高居民消费及生活水平。以社会公平为准则实现包容性增长，缩小不同人群之间的收入差距，减缓社会焦虑和被剥夺情绪，维护社会和谐与稳定。

3. 环境可持续发展

人类的经济、社会活动要在环境的承载范围之内，避免对资源环境的掠夺性开发及上一代人过多占有后代的资源利用权利，实现资源环境代际平衡。环境可持续发展是可持续发展的基本意义和首要任务，环境可持续发展是保障经济社会可持续发展的前提。环境可持续发展要求人们树立正确的发展观念，使近期利益和长远利益相结合，确保人类活动限制在环境可承载能力之内。将环境可持续发展纳入可持续发展概念范畴，是人类活动同环境质量之间矛盾激化的必然结果，环境可持续发展也是可持续发展中最为直观和亟待解决的问题。环境可持续发展目标的实现需要从宏观战略的角度出发，联合全社会力量，通过政府引导、市场调节、社会组织的参与，逐步提高环保意识及效率。

（二）可持续发展评价方法

1. 层次分析法（AHP）的原理

设 u_1，u_2，…，u_n 为 n 个物体，重量分别是 g_1，g_2，…，g_n。但是，我们并不知道物体的重量，只知两两之间重量的比值：

$$a_{ij}=g_i/g_j$$

设准则 C 为重量，问题一：

已知 a_{ij}（$1\leqslant i$，$j\leqslant n$），在准则 C 下对元素 u_1，u_2，…，u_n 排序，也就是按其重量大小排序。

$$A=(a_{ij})_{n\times m}=\begin{pmatrix} \frac{g_1}{g_1} & \frac{g_1}{g_2} & \cdots & \frac{g_1}{g_n} \\ \frac{g_2}{g_1} & \frac{g_2}{g_2} & \cdots & \frac{g_2}{g_n} \\ \vdots & \vdots & \ddots & \vdots \\ \frac{g_n}{g_1} & \frac{g_n}{g_2} & \cdots & \frac{g_n}{g_n} \end{pmatrix}$$

显然 a_{ij} 满足：（1）$a_{ij}>0$；（2）$a_{ij}=\frac{1}{a_{ji}}$。

但是，（3）$a_{ij}\cdot a_{jk}=a_{ik}$ 通常不被满足。满足（1）（2）的 A 为正互反矩阵；满足（1）（2）并且（3）也成立的 A 为一致性判断矩阵。

问题二：

已知判断矩阵 A，在准则 C 下对 n 个物体排序，即按重量大小排序。

如果，$a_{ij}=\frac{g_i}{g_j}$，g_i 和 g_j 是重量的精确值，此时（3）必定成立，即 A 是一

致性判断矩阵。令

$$g=(g_1, g_2, \cdots, g_n)^T$$

则 $Ag=ng$。

显见 n 是矩阵 A 的特征根，g 是 A 的与 $\lambda=n$ 对应的特征向量；事实上此时不难验证：n 是矩阵 $A=(a_{ij})$ 的最大特征根，其余 $n-1$ 个特征根全为零，而 g 是 A 的与最大特征根 n 对应的特征向量。g 的 n 个分量是物体的相对重量，因此，可按此对 u_1，u_2，…，u_n 排序。

如果对矩阵 A 有一个小的扰动，即 a_{ij} 不再是真实重量的比值，这时显然 A 不满足一致性条件，此时 A 的最大特征根 λ_{max} 不再是 n；因扰动很小，自然 λ_{max} 离 n 不远，这时 λ_{max} 对应的特征向量虽然不会是 n 个物体的真实重量 $g=(g_1, g_2, \cdots, g_n)^T$，但是，变动也不会太大。我们设想：如果扰动不大，则 λ_{max} 离 n 就不远，此时 λ_{max} 对应的特征向量 g' 与 g 差不多，如果 g' 不改变 g 的各分量的大小次序，则 g' 同样给出 n 个物体 u_1，u_2，…，u_n 按重量大小的真实排序。

这样，对不满足一致性的正互反矩阵 $A=(a_{ij})_{n\times m}$，我们求其最大特征根 λ_{max}，再求与 λ_{max} 对应的特征向量 g，则可按 g 对 n 个物体 u_1，u_2，…，u_n 按重量大小排序。但是，这一番理论有几个疑点：第一，当 A 不满足一致性时，A 还有没有最大正的特征根？第二，即使 A 有最大特征根，那么，这个最大特征根 λ_{max} 对应的特征向量的全部分量能否还是正数？因为，该特征向量的各个分量对应的是 n 个物体的相对重量（特征向量乘以一个非零常数仍是特征向量）。

2. 层次分析法（AHP）的特点

（1）输入信息主要是决策者的选择和判断，决策过程充分反映了决策者对决策问题的认识。

（2）简洁性：基于高中知识，可不用计算机完成计算。

（3）实用性：能进行定量分析，也可进行定性分析；而通常最优化方法只能用于定量分析。

（4）系统性：将对象视作系统，按照分解、比较、判断、综合的思维方式进行决策。

3. 用层次分析法（AHP）解决问题的步骤

（1）建立问题的递阶层次结构；

（2）构造两两比较判断矩阵；

（3）由判断矩阵计算被比较元素相对权重；

（4）计算各层元素组合权重，并进行一致性检验。

（三）实证分析

1. 可持续发展指标体系的构建

商洛市可持续发展指标体系要反映其经济、社会和环境的可持续发展状态，在指标选取时要保证评价结果的客观性和准确性。本报告遵循实时性、科学性、完备性、独立性和数据可获得性等基本原则，依据商洛市经济、社会、环境实际发展情况，选取 2008—2018 年《陕西统计年鉴》指标，共包含 3 级 23 个指标，构建了商洛市可持续发展指标体系（见表 8）。同时运用层次分析法（AHP），建立基于商洛市可持续发展指标的判断矩阵，分别计算出特征向量 g、最大特征值 λ_{max}，算出各级权重，进行一致性检验，最后得出整个指标体系中的各指标所对应权重，列入相应指标右侧。

表 8　商洛市可持续发展指标体系及权重

一级指标	二级指标	三级指标	权重
城市可持续发展水平	经济发展水平（0.619）	地区生产总值	0.443
		财政收入	0.355
		财政支出	0.063
		固定资产投资额	0.139
		规模以上工业总产值	0.292
		第二产业占 GDP 比重	0.081
		第三产业占 GDP 比重	0.627
		非公有制经济增加值	0.539
		人均生产总值	0.297
		在岗职工平均工资	0.164
	社会发展水平（0.285）	自然增长率	0.667
		人口总量	0.333
		城镇居民人均可支配收入	0.252
		农村居民人均纯收入	0.16
		城乡居民储蓄余额	0.588
		卫生技术人员	0.525
		邮电业务总量	0.141
		全社会消费品零售总额	0.334
	环境支持水平（0.096）	耕地面积	0.333
		园林绿化覆盖面积	0.667
		工业固体废弃物产生量	0.524
		工业废水排放总量	0.304
		工业废气排放总量	0.172

根据表 8 中的指标权重，报告计算得出了 2008—2018 年商洛市可持续发展指数（见表 9），从而分析近年来商洛市的可持续发展能力。可持续发展能力（L）可以划分为几个范围：当 0.3＜L≤0.6 时，可持续发展能力弱；当 0.6＜L≤0.8 时，基本可持续；当 0.8＜L≤0.9 时，可持续发展能力较强；当 L＞0.9 时，可持续发展能力达到强力状态。

表 9　2008—2018 年商洛市可持续发展能力

年份	经济发展可持续指数	社会发展可持续指数	环境支持可持续指数	可持续发展综合指数	可持续发展持续指数	可持续发展协调指数
2008	0.434	0.587	0.791	0.512	0.201	1.543
2009	0.532	0.672	0.865	0.604	0.216	1.721
2010	0.667	0.736	0.878	0.707	0.210	1.414
2011	0.823	0.864	0.992	0.851	0.556	1.717
2012	0.988	0.981	0.973	0.984	0.811	1.293
2013	1.009	1.062	1.047	1.089	0.869	1.386
2014	1.010	1.069	1.066	1.098	1.025	1.336
2015	1.019	1.098	1.095	1.107	1.081	1.286
2016	1.028	1.106	1.104	1.146	1.137	1.235
2017	1.068	1.154	1.144	1.165	1.193	1.185
2018	1.108	1.152	1.193	1.184	1.149	1.134

2. 可持续发展能力

从表 9 可以看出，商洛市可持续发展综合指数由 2008 年的 0.512 增加到 2018 年的 1.184，表明商洛市已由弱可持续发展能力发展到强可持续发展能力阶段。其中，2008 年综合指数 0.512＜0.6，说明 2008 年及以前商洛市可持续发展能力弱；2009 年和 2010 年商洛市处于基本可持续发展阶段，2010 年比 2009 年提升较大；2011 年商洛市可持续发展能力进入较强阶段；2012 年及以后商洛市可持续发展达到强力阶段。可见，2008—2018 年商洛市可持续发展能力有了质的飞跃。

3. 可持续发展持续性

从表 9 可以看出，2008—2018 年商洛市的可持续发展持续指数整体上呈上升趋势，其中 2010 年的持续性指数由 2009 年的 0.216 降至 0.210，而 2010 年之后，商洛市可持续发展持续指数增长迅猛，2011 年为 0.556，是 2010 年的 2.65 倍，2018 年则高达 1.149，说明商洛市正向着可持续方向发展。

4. 可持续发展协调性

从表 9 可以看出，2008—2018 年商洛市可持续发展协调指数为 1.134～1.721，处于强协调性发展阶段。可持续发展协调指数在 2011 年以前整体处于高位运行阶段，但是 2012 年出现大幅下降，从 2011 年的 1.717 下降到 1.293，说明 2012 年可能是一个拐点年。2012—2018 年间，商洛市可持续发展协调指数整体呈现下降趋势，虽然中间略有增长，但是增长幅度非常小。这说明，商洛市的协调性发展整体上呈现由强变弱的下降趋势，要保证其可持续发展的协调能力，仍需付出更多的努力。

三、商洛市可持续发展存在的问题

（一）耕地保护力度不够，旅游循环经济意识不强

商洛市是一个典型的“八山一水一分田”山区，近几年随着经济发展步伐加快和退耕还林力度加大，商洛市有限的耕地受到很大冲击。因此，商洛市应该加大耕地保护力度，整治乱建乱伐，利用现代科技在提升土地质量的基础上提高土地利用率，同时合理开发闲置和复垦的土地，提高林地草地利用率。商洛市在稳步推进退耕还林还草、保护南水北调中线水源涵养区的同时，应注重林地草地生态的多样性，尤其加强经济林种植以提高林地利用率和林地生态承载力。商洛市在旅游规划与开发中以传统经济发展模式为主导，很少考虑循环经济的理念和要求，把经济效益放在首位，对资源能源进行高强度开发，在生产和消费过程中把污染物带入环境中，对资源的利用大多是粗放型和一次性的。由于部分游客本身素质不高，环境保护意识不强，在游览过程中乱扔垃圾、乱刻乱画、涂抹旅游景物、任意践踏草坪、胡乱攀折树枝等行为时常发生，导致一些旅游区的景物和局部环境遭到破坏、旅游资源受到损害。

（二）第二产业占主导地位，对环境造成较为严重的污染

商洛市自 2010 年第二产业产值超过第三产业后，第二产业一直占据着较为明显的主导地位。第二产业的产业模式具有高能耗、高物耗、高污染的粗放式特征，因此第二产业的发展会大量消耗煤、油等资源，加大环境的压力，同时工业废气、废水、废渣的排放也会对环境造成较为严重的污染。除此之外，第二产业的发展会使工业用地和交通用地增加，从而使农业用地大幅度减少，灰色面积大量增加。

（三）交通设施落后，城市快速发展给交通带来巨大压力

城市交通设施建设滞后，管理技术落后，造成堵塞和不安定因素，严重影响居民的生活和工作，制约城市经济、社会的发展。另外，城市的快速发展又给城

市交通造成巨大的冲击，交通网络与公交路线设置需相应调整；城市空间扩大，出行距离增长，要求提高交通工具的运行速度；居民生活水平的提高，要求提高交通的主动权与服务水平；多层次的交通需求与单一的交通方式之间的不协调，机动车辆的大量增加，要求提高道路的技术标准和通行能力。

（四）城市规划与可持续发展原则相脱节

以往城市规划较侧重经济发展的需要，而忽视可持续发展中以人为本的思想。社会的中心是人，社会的发展最终体现在人的发展上。在“人—生活—生态—生产”这个复合体中，要以人为中心，处理好生活、生态、生产三者之间的关系。从城市规划的内容看，以往城市规划受单纯服务于经济发展的片面认识的影响，注重与经济发展有关的内容，忽视与可持续发展关系密切的内容，如社会公正、社会发展、生态环境、资源利用等方面。随着商洛市人口的不断增长和经济的增长，人们迫切需要提高生活质量，对资源的消费也越来越多；但商洛市是一个罕见的连片落后山区，在追求经济增长的同时要通过多方位教育提高人口素质，普及公民生态文明意识，使公众真正参与到生态城市建设与发展的过程中。

（五）城市居民收入差距增大，城乡差距突出

商洛市城乡收入差距呈持续扩大之势，贫富差距的背后隐藏的问题是社会保障的薄弱、改革的不到位和法制的滞后，而这都与政府职能有关。社会保障不健全，政府职能转变滞后，政府职能转变跟不上市场的快速发展和城市管理的需要。体制改革滞后带来行业垄断、城市剥夺农村、政府部门掌握巨大的行政权力和经济资源，是造成贫富差距的重要原因。在城市化的过程中，城市政府注重城市道路工程建设，而对政府服务、城市管理、社会保障、法制建设等关系城市质量和功能的重要问题重视不足，使城市在交通、治安、贫困、食品安全等方面存在亟待解决的问题。

四、商洛市可持续发展的政策建议

2008—2018 年，商洛市处于一个可持续发展的状态。虽然生态需求未超过生态系统的承载能力，但资源利用率较低。主要表现在，商洛市耕地资源的生态承载力最大，存在利用程度不高的问题，交通设施落后，城市快速发展给交通带来巨大压力，城市规划与可持续发展原则相脱节等。针对上述研究结果，本报告提出以下措施：

（一）做好城市规划，保证城市规划的科学性、法制性和公平性

城市规划是引导城市健康发展的重要手段，必须改变我国近年城市规划脱离国情的状况。（1）规划要首先考虑城市资源状况，强调节约和合理利用城市资

源。节约与合理利用土地是科学制定城市规划的根本要求。基于国情，城市应当合理紧凑布局，保护每一寸耕地，在城市规划上必须严格把关。城市产业的确定和选择要考虑城市的自然资源供给力和支撑力。（2）规划要保护城市生态环境。工业项目的布局要考虑城市生态环境和城市安全，污染项目要远离水源，严厉禁止在上项目时只考虑经济效益而忽视生态环境的短视行为。（3）规划要保护公共利益、促进社会公平。应从城市规划上就开始注重城市的社会和谐和不同利益集团的公平。城市住宅区、绿地、道路、学校等的布局和建设要兼顾不同群体的需要，增加透明度，让公众参与，考虑居民的出行和生活便利，防止城市资源仅为强权阶层服务。城市管理者要以科学和负责的态度制定城市综合规划，增加城市的宜居性。规划一经批准，城市建设要服从规划，不得随意变更。

（二）优化产业结构，促进产业绿色发展

优化产业结构是节能减排的有效措施，严格控制能源消耗高、资源浪费大、污染严重的产业发展，促进产业绿色发展，提高产业对工业废水、废气、废渣的处理和综合利用能力，追求零污染和零废物。一方面，加强政府监督，对严重影响环境的产业制定严格详细的环境保护措施。另一方面，提高企业的社会责任感，要求企业将生产经营决策与环境保护理念紧密结合在一起，使企业从根本上认识到经济发展与环境保护协调发展的重要性，实现经济效益、社会效益和生态效益的共赢。

（三）重视科技的引进和创新，增强科技支撑城市持续发展的能力

不管是突破资源制约、促进城市产业升级还是提升城市功能，都离不开科技支持。（1）发展以新技术为支撑的优势产业，依靠科技，把城市的优势产业做强。城市的竞争力最终取决于城市产业的发展状况，也只有城市产业的发展，才能带动就业、提高收入、增强城市活力。城市需要根据资源条件，依托区域经济，确定主导产业，并依靠科技增强城市产业的竞争力，提高城市的竞争力。而产业的发展离不开企业，需要有自主创新能力的企业来托起产业，为此需培育有自主知识产权和自主品牌的企业。（2）把能源、资源和环境保护等领域的科技创新放在科技发展的重要位置，要在能源开发、建筑节能、环境治理和环保产业发展技术等方面有所突破，以科技实现节能节材。（3）依靠科技支撑城市功能提升、提高城市的管理能力。提高交通、公共安全、城乡规划等领域的技术水平，利用现代通信技术建立信息化城市管理系统，加强数字城市建设，提高城市系统功能运行和综合管理能力。

（四）理顺政府和市场的关系，加强政府的社会管理和公共服务职能

科学清晰地定位政府与市场的职能是完善我国社会主义市场经济体制与实现经济社会可持续发展的迫切要求。（1）在城市发展中亟须加强政府的社会管理和

公共服务职能。政府在义务教育、公共卫生、社会保障、规则建设、防灾减灾等公共服务方面应承担更大的供给责任，以此促进社会公平和谐。(2) 政府退出竞争性领域的经营活动，把权力还给市场、企业或中介机构，真正让市场在资源配置中发挥基础性作用。要减少政府对价格形成的直接干预，避免价格信号失真造成资源的低效配置。(3) 政府对经济和社会的管理应尊重经济规律。政府实现公平、稳定的社会目标要更多依靠政府的税收、转移支付等财政职能和社会保障手段，避免用行政权力直接管制市场、忽视经济规律的短视行为。(4) 深化政府部门改革，提高效率，加强服务意识，公开办事程序，建设为公众服务的廉洁节约政府。

(五) 体制改革、制度创新和建设

城市的持续健康发展需要制度的配合和保证。

(1) 改革和完善土地制度。逐步打破政府对土地一级市场的垄断，发挥市场在土地资源配置中的作用，逐步让农村集体土地进入市场，这既有利于改变政府主导的城市外延扩张现状，又能缩小贫富差距，有利于提高土地的使用效率。

(2) 深化户籍制度改革。改革不仅要以居住地登记户口，重要的是消除城乡不同户籍在就业、教育、社保等方面的权利差异。人口管理要适应市场经济的要求，让居民有平等的发展权。

(3) 改革资源管理制度。改变资源低价、政府定价现状，建立起反映市场供求、资源稀缺程度以及污染损失成本的资源价格形成机制，从而发挥价格的激励和调节作用。

(4) 完善干部考核制度。考核指标的设置要全面反映经济和社会的综合发展情况，不仅要看经济增长，更要注重经济发展质量和群众满意度，不能片面地用 GDP 考核政绩。

(5) 完善法制，重视规则的建设和执行。填补各项立法空白，使法律适应市场经济的要求。法律条款要增强可操作性。明确各管理机构的职责，加强执法，改变违法成本低的不合理状况。

参考文献

[1] 王文奇. 商洛市城镇化发展研究 [D]. 西安：长安大学，2014.

[2] 刘龙龙，常琪. 商洛市乡村旅游可持续发展评价研究 [J]. 河南科学，2018，36 (8)：1319-1328.

[3] 谈多多，马志军，屈泽龙，等. 商洛市退耕还林工程可持续发展存在的问题及对策 [J]. 农村经济与科技，2018，29 (10)：47.

［4］张雁，李占斌，刘建林，等. 南水北调中线工程商洛水源地可持续发展评价［J］. 西安理工大学学报，2017，33（2）：132-137.

［5］张雁. 基于生态足迹的商洛市可持续发展研究［J］. 商洛学院学报，2016，30（4）：56-59.

［6］张雁. 商洛市可持续发展指标体系构建及综合评价［J］. 安徽农业科学，2015，43（36）：385-387.

［7］张雁，杨存典，刘建林，等. 商洛市生态可持续发展评价研究［J］. 安徽农业科学，2010，38（29）：16692-16693，16712.

［8］李竹. 陕西省农业可持续发展能力评价与对策研究［D］. 杨凌：西北农林科技大学，2007.

［9］杨碧波，张继辉. 商洛市水资源状况浅析及可持续发展建议［J］. 陕西水利，2010（1）：66-67.

［10］李春林，何成辉，张旭. 资源型城市可持续发展的协调性弹性模型［J］. 商业研究，2005（19）：10-12.

［11］陈婧. 四川省城市可持续发展的综合评价［D］. 成都：西南财经大学，2004.

杨凌示范区可持续发展报告

王保忠　陈方方*

摘　要

报告在对杨凌示范区可持续发展现状进行描述性分析的基础上，利用因子分析等方法，通过对杨凌示范区产业结构、人口、环境等自然及社会经济系统的分析，客观评价杨凌示范区可持续发展的能力，结果显示杨凌示范区可持续发展能力是逐年提高的，但经济社会发展的增长速度高于资源环境保护水平提高的速度。所以杨凌示范区想要获得长期可持续发展，需要从水资源管理、经济发展机遇、财政政策、产业政策等方面的优化和完善来实现。

关键词： 可持续发展；因子分析；水资源管理；产业政策

杨凌示范区位于陕西省关中平原中部偏西，东距西安 82 公里，西距宝鸡 89 公里，总面积 135 平方公里，其中国务院批准的示范区规划面积 22.12 平方公里。杨凌示范区是中国第一个农业高新技术产业示范区，它的可持续发展对于西部县域地区都具示范意义。

一、杨凌示范区可持续发展现状

（一）经济增长持续稳定

2018 年，示范区实现生产总值 150.46 亿元，增长 9.1%（见图 1），增速位居全省第三。其中：第一产业实现增加值 7.84 亿元，增长 3.4%；第二产业实现

* 王保忠，西安工程大学管理学院教授、硕士生导师；陈方方，西安工程大学管理学院硕士研究生。

增加值 82.70 亿元，增长 13.5%；第三产业实现增加值 59.92 亿元，增长 4.3%。三次产业结构为 5.2∶55.0∶39.8。

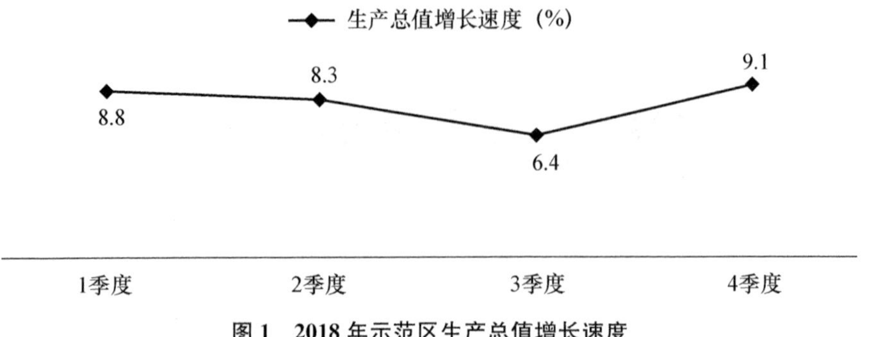

图 1　2018 年示范区生产总值增长速度

1. 一产稳步发展

2018 年，示范区实现农林牧渔服务业总产值 13.52 亿元，同比增长 2.2%。其中：农业产值 8.34 亿元，同比增长 1.7%；林业产值 1.23 亿元，同比增长 8.6%；牧业产值 2.83 亿元，同比下降 0.8%；服务业产值 1.12 亿元，同比增长 8.0%。全年蔬菜及食用菌种植面积 2.50 万亩，同比增长 1.2%，产量 11.70 万吨，同比增长 1.8%。水果产量 3.70 万吨，同比下降 0.2%。粮食总产量 1.50 万吨，同比增长 2.8%。生猪存栏 5.90 万头，同比下降 0.6%，出栏 6.65 万头，同比增长 1.1%。牛存栏 0.89 万头，同比下降 0.9%，出栏 0.43 万头。肉类总产量 5 762 吨，禽蛋产量 625 吨，奶类产量 7 595 吨。

2. 二产贡献最大

2018 年，示范区第二产业实现增加值 82.70 亿元，增长 13.5%。二产增加值占 GDP 的比重达到 55.0%，对经济增长的贡献率为 79.1%，拉动经济增长 7.2 个百分点。

（1）工业快速增长。

2018 年，示范区规模以上工业企业总产值同比增长 11.6%，增加值同比增长 14.0%（见图 2）。五大支柱产业两增三降。两增：装备制造业产值同比增长 33.6%，拉动规上工业产值增长 7.6 个百分点；医药制造业产值同比增长 10.7%，拉动规上工业产值增长 1.1 个百分点。三降：食品工业产值同比下降 3.6%，下拉规上工业产值增速 1.3 个百分点；肥料制造业产值同比下降 32.9%，下拉规上工业产值增速 1.7 个百分点；木材加工业产值同比下降 59.2%，下拉规上工业产值增速 1.6 个百分点。

（2）建筑业平稳增长。

2018 年，示范区 41 户资质内建筑业企业完成产值 148.01 亿元，同比增长 14.1%；实现增加值 25.80 亿元，同比增长 14.0%（见图 3）。

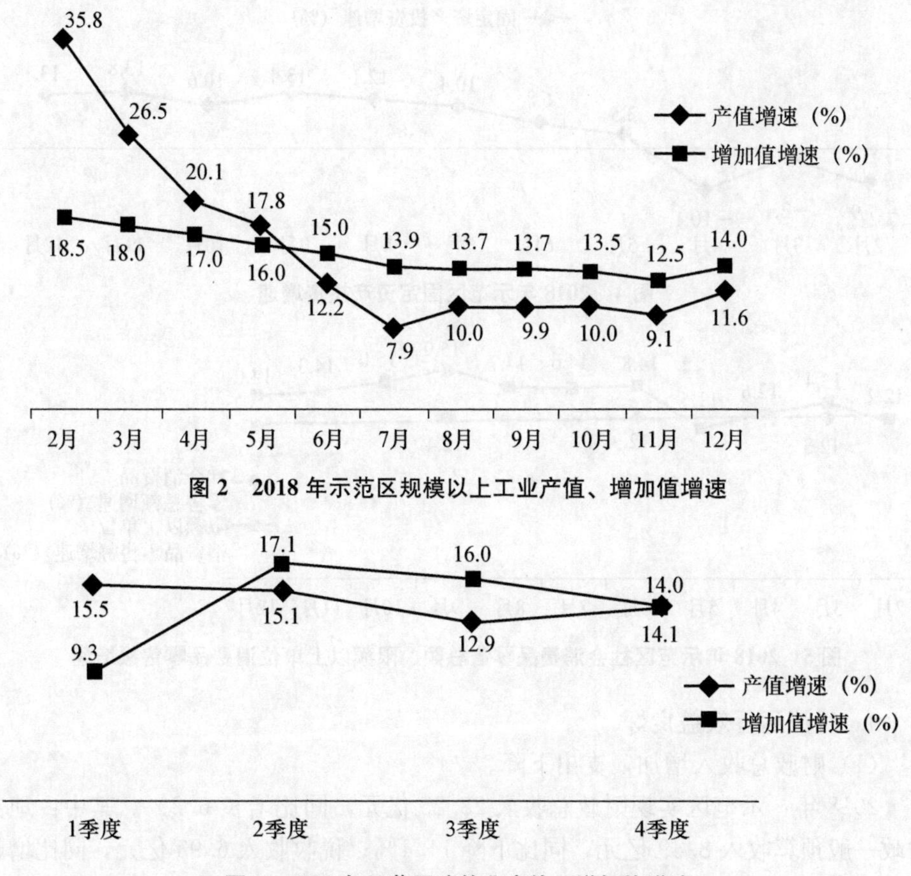

图 2　2018 年示范区规模以上工业产值、增加值增速

图 3　2018 年示范区建筑业产值、增加值增速

3. 需求领域发展向好

（1）固定资产投资增速稳步回升。

2018 年，示范区固定资产投资同比增长 13.1%（见图 4），其中，项目投资同比增长 14.9%，房地产投资同比增长 6.1%。三次产业中，第一产业同比增长 79.2%，第二产业同比增长 39.3%，第三产业同比增长 0.7%。民间投资同比增长 47.1%。商品房销售面积 61.65 万平方米，同比增长 24.3%；待售面积 20.89 万平方米，同比下降 23.2%。

（2）消费市场保持活跃。

2018 年，示范区社会消费品零售总额累计实现 21.35 亿元，同比增长 11.6%。其中，限额以上企业累计实现消费品零售额 16.19 亿元，同比增长 14.0%（见图 5）。限额以上单位实现网络销售额 1.97 亿元，同比增长 87.5%。

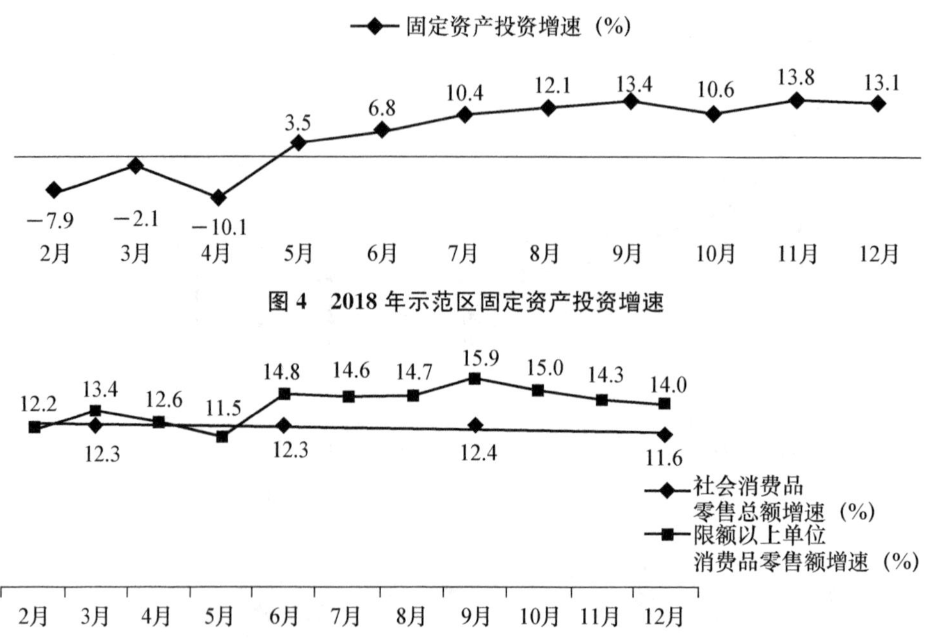

图4　2018年示范区固定资产投资增速

图5　2018年示范区社会消费品零售总额、限额以上单位消费品零售额增速

4. 经济运行效益良好

（1）财政总收入增加，支出下降。

2018年，示范区实现财政总收入23.25亿元，同比增长6.2%。其中：地方财政一般预算收入8.49亿元，同比下降14.4%；税收收入6.93亿元，同比增长4.8%。财政总支出30.92亿元，同比下降1.9%。

（2）存贷款增加。

2018年12月底，示范区金融机构各项存款余额196.54亿元，同比增长5.2%。其中：城乡居民储蓄存款余额120.11亿元，同比增长9.1%；企业存款余额76.22亿元，同比下降0.4%。各项贷款余额86.37亿元，同比增长7.8%。其中中长期贷款增速同比增长7.6个百分点。存贷款余额增长6.0%。

（3）企业效益良好。

1—11月，示范区规模以上工业企业128户，亏损企业21户。规模以上工业企业主营业务收入133.8亿元，同比增长4.0%；利润总额14.7亿元，同比增长38.7%；亏损企业亏损额2.30亿元，同比增长53.3%；每百元主营业务收入中的成本77.28元，同比下降4.3%。

5. 市场主体不断壮大

据工商部门统计，2018年示范区全年新登记各类市场主体3 929户（自贸区

557户），同比增长18.4%。其中新增各类企业1 452户（自贸区473户），同比增长15.1%；新增个体工商户2 432户（自贸区71户），同比增长19.7%；新增农民专业合作社45户（自贸区13户），同比增长18.4%。截至12月底，示范区共登记有效市场主体17 270户（自贸区1 632户），注册资本总额588.77亿元，从业人员66 043人。其中各类企业5 927户（自贸区1 388户）、个体工商户10 915户（自贸区219户）、农民专业合作社428户（自贸区25户）。

（二）人均收入水平持续攀升

2018年示范区全体居民人均可支配收入28 601元，增长9.0%，增速分别高出全国、全省平均水平0.7、0.3个百分点，位居全省第一。其中，城镇常住居民人均可支配收入35 193元，增长8.0%；农村常住居民人均可支配收入12 392元，增长9.5%。

（三）水资源消耗持续增加

杨凌示范区位于陕西关中平原中部偏西，处于渭河北岸，三面环水，东以漆水河与武功县接界，南依渭河同周至县相望，西与扶风县接壤，北由漳水与扶风县相邻。随着杨凌示范区经济的高速发展，地下水过度开采，生产、生活用水浪费严重，江河水质恶化，水资源问题开始成为示范区经济社会可持续发展的制约性因素。

杨凌示范区的水资源开发利用现状如下：农田灌溉用水是全区用水的主要部分，区内地表降水资源因为污染以及地形等原因利用量较小，以地下水灌溉为主。由于示范区产业结构的调整及招商引资力度加大，工业用水量逐年增加。区内居民生活用水采用自备水源与自来水集中供水相结合的方式，以自备水源供水为主，约占居民生活用水总量的80%，由于自备水源供水不收费或只是象征性收费，致使区内日生活用水量偏高。近几年，农村生活水平明显提高，生活用水量急速增加，同时，随着养殖业的发展，家畜家禽的用水量也明显增加。

二、杨凌示范区可持续发展的实证分析

可持续发展能力既是衡量可持续发展战略实施程度的基本标志，又是推动可持续发展战略实施中着力培育的物质能力和精神能力的总和。可持续发展能力可以定义为：一个特定系统在规定目标和预设阶段内，可以成功地将其发展度、协调度、持续度稳定地约束在可持续发展阈值内的概率，即一个特定的系统成功地延伸至可持续发展目标的能力。但目前区域可持续发展评价研究仍处于探索阶段，怎样从定量的角度对可持续发展本身做出科学的评价与衡量，还没有一套公认的或被广泛接受的指标体系及评价方法。因此，对构建区域可持续发展的评价指标体系的研究仍然具有很大的价值。杨凌示范区是我国58个国家级高新技术

产业区中唯一一个以农业高新技术为主的示范区，承载着我国现代农业技术创新集成展示的功能，同时杨凌作为一个新型的以农业科技教育为主的城市，代表着新型经济发展区域的特征。长期以来国家对杨凌示范区的发展给予了大力支持，而作为一个新型的经济类型区，在缺少国家经济政策的扶持下，其自身的造血功能和自我发展的能力如何，值得研究。本报告利用因子分析等方法，通过对杨凌示范区产业结构、人口、环境等自然及社会经济系统的分析，客观评价杨凌示范区可持续发展的能力，为杨凌示范区的可持续发展提供理论依据。

（一）指标选取

1. 指标体系的构建

衡量区域可持续发展的评价指标体系，应当具备为公众了解可持续发展状况及政府决策提供必要信息与依据的功能。本报告遵循系统性、完备性、可行性、层次性、可比性、动态性原则，根据可持续发展能力评价的基本原理和方法，结合杨凌示范区自然及社会经济发展概况，从人口、经济、社会、环境 4 个方面构建杨凌示范区可持续发展评价指标体系。该初始指标体系由 4 个一级指标、19 个二级指标和 47 个具体指标组成。

2. 数据来源与研究方法

本报告所采用的数据全部来自杨凌示范区历年统计年鉴。通过示范区 2016—2018 年的相关数据对构建的可持续发展指标体系进行实例分析，判断该指标体系的合理性，并运用主成分分析法进行可持续发展能力评价。主成分分析法的主要步骤为：（1）指标数据标准化（SPSS 软件自动执行）；（2）指标之间的相关性判定；（3）确定主成分个数 m；（4）主成分 Fi 表达；（5）主成分 Fi 命名。

3. 结果与分析

由于初始指标过多（见表 1），首先对指标体系进行简化。对杨凌示范区各年度统计指标进行聚类分析，根据聚类分析的结果筛选出能够反映杨凌示范区可持续发展能力的指标。经过聚类，将经济方面的 15 个指标聚集为 4 类：第一类为地区生产总值、地方财政收入、社会消费品零售总额、全社会固定资产投资总额、GDP 增长速度、财政收入增长率、社会消费品零售总额增长率、人均 GDP、人均财政收入、实际利用外资额、旅游创汇金额；第二类为第三产业从业人员占总从业人员的比重、第三产业增加值占 GDP 比重；第三类为工业万元 GDP 耗电量；第四类为工业万元 GDP 耗水量。利用相关矩阵求出各类中与其他变量联系最为密切的一个变量，依据各指标之间的相关性大小并结合以往经验，从每类中选取最有代表性的指标，即求每类中各指标与其他指标的相关系数平方的平均数，利用 SPSS 软件可以得出经济类指标相关系数。比如：因地方财政收入与其他几个指标的相关性相对较为密切，所以选取地方财政收入指标来综合代替其他指标信息。这样，就将经济类指标缩减为具有代表性的5个指标：地方财政收入、第三产业从业人员占总从业人员的比重、GDP增长速度、工业万元GDP耗电量、工业万元GDP耗水量。

通过相同的方法，人口方面精简得到4个指标：人口自然增长率、人口老化指数、非农业人口占总人口的比重、人口死亡率；环境方面精简得到4个指标：年内减少耕地面积、烟尘排放量、二氧化硫排放达标率、工业固体废弃物综合利用率；社会方面精简得到4个指标：城镇居民人均可支配收入、每万人拥有医生数、生活用水量、每万人公共图书馆藏书量。经过聚类以后，原有的47个指标被精简为17个指标，降低了指标之间的相关性，减少了计算量。

表1　杨凌示范区可持续发展评价指标体系

一级指标	二级指标	具体指标
人口	人口数量	人口自然增长率
		城市建成区人口密度
	人口结构	人口老化指数
		社会负担系数
		非农业人口占总人口的比重
	人口素质	人口死亡率
		文盲人口占15岁及以上人口比例
		专业技术人员占职工的比重
经济	经济总量	地区生产总值
		地方财政收入
		社会消费品零售总额
		全社会固定资产投资总额
	经济结构	第三产业增加值占GDP的比重
		第三产业从业人员占总从业人员的比重
	经济发展速度	GDP增长速度
		财政收入增长率
		社会消费品零售总额增长率
	经济水平	人均GDP
		人均财政收入
	经济效益	工业万元GDP耗电量
		工业万元GDP耗水量
	经济外向度	实际利用外资额
		旅游创汇金额
环境	自然资源	耕地面积
		年内减少耕地面积
		人均公共绿地面积
环境	环境污染	二氧化碳排放量
		烟尘排放量
		污水排放量
		工业固体废弃物产生量
		工业废气排放量
	环境治理	二氧化硫排放达标率
		烟尘处理率
		污水处理率
		工业固体废弃物综合利用率
社会	居民收入	农村居民人均纯收入
		城镇居民人均可支配收入
	居住水平	人均居住面积
	卫生医疗条件	每万人拥有医生数
		每万人拥有病床数
	社会保障条件	城市低保资金占GDP的比重
	基础设施水平	人均城市道路面积
		人均生活用电量
		生活用水量
		建成区绿化覆盖率
	文化生活水平	每万人公共图书馆藏书量
	教育水平	科学、教育事业支出占GDP的比重

（二）可持续发展能力分析

以聚类精简后的17个指标为变量，采集2016—2018年的相关数据为样本，运用B型因子分析来评价杨凌示范区这一阶段的可持续发展状况，利用SPSS软件来完成这一过程。对筛选出的17个指标进行标准化处理得到表2。再通过因子分析法进行因子提取和因子旋转，从所得综合得分排序中可以看出，杨凌示范区可持续发展能力是逐年提高的，但反映经济社会发展的指标比反映资源环境保护的指标优化趋势更明显。这一评价结果与杨凌示范区实际发展情况相符，该区可持续发展形势良好。

表2　杨凌示范区可持续发展指标标准化结果

指标	2016年	2017年	2018年
人口自然增长率	0.609	0.545	−1.154
人口老化指数	0.943	0.106	−1.049
非农业人口占总人口的比重	−0.635	−0.518	1.153
人口死亡率	−1.109	0.218	0.873
地方财政收入	−0.827	−0.285	1.112
第三产业从业人员占总从业人员的比重	−0.776	1.129	−0.353
GDP增长速度	−0.927	−0.133	1.060
工业万元GDP耗电量	1.000	−1.000	0.000
工业万元GDP耗水量	1.091	−0.218	−0.873
年内减少耕地面积	−1.091	0.218	0.873
烟尘排放量	−0.418	−0.723	1.141
二氧化硫排放达标率	−0.911	1.070	−0.159
工业固体废弃物综合利用率	0.305	0.812	−1.117
城镇居民人均可支配收入	−1.029	0.060	0.969
每万人拥有医生数	−0.791	−0.333	1.124
生活用水量	1.119	−0.807	−0.312
每万人公共图书馆藏书量	−1.109	0.277	0.832

（三）结论

综上所述，2016—2018年杨凌示范区可持续发展能力是逐年提高的，同时经济社会发展的增长速度高于资源环境保护水平提高的速度。该结果与杨凌示范区的发展实际比较一致，能够客观反映这一区域的情况，说明该研究建立的可持续发展能力评价指标体系科学可行，能够对杨凌示范区可持续发展现状做出评判，并为县域未来的可持续发展决策提供科学依据。

三、杨凌示范区可持续发展存在的问题

(一) 水资源开发利用存在的主要问题

1. 地下水与地表水开采利用不合理

区内地下水流向为自西北向东南流动，全区多年平均地下水资源量为 3 387.34 万立方米。随着社会经济的高速发展，示范区对水资源量的需求逐年增多。由于对地表水的利用措施不到位，导致区内工农业和生活用水主要以地下水为主，约占水资源利用总量的 85%，而地下水中自备水源约占地下水资源开采量的 85%，由于缺乏有效的监督管理制度，所以地下水开采力度过大。

2. 水资源利用效率低，浪费严重

目前，杨凌示范区水资源利用方式相对粗放，工业用水重复率太低，水利用措施不到位，节水设备不先进，水资源单位生产率较低。农业灌溉有效利用系数较低，田间灌溉技术落后，节水农业措施未能全面推广，节水设施配套不足。示范区内人口结构特殊，80%以上为农民，农村人口由于受教育程度较低，生活用水节水意识差，重复利用水的意识薄弱。城区内有些供水管道年久失修，自来水供水管网漏失率偏高，跑、冒、滴、漏现象较为严重。目前杨凌示范区的污水处理厂太少，污水处理能力不足，未能做到回收利用。另外，工农业产业之间和各产业内部的结构不合理，也会造成用水结构的不合理，从而导致用水效率低。

3. 水资源污染严重

杨凌示范区内有渭河、漳河、漆水河过境河流和宝鸡峡两条干渠，上游沿岸工业废水和生活污水基本未经处理就排入水域，同时农药化肥也会随雨水汇集到水域，导致河水水质污染严重。表 3 为杨凌示范区三条过境河流水源水质情况调查表。由表 3 可看出 CODMn、CODCr 等含量已严重超标，水质形势不容乐观。

表 3 杨凌示范区三条过境河流水源水质情况调查表

指标	漆水河	渭河	漳河
水质级数	4.778	5.412	5.748
污染情况	污染 CODMn	重污染 CODMn	重污染 CODMn、CODCr
严重超标元素	CODCr	CODCr	BOD5、DO

4. 水资源管理机制有待进一步完善

目前，杨凌示范区虽然已经成立了水务局，但城市供水、排水、污水处理与回用仍由城建、环保等部门管理，权属不明，职责不清，导致协调困难，给水资

源管理带来了很大障碍。另外，资金投入不足，不能有针对性地组织工作人员进行学习、交流和培训，以至于水资源管理人员素质参差不齐，水资源实时监控与管理系统不健全。

（二）经济发展存在的隐患

1. 国内高新区政策优势弱化趋势分析

世界各国经验表明，优惠政策是高新区成长的重要因素。近几年随着改革开放由局部先行走向全面推进，我国从中央到地方所制定的一系列优惠政策正在逐渐淡化，各方面的竞争日趋激烈。杨凌示范区要想获得大发展，更加艰难。

随着社会主义市场经济体制的逐步形成，杨凌示范区所依托的政策优势正在逐步减弱。与西部一些非中心城市相比，杨凌示范区作为国家级高新区所享受的优惠政策足以吸引大量的资金流入区内，但西部大开发政策实施以来，国家对西部 12 省区市都实行了统一的政策，并且新的企业所得税法普遍强化了对企业发展的政策支持力度，使曾经的国家高新技术产业开发区内高新技术企业低税率的优惠政策变为了全国范围内一般企业也唾手可得的普遍优惠政策。在优惠政策逐渐减弱的背景下，市场适应能力低下是杨凌示范区经济发展的隐患。

开发区众多导致优惠政策泛滥，给杨凌示范区的招商引资带来很大的压力。鉴于开发区对地方经济的巨大促进作用，各级地方政府为了吸引投资、带动当地经济增长，也纷纷根据当地的资源优势辟出专门区域设立各类开发区，在吸引人才、资金、技术等方面提供更为有利的优惠条件和政策倾斜。有些地方的政策甚至突破国家规定的政策底线，采取土地和硬件设施补贴、指定银行配套贷款等一条龙的优惠政策来展开竞争，引入的孱弱企业又较容易破产，使得政府负债率提高，这无疑是恶性的、非正常的招商引资竞争，对于政府来说无疑是饮鸩止渴式的发展。仅陕西省而言，目前有国家级高新区 4 个，2005 年清理整顿后仍然有省级及省级以下开发区 21 个。如此众多的开发区与各地不同的优惠政策，给产业劣势明显又无中心城市可依托的杨凌示范区带来了更加残酷的竞争压力。

高新区权力减弱，杨凌示范区对有限的资源难以进行有效调度。近年来，我国工商、税务和技术监督等管理机构大多实行了垂直领导，从前各个高新区引以为傲的各种权限和职能纷纷被收回，当然有的也还继续存在着，可是也变成了必须逐事项上报、确认、审核。这种政策性的权力调整使全国范围内各个高新区的外部交往效率明显下降。

2. 杨凌示范区各项政策的非系统性

无论与杨凌示范区发展的现实要求还是与国外的相关政策相比，目前我国高新区各项涉农优惠政策还不健全、不配套。从国内外的例子可以看出，农业高新科技园区必须经过十多年的发展过程去慢慢积淀，才有机会获得成功。建立有竞争力的、体系健全的国家级农业高新区需有不积跬步无以至千里的决心，而且国家在政策和经费上的不断支持也是园区持续健康发展的基本保证。所以说，国家理应根据农业高新区的特征，把握农业高新技术产业的发展规律，给予杨凌示范区更加特殊和优惠的政策。然而我国现有高新区政策对农业类高新区并没有针对性，只是与其他政策接近，例如关于企业营销人员简化出国手续、产品出口权限等规定与外商投资政策接近。这种状况造成的直接后果是与其他产业类型的高新区相比，杨凌示范区减弱了对人才、资本等生产要素的吸引力。且根据杨凌示范区管委会 2014 年的各项文件可以了解到，2014 年全年示范区去掉转发国务院、陕西省政府的各文件后，只有鼓励高层次人才创业政策，示范区领导包抓重点建设项目，出台办法促进农村低收入家庭包户脱贫工程，示范区开发杨凌现代农业休闲游，示范区加入国家农业科技园区协同创新战略联盟，建设丝绸之路经济带—杨凌现代农业国际合作中心和促进工业、会展业、商贸流通业发展等零星的、不配套、不健全、不系统的政策，缺乏系统的促进区域经济发展的解决方案。

3. 省内近邻地区的竞争隐患

在杨凌示范区的周围有着西安市、宝鸡市、渭南市、咸阳市和榆林市，这五座城市各拥有一个国家级高新技术产业开发区，除了榆林高新区距离杨凌示范区较远，其他四个高新区距离杨凌示范区均在 150 公里以内，且它们都处在陇海铁路和连霍高速公路线上，交通同样十分便利，这对杨凌示范区发展地区经济、吸引项目和投资构成了巨大的威胁。

（三）特色产业发展存在的问题

由于示范区建设起步于单薄的农业、服务业和几乎空白的工业基础之上，大企业很少，产业规模总体偏小，集中度不高，市场化程度低。近几年杨凌示范区农业优势特色产业发展较快，经济效益凸显，但产业规模化、集约化程度较低，生产技术和生产管理落后，分散经营问题十分突出，市场配置资源的基础性作用还没有得到充分发挥，致使产量低、产品质量不高、经济效益差、缺乏强势龙头企业的带动。杨凌示范区现有农产品加工企业主要是初级产品加工企业，精深加工能力弱、科技水平和技术创新能力不强、产业链条短，产业类同现象严重，低水平重复建设多，高附加值的深加工产品少，组织化程度不高，带动农民增收的能力弱，虽然形成了一定优势和特色产业，但优势仍不突出，特色内涵还不够丰富。另外，基础设施支撑弱，商贸、物流、金融等生产服务制约瓶颈尚未缓解，科技成果向现实生产力转化缓慢等问题，也对做大做强特色产业形成明显制约。

四、杨凌示范区可持续发展的政策建议

面对杨凌示范区水资源的严峻形势和存在的问题，必须在水资源的管理制度和利用上采取相应的措施，加强水资源的管理，同时针对示范区经济发展和特色产业存在的问题，出台相关政策，抓住经济发展机遇，才能促进示范区经济、社会、环境的可持续发展。

（一）强化组织领导职能，建立健全水资源管理制度

水资源管理是指运用行政、法律、经济、技术和教育等手段，组织各种社会力量开发水利和防治水害，协调社会经济发展与水资源开发利用之间的关系，处理各地区、各部门之间的用水矛盾，监督、限制不合理的开发水资源和危害水源的行为，制定供水系统和水库工程的优化调度方案，以求可持续地满足社会经济发展和改善环境对水的需求的各种活动的总称。其主要内容是水资源优化配置、节约用水和水资源保护。只有健全水资源管理制度，才能统筹城市与农村、地下水与地表水、水质与水量、供水与排水、用水与节水等涉水事务，优化配置水资源，提高水资源的利用效率，因此各级领导应强化业务职能，从可持续发展的高度，不断完善治水思路，切实转变观念和职能，深化改革，抓好水资源的开发、利用、节约、保护、配置、管理等各个环节的工作。充分认识到保护水资源的紧迫性和必要性，各部门之间密切配合、各负其责。严格实施水资源考核制度，并将考核结果作为地方政府绩效考核的重要依据。

（二）制定基本用水定额，实行阶梯水价

为了对杨凌示范区水资源总量进行控制，需要对用水户实行有限用水定额管理，基本用水定额根据用水户的类型、性质、规模等具体情况来定。用水量在基本定额之内，采用基准水价，如果超过基本定额，则超出的部分采取另一阶梯的水价标准收费，水价随着用水量的增多而提高，居民用水实行阶梯水价。对取用地表水和地下水的单位及个人，严格实施征收水资源费和污水处理费的制度，使用水户有意识地节约用水，这样就可以有效控制用水总量，减少水资源的浪费。

（三）提高用水效率，促进社会全面节水

1. 工业节水

根据杨凌示范区产业布局的具体情况，依靠现代科技，促进传统工业优化升级，积极推进高新技术产业化、信息化进程，对高耗水、高污染、低产出的企业积极采取切实有效的节水措施，积极发展节水工业，大力推广应用节水设备。根据区内工业企业的实际情况，进行产业结构调整，加快工业企业技术改造，采用一水多用和中水回用等方式提高水资源的重复利用率，同时对企业进行水平衡测

试工作，实行计划用水和定额取水。

2. 农业节水

杨凌示范区的农业用水约占总用水量的 60%，因此，在节约用水中，农业节水是关键。要彻底改变过去大水漫灌的灌溉方式，推广科学的节水灌溉制度和灌溉技术，大力推广集工程节水、农艺节水、结构节水、管理节水于一体的综合节水技术，提高灌溉水利用率。

3. 城镇节水

应该实行集中供水，重视管网节水，推广节水器具，加大城镇供水系统改造和配套建设，努力降低管网漏失率，提倡一水多用。针对杨凌示范区内高校人口所占比重较大的现状，开展节水型校园建设，推行一卡式管理，在市政公共事业用水中优先使用再生水。

（四）控制入河排污量，确保水质安全，减少水环境的污染

按照《杨凌城市总体规划》建设、改造城市污水排放系统，同时加大投入，对区内的几条主要河渠实施水质定期监测制度，禁止生活污水直接外排，降低渭河的污染负荷。生活中应推广使用清洁生产技术，减少废水的排放。应科学使用农药等化学药品，尽量使用天然肥料，减少农药对水体的污染，加大医疗废物处置专项整治力度，对全区医疗机构的医疗废物处置实行集中处理，减少二次污染。全力控制污染源，切实保障饮用水安全，避免由于水源污染而导致水资源浪费。

（五）开源与节流并举，减少水资源供需矛盾

2008 年 3 月开工的“引石过渭”工程计划从石头河西安供水渠道 6 号隧洞出口处引水，管线依次横穿渭河、西宝高速、渭惠渠、陇海铁路等，沿线分别设武功、兴平两个分水口，其中途径周至县可引水至杨凌大寨乡西卜村，每年可向杨凌供水 1 800 万～3 600 万立方米，有力保证了居民的生活用水。故工程建成后，可以部分关闭自备水源，限制开采地下水，同时加大雨水资源利用，积极开展污水处理回收，最大限度地减少水资源的供需矛盾。

（六）加强宣传，提高全民节水意识

杨凌示范区的人口结构很有特点，学生和农民是主要的两大群体。其中区内的农民节水意识较差，认识不到水资源的现状，而在校学生节水意识较强，可以利用“世界水日”和“中国水周”的时机，采用各种不同的宣传形式，如制作宣传板、张贴宣传标语、发放传单等，组成宣传队伍深入农村开展丰富多彩的节水宣传活动，使农村居民了解当前水资源所面临的严峻形势和存在的危机，从根本上改变水资源“用之不竭，取之不尽”的错误观点。

（七）突出区域比较优势，强化重点产业的特色

把区域特色产业发展放在国内外市场竞争和区域分工的大背景下，立足区域比较优势，根据市场需求导向，加快区域产业结构调整步伐。如示范区食品加工业利用桑葚养颜的功能研制出桑果原汁，既发展了食品加工业，又有利于大众的健康。对于部分丧失比较优势或不适应市场需求的产业，则应加快改造乃至淘汰。

（八）抓住示范区经济发展的机遇

1. 保持和提升产业竞争优势的要求

我国沿海地区和部分区域性中心城市随着自身经济的不断发展，导致各类生产要素价格不断上扬，具体来说就是因经济的快速发展导致可使用土地数量不断减少而推动土地价格的不断上升、劳动力成本的不断上涨等，使得这些区域逐渐丧失了产业和产品的竞争优势。因此，这些区域不得不重新思考其区内产业结构的组成，开始着手改变产业结构，淘汰失去区域竞争优势的部分产业。被淘汰的产业只能在彻底衰落、失去竞争力前谋求自身的存续，被迫进行产业的撤退性、重组性区域移动。

2. 降低产业成本的要求

近年来虽然发达国家加工制造业市场份额持续走低，但发达国家通过技术改造和设备更新使加工制造业向自动化、连续化、电脑化方向发展来降低成本与发展中国家重新争夺市场的形势已初见端倪；与此同时，东南亚等发展中国家以更低的劳动力成本、更先进的进口设备开始与我国加工制造业在中低端领域展开竞争。考虑到中、西部地区的原料价格和劳动力价格，不难发现成本相对较低就是中、西部地区的优势。所以，将传统制造业向该区域转移来降低制造业生产成本，让东部沿海地区集中财力和技术向深加工、高附加值产品市场进军已显得刻不容缓。

3. 西部地区有较廉价的劳动力

东部沿海地区曾经引以为傲的低劳动力成本现在正是西部地区所具备的，加工制造业的西迁，可以降低我国加工制造业的生产成本，提高行业整体在国际市场上的竞争力。

根据不平衡增长、增长极理论，杨凌示范区必然要集中有限的资金和政策力量去扶持具有较强产业关联的产业，随后对示范区的性质进行分析，必然的选择就是遵循国家对杨凌示范区的高新农业示范区这一既有定位，在产业布局上紧密围绕其高新农业的自身烙印进行相关政策的扶持，通过高新农业产业的繁荣带动区内其他产业发展。那么，在承接东部产业转移的浪潮中，杨凌示范区要去其糟粕取其精华，按照建设具有高新农业产业示范引领作用园区的主旨去发展经济，从诸多潜在投资意向中筛选符合其主旨的项目，并制定合适的政策去发展高新农

业相关产业，随后带动区内其他产业的蓬勃发展，最终探索出具有鲜明杨凌示范区风格的经济发展模式，就需要以下政策去支持：

第一，财政政策支持。

(1) 制定扶持科技研发协作平台等科技项目的相关补贴政策，提升科技创新力。

示范区政府应制定对科技研发协作平台的补贴政策，完善《杨凌示范区技术创业资源共享平台认定和管理办法》，对区内各高校联合牵头建立的科技研发协作平台，制定涉及科研成果有偿共享、联合研发科技成果利益分配等的政策办法，并根据其已获得的组织内研发资金按一定比例追加拨款补贴，提高科研人员研发积极性，打破条块分割，优化科研机制，并根据发展需要和市场需求，以利益为纽带，尝试执行科研机构、科技龙头企业与专家分工协作，最后在利益分配上综合考虑各自投入的生产各要素在其中所起作用大小的激励机制，实行科研成果按销售提成奖励机制，在技术开发转化为经济效益之后，使产品销售与科研人员利益长期挂钩，直至产品退出市场，保障科研机构和专家的利益，进一步调动其开发新技术的积极性，构建产业链创新的无缝对接新模式，提高科技向全区生产总值的转化率，发挥示范区优势科技资源。还要充分发挥省级知识产权专项工作经费的引导作用，深入指导推进农业知识产权战略计划的制定，安排资金支持创建知识产权示范园区，督促示范区知识产权局尽快开展知识产权托管工程试点工作，提高全区对知识产权创造、运用、保护的能力。对区内基层农技推广体系改革工作给予资金支持，其中包括补贴推广农田水利建设和农业节水灌溉技术的应用等，以强化示范区的科技服务功能。

(2) 制定人才培养相关补贴政策，为区内产业发展提供人力资源支持。

一是探索建立有利于吸引和留住人才的收入分配激励政策，用政策导向争取可以为示范区所用的人才，比如设立专项资金补贴政策，提高创新型人才的总收入水平。

二是对各类专业技术人才给以股权奖励、期权分配、技术入股，最后按科技要素及管理要素进行利益分配。

三是加大人才队伍建设的财政资金投入，拨款支持区内高校建设和学科建设、人才培养与引进工作，造就学术领军人物和创新团队。对引进的人才要定期座谈，对于不得重用的，可尝试调动到区内其他项目上，以最大限度地留住人才，提升区内自主创新能力。

四是设立专项资金，由区内高校代为培训行业领军人才、职业经理人、中高级管理人员、涉外经济管理人才、营销人才和大批技术工人。

五是出台政策明确企业用于引进人才所使用的资金不单单包括给予引进人才

的薪资，还包括为引进人才提供的一系列其他软硬件待遇经费，将其都认定为企业的经营成本，以达到减少企业运行成本，鼓励企业吸引人才的目的。

六是鼓励区内高校和杨凌示范区有关企业成立培训农村种养大户、致富能手、科技特派员和涉农企业家的农业科技培训分中心。

第二，产业政策支持。

根据迈克尔·波特的产业集群理论，有着彼此相互关联，形成上下游无缝产业链的一群公司的区域，其区内产业由于信息交流便利、物流成本低下，会使得区内相关企业及组织在其所处的行业占有成本低、技术先进等优势，从而提升区域竞争力。杨凌示范区要合理规划其区域内产业，提升区域核心竞争力，就需要做到以下几点：

（1）合理制定招商引资政策，促进产业结构的调整与衔接。

制定政策确定以制药、信息技术、生物、食品、新材料、现代农机装备制造等与高新农业、生物科技相关的产业为杨凌示范区的支柱产业，并鼓励区内企业及高校为其进行战略性新技术研发，对涉及上述产业的成熟企业实施积极主动的招商引资政策，重点通过提供经济和技术方面的援助，逐步发展新兴产业并鼓励新兴企业迁入，同时将财政补贴方向由区内老旧工业转变至上述确定的朝阳产业。规划建设杨凌的省级台商产业园，积极推荐和协调符合杨凌示范区高新农业主题的央企、省属国企的大项目在杨凌布局建设。支持杨凌农机产业园建设，打造在全国具有一定影响力的现代农业机械产业集群。对杨凌技术含量高、产品质量优、辐射带动能力强、能有效衔接区内既有产业的项目，在其发展壮大中给予重点支持。制定政策改善城市基础设施建设，包括供水、供热、供气、供电以及城市污水和垃圾处理等方面，在改善基础设施建设中，要遵循面面俱到的原则，防止木桶效应导致的投入与效果不成比例，还要制定政策大力支持杨凌标准化厂房建设，建设杨凌新型工业化产业示范基地，为承接产业转移提供优良的产业硬件设施，并对来示范区投资的企业给予引进资金方面的照顾，且在土地租赁和转让上制定吸引人的价格。尝试寻求陕西省政府政策支持，协调几家优秀人力资源密集型涉及生物制药、农机具制造等对口企业迁至杨凌示范区，并由杨凌示范区给予税收、用地政策的优惠，简化落户审批手续。但是，需要注意的是，招商引资应严格围绕高新农业产业开展，且企业间需有一定的关联性，要注重产业对国内市场的重要性，不能因眼前的经济增长迷失了自身发展方向，要吸取苏州市大力发展开放型经济带来的过度依赖出口型经济的教训，同时也要相信，利用好技术进步不仅可以促进经济发展，更可以促进环境保护和环境发展。高新农业示范区是杨凌示范区的一张重要的招商引资名片，示范区政府只要不重复沿海发达地区的发展历史轨迹，不走传统工业化的老路，就可以避免资源缺乏、环境恶化、经济发展停滞等问题，也不会陷入经济与环境双双恶劣的困境。所以，示范区在招商引资中不能泥沙俱下，要经得起高污染、高能耗的传统工业的高 GDP 诱惑，必须以新技术为依托、以新的加工技术为手段，发展制药、信息技术、生物、食品、新材料、现代农机装备制造等产业，依靠技术投入，减少资源消耗和环境污染。

(2) 合理出台规划土地利用及加强基础设施建设的相关政策，为产业发展提供硬件基础。

为使杨凌示范区成为能够吸引优质企业、生态友好、宜商宜居的区域，可以借鉴美国波特兰的先进经验，通过合理规划和布局，控制示范区的城区发展，减少对示范区周围的耕地和林地资源的破坏，合理安排产业用地。对此，主要需要以下政策支持：

一是出台政策提高商品房审批门槛，达到减少或基本禁止示范区非高层商品住房的审批和减少示范区高层商品住房的审批，并将项目地理位置集中在高干渠路以南、杨凌大道以东、新桥路以西和五湖路以北的位置，超出以上区域的商品房需谨慎审批，达到保护示范区周围的耕地和林地的目的，并使示范区的居民区紧凑且繁荣。紧凑的居民区带来的高人口密集同时也利于餐饮、零售等第三产业的繁荣发展。

二是加大交通领域的设施建设力度，筹集资金用于扶杨眉一级公路工程等项目建设，对区内的渭惠路、西农路也要加强养护，尝试对康乐路、常乐路等拥堵主干道路进行拓宽，向陕西省政府申请把西宝中线等公路认定为省道，便于提高这些道路的养护级别。

三是出台政策规范渭惠渠和高渠城区段改造工作，对改造工程绿化投入的原则是要坚持种植低价、耐受的植物；制定支撑政策支持陕西省宝鸡峡引渭灌溉管理局实施的“杨凌示范区水景观供水工程”；加大对节能减排工程的支持力度，责令环境监察强化环保产业、农村环保的执法力度，对杨凌农牧废弃物综合处理、农村环境综合整治项目给予政策支持，对示范区城中村农民进行排污宣传，在人口相对密集的城中村建立沼气池和大型封闭式垃圾回收箱，集中回收有机废物和其他垃圾。

四是示范区政府出台政策，整治围而不建的相关地皮，政策具体包含内容应有：首先界定属于围而不建的概念范畴，其次对涉及的相关企业下达限期开发通知书，最后对逾期仍不开发的地皮予以收回并重新用于招商，对被收回地皮的企业，示范区政府划定郊区新地皮予以置换。

五是示范区出台政策推进区内生态建筑的发展，仿照波特兰的成熟经验，为有意向兴建绿色建筑的组织提供技术教育，帮助其与西北农林科技大学相关学院联系，并提供援助和财政激励。当然，还要制定关于公共建筑和基础设施是否符合绿色建筑的标准，积极在市政系统上实行雨洪管理，将降水用于市政绿化灌溉，鼓励区内组织对现有基础设施进行改造以用于新能源利用及屋顶花园改造，并予以适当奖励。

参考文献

[1] 权小虎. 发展壮大农村集体经济　加快扶贫攻坚步伐：对杨陵区农村集体经济发展情况的调研 [J]. 新西部，2017 (32)：40-42.

[2] 尹伊伊. 杨陵区两河流域乡村旅游景观规划设计研究 [D]. 杨凌：西北农林科技大学，2017.

[3] 赵潇. 基于城乡要素流动的杨陵上川口村发展新思路 [C] //中国城市规划学会，杭州市人民政府. 共享与品质：2018 中国城市规划年会论文集 (18 乡村规划)，2018：1612-1619.

[4] 王庆军. 杨陵农村社区公共空间建设模式与规划策略研究 [D]. 西安：西安建筑科技大学，2018.

[5] 杨陵区工业园区：质量管理标准助力企业发展 [J]. 西部大开发，2017 (5)：136-138.

[6] 史惠玲. 杨陵苗木产业发展的思考 [J]. 防护林科技，2016 (5)：83-84.

[7] 苏燕平，黄有军. 关于杨陵区上川口村锣鼓民俗文化产业发展的思考 [J]. 陕西农业科学，2010，56 (2)：176-178.

[8] 徐凤兰. 杨陵区水利事业发展中若干问题的探讨 [J]. 杨凌职业技术学院学报，2005 (1)：38-39.

[9] 史来平. 杨陵以科学发展观引领农民增收 [C]//陕西省经济学学会. 陕西省经济学学会第 24 次年会暨理论研讨会论文集，2004：102-107.

[10] 冯浩，范兴科，汪有科. 杨陵区节水灌溉发展存在问题及原因浅析 [J]. 水土保持研究，2002 (2)：112-116.

[11] 高建恩，牛文全. 杨陵区发展节水灌溉的实践与经验 [J]. 水土保持研究，2002 (2)：121-123，145.

[12] 郭锐. 做好产业示范　促进科技推广：杨陵现代植物培育引种示范园发展启示 [J]. 农村实用工程技术，2001 (4)：6-7.

[13] 曹臻，李雅. 中国杨陵农科城发展取向选择 [J]. 农业科技管理，1996 (6)：19-21.

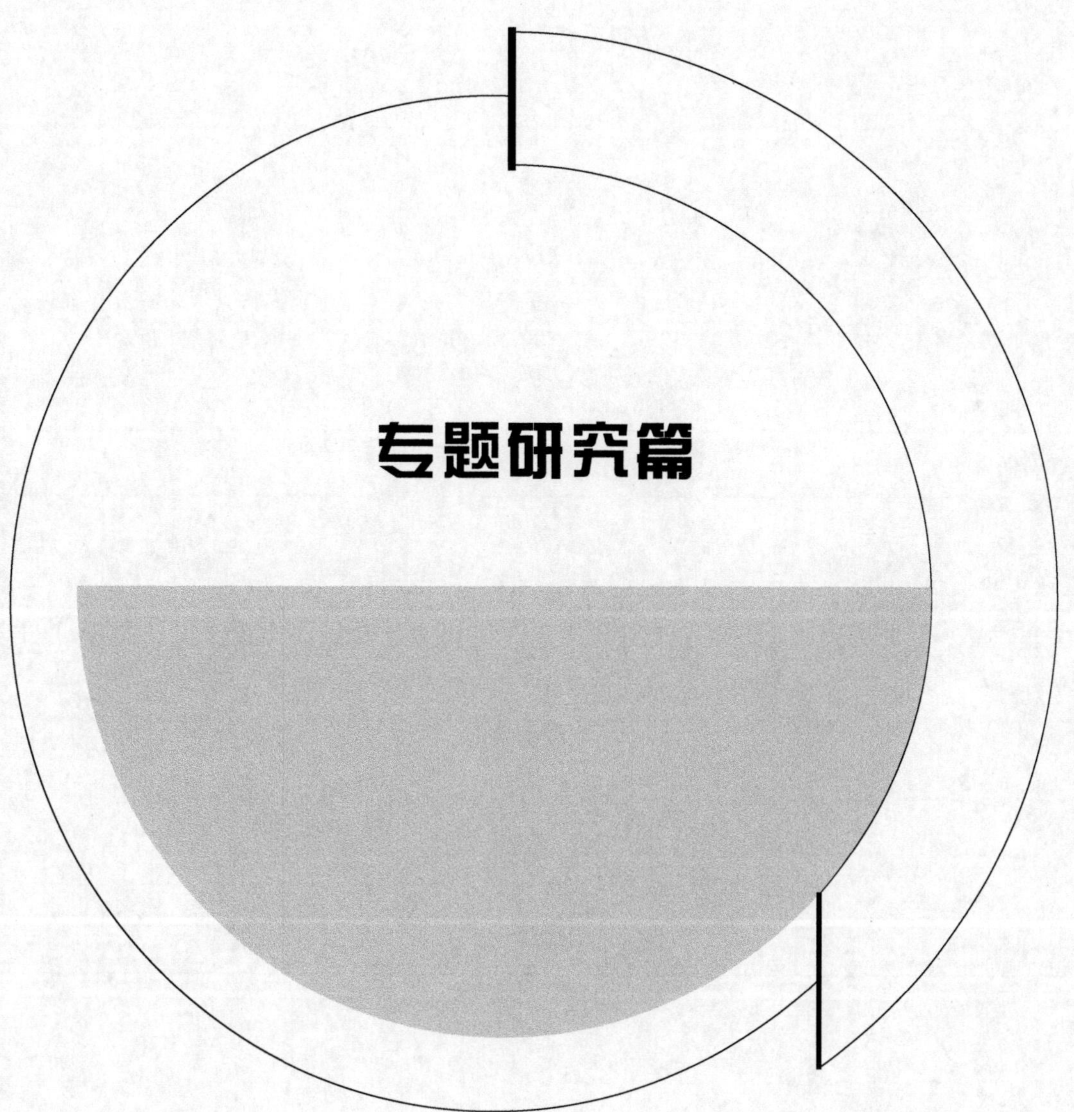

专题研究篇

陕西省社会经济重心与雾霾污染重心的动态演变分析*

杨冬民 尚嘉欣**

摘 要

以陕西省为研究对象，采用 2006—2016 年陕西省下辖 10 市的生产总值及雾霾污染（PM2.5 浓度值）等数据，以 ArcGIS10.3 为数据分析平台，运用重心模型，测算各年份社会经济重心坐标与雾霾污染重心坐标，多角度探讨社会经济重心和雾霾污染重心转移轨迹及驱动因素，并尝试从工业排放、城镇化进程、废气治理设施数量及运行费用等因素对污染重心移动态势进行分析。特征结果表明：陕西省各地区社会经济重心与雾霾污染重心存在不均衡性，经济活动与环境保护协调发展有待提高。

关键词： 社会经济重心；雾霾污染重心；演变特征；陕西省

"重心"本来是物理学术语，表示物体处于任何方位时所有各组成支点重力的合力都通过的某一点。美国学者弗·沃尔克首次将"重心"方法引入人口问题研究中，分析了美国西部大开发引起美国人口重心变化情况。樊杰和 W. 陶普曼最早使用"重心"方法研究了中国农村工业重心的变化，国内学者对"重心"方法的应用研究主要集中在经济重心、人口重心和产业重心。近年来，"重心"法

* 本文为陕西省科技厅重点项目"推进关中城市群治污减霾综合防控联动机制创新研究"（编号：2019KRZ011）阶段性研究成果。

** 杨冬民，经济学博士，西安理工大学经济与管理学院教授；尚嘉欣，西安理工大学经济与管理学院硕士研究生。

成为国家或区域经济与环境发展平衡性的宏观分析方法，赵坤荣等[①]、乔谷阳等[②]、杜改芳等[③]分别基于全国、省域、城市群视角，从重心移动方向、距离、路径对比等多角度阐释社会经济重心与环境污染重心的演变特征以及空间联系[④]，探讨区域经济和污染重心演变的驱动因素[⑤]，以上环境污染重心研究对象多集中在废水、废气和固体废弃物，很少涉及雾霾污染重心相关分析，仅李栋梁等[⑥]以东北三省主要城市为例探讨了 PM2.5 浓度的时空变化特征以及 PM2.5 重心偏移情况。基于此，本文以 ArcGIS 技术为平台对陕西省社会经济重心和雾霾污染重心的演变轨迹进行研究，揭示社会经济重心与雾霾污染重心的空间转移规律，以期为陕西省社会经济、环境间的协调可持续发展提供新的研究视角和有益参考。

一、研究区概况与数据来源

近年来，陕西省社会经济取得了显著成就，但也面临着越发严重的雾霾污染问题，极端雾霾污染事件频繁发生，雾霾污染形势严峻并呈现一定区域差异，部分地区污染程度呈现加重趋势，对陕西省经济社会可持续发展造成了负面影响。因此，促进经济发展与大气环境承载力相协调成为研究热点。

本文选取陕西省西安市、咸阳市、宝鸡市、渭南市、铜川市、延安市、榆林市、汉中市、安康市、商洛市等 10 个行政区的几何中心为各地市的重心，坐标数据来自 GIS 经纬度测量工具，设定研究期内各市地理位置保持不变。本文采用各市生产总值来代表经济发展水平，数据来源于陕西省及各市 2006—2016 年统计年鉴，雾霾污染指标选择 PM2.5 浓度值，数据来源于哥伦比亚大学社会经济数据和应用中心公布的 PM2.5 浓度值 2006—2016 年全球年均值的卫星遥感

---

① 赵坤荣，林奎，许振成，等. 中国城镇生活源污染与社会经济发展重心演变对比分析［J］. 中国环境科学，2013，33（S1）：226-232.

② 乔谷阳，潘少奇，乔家君. 环境污染重心与社会经济重心的演变对比分析：以河南省为例［J］. 地域研究与开发，2017，36（5）：23-28.

③ 杜改芳，马民涛，梁增强. 山东半岛城市群经济与污染重心演变特征分析［J］. 中国人口·资源与环境，2014，24（S2）：114-117.

④ 黄建山，冯宗宪. 陕西省社会经济重心与环境污染重心的演变路径及其对比分析［J］. 人文地理，2006（4）：117-122；陈祖海，雷朱家华. 中国环境污染变动的时空特征及其经济驱动因素［J］. 地理研究，2015，34（11）：2165-2178.

⑤ 赵海霞，蒋晓威，崔建鑫. 泛长三角地区工业污染重心演变路径及其驱动机制研究［J］. 环境科学，2014，35（11）：4387-4394.

⑥ 李栋梁，贺文君. 2014 年东北三省主要城市大气 PM2.5 污染时空格局演变及重心偏移［J］. 哈尔滨师范大学自然科学学报，2016，32（3）：108-111.

数据。

二、研究方法

（一）重心模型原理

经济学研究中，对一个拥有若干个次级行政区域的国家来说，计算某种属性的“重心”通常是借助各次级行政区域的某种属性和地理坐标来表达①。假设一个区域由 n 个次级区域构成，第 i 个次级区域中心城市的地理坐标为（X，Y），计算公式如下：

$$X=\frac{\sum_{i=1}^{n}X_iW_i}{\sum_{i=1}^{n}W_i} \qquad Y=\frac{\sum_{i=1}^{n}Y_iW_i}{\sum_{i=1}^{n}W_i} \tag{1}$$

式中，X、Y 分别是某属性重心坐标的经度和纬度；X_i、Y_i 为第 i 个次级区域几何中心的经度和纬度坐标；W_i 为 i 次级区域的某种属性的量值。

（二）重心转移路径

某个区域的某种属性量值在总体中所占比例改变，则代表该属性的区域重心就会移动，重心向某区域移动代表该区域的某一属性值占总体比重较大且增长较快，重心偏移表明产生此属性的活动在空间内分布不均衡。重心移动方向指向属性值快速增长区域，移动的距离表明产生某种属性值的活动在空间分布上的不均衡程度，重心变动轨迹能反映出区域某属性值的空间差异性。具体公式如下：

$$D_{ab}=\sqrt{(X_a-X_b)^2+(Y_a-Y_b)^2} \tag{2}$$

式中，a、b 代表不同的年份；D_{ab} 表示两个年份之间重心移动距离；X_a、X_b 和 Y_a、Y_b 分别表示第 a 年和第 b 年由式（1）所得到经度和纬度在投影坐标系中转化后的重心坐标。

（三）基于 ArcGIS 的重心法应用

目前，计算重心多采用省会城市政府及地区（市）行政区政府所在地经纬度坐标，但其不能有效代替某区域的几何中心，为避免主观因素对重心演变的影响，本文基于 ArcGIS10.3 空间统计工具对陕西省及下辖城市几何中心进行度量测算，得到陕西省及各城市的几何中心。具体技术路线如下：

---

① 冯宗宪，黄建山．重心研究方法在中国产业与经济空间演变及特征中的实证应用［J］．社会科学家，2005（2）：77-80.

（1）计算几何中心坐标值：在 GIS 平台上利用陕西省各市县点、线、面等矢量数据，使用工具计算具体城市内所有要素 X、Y 坐标平均值，得到相应城市几何中心，利用各城市几何中心计算得到陕西省几何中心的 X、Y 坐标。

（2）建立经济和污染数据库：在属性列表中添加不同年份的属性 ID，将数据表格导入相应属性 ID，在双精度格式下命名图层并建立数据库。

（3）重心移动方向和距离测量：在分别计算出不同年份各污染物及经济重心点之后，利用 GIS 测量工具将重心点经纬度转换为投影坐标，分别测量不同年份间重心的移动方向和距离。

（4）绘制专题图：将重心坐标数据链接到社会经济重心和雾霾污染重心转移线图层，依次连接 2006—2016 年重心点绘制转移轨迹，设置图层的属性并添加图例。

三、结果与驱动因素分析

（一）社会经济重心演变特征分析

用 GDP 代表经济发展，由 GIS 计算得到社会经济重心的移动方向和距离（见表 1）。

表 1　2006—2016 年社会经济重心移动方向和距离

年份	经度	纬度	方向	距离（km）
2006	108.779	34.949	—	—
2007	108.793	34.997	东北	5.48
2008	108.809	35.065	东北	7.68
2009	108.798	35.020	西南	5.09
2010	108.814	35.077	东北	6.49
2011	108.828	35.115	东北	4.41
2012	108.824	35.117	西南	0.43
2013	108.809	35.055	西南	7.01
2014	108.801	35.014	西南	4.61
2015	108.760	34.885	西南	14.79
2016	108.759	34.874	西南	1.22
整体偏移	1.76km	8.33km	西南	8.51

由表 1 中数据可知，陕西省社会经济重心移动方向演变特征表现为：2006—2016 年间其社会经济重心偏离陕西省几何中心（108.365°E，33.770°N）东北或

东南较远处，陕西省经济发展呈现一定程度上的不均衡性，2006—2007年间陕北经济呈现强劲增长势头，2008—2014年间陕南经济呈现快速增长势头，社会经济重心向南出现转移，表明“十一五”至“十二五”期间陕南经济有显著增长与发展。2006—2016年间陕南GDP年均增长率为16.56%～17.82%，整体高于陕北7.17%～16.70%的年均增长率，社会经济重心向西南偏移，平均移动6次，移动频率为54.55%，表明陕南GDP占陕西省的比重逐渐上升。

由表1数据可知，陕西省社会经济重心移动距离演变特征表现为：2006—2016年间社会经济重心整体向西南方向偏移，直线距离为8.51km，其中经度整体偏移1.76km，小于纬度整体偏移距离8.33km，表明南北方向经济不均衡性改善程度大于东西方向。与此同时，2006—2016年内不同年份间的重心移动速度存在一定程度的差异。2014—2015年间，陕西省GDP增长率为1.88%，陕南增长率为7.32%并快于关中的4.68%以及陕北的−14.32%，社会经济重心向西南方向移动14.79km，其为历年移动距离最大值，移动距离占2006—2016年总移动距离的25.85%。

（二）社会经济重心驱动因素分析

经济发展伴随着资本积累和产业结构升级换代。2006—2016年，陕西省经济保持高速增长很大程度依赖固定资产投资快速增长，特别是政府主导下对陕西省工业化以及基础设施建设的投资，因此本文试图从陕西省各市资本存量和产业结构等因素分析社会经济重心移动距离和移动方向变化。

1. 资本存量差异

资本存量作为研究区域经济重要且基础的变量，其大小是决定经济增长高低的重要因素，因此地区间资本存量差异导致经济发展水平不同。本文采用“永续存盘法”并借鉴柯善咨等①的相关研究，推算了2006—2016年陕西省各城市资本存量，得到如表2所示的各城市历年资本存量。

表2 2006—2016年陕西省各城市资本存量 单位：亿元

年份	西安市	铜川市	宝鸡市	咸阳市	渭南市	延安市	汉中市	榆林市	安康市	商洛市
2006	3 353	127	654	744	408	716	254	808	283	202
2007	4 069	158	824	950	523	872	317	1 024	357	269
2008	4 946	190	1 031	1 217	678	1 064	395	1 321	455	359
2009	5 737	232	1 341	1 614	921	1 333	509	1 748	592	475
2010	6 883	285	1 754	2 140	1 279	1 762	661	2 299	769	619

① 柯善咨，向娟. 1996—2009年中国城市固定资本存量估算［J］. 统计研究，2012，29（7）：19-24.

续表

年份	西安市	铜川市	宝鸡市	咸阳市	渭南市	延安市	汉中市	榆林市	安康市	商洛市
2011	8 636	351	2 244	2 761	1 730	2 067	853	2 963	944	777
2012	10 607	437	2 843	3 511	2 295	2 532	1 096	3 778	1 123	958
2013	12 812	549	3 581	4 425	2 975	3 091	1 403	4 676	1 310	1 169
2014	15 410	650	4 513	5 545	3 794	3 770	1 785	5 541	1 552	1 436
2015	18 042	835	5 697	6 946	4 782	4 551	2 265	6 240	1 872	1 778
2016	20 439	1 044	7 160	8 621	5 885	5 267	2 835	6 781	2 275	2 200

从表 2 可以看出，2012 年是社会经济重心移动方向的“分水岭”。2006—2011 年间榆林市、延安市、渭南市及商洛市的资本存量年均增长率较高，分别为 30％、24％、34％和 31％，资本存量增加对陕北、关中东部、陕南东部地区经济增长助推强劲，同时，陕南地区城市的资本存量增速虽较快但规模较小，部分解释了陕西省社会经济重心向东北方向移动；2012—2016 年间关中地区城市的资本存量增长率较 2006—2011 年变化不大，其资本存量规模占陕西省比重逐年提升，然而榆林市资本存量年均增长率跌至 19％，延安市、渭南市和商洛市等资本存量年均增长率也出现不同程度下降，陕西省社会经济重心向西南方向移动。

2. 产业结构不同

产业结构差异直接影响区域间经济发展水平，陕西各区域资源要素禀赋存在差异，陕北地区的煤炭、石油及天然气等资源储量丰富，尤其榆林市拥有优质煤炭资源，煤炭及煤化工占全市工业产值超过 85％，能源重化工产业发展助推了榆林市经济迅速崛起，但是榆林市经济发展高度依赖重化工产业，造成能源化工产品市场价格波动容易影响到榆林市经济，2015 年煤炭市场交易低迷且成交价格下滑，同时榆林市原油产出价格出现断崖式下跌，煤炭与石油市场成交价走低导致 2015 年榆林市经济增长率为－14.7％，相应地，由表 1 数据可得出 2015 年社会经济重心移动距离为历年最大。关中地区产业结构较陕北、陕南地区更为均衡，可持续性更强，尤其西安市、咸阳市及宝鸡市等在国防军工、机械加工、电子设备、冶金等工业上具有明显优势，随着时间发展，关中地区产业结构经济效益逐渐超过陕北地区，与此同时，关中地区五个城市之间产业竞争力不断增强且经济差距不断扩大。

（三）雾霾污染重心演变特征分析

用 PM2.5 浓度值代表雾霾污染状况，根据 ArcGIS 软件计算出 2006—2016 年雾霾污染重心变化轨迹图及其移动方向和距离（见表 3）。

表 3 雾霾污染重心移动方向和距离

年份	经度	纬度	方向	距离（km）
2006	108.792	34.679	—	—
2007	108.842	34.718	东北	6.30
2008	108.823	34.717	西南	1.74
2009	108.795	34.695	西南	3.54
2010	108.818	34.707	东北	2.49
2011	108.792	34.650	西南	6.76
2012	108.773	34.611	西南	4.66
2013	108.824	34.704	东北	11.33
2014	108.824	34.702	南	0.22
2015	108.838	34.710	东北	1.56
2016	108.840	34.711	东北	0.21
整体偏移	4.37km	3.59km	东北	5.66

由表 3 数据可知，陕西省雾霾污染重心移动方向演变特征表现为：2006—2016 年间其雾霾污染重心偏离陕西省几何中心（108.365°E，33.770°N）东南较远处，表明陕西省雾霾污染程度较重地区集中在中东部，同一时段内陕北地区雾霾污染得到控制并持续减轻。2012—2013 年间关中地区雾霾污染程度明显加重，并且 2013—2016 年间雾霾污染重心变化幅度较小，表明关中地区雾霾污染持续时间较长且污染较重，成为雾霾污染焦点。雾霾污染重心整体向东北方向偏移，表明陕西省中东部雾霾污染治理压力较大。

由表 3 数据可知，陕西省雾霾污染重心移动距离演变特征表现为：2006—2016 年间雾霾污染重心整体向东北方向偏移，移动总距离为 5.66km，其中经度整体偏移 4.37km，大于纬度整体偏移距离 3.59km，表明南北方向雾霾污染程度差异性大于东西方向。2006—2016 年内不同年份间的重心移动速度存在一定程度的差异，2012 年后雾霾污染重心移动速度显著加快，其移动距离占 2006—2016 年总移动距离的 29.19%，说明关中地区 PM2.5 浓度激增，雾霾污染加剧。

（四）雾霾污染重心驱动因素分析

雾霾污染重心轨迹的演变受到诸多因素影响，除了与陕西省各地区地理气候因素有关，雾霾污染还有特殊的社会经济原因，本文试图从工业排放、城镇化进程、废气治理设施数量及运行费用等因素对雾霾污染重心移动的驱动因素进行分析。

1. 工业排放

陕西作为第二产业强支撑经济的典型省份，经济发展对煤炭、石油等污染性较高产业具有较强依赖性，煤炭开采、加工及使用过程中排放的煤烟、粉尘、有机化合物和无机化合物等是雾霾污染的主要来源。2006—2007 年间陕北地区的能源工业投资由 229.894 亿元增长至 351.129 亿元，增速为 52.74%，显著高于陕南 14.03%的增速，仅比关中地区的增速低 2.59 个百分点，其中陕北的煤炭采选业增速为 85.7%，远远高于陕南及关中地区。2007 年陕北地区燃料燃烧过程中废气排放量与工业二氧化硫排放量分别占全省排放量的 20.65%和 14.58%，渭南市也拥有丰富的煤炭资源，但是煤炭开采及利用方式粗放，尤其手续不全或超产能的小煤矿向空气中排放了大量烟尘，严重危害大气环境，雾霾污染重心在 2006—2007 年间向东北方向偏移 6.30km。据统计，2013 年关中地区单位面积二氧化硫排放强度、单位面积氮氧化物排放强度及单位面积烟（粉）尘排放强度分别为 9.0 吨每平方千米、8.7 吨每平方千米和 4.9 吨每平方千米，明显高于陕北、陕南地区，导致雾霾污染重心向东北方向较大位移。2013 年雾霾污染重心移动距离为 11.33km，为 2006—2016 年间移动距离最大值。

2. 城镇化进程

城镇化对资源环境造成了巨大压力，区域人口规模增加与集聚引起住房、家电、交通工具及燃煤取暖等需求的攀升，建材、钢铁、化工等行业增加产能满足增长需求导致建筑粉尘、挥发性有机物、硫氧化物及氮氧化物等致霾源大量增加。另外，陕西省地处北方寒冷地区，冬季建筑采暖排放成为雾霾污染的一个重要成因。2006—2016 年间陕北人口由 542.35 万人增长至 563.48 万人，关中地区人口由 2 340.34 万人增长至 2 965.22 万人，陕南人口由 852.36 万人减少到 847.4 万人，人口逐渐向关中地区聚集，使得能源消耗量不断上升。关中地区的能源消费结构长期以煤炭为主，区域间煤炭消耗量的差异成为驱动雾霾污染重心移动的重要因素。同时，机动车快速增长成为区域污染排放和雾霾的主要来源，2006—2016 年间陕北私人车辆年均增长率为 17.48%，关中地区为 21%，陕南为 16.45%，城市交通运输排放导致的雾霾问题日益突出。另外，2012 年关中地区房地产开发投资规模达 1 639.12 亿元，陕南和陕北的房地产开发规模仅为关中地区的 7.57%和 4.44%，2012 年后三个区域房地产开发规模差异急剧变大，关中地区城市规模不断扩大，建筑扬尘等与生产活动相关的污染性气体排放也加剧了雾霾形成。

3. 废气治理设施数量及运行费用

安装废气治理设施是雾霾污染治理的有效措施，不同地区废气治理设施数量及运行费用反映了雾霾污染治理强度差异。一般来说，废气治理设施越多，设施运行费用越高，则废气治理效率相应越高，对雾霾污染治理效果越明显。2009—2016 年间延安市单位投资 SO_2 处理率（SO_2 去除量与废气治理设施运行费用比值）的平均值仅为 2.01，铜川市、渭南市的单位投资 SO_2 处理率平均值也较低，表明这些地区环保治理技术水平较低，尤其在 2012—2013 年间渭南市 PM2.5 年均浓度值增长率达 30.4%，废气治理设施数量增长率为−21.5%，2013 年渭南市雾霾污染明显加剧，其 PM2.5 年均浓度值位居 10 市之首，同年宝鸡市、咸阳市、铜川市都出现了废气治理设施数量负增长而 PM2.5 浓度骤增的状况。陕西省各地区废气治理设施数量及运行费用存在明显的区域差异，设施数量不足及单位投资 SO_2 处理率低不利于雾霾污染治理，一定程度上促使污染重心向东北方向偏移。

四、社会经济重心与雾霾污染重心的动态关系分析

为深入探寻陕西省社会经济重心与雾霾污染重心变化特征，将陕西省的两类重心投影到该区域地图上后得到 2006—2016 年陕西省社会经济重心和雾霾污染重心演变整体空间格局图（见图 1）。

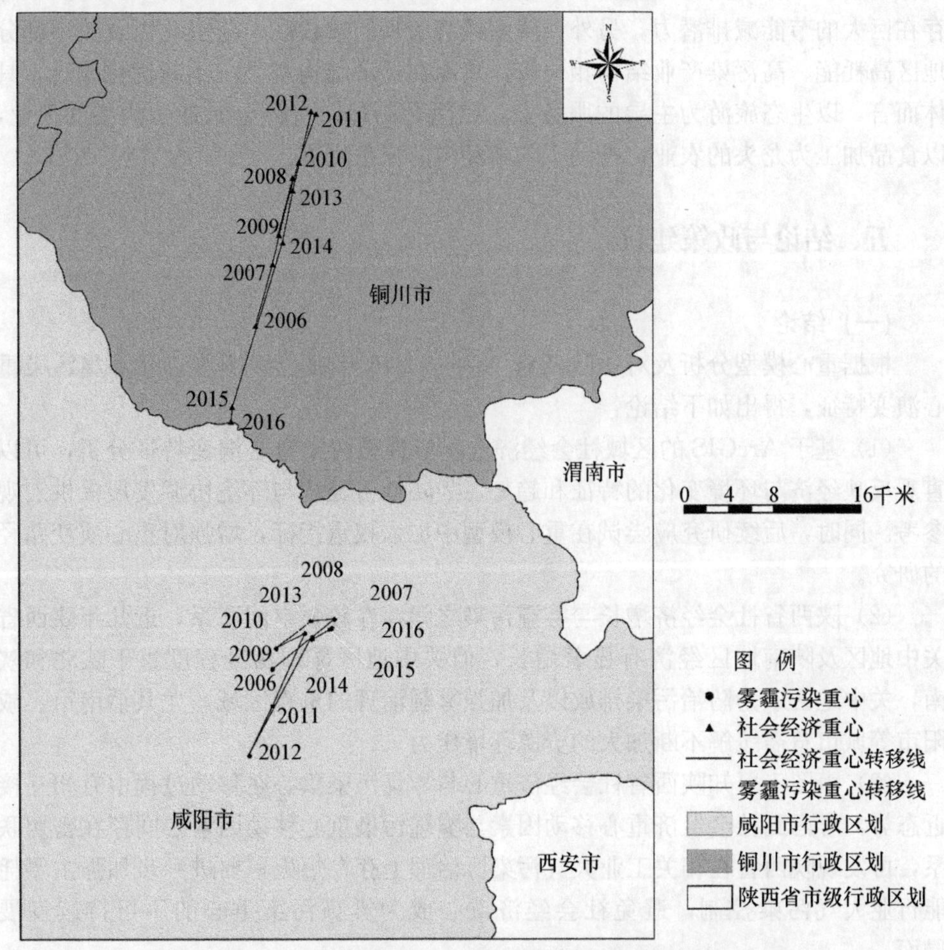

图 1　2006—2016 年陕西省社会经济重心和雾霾污染重心轨迹

由图 1 可知，社会经济重心与雾霾污染重心移动轨迹的区域不相互交叉，两者存在一定的偏离，雾霾污染重心基本上位于社会经济重心南侧，重心变化剧烈程度上社会经济重心（8.51km）大于雾霾污染重心（5.66km），表明陕西省各地区经济与环境协调发展能力较差；在研究时序内，社会经济重心变化剧烈程度大于雾霾污染重心，二者在纬度变化上均明显于经度变化，社会经济重心仍在向西南移动，表明陕西中部及南部经济水平呈现上升态势，但雾霾污染重心向东北方向明显移动，说明陕西中东部以及北部雾霾污染治理相对滞后，应加强环境质量管控。同时，雾霾污染重心与社会经济重心在 2014 年和 2016 年间转移距离都明显减小，说明陕西省部分地区相继产生了一定规模的工业聚集地；社会经济重心向西南移动而雾霾污染重心向东北移动，表明关中地区宝鸡市、咸阳市及西安市保持经济增长的同时环境治理效率高于其他地区，铜川市、渭南市及延安市等存在巨大的节能减排潜力。另外，陕南经济增长质量较高，与陕北以及关中部分地区高耗能、高污染产业结构相比较，陕南在经济结构调整中不断优化改进，具体而言，以生态旅游为主导的服务业，以医药制造、有色金属加工为主的工业，以食品加工为龙头的农业，推动了陕南经济的绿色发展。

五、结论与政策建议

（一）结论

根据重心模型分析及对比陕西省 2006—2016 年社会经济重心和雾霾污染重心演变特征，得出如下结论：

（1）基于 ArcGIS 的区域社会经济重心与雾霾污染重心演变特征分析，可以直观反映经济与环境变化的特征和趋势，为陕西省经济与环境协调发展提供宏观参考。同时，后续研究应尝试在重心模型中加入权重指标，增强对重心演变路径的研究。

（2）陕西省社会经济增长与雾霾污染之间存在较强空间联系，近几年陕西省关中地区及陕南地区经济有显著增长，但关中地区雾霾污染程度重于陕北和陕南，关中地区成为防治污染排放以及加强雾霾治理的重点区域，尤其渭南市、咸阳市等城市急需缓解不断加大的资源环境压力。

（3）由图 1 可知陕西省社会经济重心与雾霾污染重心在移动过程中有相互接近态势，考虑到社会经济重心移动因素与雾霾污染重心移动因素之间存在密切联系，可发现陕西省在相关工业大气污染源治理上存在短板，要进一步加强主要耗能行业大气污染控制，避免社会经济重心成为雾霾污染重心的不可持续发展局面。

(二) 政策建议

针对上述研究结果，从增强区域经济协作、加强治污减霾联防联控以及更好发挥政府作用等方面提出政策建议。

(1) 增强陕北、关中及陕南三大区域经济协作，促进区域协调发展。陕北地区做强能源化工类大集团的同时积极发展民营中小企业，提高陕北经济的市场竞争力；加强关中地区产业集聚与协同，优化投资结构，避免产业重复建设，发挥好各城市资本存量拉动经济增长作用，进一步提高城镇化水平；陕南地区发挥生态资源优势，着力发展绿色循环轻工产业以及特色农产品加工业。

(2) 陕西省各城市需要加强雾霾污染协同治理，尤其关中地区要采取治污减霾联防联控。各级政府共同推进治污减霾协同工具箱建设，细化大气污染防治协作机制；完善环境监测网络，在雾霾污染严重区域拓展监测项目，加强陕西省空气质量预警能力；完善跨区域环境治理利益协调机制，激发各级政府主动治污减霾意愿。

(3) 陕西省政府层面应发挥自身调控和服务功能，持续强化环境治理执法与立法，积极完善雾霾治理的法规制度体系，建立健全区域污染物排放权交易，政府主导雾霾治理的同时调动企业减排积极性，在政策导向、法律规范、平台建设等方面为陕西省绿色协调发展奠定基础。

参考文献

[1] 赵坤荣，林奎，许振成，等. 中国城镇生活源污染与社会经济发展重心演变对比分析 [J]. 中国环境科学，2013，33 (S1)：226-232.

[2] 乔谷阳，潘少奇，乔家君. 环境污染重心与社会经济重心的演变对比分析：以河南省为例 [J]. 地域研究与开发，2017，36 (5)：23-28.

[3] 杜改芳，马民涛，梁增强. 山东半岛城市群经济与污染重心演变特征分析 [J]. 中国人口·资源与环境，2014，24 (S2)：114-117.

[4] 黄建山，冯宗宪. 陕西省社会经济重心与环境污染重心的演变路径及其对比分析 [J]. 人文地理，2006 (4)：117-122.

[5] 陈祖海，雷朱家华. 中国环境污染变动的时空特征及其经济驱动因素 [J]. 地理研究，2015，34 (11)：2165-2178.

[6] 赵海霞，蒋晓威，崔建鑫. 泛长三角地区工业污染重心演变路径及其驱动机制研究 [J]. 环境科学，2014，35 (11)：4387-4394.

[7] 李栋梁，贺文君. 2014 年东北三省主要城市大气 PM2.5 污染时空格局演变及重心偏移 [J]. 哈尔滨师范大学自然科学学报，2016，32 (3)：108-111.

［8］冯宗宪，黄建山．重心研究方法在中国产业与经济空间演变及特征中的实证应用［J］．社会科学家，2005（2）：77-80.

［9］柯善咨，向娟．1996—2009年中国城市固定资本存量估算［J］．统计研究，2012，29（7）：19-24.

［10］徐冬，黄震方，黄睿，等．中国中东部雾霾污染与入境旅游的时空动态关联分析［J］．自然资源学报，2019，34（5）：1108-1120.

关中城市群城镇化路径选择研究*

罗新远 杨丽丽**

摘 要

在对城市群功能、城市化进程和规律以及中国城市群发展动态进行梳理的基础上，对关中城市群城镇化路径选择的背景和原因进行了分析。归纳了关中城市群城镇化路径中三方面的问题：首先，在规模、结构、产业发展等方面存在不足；其次，存在仍未消除的外部制约因素；再次，体制与机制存在一定障碍。提出了关中城市群的城镇化路径：从注重数量增长型向注重质量提高型转变，从政府主导型向“市场主导，政府引导”转变，大中小城市协调发展。

关键词：关中城市群；城镇化；路径

城市群是在某一地理区域内的城市圈层中，在生产力发展的基础上，以一个或两个具有辐射带动功能的中心城市为核心而形成的由若干个大小不同的城市组成的等级有序、产业关联、合作互补的城市集合区域。城市群在产业集聚、人口集中、交通辐射、中心城市带动和区域政策激励等方面具有单体城市所不具备的优势，是全球化时代参与国际分工、交流和合作的重要地域单元。如美国的波士顿—华盛顿城市群，我国的长三角城市群、珠三角城市群等。城市群往往在相对

---

* 基金项目：2017 年度陕西省社科界重大理论与现实问题研究项目“关中城市群城镇化路径选择研究”（课题批准号：2017ZH004）。

** 罗新远，经济学博士，西北政法大学商学院教授、博士生导师；杨丽丽，西北政法大学政治与公共管理学院副教授。

有限的地域范围内集中了大量的人口和各种生产要素。

近百年来，人们对城市群的定义和内涵有很多分歧，出现了很多不同称谓的城市群，如城市组群、城镇集群、集合城市、都市圈、城市带、大都市连绵带等。今天，这些不同认识的纷争虽然依然存在，但是正逐渐迈向共识。人们对城市群形成发育的几个充要条件基本达成一致，这些条件包括：城市群至少有 3 个以上的大中城市，必须至少有 1 个市区常住人口超过 1 000 万人的超大城市或 500 万人口以上的特大城市作为核心城市带动，城市之间必须有发达便捷的交通通信等基础设施网络，城市之间有密切的经济技术联系和同源同质的文化底蕴，城市之间一体化和同城化的潜力和前景广阔。从以上条件可以看出，城市群是建立在工业化和城镇化高度发达的基础之上的，也是都市区和都市圈发展到高级阶段的产物。

一、城市群与城市化

（一）城市群的功能

城市群内各个城市和产业的集聚过程是一种复杂的社会经济现象，体现了城市群的综合性功能。城市群可以有效利用城市土地、城市品牌形象等有形及无形资产，产生强大的产业集聚功能，并且提升环境消费的规模经济效应，促进城市高效可持续发展。

1. 产生高强度聚合力的功能

城市群高度聚集了人力、资本、科学技术、文化等各种要素，这些要素的高度融合使其能够产生大于各要素所产生效益的总和的功能。城市群在一定的地理空间内，通过大量要素的聚集产生了强大的经济和社会效益。以我国为例，“到 2014 年为止，中国城市群总面积占全国的 28.17％，城市建设用地面积占全国的 68.7％，总人口占全国的 68.09％，城镇人口占全国的 73.12％，经济总量占全国的 82.46％”①。可以看出，城市群在有限的地域空间里集聚了大量的人口，创造了大量的社会财富。

2. 产生强大辐射力的功能

城市群有较强的辐射作用，其辐射力的形成表现为三个阶段：第一阶段是单个城市的扩展延伸，城市辐射力由市区、郊区不断扩散，城市边缘扩大，新区形成，市区空间扩展。第二阶段，由于城市之间各种联系的加强，形成地区内城市群的网状式辐射，各城市之间影响更加广泛。城市群内中心城市的辐射作用加

① 方创琳，鲍超，马海涛. 2016 中国城市群发展报告［M］. 北京：科学出版社，2016：82.

强，规模扩大。城市区域内产生若干个新的增长点，新的经济中心、城区、市区出现。这也导致城市之间联系更加密切，可能出现交通问题。第三阶段，城市群内超大城市和较大城市成为区域经济发展、金融贸易及信息技术强大的集聚与扩散中心。

3. 网络功能

随着城市群的不断发育和成熟，城市群内部城市之间、城乡之间，城市群与外部区域之间的相互联系不断加强和强化，有力促进了各地区劳动地域分工的进一步发展与深化，使社会生产形成一个统一的有机整体，呈现一种网络化发展的功能。

（二）城市化的进程和规律

城市群是国家工业化和城市化发展到特定阶段的产物，是城市化不断推进和完善的结果和标志。城市化是一个具有综合性特点的社会、经济、文化现象，主要表现为农村人口从乡村向城市转移，由农业化的生产、生活方式逐渐转变为城市中的特定生产、生活方式，从而引起城市人口不断增加，城市空间规模和数量不断增长的过程。城市化既表现为城乡地域和人口比重的变化，也表现为经济结构、社会关系、生活方式和文化观念的变化。城市化的重要衡量指标是城市人口占总人口的比重。从 20 世纪初至今的一百多年时间里，世界城市化平均水平达到了 52%，发达国家城市化水平达到了 80%以上，世界上很多国家和地区出现了城市群现象。可以说，城市群是城市化发展到高级阶段的产物。城市群的直接推动力来自城市化，城市化的水平、质量、形态等决定了城市群的形态和发展阶段。

由于工业革命的影响，从 18 世纪中期到 20 世纪 50 年代，世界城市化主要发生在欧洲和美洲。20 世纪上半叶，发达国家基本完成了城市化道路，20 世纪下半叶，其城市化进入成熟期，发展速度减缓。第二次世界大战后，城市化发展主流从发达国家转移到发展中国家。发展中国家在 20 世纪 70 年代开始进入城市化高速发展时期，成为世界城市化的主要力量。

从发达国家的城市化水平来看，城市化过程大致要经历发生、发展和成熟三个阶段。这三个阶段的基本变化规律是：第一个阶段城市化速度缓慢，第二个阶段城市化速度加快，第三个阶段城市化速度又逐渐减慢。整个过程呈现 S 形曲线运动。英国是世界上城市化起步最早、整个城市化过程比较典型的国家。1700 年英国的城市人口占全国总人口的 2%，到 1800 年达到 20%，1850 年达到 50%，1890 年达到 72%，1939 年达到 80.4%，1951—1959 年一直稳定在 80%以下。可见，当人口城市化水平在 20%以下时，城市发展十分缓慢；而一旦超过 20%，则进入快速发展阶段；达到 70%左右时，进入相对稳定阶段；超过

80%以后，城市化进程将出现停滞或略有下降的趋势。

从发达国家城市化的方向来看，主要经历了向心型城市化和离心型城市化两种形态。向心型城市化主要表现为人口和产业由农村和郊区向城市中心高度集聚，带来城市中心的发展和繁荣。离心型城市化则与向心型城市化发展方向相反，表现为郊区城市化和逆城市化两种形态，即人口和产业不断由中心城区向郊区和小城镇扩散和转移，郊区和小城镇人口增长超过了中心城区。

我国学界在对城市化现象的研究和探讨中，经常也用到“城镇化”这个词。我们认为，“城市化”和“城镇化”这两个词并没有本质上的区别，都来自英文“urbanization”。由于世界多数国家城镇（town）的人口规模较小，或没有设置城镇建制，国外研究乡村人口向“urban”转移和集中的过程时，往往仅指人口向城市（city）转移这一过程，即城市化。由于我国设立建制镇，中国的城市化过程不仅包含了人口向城市集中的过程，也包含了人口向城镇转移的过程。因此，我国官方和学界经常用“城镇化”这个词代替“城市化”。在本研究中，我们不深究这两个词的差异，认为二者基本含义相同，没有本质的区别。

中国的城镇化是世界城市化进程中的一支重要力量。2000年以后，中国城镇化进入了快速发展阶段，持续快速的城镇化现象与经济的快速增长相伴而生。2017年，中国城镇化水平达到58.52%，据预测至2050年，城镇化水平有望达到75%。过去的一二十年时间，中国城镇化基本上平均每年以一个百分点左右的速度在增长，城镇化水平正在不断接近发达国家。

（三）中国城市群发展动态

近年来，我国城市规模不断扩大，城镇化水平持续提高。国家统计局相关统计结果显示，2016年末，我国各级各类城市总数量达到657个。分地区看，东部地区地级以上城市和县级市共有213个，中部地区共有169个，西部地区共有186个，东北地区共有89个。“2016年末，全国建制镇数量达到20 883个，比2012年末增加1 002个。在地级以上城市中，按2015年末市辖区户籍人口划分，100万～300万人口规模的城市数量增长迅速，达到121个，比2012年增加15个；300万～500万人口规模的城市13个，增加4个；500万以上人口的城市达13个，增加1个。2015年末，地级以上城市行政区域土地面积73.3万平方公里，比2012年增长11.6%。其中，建成区面积40 941平方公里，增长13.3%。”① 城市规模、数量和人口的快速增长体现了我国城镇化率的大幅提升。改革开放以来，我国城镇化率从1978年的17.92%提高到2017年的58.52%，

① 城镇化水平持续提高　城市综合实力显著增强［EB/OL］.（2017-07-12）. http://www.shaanxitj.gov.cn/site/1/html/126/131/137/15969.htm.

这些都为城市集聚效应的增强和城市群的形成奠定了基础。

2014年，我国初具规模、得到公认的21个城市群分别是“长三角城市群、珠三角城市群、京津冀城市群、山东半岛城市群、中原城市群、长江中游城市群（包括武汉城市群、环洞庭湖城市群、长株潭城市群、环鄱阳湖城市群、江淮城市群）、辽中南城市群、海峡西岸城市群、成渝城市群、关中城市群、呼包鄂城市群、兰州城市群、乌昌城市群、黔中城市群、银川城市群、拉萨城市群、太原城市群、滇中城市群、哈大齐城市群、南宁城市群和琼海城市群”①。其中，东部有6个，中部有3个，西部有10个，东北有2个（见图1）。我国城市数量和城市群数量较多的是东部和西部地区。西部地区地域较广，虽然城市总数量也较中部和东北多，但是城市密度不高。东部地区城市密集，城市数量较多，规模较大。东部地区是我国城市群分布的主要区域，长三角、珠三角、京津冀等重要的城市群均位于东部地区。2015年，长三角、珠三角、京津冀三大城市群以5.2%的国土面积集聚了23%的人口，创造了39.4%的国内生产总值，成为带动我国经济增长的发动机和参与国际经济竞争与合作的重要平台。总的来说，我国适合城镇化的国土面积有限，要提高城市的集聚效应，形成以交通枢纽和重要节点城市为中心的带状城市群空间形态和内在经济联系网络，继续以城市群作为推进城镇化的主体形态是我国未来城市发展的战略选择。

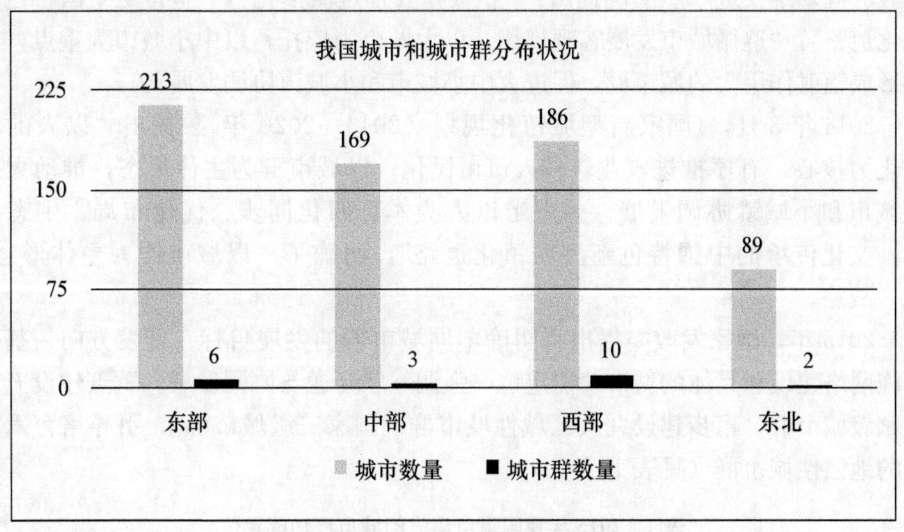

图1　2014年我国城市与城市群分布状况

① 刘士林，刘新静，等. 城市群：未来城镇化的主平台［N］. 光明日报，2014-06-03.

从全球城市群的发展趋势来看，欧美等发达国家的城市群经过一百多年的发展，已经进入成熟发展阶段，城市群规模和结构变化相应减少。并且随着世界经济中心转移到亚太地区，承载世界经济中心转移功能的城市群相应转移到亚太地区，尤其是转移到中国。从这种意义上来说，中国是21世纪全球城市群发展的主战场，将要面临城市群发展中的各种挑战和问题。

二、关中城市群城镇化路径选择研究的背景和原因

（一）中国城市群发展战略及意义

城市群是城市化发展的高级形态，是全球城市化发展的客观和普遍趋势，也是我国新型城镇化道路的核心支撑体系。当前在我国，单体城市之间的竞争已越来越多地被城市群的协同发展所取代，城市群已成为城市化发展的最重要的实体形态。在国家城镇化建设的战略层面上，我国政府的城市化政策调整的方向就是以城市群为主导的城市化发展模式，即依托大城市，发展若干城市群和城市带，最大限度地发挥大城市对区域经济的带动作用。

“十一五”规划纲要首次提出“把城市群作为推进城镇化的主体形态”，“十二五”规划纲要进一步明确提出：“积极稳妥推进城镇化”，“坚持走中国特色城镇化道路”，“遵循城市发展客观规律，以大城市为依托，以中小城市为重点，逐步形成辐射作用大的城市群，促进大中小城市和小城镇协调发展”。

2014年3月，《国家新型城镇化规划（2014—2020年）》提出“以人的城镇化为核心，有序推进农业转移人口市民化；以城市群为主体形态，推动大中小城市和小城镇协调发展；……走以人为本、四化同步、优化布局、生态文明、文化传承的中国特色新型城镇化道路”，明确了“以城市群为主体形态”这一战略。

2015年，国家发改委提出将明确不同城市群的发展目标、开发方向、基础设施网络建设和具体的城市功能定位，强调互联互通与协同发展。重点建设五大国家级城市群，稳步建设九大区域性城市群（国家二级城市群），引导培育六大新的地区性城市群（见表1）。

表1　2015年我国重点建设的城市群功能定位

重点建设的城市群功能定位	城市群名称
五大国家级城市群	长江三角洲城市群、珠江三角洲城市群、京津冀城市群、长江中游城市群、成渝城市群

续表

重点建设的城市群功能定位	城市群名称
九大区域性城市群	哈长城市群、山东半岛城市群、辽中南城市群、海峡西岸城市群、关中城市群、中原城市群、江淮城市群、北部湾城市群、天山北坡城市群
六大地区性城市群	呼包鄂榆城市群、晋中城市群、宁夏沿黄城市群、兰西城市群、滇中城市群、黔中城市群

2016 年 3 月发布的“十三五”规划纲要提出，要在我国东部、中西部、东北等地区打造 19 个城市群，形成更多支撑区域发展的增长极。通过打造城市群，促进地区之间的互联互通，实现共享发展。

城市群具有强大的产业集聚功能，有利于集约利用土地资源，提升环境消费的规模经济效应，促进消费和经济可持续增长。城市群可以在更大范围内实现资源的优化配置，产生巨大的协同效应，有利于促进地区之间的互补合作和合理分工，实现共享发展，促进城市群内部各城市以及城市群整体的发展。

（二）关中城市群在国家战略中的重要意义

1. 关中城市群规划的提出

按照 2008 年陕西省政府出台的关于关中城市群的规划，关中城市群包括西安市、宝鸡市、铜川市、咸阳市、渭南市和杨凌示范区，土地面积 5.55 万平方公里，占陕西省总面积的 27%，集中了全省 63%的人口，聚集了全省 80%的科技实力，创造的 GDP 占全省的 63%。关中地区沿渭河和陇海线，是我国重要的加工工业基地，陕西省的大工业集聚地。关中城市群内高等院校和科研单位集中，文化教育发达，旅游资源丰富，在全省经济振兴中起着辐射南北、带动全局的作用，是西北地区经济和人口的重要集聚地，是西北部经济发展的区域经济增长极。

关中城市群规划和建设从 2004 年到 2018 年，已走过 14 个年头。早在 2004 年，国务院就曾提出“构建大关中城市群”的议题，当时意在将河南三门峡、山西运城、甘肃天水等城市纳入大关中经济带，但因这几个城市不属于西部地区，导致这一提议被搁浅。

2008 年 8 月，陕西省人民政府通过《关中城市群建设规划》，首次提出关中城市群规划蓝图。“以陇海铁路陕西段为一轴，以关中公路大环线为一环，以渭南至韩城、咸阳至铜川和彬县、长武、旬邑三线为走廊，构建关中‘一轴一环三走廊’的城镇空间格局。”2009 年，国务院批复通过关中—天水经济区发展规划，与关中城市群遥相呼应，使关中城市群建设速度加快。“关中—天水经济区，以大西安（含咸阳）为中心城市，宝鸡为副中心城市，天水、渭南、铜川、商洛、杨凌、庆阳、平凉、陇南等为次核心城市，依托陇海铁路和连霍高速公路，形成中国西部发达的城市群和产业集聚带。”①

2013 年，习近平提出“一带一路”建设规划，关中城市群建设成为“一带一路”倡议的重要内容。2015 年 11 月 3 日，“关中城市群”这个概念首次被明确列入国家级发展规划中，当时《中共中央关于制定国民经济和社会发展第十三个五年规划的建议》提出，要在东部、中西部、东北等地区打造 19 个城市群，形成更多支撑区域发展的增长极。

2014 年出台的《国家新型城镇化规划（2014—2020 年）》指出，今后城市群的建设重点将放在中西部。以西安为中心的关中城市群建设将成为推动陕西经济腾飞，实现陕西乃至西北地区整体追赶超越发展目标，打造丝绸之路经济带的中国中心和亚欧合作交流的国际化大都市西安的必由之路。

2018 年 2 月，国家发改委发布了《关中平原城市群发展规划》。至此，国家级城市群正式升级为 8 个。继京津冀城市群、长江中游城市群、成渝城市群、哈长城市群、长三角城市群、中原城市群、珠三角城市群之后，关中平原城市群正式加入这一行列。同时，《规划》明确提出将作为关中平原城市群核心的西安建设成为国家中心城市。西安继北京、天津、上海、广州、重庆、成都、武汉、郑州之后，跻身成为国家第 9 个中心城市。《规划》还将商洛市的部分区、县，山西省和甘肃省的部分市、县纳入关中城市群范围，使关中城市群范围扩大到陕西、甘肃、山西三个省份（见表 2）。新规划的关中平原城市群土地面积 10.71 万平方公里，2016 年末常住人口 3 863 万人，地区生产总值 1.59 万亿元，分别占全国的 1.12%、2.79%和 2.14%。规划期为 2017—2035 年。关中平原城市群规划将有利于发挥其承东启西、联结南北的区位优势，有利于引领和支撑西北地区开发开放、推进西部大开发，有利于纵深推进“一带一路”建设。

表 2　关中平原城市群所辖城市、区

地级市	县级市	下属县（县级市）
西安市		蓝田县、周至县
咸阳市	兴平市	三原县、泾阳县、乾县、礼泉县、永寿县、彬县、长武县、旬邑县、淳化县、武功县
铜川市		宜君县
宝鸡市		凤翔县、岐山县、扶风县、眉县、陇县、千阳县、麟游县、凤县、太白县

① 陕西省人民政府．关中城市群建设规划［Z］，2008.

续表

地级市	县级市	下属县（县级市）
渭南市	韩城市、华阴市	华县、潼关县、大荔县、合阳县、澄城县、蒲城县、白水县、富平县
商洛市		商州区、洛南县、丹凤县、柞水县
运城市		永济市、河津市、芮城县、临猗县、万荣县、新绛县、稷山县、闻喜县、夏县、绛县
临汾市		尧都区、侯马市、襄汾县、霍州市、曲沃县、翼城县、洪洞县、浮山县
天水市		甘谷县、武山县、秦安县、清水县、张家川县
平凉市		崆峒区、华亭县、泾川县、崇信县、灵台县
庆阳市		

2. 关中城市群与“一带一路”倡议

2013 年，习近平主席出访中亚和东南亚国家期间，先后提出共建“丝绸之路经济带”和“21 世纪海上丝绸之路”的重大倡议。丝绸之路经济带倡议是新时期我国向西开放和区域协调发展的重要举措，一方面，有助于提升我国西部地区对外开放的水平，促进中西部地区资源要素的集聚，推动区域经济结构调整和转型升级；另一方面，通过构建新的区域经济合作组织，有利于形成国际经济新格局，在保障国家安全的同时，进一步拓展中国发展空间。

我国提出的建设 20 个大小不等、规模不同、发育程度不同的城市群中，有 8 个城市群位于丝绸之路经济带上，7 个位于 21 世纪海上丝绸之路上，合计共有 15 个位于“一带一路”上，占全国城市群总数的 75%。关中城市群处于“一带一路”的核心区域，“一带一路”倡议的提出，为关中城市群的发展提供了重大机遇，而关中城市群的发展也将成为“一带一路”倡议的重要推手。关中城市群是西北地区经济和人口的重要集聚地，作为西北地区工业基础较好地区，是西北部经济发展的区域经济增长极。陕西处于丝绸之路经济带新起点的龙头地位，以西安为中心的关中城市群的建设与发展，有利于西北地区的优势互补、要素聚集、产业结构升级优化，推进“一带一路”沿线城市经济社会的发展，推动中亚乃至整个欧亚大陆的区域大合作。与此同时，“一带一路”倡议为关中城市群发展提供了良好的基础与条件，与沿线各国合作，提高国际化程度，提升城市群的整体竞争力和辐射力，将会在一定程度上破解陕西乃至西北地区经济发展中存在的困境。

（三）关中城市群城镇化路径选择研究的重要意义

从全国范围来看，陕西经济和社会发展水平并不理想，陕西要想实现追赶超越发展，就必须抓住“一带一路”建设的机遇。在“一带一路”倡议中，作为丝绸之路经济带新起点的陕西发展的一个重大战略就是“构建和推进以大西安为中心的关中城市群”，增强对外吸引力，引领陕西乃至西北的发展。

近年来，陕西省域经济发展增速略高于全国平均值，但优势并不明显，很多学者认为陕西经济后续乏力的风险较大，其原因在于城市经济的发展水平低。陕西省2015年、2016年连续两年在全国省域GDP排名中居于第15位，但作为陕西省省会城市的西安2015年、2016年在全国城市GDP排名中均居于第26位，而咸阳市则更逊一筹。这说明陕西省城市经济的规模与陕西省整体经济规模不匹配，城市经济相对落后，这将成为陕西经济发展的短板。因此，陕西省的经济发展战略必须将以西安为中心的关中城市群的发展作为省域经济发展的重要推手。

另外，关中周边地区有几个跨省域的城市群，如成渝城市群、长江中游城市群、中原城市群和呼包鄂榆城市群，规模都比关中城市群大，对以西安为中心的关中城市群形成较大的压力和挑战。如果关中城市群不能提速发展，未来有可能无法担负起丝绸之路经济带新起点和“一带一路”核心区的重任，陕西与周边各省的差距将进一步扩大。

《2016年陕西省政府工作报告》中明确提出，“以城镇群为主要形态推进大中小城市协调发展。按照大西安为核心、宝鸡为副中心定位，促进西铜、西渭、西商一体化发展，打造丝绸之路经济带最具核心竞争力的关中城镇群”。这一发展规划大体上确定了关中城市群的发展方向和策略，也表明了城镇化路径在推动关中城市群发展中的重要作用。

城镇化过程中，伴随着人口不断从周边农村转移到各级城市中来，大城市不断扩张，中小城市的规模、质量也在不断增加和提升，城市群的增长极作用不断显现。可以说，城镇化的水平和质量在很大程度上决定着城市群的发展程度，选择合适的城镇化路径对促进城市群和经济社会全面发展起着至关重要的作用。

城镇化意味着农业人口向非农人口的转变，身份的转变又带来生产方式和生活方式的转变，以及劳动生产率的提高和消费潜力的巨大释放。但是，传统的城镇化发展模式在快速扩张的同时，忽视了环境和资源的约束性，出现了不重质量重数量、人为城市化、大量浪费土地等自然资源的弊端。党的十八大正式提出了新型城镇化的概念，十八大报告明确提出：“坚持走中国特色新型工业化、信息化、城镇化、农业现代化道路，推动信息化和工业化深度融合、工业化和城镇化良性互动、城镇化和农业现代化相互协调，促进工业化、信息化、城镇化、农业现代化同步发展。”新型城镇化摒弃片面追求经济增长的做法，强调城镇化过程中各要素的良性互动和可持续发展，新型城镇化以破解城乡二元结构，推动城乡一体化，实现城乡公共服务均等化和城乡和谐发展为主要目标。新型城镇化强调以城镇化内在质量的全面提升带动城乡经济与社会的全面发展，城镇化由偏重数量规模增加转向内涵式发展。

改革开放以来，我国城镇化率已从1978年的17.9%增长到2017年末的58.52%。根据陕西省统计局的相关统计，2011—2016年，陕西省常住人口城镇化率从47.30%增加到了55.34%，城镇化率居西部地区第四位，城镇化率年均提升1.61个百分点，高于全国同期1.21个百分点的平均增幅水平（见表3、图2）。

表3 2011—2016年陕西省常住人口数量及城镇化率

指标	2011年	2012年	2013年	2014年	2015年	2016年
常住人口数量（万人）	3 733	3 753	3 764	3 775	3 793	3 813
常住人口城镇化率	47.30%	50.02%	51.31%	52.57%	53.92%	55.34%

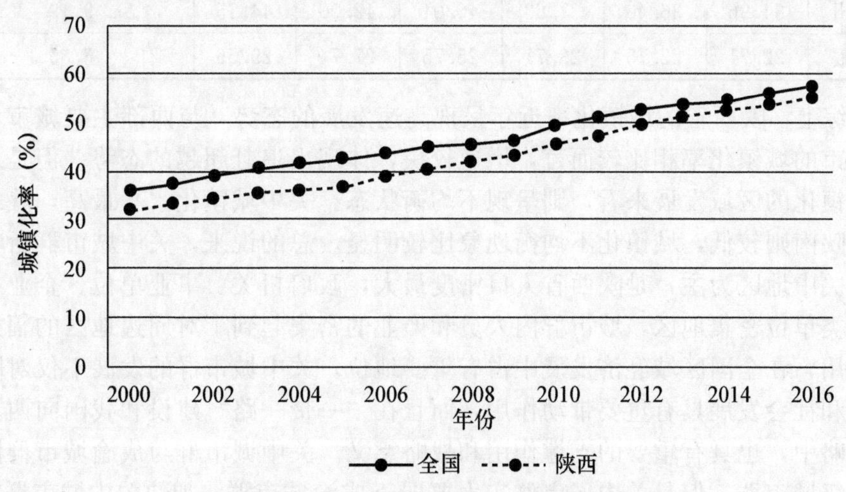

图2 2000年以来全国与陕西省常住人口城镇化率

与西部各省相比，2011—2016年，陕西省城镇化率提高了8.04个百分点，提升速度位居西部地区第三位，次于贵州和云南（见表4）。陕西省城镇化率与全国平均水平的差距由2011年的3.98个百分点缩小到2016年的2.01个百分点，年均缩小近0.4个百分点。自2012年起，陕西省城镇人口首次超过农村，占总人口比重达到50%以上。2015年城镇人口首次突破2 000万人；2016年增长至2 109.9万人，较2011年增加了339.65万人。

表 4　2011—2016 年西部省（区、市）常住人口城镇化率（%）

地区	2011 年	2012 年	2013 年	2014 年	2015 年	2016 年	2016 年较 2011 年提高（百分点）
重庆	55.02	56.98	58.34	59.60	60.94	62.60	7.58
内蒙古	56.62	57.70	59.71	59.51	60.30	61.19	4.57
宁夏	49.82	50.67	52.01	53.61	55.23	56.29	6.47
陕西	47.30	50.02	51.31	52.57	53.92	55.34	8.04
青海	46.22	47.44	48.51	49.78	50.30	51.63	5.41
四川	41.83	43.50	44.90	46.30	47.69	49.21	7.38
新疆	43.54	44.00	44.47	46.07	47.82	48.35	4.81
广西	41.80	43.60	44.81	46.01	47.06	48.08	6.28
云南	36.80	39.30	40.48	41.73	43.30	45.03	8.23
甘肃	37.15	38.75	40.13	41.68	43.19	44.69	7.54
贵州	34.96	36.40	37.83	40.01	42.00	44.15	9.19
西藏	22.71	22.75	23.71	25.75	27.74	29.56	6.85

综上，陕西省的城镇化率近年呈现高速发展的态势，与西部主要城市和全国城市的城镇化率相比较而言，增速较快，体现出追赶超越的态势。但是从全省城镇化的区域发展来看，则呈现不均衡状态。关中城镇化水平最高，陕北次之，陕南则较低，城镇化不均衡现象比较明显。总的说来，关中城市群所在区域以关中地区为主，是陕西省人口密度最大，政府机关、事业单位、企业等各级各类单位密集地区，城市群内人员和产业的密集起到了对周边地区的辐射带动作用，在全国区域经济发展中占有重要地位。关中城市群的发展不仅对陕西经济和社会发展具有重要带动作用，而且在"一带一路"建设和我国向西开放的战略中，也具有重要的支撑作用和战略意义。关中城市群与成渝城市群同为国家级城市群，但是关中城市群实力要弱于成渝城市群，加快关中城市群的发展可以让西北与西南齐头并进，带动整个西部的发展，从而助力国家区域均衡发展。

目前，关中城市群在新型城镇化建设过程中还存在着一系列问题，如：城镇化综合带动力不足，除西安外的其他城市实力较弱，辐射能力不强；城市群内部各不同区域城镇化增速和水平不均衡，城市群内部各市镇分布大多以陇海铁路为核心，呈单核化结构；城市群内城市等级断层，中小城市发展缓慢，小城镇长期处于低水平发展状态；城镇化发展缺乏强有力的产业支撑，人民生活水平有待提高。这些问题的解决在很大程度上取决于关中城市群城镇化路径选择的科学性和现实性。陕西省第十二次党代会将新型城镇化作为陕西经济社会发展的重要动力之一，新型城镇化成为促进关中城市群发展和陕西省经济社会进步的重要动力和抓手。新型城镇化追求集约化、生态化的发展模式，以市场机制为动力，合理调整产业结构，转变经济增长方式，是一种注重质量、以人为本的城镇化模式。在新型城镇化指导方针下，如何选择和确定关中城市群城镇化路径成为当今陕西乃至西部发展需要解决的重要问题，这一问题的研究对于陕西经济社会发展以及中西部发展具有重要作用和意义。

三、关中城市群城镇化发展现状及存在的问题

（一）关中城市群城镇化发展现状

1. 关中城市群经济发展状况

2016 年，关中城市群常住人口 2 385.08 万人，实现生产总值 11 585.17 亿元。近年来，关中城市群城镇化稳步提升，区域差距逐渐缩小。表 5 通过选取部分经济发展指标来说明关中城市群经济结构及其发展。

表 5　2016 年关中城市群经济发展指标（部分）

指标	统计数据	占全省比重	较上年增长比重
常住人口（万人）	2 385.08	62.88%	0.51%
生产总值（亿元）	11 585.17	64.28%	4.68%
第二产业产值（亿元）	5 420.98	59.69%	−1.15%
工业增加值（亿元）	4 077.90	55.52%	−3.93%
社会固定资产投资总额（亿元）	13 432.49	66.57%	5.68%
规模以上工业总产值（亿元）	12 862.98	63.08%	4.29%
社会消费品零售总额（亿元）	5 247.78	79.78%	11.32%

资料来源：《陕西区域统计年鉴（2016）》。

从表 5 中数据可以看出，关中城市群的经济发展在全省的经济发展中占据重要地位，但各项经济增长指标同比增长幅度却表现相对乏力。其中第二产业产值以及工业增加值均出现负增长，说明近年来关中城市群严重缺乏发展动力。其中第二产业产值占全省第二产业产值的比重仅为 59.69%，说明关中城市群工业产值切实需要得到提升，用以满足关中城市群发展的需求，同时也说明关中城市群的第二产业经济体量有限，需要加快城市间产业布局建设，尽快提升关中城市群的工业竞争力。

2. 关中城市群城镇化发展水平

推动城镇化发展的主要动力是经济增长，经济增长水平和城镇化水平密切相关，一般情况下，经济水平高的地区其城镇化水平也较高。对关中地区经济发展以及城镇化发展的研究需要放在陕西省全省范围，从陕西省三大区域近年来的经济发展及城镇化发展过程中能够看到其发展的轨迹与规律。

从经济增速来看，三大区域经济增速走势基本相同（见图 3）。2000—2008 年，三大区域经济增速均处于较快上升轨道，尤其是 2006—2008 年这三年，三大区域均处于较快增长期，其中陕北地区增长最快，高于关中和陕南。从 2009 年开始，受国际和国内经济环境的影响，陕西省全省经济增速下降，从 2011 年开始，经济增速进入下降区间。这一时期，三大区域经济增速下降的幅度不同，陕北增速大幅下降，关中增速下降趋缓，陕南增速下降幅度最小。2011—2016 年，陕南增速比关中平均高 1.4 个百分点，比陕北平均高 4.3 个百分点，陕南经济实力与关中和陕北的差距不断缩小。

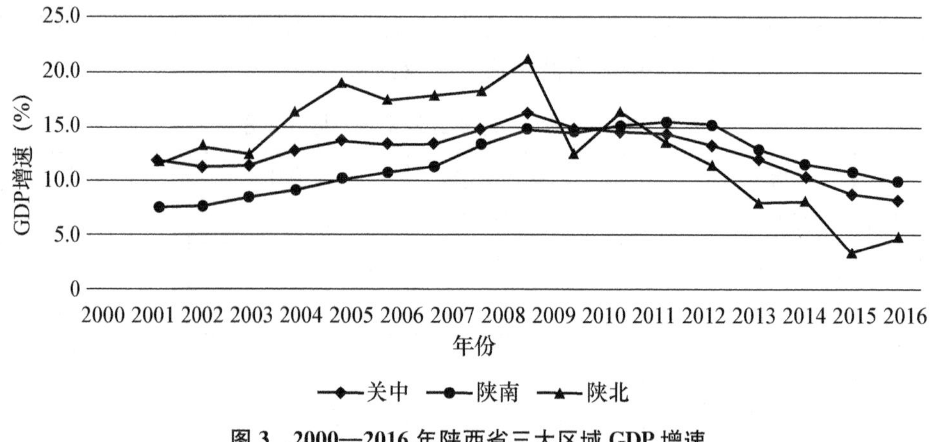

图 3　2000—2016 年陕西省三大区域 GDP 增速

资料来源：陕西省统计局。

从三大区域的城镇化水平来看，经济最发达的关中地区城镇化率也最高。2016 年关中城镇化率为 58.2%，陕北为 57.4%，陕南为 45.9%。陕北和关中城镇化水平已差别不大，相比而言，陕南城镇化水平则较低。但是陕南城镇化发展速度最快，2016 年较 2011 年提高了 10.5 个百分点，关中和陕北分别仅提高了 7.0 和 8.5 个百分点。陕南城镇化率与关中的差距从 2010 年的 15.8 个百分点缩小到 2016 年的 12.3 个百分点，可以说，三大区域城镇化水平的差距正在不断缩小，未来可能会实现均衡发展（见图 4、图 5）。

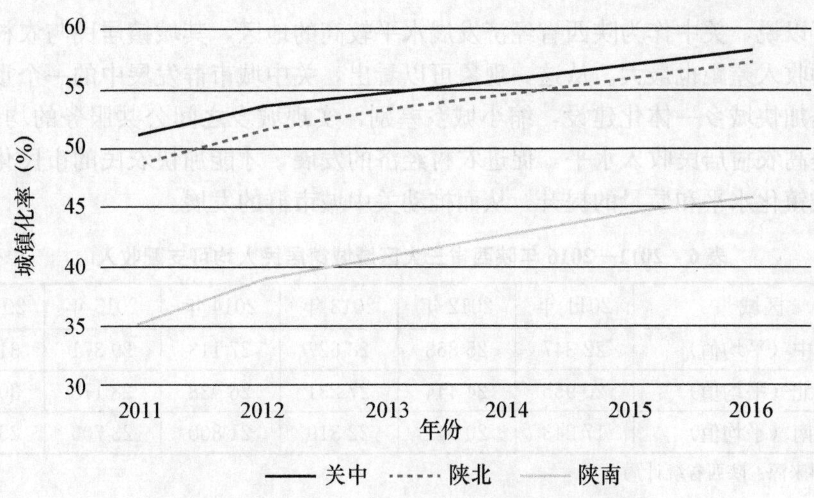

图 4　2011—2016 年陕西省三大区域城镇化率

资料来源：陕西省统计局。

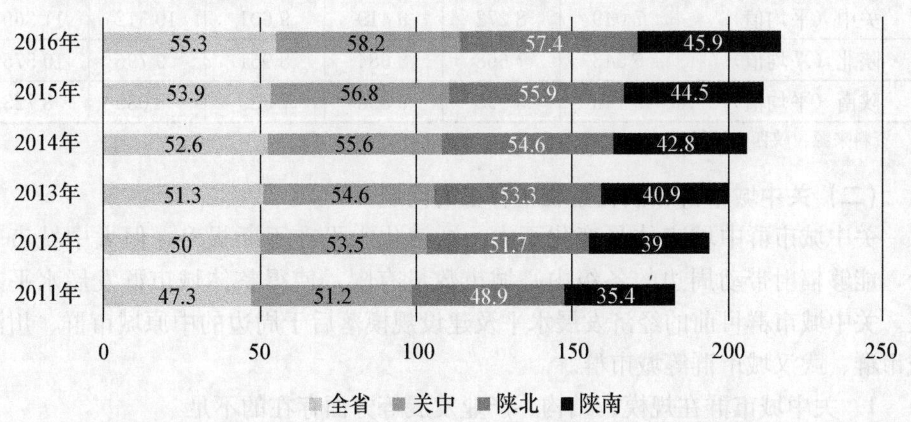

图 5　2011—2016 年陕西省及其三大区域城镇化率变化情况（%）

资料来源：陕西省统计局。

城乡居民收入水平与经济发展水平高度相关，是影响城镇化发展的重要因素，一般而言，居民收入水平高的地区城镇化水平也较高。从表 6 和表 7 可以看出，由于城乡差别的存在，陕西省三大区域的城镇居民收入均高于农村居民收入。从三大区域的居民收入结构来看，陕西省三大区域居民收入水平不均衡，存在较大差别。2011—2016 年，关中城镇居民收入和农村居民收入均高于陕北和陕南，陕南城镇居民收入和农村居民收入最低。另外，从三大区域的城乡居民收入差距来看，关中城镇居民收入和农村居民收入差距最大，陕北次之，陕南最小。可以说，关中作为陕西省经济发展水平较高的地区，其城镇居民与农村居民之间的收入差距也最大。从这一现象可以看出，关中城市群发展中的一个重要任务应是加快城乡一体化建设，缩小城乡差别，实现城乡之间公共服务的均等化。只有提高农村居民收入水平，促进农村经济的发展，才能加快农民的市民化以及关中城镇化水平和质量的提升，从而推动关中城市群的发展。

表 6　2011—2016 年陕西省三大区域城镇居民人均可支配收入　　单位：元

区域	2011 年	2012 年	2013 年	2014 年	2015 年	2016 年
关中（平均值）	22 347	25 863	28 627	27 113	29 371	31 602
陕北（平均值）	20 955	24 444	27 231	26 038	28 178	30 237
陕南（平均值）	17 243	20 041	22 319	21 800	23 706	25 675

资料来源：陕西省统计局。

表 7　2011—2016 年陕西省三大区域农村居民人均纯收入　　单位：元

区域	2011 年	2012 年	2013 年	2014 年	2015 年	2016 年
关中（平均值）	7 049	8 272	9 419	9 601	10 512	11 369
陕北（平均值）	6 543	7 668	8 684	8 961	9 796	10 575
陕南（平均值）	5 146	5 998	6 838	7 325	8 039	8 723

资料来源：陕西省统计局。

（二）关中城市群城镇化过程中存在的问题

关中城市群中城市体量变化不大，城镇化水平在不断提升，但大中城市较少，能够辐射带动周边的各级中心城市数量有限，使得整体城市群发展水平有限。关中城市群目前的经济发展水平及建设规模落后于周边的中原城市群、川渝城市群、武汉城市群等城市群。

1. 关中城市群在规模、结构、产业发展等方面存在的不足

（1）城市群建设规模。

关中城市群和其他成熟的城市群相比，规模、人口、企业密度、经济总值各项指标都难以形成城市群的规模，专业化小城镇基础缺乏、经济体量规模较小，很大程度上限制了关中城市群的发展（见表 8）。

表 8　2016 年关中城市群主要市县非农人口规模等级结构

规模等级序列	市、县个数	城市名称
超大城市（城区常住人口 1 000 万人以上）	0	—
特大城市（城区常住人口 500 万～1 000 万人）	1	西安
大城市（城区常住人口 100 万～500 万人）	1	宝鸡

续表

规模等级序列	市、县个数	城市名称
中等城市（城区常住人口 50 万～100 万人）	3	咸阳、渭南、铜川
小城市（城区常住人口 50 万人以下）	较多	周至县、蓝田县、兴平县、华县等

从表 8 可以看出，关中城市群城市数量相对有限，地区发展之间相对独立，缺乏系列可以构建产业关联的大中小城市。关中城市群大城市较少，综合功能不突出，缺少与西安进行对话的特大城市，西安独大，拉大了与其他城市的发展差距。关中城市群中仅有西安为特大城市、宝鸡为大城市，咸阳、渭南、铜川为中等城市，其他城市均为小城市，大、中城市少，小城市发展滞后，城市等级不完善。关中城市群从城市规模上远不及周边城市群，大城市建设的缺位严重限制了关中城市群的推进进程。

（2）城市群结构。

首先，关中城市群各城市地域分布不均衡，在西安周围距离不到 100 公里的范围内聚集了咸阳、兴平、杨凌、渭南和铜川 5 座城市，占关中地区城市总量的 2/3。这种分布不利于整个关中地区的发展，城市群缺乏向周围更大范围辐射的能力。同时，西安一城独大，极化趋势明显，是典型的单中心城市群，支点城市缺乏，难以发挥城市群内城市逐级辐射的效应。

其次，关中城市群在内在结构布局和规划上缺乏整体观念，各城市的发展战略目标缺乏相互协调，产业结构趋同，无序竞争明显，导致重复建设和资源浪费。同时，地方保护、部门分割等现象时有出现，制约了产业布局优化发展，影响城市群整体优化和统筹发展。

关中城市群城际交通网络尚未实现完全的互联互通。城市群发展以大城市为核心，以卫星城市为依托，形成类似金字塔的结构。但从目前实践来看，关中城市群中西安独大，由于地方经济发展水平限制尚未形成得力的城市层次和分工体系，各地战略发展定位不准确，严重阻碍关中城市群建设的进程。

（3）城市群产业布局及发展。

关中城市群中大西安建设进行缓慢，大西安作为关中城市群的核心，在吸引产业转移、协调地区产业布局方面被给予厚望，但由于行政划分等诸多限制性条件，使得大西安建设始终难以形成规模。

关中城市群与周边的成渝城市群、中原城市群相比经济总量偏小，产业发展结构需要进行深度优化。关中城市群作为西部城市群，特别需要实体经济的支持以及产业协作的完整来促进地区经济实现真正的腾飞发展。

从表 9 中的产业结构变化情况来看，2010—2016 年关中地区第一产业占比平稳下降，由 2010 年的 9.4%下降为 2016 年的 8.0%；第二产业占比在 2012 年以前呈上升趋势，2012 年达到最高值 50.8%，后逐步下降至 2016 年的 45.9%；同期第三产业占比在 2012 年以前呈下降趋势，最低值是 2012 年的 39.8%，后逐步提高至 2016 年的 46.1%，比 2010 年提升了 4.7 个百分点。可以看出，关中地区的经济增长从主要由第一、二产业带动转为主要由第二、三产业带动，新服务业、城市商业综合体等新兴业态增长较快，带动第三产业的发展，使经济结构渐趋合理。

表 9　2010—2016 年关中地区三次产业结构（%）

年份	一产	二产	三产
2010	9.4	49.3	41.4
2011	9.5	50.4	40.1
2012	9.4	50.8	39.8
2013	8.7	50.2	41.1
2014	8.4	49.6	42.0
2015	8.3	46.8	44.9
2016	8.0	45.9	46.1

资料来源：陕西省统计局。

近年来，关中城市群装备制造业、科教产业、电子信息以及其他高端新兴产业发展较快，产业集聚效应明显。三星等知名企业在陕落户，形成产业链的延伸和互补，带动了关中城市群的经济发展。但是，总的说来，关中城市群在产业布局上没有根据产业发展的需要做到错位发展，大中小城市间在产业发展方面缺乏整合和协调。作为中心城市，西安的优势产业未能很好地发挥辐射带动作用，无法将产业链向其他城市延伸。关中城市群中产业同构现象较为严重，如西安市和宝鸡市工业产业同构程度较大，不利于城市群产业和技术等资源进行梯度转移，对产业链的延伸升级也存在影响。关中城市群内各区域之间竞争关系较为明显，难以发挥各区域优势，不利于经济快速增长。城市群内没有形成完整的产业分工协作体系，各地区之间各自为政，产业链条较短，难以实现协作发展。

2. 关中城市群城镇化发展的外部制约因素

(1) 社会经济因素。

近年来受国内外市场需求不足以及经济的结构性矛盾影响，陕西经济乃至关中经济经历了从高速发展逐步回归到稳步发展的过程。2006—2010 年，陕西经济呈现强劲发展势头，经济增速维持在两位数，最高曾达到 16.4%。2011—2016 年，全国经济增速逐渐放缓，在这一背景下，关中及陕西经济增速逐渐下降。这个阶段，由于受能源价格持续下跌的影响，市场需求萎缩，固定资产投资增速大幅回落，经济增速也随之下降。2011—2016 年，陕西全省经济增速持续下滑，增速分别为 13.9%、12.9%、11.0%、9.7%、7.9%、7.6%，六年间共下降了 6.3 个百分点。2017 年，陕西全省实现生产总值 21 898.81 亿元，比上年增长 8.0%，高于全国 1.1 个百分点，陕西经济有企稳加速的迹象。

城市群经济和社会各项事业的发展建立在整个区域经济发展的基础之上，近年来陕西全省经济发展水平和增速的提高为关中城市群发展创造了良好的外部经济条件，关中城市群经济水平的提升也为陕西全省经济发展做出了较大贡献。但是，由于关中以及陕西经济总量与国内其他先进地区比起来还有差距，经济发展整体还比较落后，在一定程度上制约了城市群的发展。

(2) 人口科技因素。

关中城市群是陕西经济的核心增长极，但在吸引人才方面远不及其他城市群具有优势。陕西省是教育大省，却不是人才强省。陕西拥有普通高等学校 80 所，各类科研机构 1 030 家，军工科研院所 30 多个，每万人中拥有专业技术人员 50 多人，高出全国平均水平，人才资源数量位于全国前列。可以说，关中城市群集聚了大量优势的高校资源和科研院所，每年毕业的各层次人才众多，但是一些成熟的人才更多地流向北、上、广、深等沿海发达城市，流向经济发达地区，关中城市群城镇化过程中对于人才的吸引能力有限，造成了人才的大量流失，使得高等教育投资成本难以回收，人才对城镇化建设的贡献能力严重减弱。另外，由于体制、机制等影响，留在陕西本地的人力资源也不能完全转化为产业优势，科技和教育优势未能强有力地推动经济发展，实力雄厚的大工业优势未能带动中小企业发展，这个现象曾被称为“陕西现象”。

近十年来，陕西从抓人才入手破解“陕西现象”，在人才强省的战略上取得了重大进步。2017 年 2 月，陕西省政府印发《关于进一步激发人才创新创造创业活力的若干措施》，通过一系列鼓励、激励人才创新创造创业的新措施，打破制约人才积极性发挥的政策瓶颈，推进人才发展体制机制改革，真正实现人才强省战略。同时，陕西省政府还公布了《陕西省“十三五”人才发展规划》，提出了到 2020 年全省人才总数量增长计划，以及专业技术人才和高层次人才在人才总量中提升比重的计划。同年 6 月，西安率先在全国同等城市中打造出“流程最简、门槛最低、条件最少”的落户政策。它与西安诸多人才新政一起，主动打造人才引流体系，助力西安“人才强市”建设。

另外，关中地区科技资源利用率低，丰富的科技资源并不能有效地向产业转移，并未形成对产业的巨大拉动能力。陕西省 90%以上的科技资源集中在关中。“‘十二五’期间，陕西省综合科技进步水平从 2011 年的 58.17%提高到了 2015

年的 62.96%，居全国第九位。科技进步贡献率从 2011 年的 52.07%提高到了 2014 年的 55.81%。"① 关中乃至陕西的科技水平在全国排在前列，科技进步的贡献率也有所上升，但是新产品销售和出口在全国排名比较靠后，说明新技术没有较好地转化为新产品。

近年来陕西省出台的一系列人才科教政策，正在有力地帮助关中地区补齐人才短板，突破瓶颈，更好利用得天独厚的科技创新土壤，将科技、教育、人才资源优势转化为发展的动能。

（3）文化方面的因素。

关中地区是华夏文明的重要发源地之一，其独特的饮食、风俗、民情、建筑等均呈现出鲜明的西部特征。关中地区最显著也最引人注意的文化属性是古都文明和以西北风情为特征的华夏文明和创新文化。独特的区域文化是区域经济社会发展的特色资源，它的形成是历史积淀与融合的结果，深厚的文化资源积淀可转变为促进区域经济发展的文化资本，增强区域竞争力。但是，关中地区作为华夏文化的发源地，其文化资源的多方面效应尚没有被完全开发。关中城市群城镇化建设推进过程中承接高新技术以及专业转移的同时，本地的文化产业资源开发潜力被忽视，文化资源的效应并没有完全表现出来。

西安作为关中城市群的首位城市，是闻名世界的历史文化古城。早在汉唐时期，古长安就是世界上最繁华、最具有国际影响力的城市，在漫长的历史时期对世界产生了重要影响。现在的西安，作为传统内陆城市，在国际文化交流和合作方面，还有很大的拓展空间。西安还需要不断加大文化产业的发展力度，在"引进来"和"走出去"两个方面不断探索，使古老的传统文化得以发扬。

关中城市群文化产业的发展，需要整合传统文化资源基础，使文化产业呈现跨地区、跨领域、跨行业、跨体制的集群化发展态势，并且在总体文化认同的基础上，根据各地文化的差异性打造文化产业链，通过文化资源整合促进整个区域经济和社会的协调发展，带动关中城市群的发展壮大。

（4）环境承载因素。

一方面，城镇化促进了社会经济、文化、科技等方面的发展，给人类创造了大量现代文明，使人们的生活方式和生活观念发生了巨大改变；另一方面，城镇化也造成了严重的生态破坏和环境污染，带来了大量的城市环境问题，如空气污染、水源污染、噪声污染、垃圾围城、交通拥堵等。自关中城市群概念提出以来，各地市积极推进战略布局与战略实施，在城市规模扩大的同时，城市环境承

① 陕西省"十二五"期间科技进步贡献率 55.81% [EB/OL]．(2016-09-05)．http://xian.qq.com/a/20160905/035566.htm.

载力也面临严重挑战，特别是环境污染、城市用地短缺等问题，严重削弱了中心城市核心增长作用的发挥。

总体而言，关中地区尤其是以西安为首的几个主要城市空气质量较差，已成为全国空气污染最严重的区域之一。目前，为加强综合治理，关中六市二区（宝鸡市、咸阳市、渭南市、铜川市、韩城市、杨凌示范区、西咸新区）签署了大气污染联防联控行动方案，这一方案参照京津冀协同发展经验，体现了关中城市群污染整体治理的思路，有望通过采取多种措施提升污染治理的能力和水平，从根本上减少污染物排放。另外，关中地区水资源短缺和水污染严重现象也是由来已久。关中地区污水排放量大且排放量逐年增加，导致近 90%的河段受到污染，自 1999 年起，生活污水已超过工业废水排放量成为城市水污染的首要来源。此外，关中城市群的核心城市西安近年来的交通拥堵问题也成为制约其发展的障碍，“缓堵保畅”任务艰巨。

由于以上生态和环境问题的存在，关中地区各城市在推进城镇化进程中受到限制，因此，以西安为中心，建立相互协调的环境保护联动机制，实施生态城市群的发展战略，是加强环境承载力、发展关中城市群的当务之急。

3. 关中城市群城镇化过程中的体制与机制障碍

近年来，随着关中城市群的不断发展，城市群发展中的区域治理问题愈加突出，现实中的区域治理在某种程度上存在着碎片化倾向，区域发展缺乏各主体共同认可的较高层面的制度建设规范，缺乏共同的强有力的执行行动，存在体制与机制障碍。

城市群作为一个由诸多不同等级城市组成的联系紧密的集合体，其个体城市的发展和城市群整体优势的发挥都需要各个城市政府之间良好的互动协作，需要改变以往的单体城市管理的思维，弱化城市之间的行政边界，打破体制与机制障碍，从更高层面上统筹城市群发展以及发展中利益的共享和成本的分担，建立良好的协作协调机制。

关中城市群涉及多个行政市区，城市群建设涉及各行政市区的切实利益，各行政市区对于城市群城镇化的制度规划难以达成共识，各行政市区之间发展战略不协调、地区封锁、行业垄断现象仍存在，由于地区割裂形成各地产业独自发展，产业互相支撑局面难以形成，产业投入机制单一，使得关中城市群内难以吸引更多成熟的产业转移项目落地，城市发展机制有待创新。此外，关中城市群各行政市区在城市群建设过程中欠缺联动机制，难以形成资源信息高效互补互通的模式。关中城市群各行政市区之间尚未形成真正的数据信息共享机制。关中城市群建设必然要实现信息数据的互流互通，使得各地能够共享大数据、共享资源，地区之间达成共享共建的共识，城市群城镇化建设才能更好地进行各项资源的功能定位，从而推动城市群的发展，但这些支持性的要素正是关中城市群建设过程中所欠缺的。

四、关中城市群新型城镇化推进路径

（一）关中城市群城镇化路径选择的依据

1. 以城市群为主体形态的多层次发展战略

我国已经进入城镇化快速发展阶段，“十三五”规划纲要明确提出，“坚持以人的城镇化为核心、以城市群为主体形态、以城市综合承载能力为支撑、以体制机制创新为保障，加快新型城镇化步伐”。城市集群发展模式有两方面的优势。一方面，可以克服中小城市与小城镇由于聚集效应不足而导致的城市发展效率低的缺陷，更好地解决就业和公共服务的供给等问题，避免分散化发展导致的资源浪费和环境破坏；另一方面，可以克服巨型城市和城市核心区域的无限扩展，把过度集中的城市功能分散到周围的中小城市中去，形成城市功能的多级组合，人口密度的合理分布。因此，围绕特大超大城市发展大中小城市与小城镇抱团的城市集群，是有中国特色的可持续城市化之路。我国的城市化应走以特大城市和大城市为核心，中小城市和小城镇协调发展的多层次发展道路。以城市群为主体形态的多层次发展战略不同于传统的城镇化发展战略，它强调不同层级的城市在城市群发展中的作用，以及如何处理好它们之间的关系，需要关注发展中人和环境方面的各种问题。

在城镇化发展方向上，我国政府长期以来虽然坚持大中小城市和小城镇协调发展的战略，但是大部分时期都主张限制特大城市人口规模，以防止出现大城市人口密集、交通拥堵、环境污染等社会问题。对于限制大城市过快增长这一观点，学术界仍然存在争议。有学者认为，当前我国城市化发展战略要顺应大城市发展的自然规律，不应人为限制大城市人口规模。如经济学家樊刚认为，中国正处在人口向中心城市聚集的阶段，限制大城市而鼓励发展小城镇不符合当前的自然规律。在当前工业化和城市化发展阶段，人口向大城市高集聚是经济和社会发展的基本规律，是人们理性选择的产物。以城市群为主体形态的多层次发展战略并不意味着限制特大城市的规模，多层次发展意味着要顺应经济发展规律，一方面，要尊重人口流动和大城市发展的客观规律，放开对特大城市的人口限制，最大限度发挥大城市的集聚效应和辐射效应；另一方面，要大力发展中小城市，并解决好人口的异地转移与就业问题，从更高层面统筹发展，实现大、中、小城市在功能上的承接和互补。

关中城市群属于高首位度分布，作为省会城市的西安，一家独大。西安作为城市群核心的集聚作用应该得到进一步发挥，其在关中地区的重要战略地位应得以强化，并应加快向国际化大都市迈进的步伐。同时，要加大力度积极培育关中城市群二级城市体系，完善城镇体系规模结构。宝鸡、咸阳、渭南处于关中城市群主要发展轴线上，且具备较好的经济基础，应逐渐发展成为特大城市，铜川、杨凌可以发展成为大城市。另外，要增加中等城市的数量，最终形成以西安为核心增长极，以宝鸡、咸阳、渭南为次核心增长极，具备完善的大中小城市体系结构的城市群，以提高区域整体功能和区域相互影响力。此外，还要完善小城镇建设。以城乡一体化发展为目标，以关中率先发展为依托，建设关中地区布局合理的城镇群。加快“一轴一环三走廊”沿线小城镇建设，使之成为具有产业带动力的工业、交通、商贸重镇及旅游文化名镇。

以城市群为主体形态的多层次发展战略要注重内涵式发展，要关注和解决一系列关系民生的社会问题，如人口与户籍相匹配、城乡公共服务均等化、城乡统筹发展、经济增长方式转变等。这些问题解决好了，城市化才能很好地推进，单纯人为地推动城市化是不现实的。

2. 以人为核心的城镇化理念

以城市群为主体形态的多层次发展战略需要通过新型城镇化道路加以推进。国务院总理李克强曾表示，新型城镇化是利于集约、低碳、人与自然和谐相处的城镇化，要实现城镇化的目标，推进城镇化的健康和可持续发展，以人为核心是一个重要命题，以人为核心意味着城镇化成功与否是以城乡居民能否成为城镇化的真正受益者和积极参与者为判断依据的。以人为核心的新型城镇化是党的十八大以来国家提出的一个城镇化战略新理念，这一理念是在全面总结和反思历年来国内外城镇化的经验与教训的基础上形成的，从更高层次上反映了党和政府的目标宗旨以及当前我国的国情，对城镇化发展具有目标导向的作用。

改革开放以来，我国城镇化进程快速发展，城镇化成为经济和社会发展的重要驱动力。城镇化过程中，农民转化为市民的过程释放了巨大的消费潜力，成为经济增长的重要推手。同时，城镇化过程也是劳动生产率提高的过程，农民由农业生产方式向工业和服务业生产方式的转变带来了经济生活的巨变，创造了大量的社会财富。美国经济学家斯蒂格里茨认为，21 世纪影响人类社会的两大事件，一个是美国的高科技，一个是中国的城市化。可见，中国的快速城镇化已成为中国和世界经济增长与社会发展的重要驱动力，引起了各方面的关注。然而，我国城镇化加快推进过程中也暴露出了诸多问题，如土地的城镇化快于人口的城镇化、常住人口的城镇化快于户籍人口的城镇化、城市中不同人群收入和生活水平差异扩大化、城市外来人口不能享受同等的社会福利、城市环境污染日益严重等。可以说，这些问题的产生和最终解决都与以人为核心密切相关。只强调经济增长和短期发展，忽视社会公平和长远发展，忽视最广大人民群众的利益，必定会让城市问题越来越严重；而注重以人为核心，强调发展和共享，则会发挥更强的激励作用，促进这些问题的解决和城镇化的良性发展。以人为核心的新型城镇化更加强调常住人口的市民化、城乡基本公共服务的均等化、环境的宜居性以及历史文脉的传承、精神文明的提升等。以人为核心的新型城镇化必须是由全体人民共享发展成果的城镇化。

为了贯彻以人为核心的城镇化发展战略，2016 年，陕西省政府出台《关于深入推进新型城镇化建设的实施意见》，提出了七项任务，如：以户籍制度改革为突破，推进农业转移人口市民化；加强城镇基础设施建设；完善城镇体系，优化城镇化格局；统筹城乡发展，建设美丽乡村；等等。这些任务围绕着城乡居民的生产、生活，以提高他们的生活质量为目标，体现了对以人为核心的城镇化理念的重视。

3. 低碳、可持续发展的城镇化目标和方向

新型城镇化不同于以往传统的城镇化，它以集约、智能、绿色、低碳为主要目标和方向。传统的城镇化以经济增长为主要目标，GDP 至上，忽略了环境友好、资源集约以及未来可持续发展的价值。粗放式的发展模式导致了城市以“摊大饼”式的扩张发展为主要特点，带来了一系列严重的社会问题。一些地区人为城市化现象严重，通过拆迁、征地强行将农民变为市民，但是由于城市经济吸纳能力有限以及这些新市民缺乏相应技能等原因，他们并不能快速适应城市生活、融入城市经济发展中，给社会制造了不安定因素；一些城市出现了掠夺式发展，消灭村庄、大建“鬼城”的现象导致资源浪费严重；一些城市在经济发展过程中不注重降低资源消耗和碳排放，过度依赖物质资源的投入，大量消耗能源资源带来了水资源短缺、交通拥堵、环境污染等问题，使城市宜居性严重降低；一些城市在发展过程中，片面追求经济增速，陷入卖地财政的陷阱，城市经济发展不可持续，后续发展乏力。

面对我国城镇化过程中的问题和挑战，政府政策层面需要转变粗放型的城镇化发展理念，树立绿色、低碳的可持续发展理念，在城镇化建设的各方面加强设计、不断创新。首先，在发展过程中，要合理布局发展空间，科学规划城市群规模和布局，将空间布局和各城市的产业发展、公共服务、吸纳就业等联系起来，防止城镇化脱离国情以及超越经济和社会发展水平导致的过度城镇化。其次，实现城市群产业结构的优化升级。城镇化发展和产业结构密切相关，城镇化的可持续发展需要产业结构的优化升级，产业结构能否成功地优化和升级是衡量能否实现新型城镇化的重要标准之一。因此，要大力培育有发展潜力的产业，形成合理的产业配套。同时，要重视发展和鼓励低碳产业，在建筑、交通、能源和资源利

用等方面不断倡导和践行绿色、低碳的理念，大力发展绿色、低碳、高效的新兴产业。

(二) 关中城市群城镇化路径选择的取向

1. 从注重数量增长型向注重质量提高型转变

1978—2014 年，中国城镇化率年均提高约 1 个百分点，城镇常住人口由 1.7 亿攀升到 7.5 亿，城镇化率为 54.77%。城市数量从 193 个增加到 653 个。新增城市大部分为中小城市，50 万人口以下的城市从 1978 年的 129 个增长到 2010 年的 380 个，农村地区的建制镇从 1978 年的 2 173 个激增到 2013 年的 20 113 个[①]。总体来看，我国城镇化率增长迅速，但是在增长中出现了注重数量增长、忽视质量提高的问题，表现为城镇化率低于“土地城镇化”增长率，“土地城镇化”增长率低于“人的城镇化”增长率。“据统计，在 2004—2014 年期间，城镇建成区面积年增长率为 5.1%，城镇常住人口增长率只有 3.6%，而城镇（非农）户籍人口增长率平均仅为 2.8%。”[②] 2017 年我国城镇化率为 58.52%，户籍人口城镇化率只有 42.35%。目前，尚有 2 亿多进城农民工尚未享受到和城镇居民同等的社会福利和基本公共服务。

我国城镇化率是以城市常住人口占城市总人口的比重来计算的，城市化率一般高于城市户籍人口比率。由于受户籍制度的影响，城市中大量的农业转移人口无法享受市民的公共服务和公共福利，其平均收入水平、消费水平低于普通市民。因此，我国的城镇化率指标被指责并不能完全反映城市化水平。“土地城镇化”则是指政府介入推动城镇化，主要参与途径是扩张土地财政，使用行政力量扩建城区，出让土地，追求城市建成区规模的扩张。“人的城镇化”则是以城市户籍人口占城市总人口的比重来表示城镇化水平，属于户籍人口统计口径。而“人的城镇化”意味着城市公共服务、文化和价值观、生活方式向农业转移人口渗透，是一种内涵式、高层次的城镇化。

自 1978 年以来，我国城镇化率的增长总体上低于城市建成区面积、城市建设用地面积的增长，即“人的城镇化”低于“土地城镇化”的增长。在以往近四十年的时间里，我国城市建成区的土地面积增长了 7 倍以上，而城市人口密度却下降了将近 45%。全国城市平均人口密度呈下降趋势，以西部城市人口密度下降最为显著。总体来说，由于城市人口增长速度落后于城市土地扩张速度导致城镇化过程没有体现人口的集聚。与此同时，城市空间规划不科学、土地利用效率低、用地浪费现象并存。因此，注重“土地城镇化”的发展模式只能是外延式、

① 国务院. 国家新型城镇化规划（2014—2020 年）[Z]，2014.

② 蔡昉. 走出一条以人为核心的城镇化道路 [J]. 决策探索，2017 (4).

粗放型的城镇化，是依靠“土地财政”推进的城镇化。

改革开放以来，全国很多地方在城镇化过程中片面追求城市建成区规模的增长而忽视了城市人口的集聚和城市化的内涵式发展，把农业转移人口当作劳动力，而没有看作城市的财富和主人，导致了“人的城镇化”滞后于“土地城镇化”的现象，关中和陕西也存在“摊大饼”式发展现象。“2012 年陕西省城镇用地增长弹性系数（城镇用地增长率与城镇人口增长率比）为 3.45，高于全国 1.85 和国际 1.12 的阈值。一些地方在城镇建设中实行‘摊大饼’式扩张，全省人均城镇用地面积 110.1 平方米，高于国家 100 平方米的人均标准。”①

新型城镇化最核心的问题是要实现农民工、城镇居民的市民化，城镇化发展重点要从“土地城镇化”向“人的城镇化”转变，从注重数量增长向注重质量提高转变。即以人的全面发展为导向，实现农业转移人口在就业机会、工资收入、社会保障、公共服务等方面享有同市民同等的待遇，实现公平共享的目标。

2. 从政府主导型向“市场主导，政府引导”转变

我国城镇化过程从动力机制来看，更多体现为政府主导的模式。在计划经济体制下，城市的规模、布局、发展方向、资源配置等都是由政府部门控制和实施的。改革开放以来，随着计划经济体制逐步向社会主义市场经济体制转变，政府对城市各项事业的管理由直接干预逐渐转变为以间接调控为主，但是政府始终是城镇化发展的决策者和执行者，政府力量依然强大。政府主导的城镇化模式能够迅速集中大量资源，实现资源要素的空间重配和经济的跨越式增长，通过城镇化规模的扩张，拉动内需，加快产业结构转型，助推经济的发展和城镇化的提速。这种模式虽然取得了显著成效，但是也带来了诸多问题，如土地资源浪费、投资决策失误等，导致城镇化的社会总成本过高和城市化泡沫的出现。

政府主导的城镇化表现出来的弊端越来越明显，如“城市病”现象的加重，社会发展的不均衡，城镇化动力不足，以及城镇化过程简化为行政区变更、政府圈地造城等。因此，政府主导的城镇化理念和行为应逐渐转变，在城镇化过程中，应更加重视市场的作用，从政府主导转向市场主导。中央政府在《国家新型城镇化规划（2014—2020 年）》中提出了“市场主导，政府引导”的理念，文件指出，将“更加尊重市场规律”，“使城镇化成为市场主导、自然发展的过程”。可以看出，政府在城镇化中依然发挥着引导作用，但是“更加尊重市场规律”显然是一个重大转变和进步。实行市场主导的城镇化战略，有助于城镇化自身内生动力的培养，减少“有城无市、有城无业、有城无人”、农民“被城镇化”和

① 陕西省人民政府. 陕西省新型城镇化规划（2014—2020 年）[Z]，2014.

“造城运动”等虚假城镇化现象的出现，通过资源的优化配置实现城镇化的内涵式发展。同时，还可以促进政府职能转变，减少社会风险。

3. 大中小城市协调发展

“十五”期间，国家就提出了“大中小城市协调发展的多样化”城镇化道路。《国家新型城镇化规划（2014—2020年）》也提出，“促进各类城市协调发展”，“优化城镇规模结构，增强中心城市辐射带动功能，加快发展中小城市，有重点地发展小城镇，促进大中小城市和小城镇协调发展”①。可以说，大中小城市协调发展很长时期以来一直是我国城镇化的发展策略，当前，在提倡城市群作为城镇化发展主体形态的情况下，更要加强城市群内部大中小城市的协调发展。

要明确的是，当前大中小城市协调发展的策略是建立在市场充分发挥作用的基础之上的，协调发展首先要尊重市场规律，不能人为地以行政化的方式过多地进行干预。比如，为了片面强调均衡发展，不顾市场规律，人为限制大城市的规模。再如，对一些位置较为偏远，没有足够经济实力的中小城市和小城镇，人为地进行规模扩张。这些表面上看是促进城市协调发展的做法，事实上最终会导致效率的降低和城市发展的失衡。

中小城市和小城镇可以依靠自身的某种条件和资源，发展某项专业职能和特色产业，或为大城市提供某种公共服务。城市群内中小城市和小城镇的充分发展能健全城市群发展体系。应建立良性的推动大中小城市协调发展的机制，从宏观层面加强区域规划的统筹协调，坚持实施城市群内的协调发展战略，对一个区域的不同城市进行合理的产业布局和分工，引导生产要素按照市场规律进行流动。

目前关中城市群的发展要积极对接“一带一路”倡议和西部大开发等国家战略，以西安为核心，发挥西安作为中心城市的规模效应和辐射作用，同时发挥宝鸡、渭南等大中小城市吸纳就业和带动周边发展的作用，推动大中城市向周边城镇延伸产业和服务链，促进城市群内部大中小城市和小城镇协调发展，加快城市群内经济一体化进程。

（三）关中城市群城镇化路径选择的对策

1. 寻找和定位关中城市群内部各城市特色和优势并进行深入挖掘

目前，关中城市群总体规模和经济体量较小，产业相关度低，可以通过挖掘和发挥城市群内各城市的优势和特色，打造城市群产业链，实现产业的转型和升级。要重点培育关中城市群内西安、咸阳、宝鸡、渭南、铜川、商洛等老区域经济增长极，也要加快杨凌、华阴等新区域经济增长极的培养，形成各具优势、特色鲜明的区域经济模块。

① 国务院．国家新型城镇化规划（2014—2020年）[Z]，2014.

西安在关中城市群中发挥着不可替代的重要作用，拥有较强的工业基础和科技实力，是我国中西部工业门类齐全、科技力量集中、创新实力强、发展潜力大的特大城市之一。西安创造了关中城市群 49.7%的生产总值、32.5%的工业增加值、46.8%的固定资产投资和 64.8%的社会消费品零售总额。作为关中城市群的首位城市和唯一特大型城市，西安具有较强的集聚和辐射作用。但是西安的首位度为 5.33，与西部川渝城市群中重庆市的首位度 7.5 相比，仍然有待提高，其集聚效应还应进一步提升。西安是继北京、上海之后，第三个从国家层面确定的以国际化大都市为发展定位的城市，第 9 个国家中心城市。2017 年，西安生产总值 7 469.85 亿元，同比增长 7.7%，在 15 个副省级城市中首次提升至第 9 位。

西安的发展战略中应强调加快大西安建设，由西安、咸阳、西咸新区三者组成的松散型西安向紧密型的“一体化”大西安迈进，尽快打破行政体制及其他方面的诸多障碍，统一规划、统一建设、统一管理，使大西安更好发挥关中城市群核心增长极的作用。大西安规划将大西安定位为“国家重要的科技研发中心、区域性商贸物流会展中心、区域性金融中心、国际一流旅游目的地以及全国重要的高新技术产业和先进制造业基地，将逐步建设成为世界城市之文化之都”。目前，西安正在积极创建国家“一带一路”综合改革试验区、国家军民融合创新示范区，构建“3+1”万亿级产业体系，推动基础设施的互联互通、生态共建共治等。

咸阳作为接受西安辐射最强的城市，其发展重点在于构建大西安区域发展新格局，推动西咸一体化建设，参与区域分工与合作，在经济和社会发展各方面与西安对接。其主导产业为电子、纺织等技术密集型产业和旅游业。

宝鸡是关中城市群的副中心，是通往西南、西北的重要交通枢纽，也是陇海铁路、宝成铁路、宝中铁路交会点，是中国境内欧亚大陆桥第三个大十字枢纽。宝鸡工业基础雄厚，工业门类齐全，是我国老工业基地。但是，宝鸡工业产业内在关联度低，技术水平有限，因此，宝鸡应走工业产业集群化发展道路，延伸产业链，提升产业层次，重点发展装备制造、有色冶金、能源化工、通信设备及其他电子设备制造业。

渭南位于关中城市群东部，曾经以发展化工、冶金等高耗能工业为主要优势产业，在推进供给侧结构性改革的背景下，渭南以建设大关中东部区域中心城市为重点，坚持推动工业转型升级，加快创新，向精细化工、装备制造、食品医药、新能源新材料、航天航空等现代新型工业转变。

杨凌示范区重点产业以农业教育、科研和发展农产品深加工为主，其发展目标是建立“生态型田园式”中国农科城，以其主导产业辐射和带动关中城市群农业的发展，加快农业科技创新和成果转化步伐，并加强农村基层农业技术服务。

铜川市作为关中城市群的资源型城市，需要在不断改造提升煤炭、水泥、铝业和电力四大传统主导产业的基础上，积极发展能源化工、机械制造和食品、医药工业等产业，实现工业转型，同时积极融入丝绸之路经济带建设。铜川市可以加强与渭北地区各市、区、县的合作，利用地缘优势，进行产业合作和协调，将铜川打造成渭北地区的专业市场和物流集散中心，建成跨关中、陕北的区域性经济、社会、文化中心。

另外，华阴、韩城、商洛是关中东部的三大门户城市，应将其建成向东开放的中心城市。

2. 构建关中城市群内部协调协同发展机制

城市群作为一种多中心、跨行政区域的城市集合体，区域治理尤其重要。近年来，随着关中城市群的不断发展，区域治理问题愈加突出，某种程度上存在着碎片化倾向，区域发展缺少较高层次的制度建设和广泛的协议共识，缺乏强有力的集体行动。城市群区域治理涉及两个层面：一是城市群内城市政府间的协调协同发展机制，是一种跨行政区、跨职能部门、跨行政层次的机制；二是城市群或城市内公私之间的合作，主要指政府与非营组织和私营组织之间的合作。其中，城市政府间的协调协同发展机制成为区域治理的重点，其建立和完善在很大程度上需要诉诸城市政府职能的转变以及合作共治能力的提升。

关中城市群内部各城市的发展以及城市群整体优势的发挥都需要加强府际关系的协调，需要打破单体城市管理思维，打破各城市之间以及城市内部的行政边界，从更高层面上统筹城市群的发展，实现发展中利益的共享和成本的分担，这就要求重塑政府治理理念和模式，界定政府的角色和职能，解决城市政府之间的利益冲突，化解行政约束，建立城市政府社会风险共同应对机制，不断提高政府治理能力。

城市群不只是一群在空间上集中分布的城市集合体，它更是不同层级城市之间通过合作机制在经济增长、公共服务等方面共建、共享，具有巨大聚集效应的共同体。城市群管理要求从更高层面做好顶层规划和城际合作从而实现各方的合作共赢。在城市群内部需要打破等级化的城市管理体系，改变土地、医疗、教育等公共资源按行政级别层层分配的方式，统筹公共服务资源，建立“公共服务资源和街道（镇区）新增人口挂钩”的机制，引导人口与各类资源均衡分布。

有政府实务部门人员建议关中城市群各城市向国家争取设立城市群建设联席会议制度，定时召开城市群市长联席会议，建立日常联系沟通机制，就城市群跨省、市基础设施建设、重大项目部署等一些重大问题进行协商和协调。为了发挥城市群核心、次核心城市在协调中的组织与主导作用，可以建立常设的协调工作机构，建立部门、行业间的合作协调机制，发挥核心城市对城市群其他城市的辐射带动作用，实现城市群协同发展。

3. 充分发挥关中城市群各类平台作用

2015 年 9 月 7 日，西安被列入国家八个全面创新改革试验区域之一，这对西安进一步凸显优势、通过创新实现结构优化和转型升级都具有重大推动作用。

2017 年 4 月 1 日，中国（陕西）自由贸易试验区成立，六大片区搭建起陕西自贸区的基本框架。根据方案，这六大片区分别是：陕西西咸新区、杨凌示范区、西安高新技术开发区、西安经济技术开发区、西安国际港务区、西安浐灞生态区。六大片区按照不同的区位特点，确定了不同的功能定位。西咸新区同时拥有国家级新区与自贸区两个重要身份，在双重支持政策影响之下，将拥有更大的发展空间和发展机遇。

陕西自贸区的设立，可以使西安更好地发挥丝绸之路经济带的重要枢纽作用，联结起丝绸之路经济带涉及的八个城市群以及丝绸之路经济带与长江经济带、沿海经济带，通过互相融合、协同发展，大大提升关中城市群的整体发展水平。陕西自贸区建设需要以制度创新为核心，加快形成高效统一、公平开放的市场环境，面向国际，形成更高层次改革开放新格局。

关中城市群在发展过程中，需要重视这些平台的作用，最大限度发挥平台对经济发展的支撑和推动作用，深化对内对外开放合作。

4. 推进关中城市群产业和城镇融合发展

近年来，我国部分城市片面强调跨越式发展，通过加快新区的开发和建设，盲目大拆大建来实现城市经济的增长和城市面貌的改善，结果导致城市建设“房地产化”“产业空心化”，“空城”“鬼城”等现象大量出现。为了避免这些现象出现，城市建设中应坚持产业和城镇融合发展，以产业带动城市规模的扩大和经济的增长，实现内涵式发展。

产城融合发展理念就是针对高速城镇化进程中出现的产业功能与城市功能分离的现象提出的，它强调城市发展要以产业为基础，产业发展要以城市为载体，城市化与产业化要相辅相成、互为基础。产城融合的推进可以避免盲目推进城市化导致的城市没有产业支撑、后续发展乏力等现象。产城融合还可以推动城市进行产业的升级换代、创新发展，实现跨越式发展。

关中城市群中的西安、宝鸡等城市应坚持以新兴产业为主导，瞄准高端产业和产业高端，优化产业结构，促进产业集聚，提升产业园区支撑力，推动产城融合。关中城市群内部各城市还可以不断推进和深化区域合作，支持企业以区域内优势企业为龙头，跨城市进行合作，发展产业集群，打造产业链，形成规模效应和品牌效应。

5. 大力推进关中城市群城乡一体化战略

城市的发展从来都不是孤立的，城市与农村有着密切的关联。城市群发展战略不仅要体现大中小城市和小城镇的协调发展，还要体现统筹城乡、引领城乡一体化的理念，良性的城镇化发展模式需要建立在城镇化与城乡一体化融合发展的基础之上。长期以来，我国城乡发展是不平衡的，乡村经济和社会各方面的发展远远落后于城市，城乡二元结构由来已久。城乡一体化就是要打破城乡分割、城乡对立和城乡间孤立封闭型体制及机制，使其转变为城乡一体、统筹发展和综合互动的体制及机制。

关中城市群的发展，需要改变传统重城轻乡的发展理念，将城镇化与新农村建设有机结合起来，重点应打造城乡共享的创业、创新、创造环境，推动农业产业化、农村工业化、农民生活城镇化的形成。比如，要深入研究和发展农村现代产业的新形态，发展乡村旅游、创意农业、农村电商等业态，运用农村的特色资源服务城市，同时也给农村经济开辟广阔的市场和发展空间。发展乡村旅游的一个思路和做法就是特色小镇建设，它把城市和乡村有机地联系在一起，是城乡融合的着力点和支撑点，是推进新型城镇化的抓手。在国家发改委确定的西部地区百座特色小城镇计划中，陕西共有 10 座特色小镇入选。这些特色小镇很多融合了自然、人文以及新经济特征，具有强大的生命力，促进了城乡生产要素的流动，加快了城乡一体化的进程。

推进城乡一体化，需要强化关中城市群城市建设，扩大就业，以就业带动人口转移，同时加快户籍制度改革和农业转移人口市民化进程，减轻农村人口压力，实现城市化的有序推进。同时，要加快农村现代化进程，使城市和农村具有差异化的竞争性，以经济发展带动城乡协调。

6. 发掘关中城市群深厚的历史文化积淀，切实推进文化城市群战略实施

城市的本质是文化，文化是城市发展的内在支撑力和动力源泉。文化发展水平决定着城市的生活方式，影响着城市的经济和社会发展模式，也在深层次上决定着一个城市群的发展道路。纵观国内外城市群的发展，可以发现，以人口、经济等为主要评价指标的“经济型城市群”正逐渐向以文化、生态和生活质量为主要评价指标的“文化型城市群”转变，因此，关中城市群的发展也应更加关注文化，走文化型城市群的发展道路。

文化既具有稳定的延续性，也具有自身的包容性和融合性。文化总是源于特定的地理环境，植根于特定的社会结构。而地理环境和社会结构直接或间接地决定了人们的生产方式和生活方式，孕育着特定的文化类型。走文化型城市群的发展模式，需要通过文化因素进行城市群区域整合，其前提是区域内具有共同的文化认同和文化的共享特征。关中地区最显著、最闪光的文化属性是以古都文明和

西北风情为特征的华夏文化和现代创新文化。这种文化共通性是关中走向文化型城市群建设的重要基础和条件，深厚的文化资源积淀可以成为区域经济发展的资本，增强区域竞争力。

首先，要明确关中文化城市群模式的目标。即综合自然资源、历史文化资源和各种高新技术产业的空间分布，以旅游产业和高新技术产业的方式，把各时期古都华夏文化、现代创新文化按照一定的秩序组织起来，以文化和空间的内聚力量整合关中城市群的区域发展。总体空间秩序是以西安（咸阳）为中心增长极的都市区、都市圈和外围若干次区域的复合结构，形成华夏文化第一区的中心品牌和创新文化的拳头产品。外围次区域的文化发展求同存异，强调核心内涵统一的同时，叠加自身的特色，形成主旨鲜明但不失多样性的内聚的文化格局和空间格局。

其次，通过多元化途径，实现文化产业的区域整合，建立具有鲜明层级体系和积极协调作用的城市群文化机制，促进关中城市群的发展。如以文化产业内容规划、文化创意设计推广为重点，实现文化产业跨地区、跨领域、跨行业、跨体制的集群化发展态势。在总体文化认同的基础上，根据各地文化的差异性打造文化产业链，推动文化的发展和资源的整合，从而促进整个区域的整合和发展。

参考文献

[1] 方创琳，毛其智，倪鹏飞. 中国城市群科学选择与分级发展的争鸣及探索 [J]. 地理学报，2015 (4)：515-527.

[2] 张五明. 对话樊杰（上）：让城市群不再是一群城市 [EB/OL]. (2013-12-03). http://www.igsnrr.ac.cn/xwzx/kydt/201312/t20131203_3989585.html.

[3] 郭俊华. 丝绸之路经济带背景下关中城市群发展路径研究 [J]. 西北大学学报（哲学社会科学版），2016 (4)：86.

[4] 刘科伟，陈宗兴. 陕西省城镇发展的回顾与展望 [J]. 经济地理，1995 (3)：41-46.

[5] 李丹. 陕西城镇化实现路径研究 [D]. 西安：延安大学，2014.

[6] 任宗哲，石英，牛昉. 陕西社会发展报告 2014 [M]. 北京：社会科学文献出版社，2014.

[7] 樊纲. 当务之急是发展大城市 [EB/OL]. (2017-06-24). https://house.focus.cn/zixun/2dd7c01 ca0dfd766.html.

[8] 蔡昉. 走出一条以人为核心的城镇化道路 [J]. 决策探索，2017 (4).

[9] 乔小勇. “人的城镇化”与“物的城镇化”的变迁过程：1978—2011 年 [J]. 改革，2014 (4)：88-89.

[10] 方创琳，毛其智. 中国城市群选择与培育的新探索 [M]. 北京：科学出版社，2015.

[11] 刘士林，刘新静. 中国城市群发展报告 2016 [M]. 上海：东方出版中心，2016.

[12] 樊华. 西安市户籍人口城镇化率位列全国第三 [N]. 西安日报，2017- 03-20.

[13] 姚士谋. 中国城市群新论 [M]. 北京：科学出版社，2016.

[14] 林先扬，陈忠暖，蔡国田. 国内外城市群研究的回顾与展望 [J]. 热带地理，2003 (1)：44-49.

商洛新型城镇化发展的成就、问题及对策

殷莉*

摘　要

近年来，商洛按照陕西省第十三次党代会上确立的“建成山水生态优美的西安后花园”目标定位，大力实施产业绿色化、城镇景区化、田园景观化的“三化”发展战略，城乡面貌焕然一新，城市建设成果丰硕。然而受到包括经济、规划、管理、文化及第三产业等发展不足的制约，商洛新型城镇化质量有待进一步提高。要不断强化规划的科学性和权威性，提高城市综合承载能力，加强城市文化建设，做大城市第三产业以及推动城乡融合发展等。

关键词： 商洛；新型城镇化；发展；成就；问题；对策

城市化水平是衡量一个国家和地区经济、社会发展水平的重要指标，也是衡量我国全面建成小康社会水平的重要标准。近年来，商洛按照陕西省第十三次党代会上确立的“建成山水生态优美的西安后花园”目标定位，大力实施产业绿色化、城镇景区化、田园景观化的“三化”发展战略，城乡面貌焕然一新，城市建设成果丰硕。随着商洛陆续成为“一带一路”、长江经济带的重要节点城市和关中平原城市群的次核心城市，今后如何进一步提高城市发展质量、提升城市综合竞争力，是摆在我们面前的一项重大课题。

* 殷莉，中共商洛市委党校经济学副教授。

一、近年来商洛城镇化建设取得的主要成就

商洛市委、市政府以“建成山水生态优美的西安后花园”为目标，大力推进产业绿色化、城镇景区化、田园景观化“三化”建设，按照做大做强城市、做优做特城镇、做精做美乡村的发展战略，全市城镇化建设取得丰硕成果。

（一）城市规划不断完善

近年来，遵循规划引领建设，商洛市投入大量资金和人力，并委托省内外具有较高水平甲级资质的设计单位参与城市规划的编制。先后完成了《商洛市“一体两翼”地区发展规划（2013—2020年）》《商洛市城市总体规划（2011—2020年）》修编。目前，各县县城总体规划修编正在顺利推进，控制性详细规划实现全覆盖，相关专项规划不断完善，村庄规划加快推进。原商洛市城乡建设规划局公开数据显示，截至2018年三季度末，共完成全市村庄规划891个，占全部村庄的比例为81.25%。这些都为城市的科学建设提供了依据。

（二）“一体两翼”城市格局逐步形成

2013年商洛市委、市政府做出了《关于加快“一体两翼”中心城市建设的决定》。近些年，按照以商州城区为主体，以丹凤和洛南两县县城为两翼的发展战略，通过大力实施中心城区“东进、西延、南扩、北上、中改”，不断拉大城市框架。据商洛市统计局公布，商洛市中心城区建成面积达26平方公里。2017年底，核心区域建成区面积61.63平方公里，人口64.4万，地区生产总值387.44亿元，占全市GDP的比重为48.4%，已快占据“半壁江山”。

（三）城乡功能不断完善

近年来，商洛市围绕建设“山水园林、休闲宜居”城市目标，坚持“秦岭休闲之都、丝路产业新城”城市定位，大力开展城市建设。一是加大城乡基础设施建设。实现了县县通高速、国省道等级化、县乡道全硬化、村村通公路，成为陕东南重要交通枢纽。同时，不断完善市内主干道建设和修复，城市道路完好率达97.99%。加快县城扩容提质工程建设，完善县城基础设施和配套服务设施，各县县城人口聚集能力和辐射带动能力得到较大提高。二是实施重大城建项目建设。2011年以来，随着环城北路、商鞅大道、市一级汽车客运站、江滨银杏公园、环城南路隧道、迎宾大道、莲湖公园南扩、金凤山公园、龟山公园、市级体育中心及西街商业区等一系列城市公共建设工程的相继竣工，城市“美丽宜居”功能凸显。三是开展绿化、美化、亮化、净化工程。大力实施中心城区“四城联创”（即国家卫生城市、园林城市、森林城市和省级文明城市）及县城、重点乡镇的绿化、美化、亮化、净化工程，通过新增和修建立体停车场、公厕、垃圾转

运站、雨污分流管网、城市污水处理厂以及生活垃圾填埋场等，极大改善了城市面貌。据商洛市创卫部门统计，全市主干道机械化清扫率达75%，城市生活污水集中处理率达97%，生活垃圾无害化处理率达100%。新增绿化面积3.5万平方米，建成区绿化覆盖率达37.4%，人均公园绿地面积11.2平方米。六县城及重点乡镇全部创建为省级卫生城市和园林城市，山阳县被列为第三批国家新型城镇化综合试点县。四是加强生态保护。近年来，商洛持续推进污染减排工作，积极实施“治污碧水、降霾护蓝、农村清洁、生态修复”四大工程，全市生态环境质量持续改善。根据《商洛市2018年环境质量公报》，2018年市区空气质量优良天数为331天（环境空气质量优良天数连续6年位居全省第一）；自然降尘量达到省定标准，城市酸雨发生频率为0；市区及各县城镇集中式饮用水源地水质保持稳定，水质达标率为100%；9条主要河流（丹江、南秦河、洛河、乾佑河、金钱河、银花河、板桥河、谢家河、滔河）水质优良，均满足水体功能区划水质标准要求。据《商洛市秦岭生态环境保护规划（2018—2025年）》统计，商洛市森林覆盖率达到66.5%；区内拥有国家、省级自然保护区8个，国家级水产种质资源保护区1个，国家、省级森林公园8个，国家级湿地公园3个。2018年11月底，商洛市被评为省级生态园林城市，至此一个山水园林生态旅游城市初步建成。

（四）小城镇及美丽乡村建设如火如荼

建设特色小镇是加快城乡公共服务均等化、完善农村生活服务设施、提高农村居民幸福指数、推动新型城镇化发展的重要途径。商洛市坚持从自身独特的资源优势和实际出发，按照坚持特色+产业、实施引导+推动、划定红线+预警、建立机制+考核、着眼辐射+带动等多种方式，大力推动小城镇建设。据商洛市住房和城乡建设局统计，2019年全市共有98个镇办，其中86个建制镇共有各类重点镇46个（其中全国重点镇12个，省级重点镇5个，市级重点镇29个）。2018年，全市成功创建省级美丽宜居示范村12个，市级22个，县级34个。

（五）城市管理得到强化

近年来，商洛市相关部门通过制定《城市精细化管理标准》、建立管理台账、落实日常监管、强化部门合作、启用数字化和网格化管理模式等手段，大力推进城市精细化管理，通过强化市政基础设施建设，积极开展以“违法建设、市容环境、户外广告、垃圾污水治理”等为重点的环境卫生综合治理，有效地改善了城市对外形象和城市人居环境。通过对包括城镇燃气、供水、垃圾污水处理等公用行业的监督，保障了市民日常生活。通过实施社会化管理，城市管理赢得了市民的理解和支持。通过开展执法队伍整治，完善执法程序，规范办案流程，城市管理更具法治化和科学化。

二、商洛城镇化建设中亟待解决的问题

（一）支撑城市发展的经济基础不牢固

据商洛市统计局公布，2018 年末，全市规上工业实现增加值 284.60 亿元，规模企业总户数为 286 户，户均实现增加值 0.995 亿元。全市实现地方财政收入 21.83 亿元。同时，县域经济发展水平整体较低。陕西省统计局发布的《2018 年全省县域经济发展报告》显示，2018 年商洛市商州区以 163.29 亿元的经济总量在全省 107 个区县（市）中排第 40 位，其余县均在 40 位以后。据计算，商洛全市六县一区实现生产总值 824.6 亿元，仅占全省县域经济总量的 7.68%。

（二）城市规划的前瞻性和权威性不足

商洛市现有的城市规划不能较好适应全市经济发展战略。一方面，全市城市总体规划、县域规划及相关专项规划等均需修编或完善。县（区）的控制性详细规划及城市总体风貌等规划制定滞后。村庄规划、集镇规划还未做到全覆盖等，使得城市规划指导城市发展的科学性和前瞻性不足，尤其表现在用地指标、空间布局等方面存在矛盾。另一方面，由于公众对规划的参与性不足、知晓率低且部门执法不严等，在城镇建设中藐视城市规划违规建设时有发生，严重影响了城市规划的严肃性和权威性。

（三）城市管理仍显滞后

突出表现在以下几方面：一是“停车难、行车难”问题依然突出。一方面，由于私家车不断增多，停车泊位及配套设施不足，加之电子化收费系统滞后，导致商洛市尤其是中心城区上下班主要路段行车难问题突出。另一方面，近年来频繁的道路或管网改造建设带来的道路围挡，致使市区内经常出现交通拥堵、秩序混乱现象。二是物业管理滞后。据商洛市住房和城乡建设局统计，截至 2019 年底，全市有物业服务企业 110 家，物业服务小区面积 1 382 万平方米，从业人员 3 580 余人。即物业服务企业平均管理面积为 12.56 万平方米，平均从业人员 32.55 人，远低于 2018 年时我国 21.99 万平方米和 77.46 人的平均水平（据《2019 物业服务企业发展指数测评报告》统计，2018 年底，全国物业管理行业管理面积 279.3 亿平方米，物业服务企业数量 12.7 万家，从业人员数量 983.7 万人）。加之缺乏专门的监管机构，小区管理普遍存在参差不齐、简单粗糙现象。三是服务功能落后。突出表现为大型小区周围的教育、医疗、卫生、体育等公共服务设施建设严重不足。

（四）城市文化有待进一步彰显

文化是城市的根和魂，是城市发展和延续的脉。商洛文化集南北文化交汇、

秦楚文化交融，特色文化明显，历史文化厚重。而由于现行城市规划侧重对城市空间和器物层的建设，很难做到从文化整体建设角度去规划城市文化建设，城市文化定位缺乏鲜明的个性特色和整体观念。近些年，全市城市建设大踏步迈进，但仍存在对道路、桥梁、楼宇、景观及雕塑等重点基础设施设计缺乏地域文化特点，对旧街旧巷、民居民宅的保护和改造较为简单粗糙、片面求新求亮等问题，城市的形象文化树立不鲜明。

（五）第三产业发展缓慢

据统计，2018 年商洛市第三产业增加值为 288.51 亿元，仅占全市生产总值的 35.0%，低于全省 7.8 个百分点，使得城市对农业转移人口的吸引力不足。尤其是服务业发展质量不高。虽然近年来全市在电子商务、全域旅游上发展迅速，但总体上全市服务业仍以批发、零售、住宿、餐饮等传统行业为主，新兴服务业还处在起步发育阶段，且传统服务业普遍存在档次低、缺特色等问题，而城市发展急需的金融、保险、物流、会展、康养等现代服务业发展非常滞后。

三、新时代商洛城镇化建设和发展的重点

城镇化是现代化的必由之路，也是乡村振兴和区域协调发展的有力支撑。新时代商洛城镇化建设应全面贯彻党中央关于加快实施以促进人的城镇化为核心、以提高质量为导向的新型城镇化战略，着力提高城市的综合承载力，加强城市文化建设，推进城市精细化管理，加快推动城乡融合发展。

（一）强化规划的科学性和权威性

城市规划是城市发展的灵魂、城市建设的总纲。首先，进一步完善相关规划的修编及制定，尤其是县城、集镇和村庄规划的制定，做到城市科学建设。其次，坚决捍卫规划的权威性和法制性。即城市建设各项规划一旦确定后必须严格遵循，不能朝令夕改，也不能因领导的更换而改变，确保“一张蓝图绘到底”。对于违反规划乱建的单位及个人必须及时勒令拆除恢复，维护规划法制化。最后，进一步加强对城市总体规划的宣传、实施和监督，提高市民对城市规划的认知度，树立正反典型，逐步提高全民参与城市建设的自觉性和积极性。

（二）提高城市综合承载能力

《关中平原城市群发展规划》明确指出“要提升宝鸡、铜川、渭南、杨凌、商洛、运城、临汾、天水、平凉、庆阳等节点城市的综合承载能力”。所谓城市综合承载能力，是指城市的资源禀赋、生态环境、基础设施和公共服务对城市人口及经济社会活动的承载能力，即整个城市能容纳多少人口，能承担多少就业，能提供多少良好的生活质量等。为此，一是重视“扩容提质”。中心城区要坚持

以“一体两翼”为抓手，加快丹凤、洛南撤县设区，促进人口和产业协同聚集。同时，不断做强县域经济，有序推进特色小镇建设。坚持立足本地区资源禀赋优势的原则，秉持新发展理念，做强当地特色产业，增强县镇一级对农村转移人口的吸纳力。二是推进城市精细化管理。城市精细化管理，是指采用智能化的治理手段和规范化的治理标准，党委、政府、社会组织、公众等多元主体共同治理，达到为人民提供精准公共服务目的的管理方式。为此，商洛市要强化城市管理顶层设计，加快建设智慧城市管理服务系统，充分动员包括社会资本、非政府组织、社区及志愿者等在内的社会力量参与城市管理，形成城市管理多元化的格局。同时，着力培养一批高素质、专业化的城市管理队伍。三是强化城市服务功能。随着全市人口的增多，要加强交通、能源、通信、住宅、给排水等城镇基础设施建设。合理布局学校、医院、公园、商业网点、餐饮娱乐等公共服务设施，不断满足人们对公共服务的需求。

（三）加强城市文化建设

广义的城市文化是城市各个要素相互作用的总和，它一般包含城市的形象文化、城市的制度文化和城市的精神文化。那么，在商洛城市建设中：一要做亮城市品牌。紧紧围绕“秦岭最美是商洛”这一品牌，在硬件上着重规划和发展服务于城市文化实力提升的重点基础设施建设，努力使文物古迹、自然景观以及人文景观凸显商洛“秦风楚韵”的文化地域特点。在软件建设上，要有完整的城市文化发展规划，进一步加大对生态与环境保护、城市交通、教育卫生事业的投入力度。积极开展群众性精神文明创建活动，积极谋划和争取标志性的大型城市文化活动。二要深入挖掘和保护文化历史遗产。高度重视对全市文化历史遗产及历史建筑的保护。同时，重视保护与利用的结合，使文化遗产融入现代生活，发挥更大作用。三要做强文化产业。积极推进商洛文化（包括历史文化、地域文化及红色文化等）与旅游、现代传媒手段、金融资源等融合发展，生成新的业态。四要发展特色文化事业。建立健全城乡公共文化服务体系。积极挖掘和整合包括红色文化、名人文化、民俗文化在内的商洛历史文化资源，高标准建设和改造一批图书馆、博物馆、纪念馆、陈列馆和文化园等，推动全市城市文化基础设施建设。同时，要鼓励和促进文化精品创作生产。

（四）做大城市第三产业

根据我国城镇化进程对劳动就业影响的实证分析，随着城镇化率的提高，第三产业就业率以递增的速度增加，城镇化率每提高 1 个百分点，第三产业就业人数将增加 663.84 万人。为此：一是改造和提升传统服务业。充分挖掘商洛特色菜品和菜系，着力做特色餐饮业；酒店建设应重视将时尚、智能、便捷等元素融入其中，着力提升档次，扩大接待能力。二是做强全域旅游。以打造“山镇柞”

全域旅游示范区为抓手，健全相关基础设施和从业人员队伍建设，提高全市旅游综合接待能力和公共服务水平。坚持以游客为中心，以市场为导向，推出更多差异化的文化产品、旅游产品和地道美食。不断推动旅游与相关产业融合发展，打造旅游、购物、美食、住宿、疗养等为一体的产业链条。同时，拓展营销渠道，加强旅游产品营销。三是积极发展现代物流。加快培育一批现代物流（快递）企业，积极构筑省内外城市间货运公共信息平台。不断完善基础设施建设，尤其是农村物流网络，加强物流企业产地集配、冷链等设施配套。与此同时，加快建设区域性交通物流枢纽。积极谋划重大交通项目，加快与周边地市的互联互通。力促商洛二级陆路货运口岸建成通关，实现出口货物直接“出关”。四是大力推进健康养老产业。围绕建设“秦岭休闲养生之都”目标定位，大力推进政府、企业及社会资本投资健康养老业，不断推进“健康＋旅游（度假/疗养）”“互联网＋健康”“互联网＋中医商药”等相关产业发展。同时，鼓励支持本地企业开发具有当地特色的医疗保健品和保健食品。

（五）推动城乡融合发展

实施乡村振兴战略是党的十九大做出的重大决策部署，是决胜全面建成小康社会、全面建设社会主义现代化国家的重大历史任务，也是商洛实施城乡融合发展的重要手段。为此，我们在进行城镇化建设过程中，一要通过发展小城镇来实现农业转移人口的就地市民化，使那些符合条件并具有意愿的农业转移人口获得城镇户籍并享受与城镇居民同等的公共服务，让那些不愿意在大城市落户的农业转移人口，在小城镇获得均等化的基本公共服务，使他们更加稳定地在就业所在地就业、居住、生活。二要通过进一步实施城镇化战略来促进农业现代化和提高农民收入。农业企业将迎来更好的成长空间和发展机遇。在发展新技术、新产业、新业态、新模式中发挥示范作用，形成加快推进农业农村现代化的新动能；在实施专业化、标准化、集约化生产中，组建农业产业化联合体，在引领小农户共享发展成果中发挥带动作用。三要建立健全城乡融合发展的体制机制和政策体系，促进城乡产业融合，实现城乡产业要素自由流动，实现城镇化与农业现代化同步发展，更好发挥新型城镇化对乡村振兴和区域协调发展的促进作用。

参考文献

［1］陕西省统计局．商洛：风雨兼程七十年　拼搏共筑新商洛［R/OL］．(2019-11-13)．http://tjj.shaanxi.gov.cn/site/1/html/126/131/139/20079.htm.

［2］商洛市统计局．改革开放四十年商洛经济大跨越［R］，2018.

［3］陕西省人民政府办公厅关于印发省关中平原城市群发展规划实施方案的

通知［Z］，2018.

［4］2019年商洛市人民政府工作报告［R/OL］.（2019-02-28）. http://www.shangluo.gov.cn/info/1054/80736.htm.

［5］张祖成，韩虎. 加快特色小镇建设开启乡村振兴之路［J］. 调研与决策，2019（1）.

［6］商洛市统计局. 商洛市2018年规模工业稳中有进［R］，2019.

［7］商洛市林业局. 创建国家森林城市　打造生态秀美商洛：嘉宾访谈［R］，2018.

［8］原商洛市住房和城乡建设局2018年部门决算说明［EB/OL］.（2019-10-30）. http://www.shangluo.gov.cn/info/egovinfo/zwgk/zwgk-nry/01606072-9-30/2019-1030001.htm.

［9］商洛市人民政府办公室关于印发秦岭生态环境保护规划（2018—2025年）的通知［EB/OL］.（2018-08-09）. http://www.shangluo.gov.cn/info/egovinfo/zwgk/zwgk－nry/01606072-9-30/2018-0809005.htm.

［10］商洛市2018年环境质量公报［EB/OL］.（2019-05-24）. http://sthjj.shangluo.gov.cn/index.php?m＝content&c＝index&a＝show&catid＝167&id＝11884.

［11］我市全面完成2018年度创卫工作任务［N］. 商洛日报，2019-02-19.

［12］物业管理行业及物业服务企业发展指数发布（全文）［EB/OL］.（2019-10-16）. https://baijiahao.baidu.com/s?id＝1647522728364152356&wfr＝spider&for＝pc.

［13］周剑. 新型城镇化下商洛中心城市发展的探讨［J］. 延安大学学报（自然科学版），2015（2）.

［14］张卫，糜志雄. 我国新型城镇化的发展趋势、挑战及对策［J］. 宏观经济管理，2018（8）.

“一带一路”中西安节点城市的优势和作用的发挥*

杨勇**

摘要

西安是“一带一路”中的重要节点城市，也是国家布局在西北的唯一一个国家中心城市，更是亚欧国际合作与交流的三个国际大都市之一。近些年来，西安经济快速发展奠定了节点城市作用发挥的基础，更由于西安自身具有的禀赋优势和基础优势，在“一带一路”建设中，西安应以国际化大都市建设为契机，充分发挥重要节点城市作用。

关键词：“一带一路”；节点城市；禀赋优势；基础优势

一、“一带一路”中西安的节点地位

理论和实践中对节点城市的内涵没有统一的认识，联合国教科文组织（UNESCO）2015年曾提出丝路沿线城市（cities alongside the Silk Roads）概念，主要指位于丝绸之路的重要贸易与交易枢纽，这些城市“吸引了学者、教

---

* 本文为西安市发改委项目“发挥西安重要节点城市作用，承接国家‘一带一路’重大项目布局”（编号：SXTY2018－08－04）阶段性成果。项目负责人：张弘。

** 杨勇，经济学博士，西安工业大学经济管理学院副教授。

师、神学家和哲学家，从而成为知识和文化交流的重要中心"①。英国拉夫堡大学地理系"全球化与世界城市研究网络"（GaWC）从生产性服务企业总部和分支构成的网络角度对世界城市进行了分级，并于1998年开始发布世界城市名册，产生了较大的影响力。中国政府2015年发布的《推动共建丝绸之路经济带和21世纪海上丝绸之路的愿景与行动》（下文简称《愿景与行动》）中指出，"一带一路"建设在"陆上依托国际大通道，以沿线中心城市为支撑，以重点经贸产业园区为合作平台，共同打造……国际经济合作走廊；海上以重点港口为节点，共同建设通畅安全高效的运输大通道"。以上对城市的定位存在较大差异，但无论哪一种观点，西安均位列其中，尤其是在"一带一路"建设中，西安的历史地位无可比拟，发展前景未来可期。表1描述了三种划分方法下的中国城市类别或级别，其中，UNESCO丝路城市在国内仅涉及四城，GaWC（2018）世界城市名册中西安继2012年入榜位列Sufficiency之后，2016年升位至Gamma－，而2018年继续升位至Gamma＋。

表1　中国三种典型城市类别划分

<table>
<tr><th>划分依据</th><th>类别</th><th>城市</th></tr>
<tr><td>UNESCO</td><td>丝路城市</td><td>西安、敦煌、乌鲁木齐、喀什</td></tr>
<tr><td rowspan="3">GaWC（2018）</td><td>Alpha</td><td>香港、北京、上海、台北、广州、深圳</td></tr>
<tr><td>Beta</td><td>成都、杭州、天津、南京、武汉、重庆、苏州、大连、厦门、长沙、沈阳、青岛、济南</td></tr>
<tr><td>Gamma</td><td>西安、郑州、昆明、合肥、太原、福州</td></tr>
<tr><td rowspan="2">"一带一路"</td><td>丝绸之路经济带</td><td>西安、兰州、西宁、重庆、成都、郑州、武汉、长沙、南昌、合肥</td></tr>
<tr><td>21世纪海上丝绸之路</td><td>上海、天津、宁波、舟山、广州、深圳、湛江、汕头、青岛、烟台、大连、福州、厦门、泉州、海口、三亚</td></tr>
</table>

根据已有文献，我们将"一带一路"节点城市定义为在"一带一路"沿线国家和区域范围内，基础条件较好、综合比较优势明显、集聚辐射作用较强，对所在国、区域具有重要经济、社会、文化、对外经济交往战略地位和影响力的枢纽性城市。在《愿景与行动》中共提及26个节点城市，其中西安是10个丝绸之路经济带节点城市之一。

① UNESCO.（2019－02－01）. https://en.unesco.org/silkroad/silk-road-themes/cities-alongside-silk-roads.

二、西安节点城市的经济发展特征

（一）经济发展不断加快

从“十二五”末进入“十三五”时期，西安经济保持较快增长，综合实力显著增强。2015—2017 年，全市实际生产总值从 5 801.2 亿元增加到 7 471.9 亿元，年均增速达到 13.49%（见图 1），总量实现历史性的跨越，在 15 个副省级城市中跃升至第 9 位；全社会固定资产投资从 5 165.98 亿元增加到 7 556.47 亿元，年均增速达到 20.94%；地方财政一般公共预算收入年均增长 12.4%；社会消费品零售总额年均增长 10.07%。规模以上工业增加值取得较快增长，从 2015 年的 1 174.67 亿元增加到 2017 年的 1 361.77 亿元，年均增速为 7.67%；企业生产技术水平、经营管理水平、职工技术熟练程度和劳动积极性结构调整取得新成效，2015 年、2016 年和 2017 年全员劳动生产率分别为 10.93 万元/人、11.77 万元/人和 12.53 万元/人。

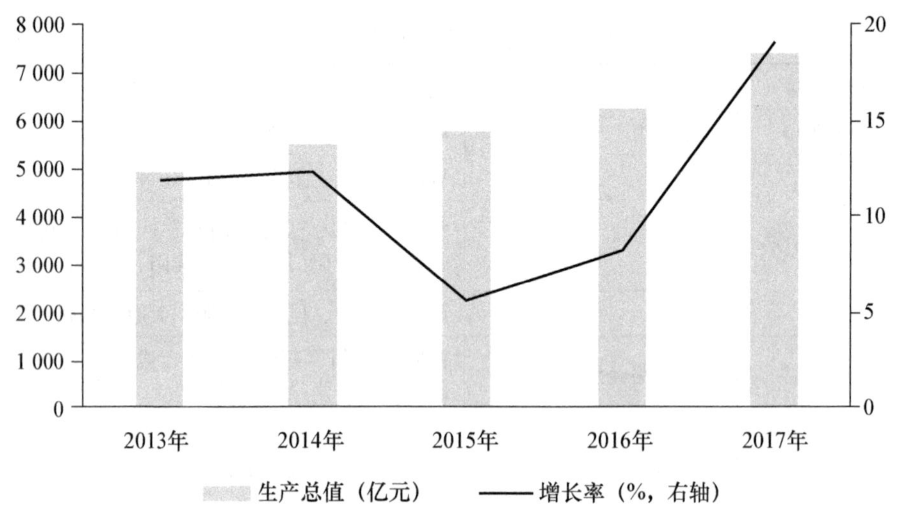

图 1　2013—2017 年西安市生产总值及增长率

（二）创新驱动持续增强

进入“十三五”时期以来，西安经济增长方式逐渐转变，科技进步对经济的支撑作用逐渐增强，2016 年与 2017 年，科技进步贡献率始终保持在 58%的水平。从投入看，全市 R&D 经费支出占 GDP 的比重超过 5%，2017 年达到 5.25%（见图 2）；从产出看，万人发明专利拥有量持续上升，从 2015 年的 22.73 件/万人增加到 2017 年的 29 件/万人；从科技成果转化看，年科技成果交易额增长迅速，2015 年为 660.94 亿元，到 2017 年增加到 848.42 亿元，年均增长率为 13.3%；军民融合产业发展迅速，年营业收入增速超过 17%。

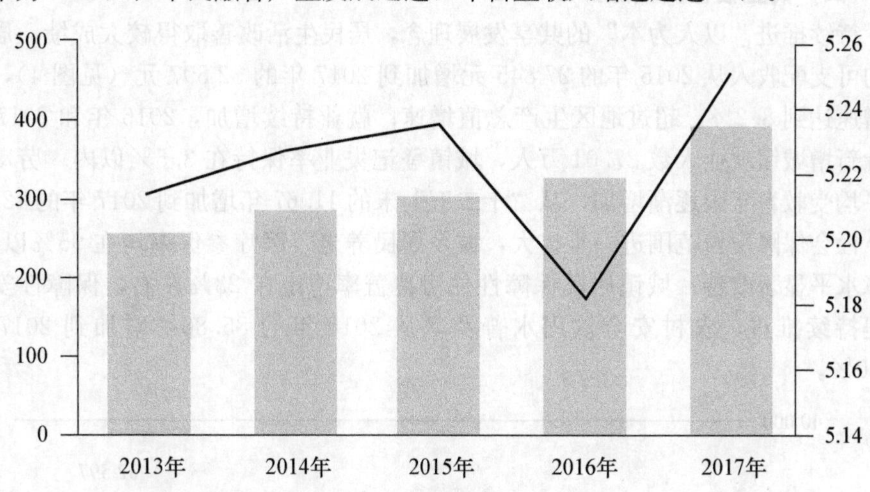

图 2 2013—2017 年西安市 R&D 经费内部支出与投入强度

（三）产业结构不断优化

产业结构不断优化和升级，供给侧结构性改革成效显著，转型升级步伐加快。三次产业构成从 2015 年的 3.8∶37.3∶58.9 逐步转变为 2017 年的 3.8∶34.7∶61.5（见图 3），服务业增加值比重不断提高；从所有制结构看，2015—2017 年，西安市非公有制经济在区域经济中占据半壁江山，增加值比重出现小幅上升，从 52.8%提高到 53.0%；战略性新兴产业增加值比重逐步增加，从 13.4%增加到 16.8%。常住人口城镇化率保持在 73%左右的水平，互联网普及率进一步提高，2017 年达到 90%。

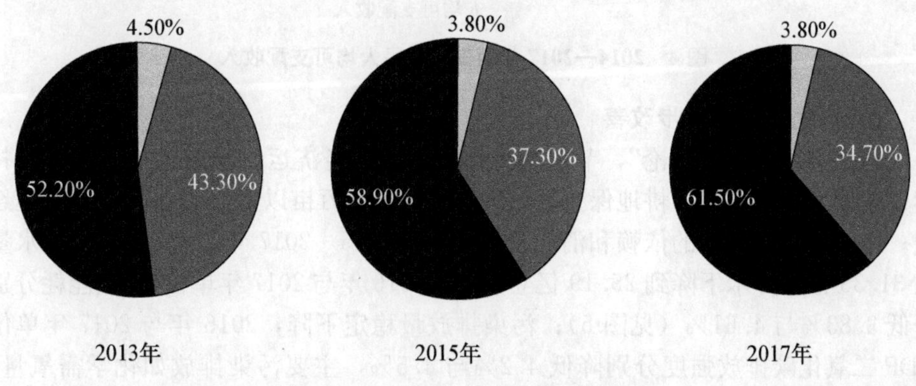

图 3 2013 年、2015 年和 2017 年西安市三次产业比重

（四）民生福祉大幅提升

持续推进“以人为本”的共享发展理念，居民生活改善取得较大成绩。居民人均可支配收入从2015年的27 845元增加到2017年的32 597元（见图4），年均增速达到8.2%，超过地区生产总值增速；就业持续增加，2016年和2017年累计新增城镇就业人数27.01万人，城镇登记失业率保持在3.5%以内；劳动人口平均受教育年限逐渐增加，从“十二五”末的11.67年增加到2017年的12.07年；社会保障覆盖范围进一步扩大，城乡居民养老、医疗参保率均在95%以上，保障水平显著改善；城镇居民保障性住房覆盖率稳定在23%左右，保障性安居工程持续推进；农村安全饮用水普及率从2015年的85.86%增加到2017年的90%。

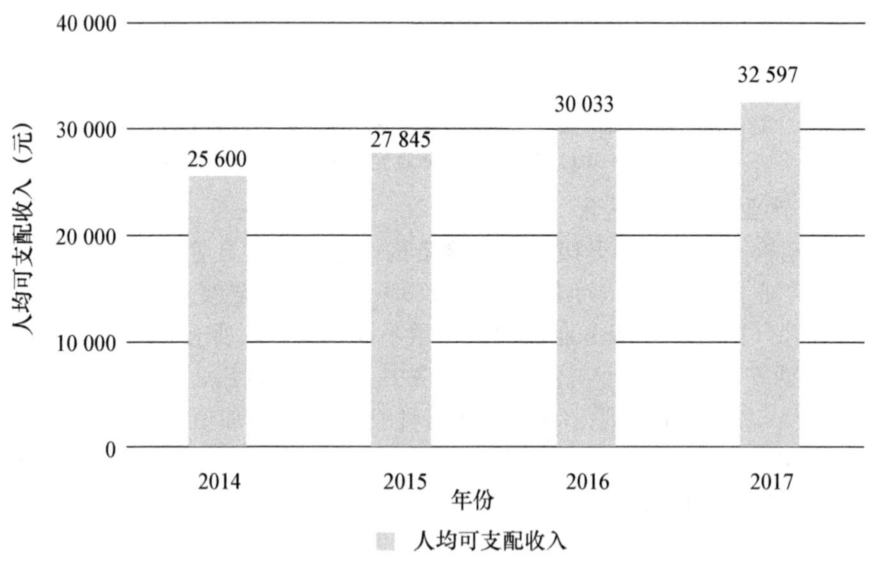

图4　2014—2017年西安市居民人均可支配收入

（五）生态文明稳步改善

全面贯彻“两山理论”，节能减排持续进行，经济运行质量逐步提升，可持续发展能力渐趋增强。耕地保有量始终保持在410万亩以上，确保不触碰耕地红线；经济发展对能源的依赖和消耗逐渐减小，2015—2017年，万元GDP用水量从31.33亿立方米下降到25.19亿立方米，2016年与2017年单位GDP能耗分别降低3.83%与4.61%（见图5）；污染排放量稳定下降，2016年与2017年单位GDP二氧化碳排放强度分别降低4.2%与4.5%，主要污染排放如化学需氧量、氨氮、氮氧化合物与二氧化硫均呈现较为显著的下降趋势；城市生活污水集中处理与垃圾无害化处理率均达到90%以上。

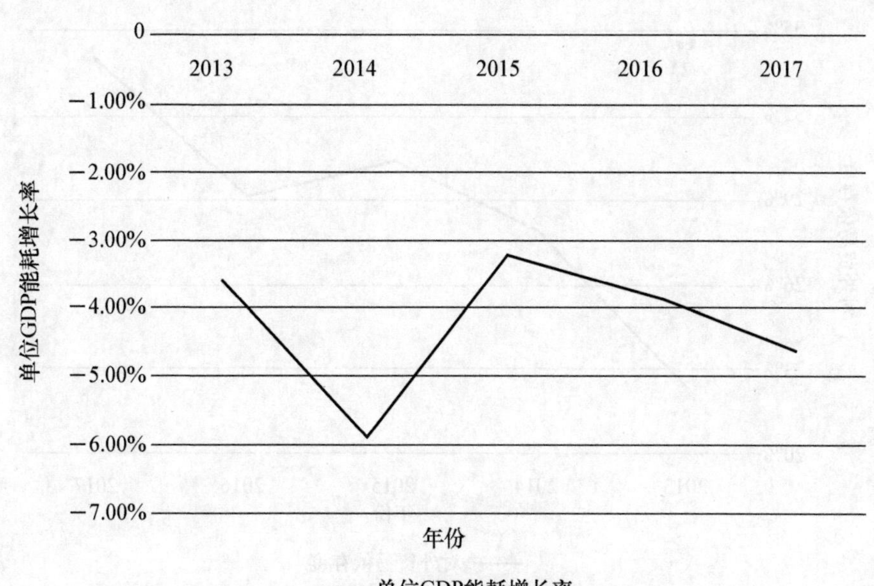

图 5 2013—2017 年西安市单位 GDP 能耗增长率

(六) 对外开放不断扩大

随着"一带一路"倡议的逐步推进，西安与世界各国之间的国际贸易、FDI 与国际经济合作均取得了较多成绩。2015—2017 年，进出口总额从 241 亿美元增加到 391 亿美元，年均增长 27.37%；外贸依存度从 30.4%增加到 34.0%（见图 6）；实际利用外资总量出现了较大增长，从 40.08 亿美元增加到 53.07 亿美元。2017 年世界 500 强企业设立公司级分支结构数达到 177 家，外资金融服务机构数达到 46 家，国际航线 57 条。2018 年 4 月 25 日，国家发改委、民航局正式批复设立的西安临空经济示范区，成为全国第 12 个国家级临空经济示范区，同时也是西北地区首个国家级临空经济示范区，为构建西安通达世界的"空中丝绸之路"，打造吸纳全球要素资源的开放门户提供强劲动能。

三、西安节点城市的禀赋优势和基础优势

(一) 禀赋优势

自然资源。西安位于黄河流域中部关中盆地，北临渭河及黄土高原，南依秦岭，东靠零河和灞源山地，西以太白山地及青化黄土台塬为界。2017 年西安市代管西咸新区之后，西安市总面积 10 752 平方公里，人口 1 200 万人，其中常住人口 961.67 万人。西安市土壤分布类型复杂多样，为区内农作物的多品种组合

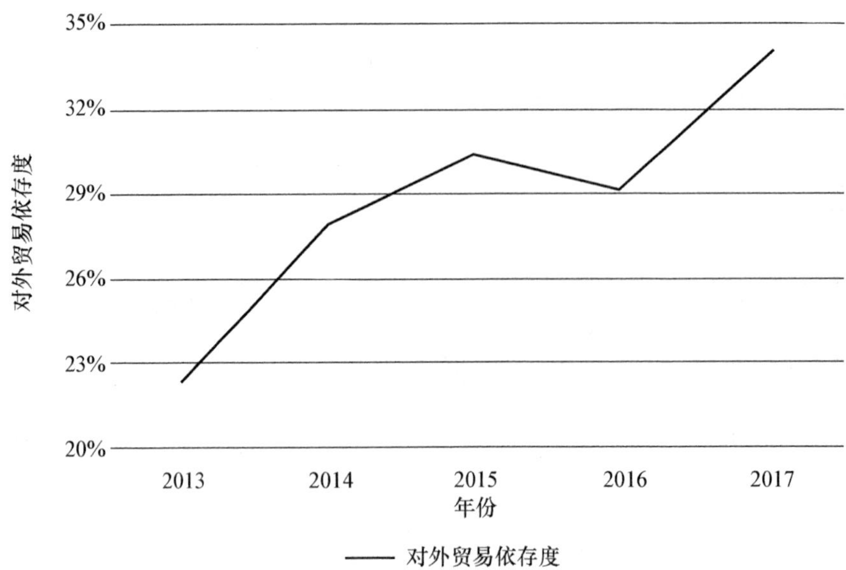

图 6　2013—2017 年西安市对外贸易依存度

提供了有利条件，境内河流密布，自古有渭、泾、沣、涝、潏、滈、浐、灞“八水绕长安”之美称，全年气候温和、雨量充沛，适宜农作物生长，有“沃野千里”之称誉。西安自然资源较为丰富，南部秦岭山区野生植物资源丰富，有 138 科 681 属 2 224 种，为中国种子植物的重要基因库之一，野生动物有兽类 55 种、鸟类 177 种，境内有 3 个国家级自然保护区。已探明的主要矿产资源共 47 种，大部分分布于南部秦岭山区，秦岭以北平原地区有良好的储存地热水的地质条件，仅城区可开发的地热面积就达 780 平方公里，地下热水可采储量约为 5.39 亿立方米。

人力资源。西安劳动力资源丰富，统计信息显示，西安实行人才新政、户籍新政与创新创业新政之后，人才队伍结构正朝着更加合理的方向发展。截至 2017 年底，西安户籍人口达到 905.68 万人，其中大专以上各类人才 275.63 万人，按专业类别分，企业经营管理人才 26.61 万人，专业技术人才 82.5 万人，技能人才 149.47 万人，农村实用人才 14 万人，相较于 2016 年人才总量增长 24.22 万人，其中引进产业发展与科技创新类人才 14.6 万人，培养实用型人才 6.3 万人，通过人才引进及培养方式实现人才增量 20.9 万人，占人才增长总量的 86%。同时，西安市通过人才新政，畅通渠道，吸引人才流动，截至 2018 年 11 月 4 日，西安市新落户人口 665 551 人，其中博士以上 1 124 人，硕士 23 199 人，本科 212 660 人，大专 129 341 人，中专、技校 44 715 人，人才引进 28 290 人，学历落户和人才引进占总迁入的 66%。

科教资源。西安是我国重要的科教基地，科教综合实力与技术创新能力位居全国前列，军工资源优势居全国省会城市第2位，是“全国十大创新型城市”之一。西安拥有普通高校63所，在教育部、财政部与国家发改委公布的“双一流”建设名单中，西安交通大学、西北工业大学与西北农林科技大学3所高校进入一流大学建设高校名单，另有5所高校进入一流学科建设高校名单。全市拥有国家重点实验室13个，居全国第5位，国家技术研究或行业测试中心109个，各类科研机构3 000多家。研发经费投入强度、技术成果交易额等均居副省级城市第1位，承担着系统推进全面创新改革试验、自主创新示范、军民深度融合示范等国家重大改革创新任务，是“一带一路”沿线科创资源汇聚富集的高地，为构建国家“一带一路”西安科技研发创新转化中心奠定了坚实的基础。

金融资源。西安金融业近年来取得了较大的发展，金融实力显著增强。2017年，西安金融业增加值达到817.88亿元，居15个副省级城市第7位，占地区生产总值的11%，金融业支柱产业地位进一步巩固；金融业集聚效应持续增强，截至2017年底，全市共有金融机构156家，其中银行业机构55家，保险机构59家，证券期货业机构42家，境内上市挂牌公司175家，融资性担保公司67家，小额贷款公司36家，网络借贷平台公司16家，网络小贷公司6家。在2017年发布的中国金融中心指数排名中，西安金融综合竞争力位居副省级城市第8位；金融活跃度显著提升，2017年末金融机构人民币存款余额首次突破两万亿元，达到20 378.11亿元，比上年末增长4.6%，成为第七个本外币和人民币存款余额双双突破两万亿的副省级城市。除此之外，西安企业资本服务中心已经服务中小微企业400多家，融资覆盖率达到16%；以西科天使等为代表的风投、创投机构打造“人才＋技术＋资本＋服务”的科技成果转化形式，金融业创新发展势头良好。

（二）基础优势

区位交通优势。西安市处于中国地理版图的几何中心和中西部两大经济区的结合部，是丝绸之路经济带上联通欧亚、承东启西、连接南北的重要战略枢纽。西安是陕西省的省会城市，还是大西北战略中的龙头，也是西北地区通往中原、西南、华北和华东的门户和交通枢纽，处于亚欧大陆桥的重要节点，更是新丝绸之路经济带的心脏。在亚欧合作交流上，西安的区位优势是任何城市都无法替代的。西安是国家定位的国际性综合交通枢纽，是“一带一路”客流、物流、信息流和资金流的重要交汇地。西安咸阳国际机场是全国八大区域枢纽机场之一，是国际定期航班机场、世界前百位主要机场，2014年6月成为西北第一个、中国第八个实行72小时过境免签政策的航空口岸，国内外通航线路达到337条，2017年旅客吞吐量达到4 186万人次；西安铁路枢纽是以大西安为中心的“米”

字形高铁网络的中心，西安北站是西北地区最重要的、规模最大的铁路客运枢纽；西安公路枢纽是全国公路六大枢纽之一，已形成“米”字形高速公路网和“一环十二辐射”为主骨架的公路网；西安国际港务区是我国首个拥有国际国内“双代码”的内陆港。

历史文化优势。西安作为十三朝古都的知名度远胜东方任何一个都市，是文化内涵最丰富、文化遗存叠压最厚重、古代城池系统保存最完整的历史文化名城，有“天然历史博物馆”之称，博物馆总数达 126 座。根据第三次全国文物普查，西安登记在册的不可移动文物点有 3 246 处，其中有级别文化保护单位 392 处，世界遗产 2 处 6 个点，还有 3 座国家级考古遗址公园。西安宗教文化资源也较为丰富，宗教寺庙保存完好，古长安曾是佛教、道教、伊斯兰教、基督教汇聚、发展与衍生宗派之地，这些厚重的历史文化资源为西安承载东西方文化交流提供了强有力的支持，奠定了“一带一路”国际人文交往的坚实基础。

产业基础优势。西安是西北地区唯一的特大城市，经济总量居西部第 3 位。西安现代产业体系完备、层次性高、门类齐全，其中电子、机械、化工、材料、勘测、自控、航天、航空等领域具有国内一流和世界领先水平，与“一带一路”产业需求互补性好。在能矿资源开采、煤油气化工、装备制造、合成材料制造、电子信息、航空航天、路桥工程、重型汽车、现代农业、现代服务业、生态保护、文化旅游、文化创意和工程承包、技术服务等方面，都具有向西进行产品和技术输出的能力。以枢纽经济、门户经济和流动经济为主要内容的“三大经济”助推商贸物流业效应明显，以物流业为代表的现代服务业取得了突破性发展，物流业巨头纷纷加速布局西安。文化旅游大产业的优势逐步发挥，创新文化旅游大产业发展措施频频，在此基础之上，以“文化＋人脑＋电脑”，文化创意、数字出版、动漫游戏、电子竞技、文化装备制造业等均取得较快发展，为实现“一带一路”文化交流奠定坚实的基础。

对外交往优势。西安与“一带一路”沿线国家有着悠久的友好交往经历。新中国成立以来，有超过 300 位国家元首访问过西安，尤其是 2014 年习近平主席访印开启“家乡外交”模式后，先后有法国、印度等多国元首访华先到西安。同时，西安面向全球对外开放的脚步不断加大，国际影响力随之深入推进，在对外交往中，一系列重要的国际性商贸、文化活动，进一步拉近了西安与世界的距离。截至 2017 年底，与西安结为友好城市的外国城市已达 31 个，西安与 28 个国家的 57 个城市缔结为友好交流城市，在四大洲 12 个国家设立了 14 个西安海外侨务工作联络点。同时，西安还拥有欧亚经济论坛、丝绸之路国际博览会等国际交流平台。

科学技术优势。截至 2017 年底，西安拥有各类科研开发机构 3 000 多个，省部级以上重点实验室、工程技术研究中心231家，两院院士67位，各类专业技术人员80万人，密度居全国之首。拥有普通高校63所，研究生培养单位46个，各类中等职业学校189所，高等教育在校学生120万人，每年高等教育毕业生超过30万人，硕士、博士毕业生2万余人，是“全国十大创新型城市”之一。科技实力居全国第三。

对外开放优势。西安拥有西安综合保税区、西安高新综合保税区、西安出口加工区、西安空港综合保税物流中心等4个海关特殊监管区以及中国（陕西）自贸试验区2个核心片区等开放平台。西安港是我国首个拥有国际国内“双代码”的内陆港，正在以始发港和目的港的身份，带动中西部地区参与全球经济贸易大循环。

四、以国际化大都市建设为契机，充分发挥西安节点城市作用

西安节点城市的重要性毋庸置疑，但也要避免被“通道化”和“边缘化”，提升西安“一带一路”节点城市作用的具体策略如下：

（一）加快产业聚集，形成重要节点

产业是城市的核心，产业发展是西安承接“一带一路”重大项目的重要平台，是大西安建设、国家中心城市和国际化大都市建设的重要内容。发挥西安节点城市作用，首要任务就是持续提升产业聚集能力，强化产业竞争优势，注重关键领域中的产业创新，不断形成丝绸之路经济带的分工体系和产业互补。

面向“一带一路”国际大市场，西安要充分发挥产业层次较高、科技研发能力较强的基础优势，当前要优化以电子信息产业为核心的高新技术产业、以新能源汽车和航空制造为核心的先进制造业和以“三大经济”为核心的现代服务业，尤其要重点发展文化大产业，不断增加“高级生产者服务业”供应，如会计、广告、金融和法律，提升产业聚集能力，充实和完善整个产业链，成为国内乃至国际产业聚集和融合的重要节点。

（二）扩大对外交往，建设开放节点

不断完善对外交往服务体系，成为国内对外交往的开放节点。西安在我国对外交往中具有举足轻重的地位，是我国外交的一张名片，但相比北京、上海、广州等城市而言，西安尤其在领事馆和签证中心方面数量上偏少，服务机构不足，是对外交往大市，但不是强市。西安要不断完善对外交往服务体系，通过继续改善营商环境吸引更多世界500强企业落户，通过规划建设一批具有国家功能性和国际影响力的文创项目和平台，广泛开展国际性会展活动和策划实施重要的国际合作项目，成为中国对外交往的核心节点。

（三）推进创新驱动，打造创新节点

如果说经济发展初期可以依靠资源禀赋实现增长，或者通过改革获取发展红利，那么从长期看，创新是发展的灵魂，创新是发展不竭动力的源泉。在“一带一路”国际合作中，西安要以创新引领发展，打造丝绸之路经济带创新节点。2018年西安出台的《关于补短板　实施创新能力倍增计划工作方案》中提出了愿景，“力争用5年时间，使西安成为国家重要的科学原始创新中心、产业技术创新中心、创新环境和制度示范中心”，“到2021年，进入国家创新型城市前列，成为‘一带一路’创新之都”。

一方面，完善创新制度体系，优化创新环境。西安军工科技实力雄厚，随着军民融合发展上升为国家战略，通过军民融合实现创新发展，就需要在原有的机制体制内实现系统的创新，充分调动企业、高校、科研机构等创新主体的创新积极性；另一方面，创新又是各类高端资源的集聚，通过激励措施鼓励和吸引资金、技术、人才等要素的集聚，就需要进一步完善人才新政、创新新政等政策措施；同时还需要培育发展科技金融中介服务体系，支持知识产权评估、技术转移、专利代理、信用评级等科技金融中介服务组织，为大众创业、万众创新建立完善的政策环境、制度环境和服务体系。

（四）聚焦文化交流，展现示范节点

大力推进文化产业发展，成为亚欧人文交流新模式示范节点。西安要依托现有文化产业发展基础，创新文化产业发展方向、发展模式、发展理念，深入实施“文化＋”战略，围绕“文化＋电脑＋人脑”，优化历史文化产业，提升和打造体育产业、绿色生态旅游产业，打造丝路文化高地，构筑西安“文化产业增长极”。积极与“一带一路”沿线国家对接，创新人文交流模式，传播国家使命。

一方面要充分利用丝绸之路大学联盟，加强与“一带一路”沿线国家、地区和城市的教育合作与交流，在人才培养、科学研究等领域展开广泛合作；另一方面在能源化工、现代农业、创新创业等领域的产业合作中开展联合技术攻关，深化产学研结合，并逐步推动科技成果转化领域中的深入合作；同时与沿线国家、地区和城市联合打造“丝绸之路经济带”国际精品旅游项目，逐步推进区域人文交流的新模式，扩大西安在亚欧国际合作中的影响力。

（五）促进产业合作，发展引领节点

加强与“一带一路”沿线国家、地区和城市之间的产业合作，以国际合作平台为基础，“走出去”与“引进来”相结合，增强西安竞争优势，成为内陆开放新高地引领节点。

与东部城市相比，受地理区位、发展空间等条件的限制，西安对外开放观念相对落后，在经济发展阶段、市场发育程度等方面与东部沿海地区存在显著差异，特别是在区域经济综合竞争力、工业化、城市化和市场化程度等方面有较大的差距。西安要切实提高经济发展竞争力和外向型经济竞争力，一方面要加强国际合作平台建设，如中俄丝路创新园、中哈人民苹果友谊园、中韩产业园等合作平台建设，充分利用丝博会、西洽会、欧亚经济论坛等加强与沿线国家、地区和城市之间的交流与合作；另一方面在“引进来”的同时加强优势企业的“走出去”，充分利用西安与中亚国家产业互补优势，加强企业之间的合作与联系，挖掘经济合作潜力，增强西安的国际影响力。

（六）完善交通体系，构筑中心节点

加快国家综合交通信息枢纽建设，推进互联互通，充分发挥西安人流、物流和信息流的竞争优势，打造西安国家大交通中心节点。一是要建设西安空地立体式交通枢纽，充分发挥以大西安为中心的航空、铁路和公路优势，加强与“一带一路”沿线国家和地区的文化科技交流和经济贸易往来；二是进一步完善物流产业的空间布局，抢抓陕西自贸区、临空经济示范区、跨境电商试验区等获批的重大机遇，利用第五航权等大力发展航空运输业，打造面向全球的国际航空物流枢纽，形成面向欧亚的国际陆路物流枢纽，推进现代化国际物流服务平台建设；三是在已有的通信功能基础上，强化西安在国家通信体系中的枢纽作用，密切与“一带一路”国家和地区之间的合作与交流，建设面向全球的信息港。

参考文献

[1] 文玉钊，陆梦秋，李小建，等. 基于西通道的国家西向流通网络特征与组织模式 [J]. 地理学报，2019，74（6）：1205-1223.

[2] 白桦，谭德庆. 内陆国家级中心城市经济发展路径研究：基于内陆自贸区视角 [J]. 经济问题探索，2018（10）：115-121.

[3] 阳国亮，程皓，欧阳慧. 国家中心城市建设能促进区域协同增长吗 [J]. 财经科学，2018（5）：90-104.

[4] 史丹丹，王景妍. 以中心城市建设带动区域经济发展 [J]. 人民论坛，2018（13）：90-91.

[5] 赵正，王佳昊，赵静. “一带一路”中国段节点城市经济联系的空间分析：基于城市流强度模型的研究 [J]. 干旱区资源与环境，2018，32（5）：12-18.

[6] 刘敏，张坤领，刘倩. “一带一路”节点城市建设的实证研究：基于多维新型城镇化协同发展的视角 [J]. 经济问题探索，2018（4）：106-115.

推动陕西省先进制造业和现代服务业深度融合

柴建　张雪君　李忠民*

摘　要

陕西省产业结构发展不均衡，制造业发展已初具规模，服务业竞争力不足。从结构上看，陕西省传统制造业仍占较大比重，高新技术产业竞争力较弱，对现代服务业拉力不足；服务业中，传统服务业比重偏大，金融业等现代服务业与全国平均发展水平仍存在差距，制约陕西省制造业高质量发展。基于此背景，推动陕西省先进制造业和现代服务业深度融合是优化陕西省产业结构、促进经济增长的重要着力点。研究结果表明，制约陕西省两业融合高质量发展的瓶颈主要为以下因素：（1）陕西省产业结构失衡，制约转型升级；（2）陕西省研发经费投入水平偏低，企业研发经费投入占比较少，科技成果转化能力相对较弱；（3）陕西省制造业生产方式相对落后，对服务业的发展促进作用有限；（4）陕西省先进制造业和现代服务业产业园区相互独立，不利于两业互动；（5）现有产业相关政策存在短板，不利于引导两业深度融合。针对以上现象，促进陕西省两业深度融合的主要措施如下：（1）打造一批制造业和服务业融合的平台载体，提高集群内制造业与服务业的相互协同、配套服务水平；（2）提升研发经费投入的针对性和有效性，增强两业创新能力；（3）发展

* 柴建，西安电子科技大学经济与管理学院教授、博士生导师，西安电子科技大学陕西发展研究院副院长；张雪君，西安电子科技大学经济与管理学院硕士研究生；李忠民，陕西师范大学教授，民建陕西省委副主委。

促进两业深度融合的组织载体，增强产业间联系；（4）转变两业分割、同质发展模式，促进两业在区域上融合发展；（5）健全完善引导产业融合发展的法律法规。

关键词：先进制造业；现代服务业；融合发展

一、陕西省产业结构发展现状与特点

（一）陕西省产业结构概况

据统计，陕西省从 2013 年开始，第二产业增加值占 GDP 的比重呈波动下降趋势。与此相对应，第三产业增加值占 GDP 的比重不断上升，与第二产业增加值所占比重的差距不断缩小（见图 1）。第三产业吸纳的就业人口数量已经远超第二产业所吸纳的就业人口数量（见图 2）。

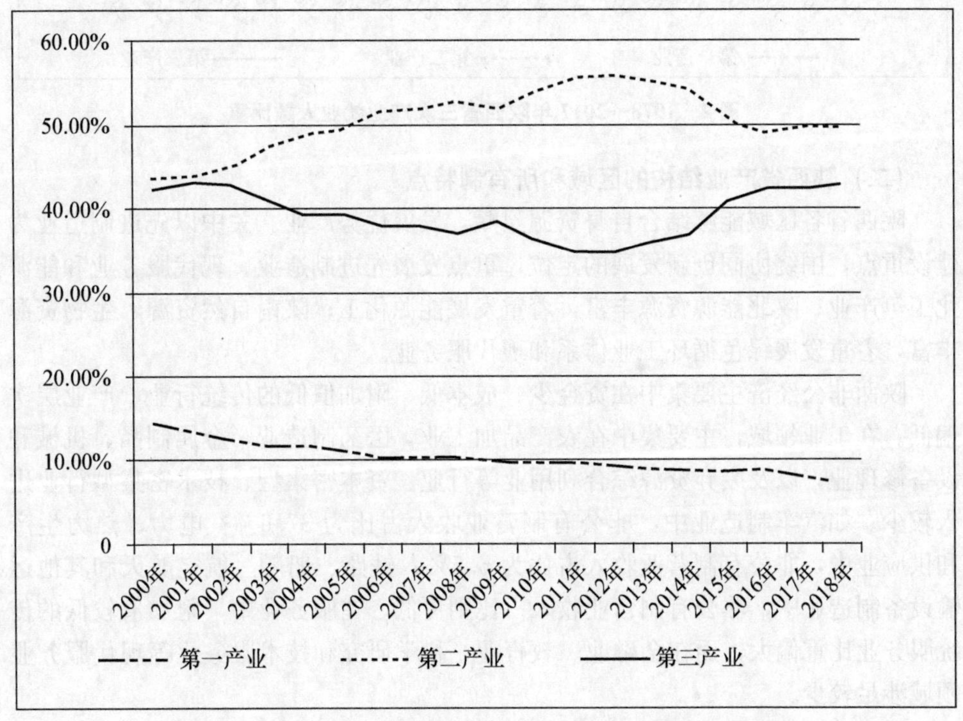

图 1　2000—2018 年陕西省三次产业增加值占 GDP 的比重

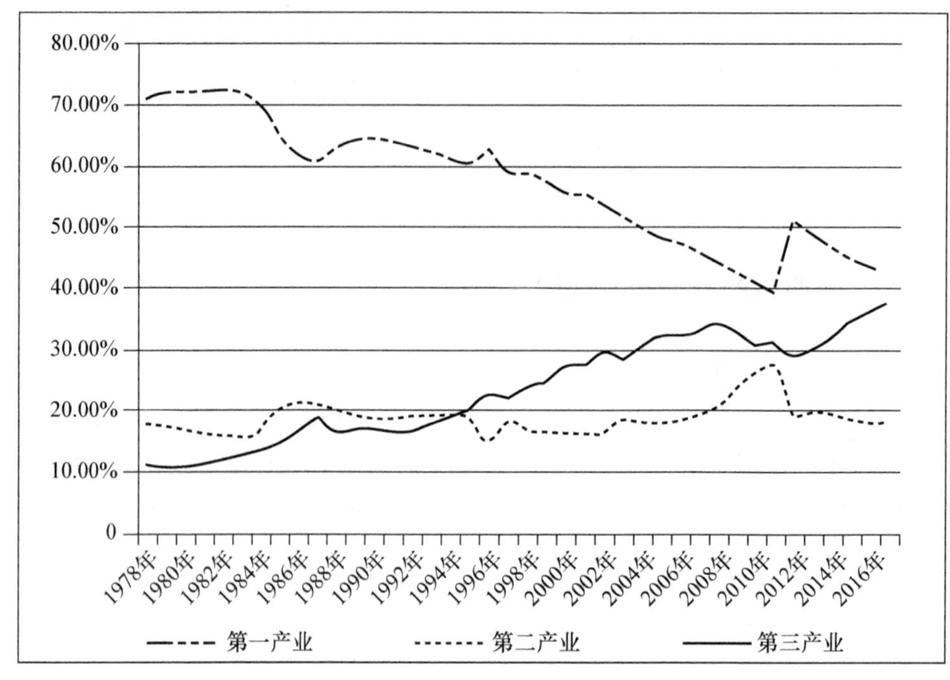

图 2　1978—2017 年陕西省三次产业就业人数比重

（二）陕西省产业结构的区域和所有制特点

陕西省各区域能够结合自身资源禀赋，发展优势产业。关中以先进制造业为建设重点，围绕协同创新发展的定位，重点发展先进制造业、现代服务业和能源化工等产业；陕北能源资源丰富，着重发展能源化工；陕南自然资源、生物资源丰富，着重发展绿色循环工业体系和现代服务业。

陕西非公经济主要集中在资金少、成本低、附加值低的传统行业，产业层次偏低。在工业领域，主要集中在农产品加工业，医药制造业，金属制品、机械和设备修理业，以及废弃资源综合利用业等行业。资本密集型、技术密集型行业进入较少。如汽车制造业中，非公有制营业收入占比为 37.6%；电力、热力生产和供应业中，非公有制营业收入占比为 6.5%；铁路、船舶、航空航天和其他运输设备制造业中，非公有制营业收入占比则更低。在服务业中，附加值较低的传统服务业比重偏大，而在金融业、教育业、科学研究和技术服务业等现代服务业领域涉足较少。

（三）陕西省产业结构发展趋势

陕西省立足区域资源禀赋和产业比较优势，在稳定传统优势产业发展的同时，全力打造新的支柱产业，不断形成新的经济增长点。在信息技术产业方面，着力培育集成电路、智能终端、平板显示、太阳能光伏、大数据五大重点领域，其集成电路产业、单晶硅太阳能制备业、光伏玻璃等产业处于优势地位；在汽车产业方面，着重打造全国重要的自主品牌汽车和新能源汽车基地；在高端装备产业方面，以“高端化、智能化、服务化”为方向，巩固优势产业地位，加快新兴领域培育；在化工产业方面，以煤制烯烃和煤制油为主要路径，促进本省煤炭资源深度转化，变资源优势为产业优势；在新材料方面，陕西省钛、镁、钼等产品在全国处于领先地位，为航空航天、装备、电子等高端领域需求提供创新型产品。

二、制约陕西省两业融合发展的瓶颈

（一）产业发展失衡，转型升级难以突破

陕西省制造业发展已经形成一定的产业规模和基础，特别是在装备制造业的部分领域已经具备明显的国内外竞争优势，一批大中型装备类企业和产品在全国已经占据重要的席位。然而，产业间发展不均衡导致制造业整体“偏科”严重，与发达省份相比，陕西省在整体发展上存在差距。就服务业来看，近年来服务业占比迅速上升，但是存在多数服务业企业规模小，知名龙头企业少，总体竞争力不强的现象。由于陕西服务业高端化不够，服务业效率明显低于制造业效率，对实体经济升级的支撑不足。效率低下的服务业占比迅速提高导致全要素生产率的下降，可能导致整体经济增速下滑，不利于产业转型升级。

（二）创新能力不足

从制造业自身发展的经验和演进趋势看，制造业要实现可持续发展，必须依靠科技创新，实现经济效益与规模实力的双重提升。近年来陕西省研发经费投入持续增长，2017 年，全省研发经费投入 460.94 亿元，研发经费投入强度为 2.10%，比上年下降了 0.06%，首次低于全国平均水平。与全国其他省份比较看，陕西研发投入水平仍然偏低，与经济强省差距还很大。从研发经费投入强度看，2017 年陕西 2.10%的水平距离全省国民经济发展“十三五”规划中 2.6%的目标差距仍较大，必须高度重视。

此外，陕西的研发经费投入主要依靠部属科研院所的有力支撑，而真正能够显示自主创新能力的企业研发经费投入的占比相对较少。2017 年规模以上工业企业科研机构研发经费内部支出 196.37 亿元，占全省研发经费内部支出的 42.6%。与此同时，从产业发展的角度看，规模以上工业制造业新产品销售收入 1 714.89 亿元，占规模以上工业制造业总产值的 7.2%。尽管陕西科技资源实力雄厚，但陕西企业的创新能力建设相对滞后，科技成果转化能力相对较弱，不利

于制造业企业技术创新。

（三）制造业对服务业拉力不足

陕西省制造业生产方式相对落后，对现代服务业拉力不足。制造业产业规模虽然较大，但是劳动密集型产业和产品仍占相当比重，技术进步、产品开发和产业升级的速度较为缓慢。制造业产业链过于侧重实体产品的生产，服务外包不多且涉及面窄。高新技术产业竞争力较弱，对服务业的发展促进作用较小，导致服务业发展滞后。

（四）产业园区集聚不够

陕西省先进制造业和现代服务业分别形成了独立的产业集群，地域上相互独立，不利于服务业和制造业的互动。而且，目前形成的现代服务业集聚区，还没有形成完善的专业化分工与协作机制。空间集聚高于产业集聚，园区多以税收、土地等优惠政策吸引企业进驻而形成空间集聚，产业关联度偏低，没有形成优势产业集聚。各园区之间缺乏统筹协调机制，部分园区定位雷同、产业布局缺乏错位和特色，趋同现象严重，“小集聚、大分散”的特征比较明显。园区开发、运营水平存在较大差异，部分园区名为园区建设，实为房地产开发，缺乏后续管理，造成经营方式粗放，主业不突出、业态不清晰，混业办公现象严重。

（五）产业融合发展的政策引导不强

现有产业政策基本上是引导自我增强型的产业内循环发展，缺乏引导制造业与服务业融合发展的政策，没有明确的产业融合发展的战略规划和在资金、技术、税收等方面的配套措施。受行业管理体制的制约，不同行业的企业可能分属不同部门管辖，使产业的融合发展变得难以协调，造成服务产业“单兵突进”现象明显，对整个产业链的带动作用以及对相关产业的渗透作用不强。

三、促进陕西两业深度融合的政策建议

（一）打造一批制造业和服务业融合的平台载体

依托现有产业集群和国家级开发区，聚焦集群内产业关联度低、制造业与服务业融合不够等瓶颈问题，努力提高集群内制造业与服务业的相互协同、配套服务水平，打造一批制造业和服务业融合的平台载体，使集群成为集成制造与服务功能的产业链集合，不断提升全产业价值链竞争力。例如，在制造业集群内，可以搭建研发设计、知识产权、信息服务、金融、商贸、物流、会展等服务平台，围绕制造业集群构建区域服务体系，形成产业共生、资源共享的互动发展格局。在服务业集群内，可以完善创新创业投资环境，完善知识产权创造、运用和保护法律体系，促使企业共享信息资源，提升创新能力，做到市场集聚、自发形成、

自我发展。

（二）增强创新能力

就全国而言，一些先进企业已经起到模范带头作用，如华为的整体解决方案、上海电气的总集成总承包模式、海尔的服务型平台、深圳怡亚通的全程供应链整合服务创新等。陕西省应向先进地区、先进企业学习，推动模式创新，加速推进先进制造业与现代服务业深度融合。

在实施创新驱动发展战略和创新型省份建设期间，政府部门要进一步加大财政支出，积极引导龙头企业、科研院所、高校加大对研发的投入，通过科研项目管理体制改革提升研发经费投入的针对性和有效性。此外，还应进一步宣传和落实高新技术企业税收优惠、研究开发费用税前加计扣除等政策，为企业科技创新减轻负担，鼓励企业加大研发投入，引导制造业企业走融合道路，走创新道路，提升竞争力。通过多部门、多渠道努力，共同提升全省研发实力与创新能力，实现追赶超越。

（三）发展深度融合产业组织载体

产业链条、新型产业集群、产业生态圈等既是现代产业组织发展形态，也是先进制造业与现代服务业深度融合的重要载体。陕西省要以具有优势的先进制造业企业、开发区为基础，增强产业间联系，打造一批先进制造业和现代服务业深度融合的产业链条、新型产业集群和产业生态圈。

从目前看，陕西省要积极有效推动制造业高新化，大力提升制造业技术含量和附加值，以增强先进制造业和现代服务业的匹配度。围绕产业链条延伸、提升、渗透、创新来展开，不断推动产业向产业链高端迈进，提升国际竞争力。

（四）促进两业在区域上融合发展

营造融合发展大环境，转变两业分割、同质发展模式，促进各产业区融合发展。明确各阶段发展目标及各产业园区功能定位，加强园区产业发展分类指导，依据各园区发展现状、资源要素、区位条件等，明确各园区产业功能定位，原则上一个产业园区重点发展两到三个主导产业，以此逐步建立以重点园区为引领、中小园区为配套补充，各园区定位清晰、特色突出、配套完善的服务业集聚区发展体系。

（五）健全完善引导产业融合发展的法律法规

一要推进立法进程，推进两业融合的新业态、新模式发展，营造公开透明的发展环境。二要创新监管方式，利用互联网技术建立统一的监管平台，完善公平竞争审查和公正监管制度，为现代服务业和制造业的深度融合发展规范市场秩序。三要完善法律法规，建立明确的产业融合发展的战略规划和财税配套措施。

参考文献

［1］李娟，张首魁．制造业与服务业深度融合的现实路径与政策取向：中央经济工作会议精神学习体会［J］．陕西行政学院学报，2019，33（1）：75-80.

［2］陈鸿雁，杨源．创新制造业与现代服务业融合发展新路［J］．经济研究导刊，2018（35）：41-44.

［3］夏明，李贝茜，彭春燕．制造业与服务业关系：理论与经验的比较分析［J］．中国科技论坛，2018（1）：76-82.

［4］乔如娟，千庆兰．2004—2013年东莞先进制造业与现代服务业耦合度变化［J］．技术与创新管理，2017，38（6）：635-640.

［5］初铭畅，刘强，陈宏达，等．制造业与现代服务业协同发展实证研究［J］．辽宁工业大学学报（社会科学版），2017，19（3）：17-19，138.

［6］林森，赵鑫．推动现代服务业和先进制造业互促共进［J］．中国发展观察，2017（Z3）：118-120，128.

［7］刘川．珠三角现代服务业与先进制造业融合发展趋势研究［J］．统计与决策，2015（2）：138-140.

［8］刘佳，代明，易顺．先进制造业与现代服务业融合：实现机理及路径选择［J］．学习与实践，2014（6）：23-34.

［9］刘川．产业转型中现代服务业与先进制造业融合度研究：基于珠三角地区的实证分析［J］．江西社会科学，2014，34（5）：59-65.

陕西自贸区贸易便利化制度创新研究

刘光岭　栗东明*

摘　要

本文在"贸易便利化"这一全球性议题和陕西自贸区建设的现实背景下，阐述了陕西自贸区成立两周年以来取得的成就及存在的问题，并提出了通过制度创新来解决问题的具体对策，包括：采用综合措施推动自贸区企业参与AEO高级认证；提高跨境金融服务能力，扩展企业融资来源；推动跨境电子商务与跨境物流的协同发展；等等。以期全面促进陕西自贸区贸易便利化改革，为推进陕西经济高质量发展提供参考。

关键词： 陕西自贸区；贸易便利化；制度创新

当今国际贸易已步入"后关税时代"，"贸易便利化"问题成为世界各国共同关注的全球性议题。2008年全球金融危机以来，全球贸易规则体系正经历自乌拉圭回合谈判以来最大的一轮重构期，加快自贸试验区建设是我国应对国际贸易规则重构的一个突破口和着力点。2019年8月，我国自贸试验区分别迎来第四次、第五次扩容——"上海自贸区临港片区扩容"和"成立黑龙江、山东、河北、广西、云南、江苏六个自贸区"，至此，全国共有18个自贸区，形成了"1+3+7+1+6"的自贸区矩阵，沿海省份已实现自贸区全覆盖。

作为全国第三批自由贸易试验区的重要组成部分和西北地区唯一的国家级自

* 刘光岭，西北政法大学经济学院教授、博士生导师；栗东明，西北政法大学经济学院硕士研究生。

由贸易试验区，陕西自贸区于 2017 年 4 月 1 日正式运营。陕西自贸区不仅承担着落实中央关于更好发挥“一带一路”建设对西部大开发带动作用，加大西部地区门户城市开发力度要求的艰巨任务，更肩负着探索打造内陆型改革开放新高地、全面改革开放试验田，探索内陆地区与“一带一路”沿线国家经济合作和人文交流新模式的责任。其中，贸易便利化作为陕西自贸区建设的重要内容，既是陕西自贸区建设的目标和任务，又是陕西自贸区建设对接国际标准的手段和方法。陕西自贸区贸易便利化制度创新探索肩负着新时期陕西省加快政府职能转变，积极探索管理模式创新，提升贸易便利化水平，为全面深化改革和扩大开放探索新途径、积累新经验的重要使命。

一、陕西自贸区两周年发展现状

陕西自贸区自 2017 年 4 月 1 日挂牌成立后，主动融入“一带一路”的时代背景，积极推动自贸区发展与陕西省政府提倡的发展“三个经济”——门户经济、枢纽经济、流动经济的深度融合。至 2019 年 6 月，陕西自贸区两年间建立了完善的省级、片区、功能区三级工作台账和责任清单，实行全程项目化、目标化、动态化管理；加快转变政府职能，探索建立与国际高标准投资和贸易规则体系相适应的行政管理体系；深化投资、贸易、金融等领域开放创新，进一步提升利用外资水平，推动贸易转型升级和金融制度创新；积极扩大与“一带一路”沿线国家经济合作，构筑全方位立体化开放大通道，创新国际产能合作模式，进一步加强国际合作园区建设。同时，自贸区发展也与陕西提倡发展“三个经济”所要求的建立综合交通运输体系、加强全球资源配置能力、建设人才发展平台相契合。陕西自贸区不仅实现了对新时代背景下“开放”与“要素”追求的高度契合，更有力地推动了国际合作交流的深化。2019 年上半年，陕西自贸区新增市场主体 13 496 家，新增注册资本 681.75 亿元①。

（一）试点任务基本完成，差别化改革成果丰硕

截至 2019 年 6 月，陕西自贸区在顺利落实 165 项试点任务（不包括 3 项涉及国家事权的试点任务正在跟踪落实）的基础上，积极探索差别化改革，累计形成创新案例 262 个，向国务院自由贸易试验区工作部际联席会议办公室上报创新案例 69 个，18 项自贸区改革创新成果在全省复制推广。“铁路运输方式舱单归并新模式”作为自贸区第四批改革试点经验在全国复制推广。“积极打造

① 陕西省商务厅. 2019 年上半年全省商务运行情况［EB/OL］.（2019－07－29）［2019－09－30］. http://sxdofcom.shaanxi.gov.cn/newstyle/pub_newsshow.asp? id=29037816&chid=100355.

'一带一路'现代农业国际合作中心"的经验和"创新推进中欧班列发展，推动西向国际物流通道建设"的做法，由国务院部际联席会议办公室印发全国自贸区借鉴学习。西咸新区国际高层次人才"一站式"服务平台、"一带一路"语言服务及大数据平台2项服务贸易创新发展经验经国家11个部委批准，在全国复制推广①。

（二）政府效能革命加快推进

陕西自贸区全面落实企业工商登记注册"一口受理、并联审批"和全程电子化，使企业注册登记办理时限缩短至3个工作日以内。省政府将213项省级管理事项下放（委托）自贸区办理。西安市在将103项市级管理事项下放（委托）自贸区办理的同时，相继推出1 542项"最多跑一次"服务事项。推进相对集中行政许可权和相对集中行政处罚权改革工作，各功能区分别设立行政审批、市场监管专门机构，探索开启"一枚公章管审批、一支队伍管执法"的政府管理新模式。"证照分离"改革试点全面推开，"微信办照"等工商登记全程电子化改革已在全省推广。建立自贸区市场准入"多证合一、多项联办"服务平台，杨凌片区将45项涉农林项目纳入联办平台，实现"七证合一、五十三项联办"。"微信办照"使企业数据填报量压缩为传统模式的八分之一，人工审核时间从1小时左右压缩为10分钟左右，申报材料一次性通过率由人工方式的10%左右提高到90%左右。

（三）投资贸易便利化水平显著提升

全面落实外资准入前国民待遇加负面清单管理制度，实行外资企业商务备案与工商登记"一套表格、一口办理"。建立企业"走出去""一站式"服务平台，为企业提供融资信贷、会计审计、风险评估等服务。着力推进贸易便利化改革，不断拓展国际贸易"单一窗口"功能，企业覆盖率由2018年的30%提升到80%以上，报关报检等主要功能覆盖率达到100%。西安海关创新推进"货站前移""舱单归并"等24项监管服务措施，2018年12月西安口岸进口货物整体通关时间较2017年末压缩68.76%，出口压缩53.23%。创新跨境直购进口分段监管模式，简化跨境电商出口商品归类，支持跨境电子商务发展。西安海关推行以企业为单元的税收总担保模式，将汇总征税范围扩大到除失信企业外的所有企业，80%以上的应税报关单通过"自报自缴"模式缴税。2019年上半年，陕西自贸区实现国际贸易"单一窗口"货物申报、空运运输工具和空运舱单等主要业务覆盖率100%。2019年6月，全省进口整体通关时间为45.19小时，比2017年当

---

① 陕西省商务厅. 2019年上半年全省商务运行情况［EB/OL］.（2019-07-29）［2019-09-30］. http://sxdofcom.shaanxi.gov.cn/newstyle/pub_newsshow.asp?id=29037816&chid=100355.

月压缩 50.1%；出口整体通关时间为 2.16 小时，比 2017 年当月压缩 66.24%①。

（四）金融服务创新步伐加快

陕西省全面落实金融支持自贸区建设 36 条措施。截至 2019 年 6 月底，全省融资租赁企业达 123 家，企业注册资本累计达 512.34 亿元，业务规模达 354.45 亿元。同时，陕西自贸区获批“资本项目收入结汇支付便利化试点”，是全国第 6 个也是西北地区唯一参与该试点的地区。为解决“小微企业融资难”与“引导小微企业诚信纳税”的问题，陕西自贸区西安经开功能区与经开区税务局、中国建设银行陕西省分行合作创新建立“税—银—企”合作机制，以“纳税信用评级贷款”破解自贸区小微企业融资难题，并进一步营造自贸区的良好营商环境。2018 年 4 月，中国人民银行西安分行打造的“通丝路”陕西跨境电子商务人民币结算服务平台正式上线运行，为企业在线提供人民币跨境结算、贸易融资服务、报关报检等 10 项“一站式服务”，推动陕西特色“走出去”，促进陕西涉外经济发展。为进一步推动陕西自贸区金融改革创新，满足各类市场主体多元化融资需求，自贸区西安国际港务区片区联合西安西电商业保理公司，在全省首创金单制供应链金融模式，依托金融平台及相应的可转让、融资、拆解的金单业务，帮助产业链上下游中小微企业解决融资难融资贵问题，实现了核心企业、中小微企业和金融机构多方共赢，促进了产业生态的不断完善②。

二、陕西自贸区贸易便利化制度建设成就

（一）强化“海陆空”立体大通道体系建设，完善多式联运运输方式

陕西自贸区内的西安国际港务区，是目前我国唯一获得国际、国内双代码的内陆港口，紧紧依托西安综合保税区、西安铁路集装箱中心站等内陆港核心资源，创立了“港口内移、就地办单、海铁联运、无缝对接”的内陆港模式；积极探索自贸区建设可复制推广的创新成果，推动陆路联运、陆空联运、陆海联运多式联运运输方式发展，着力打造承东启西、贯穿欧亚的国际大通道，并初步形成了“海陆空”立体化国际开放大通道。在西安到哈萨克斯坦、汉堡、华沙、莫斯科、布达佩斯等 5 条国际铁路通道的基础上，2018 年又开行了西安至白俄罗斯、俄罗斯、伊朗（阿富汗）、科沃拉、马拉舍维奇的线路，中亚、中欧班列运营线

---

① 陕西省商务厅. 2019 年上半年全省商务运行情况［EB/OL］.（2019－07－29）［2019－09－30］. http://sxdofcom.shaanxi.gov.cn/newstyle/pub_newsshow.asp?id=29037816&chid=100355.

② 陕西自贸试验区推出供应链金融新模式［EB/OL］.（2019－06－12）［2019－09－30］. http://shaanxiftz.gov.cn/wzxw/2aYzme.htm.

路已达 8 条。2018 年全年中欧班列（长安号）共开行 1 235 列，运送货物总重达 120.2 万吨，货值 17.2 亿美元，重载率达到 99.9%，已基本实现每天 3～4 列的常态化运行，在发行列次、重载率、货运量三个指标上，连创三个“全国第一”。2018 年陕西省与“一带一路”沿线国家和地区货物贸易进出口总额为 389 亿元人民币，同比增长 20.4%，实际开行总量、重载率、货运量位居全国第一①。

国内方面，西安港还常态化开行往返青岛港、天津港的“五定班列”和西安港—广州港的特需班列，并与天津港、青岛港、上海港、宁波港、阿拉山口、霍尔果斯等 14 个沿海、沿边的港口、口岸签署了合作协议；向南与广西凭祥口岸、防城港合作，打通了与东南亚各国的陆路通道；联手圆通、申通等，畅通了空中物流通道。国际方面，探索出了美国长滩港启运、青岛港中转的“海铁联运＋冷链运输＋肉类口岸”的新模式；启动了区域口岸合作，与迪拜多种商品交易中心（DMCC）自由区达成了合作协议；与墨尔本港、利特尔顿港等国际港口打通了陆海国际货运通道；在德国法兰克福、哈萨克斯坦卡拉干达州等地设立 8 处“海外仓”，基本实现中亚及欧洲地区主要货源地的全覆盖，初步形成了国际、国内、区域三级海陆空物流大通道体系，让陕西自贸区全方位融入世界贸易经济。

（二）首创“铁路运输方式仓单归并新模式”，提升贸易通关效率

2018 年 5 月 24 日，西安国际港务区自贸办牵头报送的“铁路运输方式舱单归并新模式”作为全国创新案例复制推广，成为第三批自贸区中西部唯一一项国家级案例，同时成功入选 2018 年中国自贸区“十大创新成果”。舱单管理作为国际贸易中的一个重要抓手，西安国际港务区、西安海关根据“长安号”进出口货物主要为棉纱、板材、机械等大宗货物的特点，积极对舱单管理进行改革创新和探索，推行铁路运输“舱单归并”新模式，助推班列通关时效进一步提升。“舱单”作为反映进出境运输工具的载货清单，根据海关规定，企业申报时一份报关单只允许填报一个运单号（运单号与舱单一一对应），即“一单一报”。以铁路运输为例，以往一节铁路车厢生成一份舱单，一份舱单申报一票报关单，一列火车有多少车厢，就需要申报多少票报关单，即使该批货物实际为同一企业申报的同一种货物，这无形中增加了企业的申报成本。而“铁路运输方式舱单归并新模式”改变以往“一柜一单”模式，将同一品名、同一规格、同一合同、同一公司、同一批次的大宗进口货物，几十节车厢的舱单归并成一个舱单，用一票报关单申报。

① 陕西持续建设交通商贸物流中心［EB/OL］．（2019－09－17）［2019－09－30］．http://snydyl.shaanxi.gov.cn/article/36164.html.

这不仅能够提高通关效率，又降低了通关成本，缩短了通关时间①。

“铁路运输方式舱单归并新模式”显著提升了中欧班列通关效率，为企业减少了通关的申报时间和成本，进一步推动了“长安号”运力提升，拉动进出口额增长，促进贸易便利化。自贸区内企业采用“舱单归并”模式进行申报，可节省90%以上通关费用，2017 年 2 月，西安海关首次正式采用“舱单归并”模式，将益海嘉里（兴平）食品工业有限公司申报进口的哈萨克斯坦小麦共计 100 票货物缩减为 6 票，使该企业通关费用和报关量降低了 94%，充分享受到贸易便利化制度创新的福利。“舱单归并”新模式推行以后，由“长安号”运输的小麦、绿豆等大宗商品由 2017 年的 1 周 1 列，发展到 2018 年的 1 周 2～3 列的进口量，“舱单归并”高效率低成本的模式，推动了“长安号”班列的运力提升，有效带动了陕西对中亚地区贸易的快速增长。2018 年前三季度，全省对中亚地区贸易额达 7.6 亿元，同比增长 71.2%。其中，出口 6.4 亿元，进口 1.2 亿元，同比分别增长 88.1%和 15.1%②。

（三）推进“互联网＋政务”服务平台建设，“通丝路”助力金融开放

“微信办照”和“通丝路”平台作为自贸区第三批“最佳实践案例”，不仅是推动自贸区贸易便利化制度创新的重要路径，同样也是优化提升自贸区营商环境的关键环节。陕西自贸区深入调研实践，在全国首创“微信办照”，开发了工商登记注册全程电子化系统，成功地解决企业登记注册便利化“最后一公里”问题。通过运用“互联网＋”思维，推进工商登记全程电子化改革，优化工商注册流程和机制，创新突破微信办照相关技术，采用新技术来防控微信办照风险。以微信公众号为平台，将企业住所和名称审核制改为自主申报制，企业申办者只需完成刷脸、起名、信息填报三个步骤，企业营业执照最快半小时办结，个体工商户营业执照 10 分钟办结，提高了企业注册便利化，真正实现“信息多跑路，企业和群众少跑路甚至不跑路”，打造“五星级店小二”优质服务，实现“门槛更低”“效率更高”“服务更优”“行政更廉”“环境更佳”的实践效果③。

中国人民银行西安分行搭建“通丝路”——陕西跨境电子商务人民币业务服务平台，创新“互联网＋跨境人民币”新模式，为陕西自贸区企业走进“一带一路”搭建一条更加便捷的“人民币网上丝绸之路”。“通丝路”平台是由中国人民银行西安分行指导，西安金融控股有限公司运营管理，中国银行陕西省分行等金

---

① 陈小玮．陕西自贸区：新丝路上的新探索［J］．新西部，2017（4）：6-11.

② 中欧班列 2018 年开行首超 1 000 列　高质量运营创造三个全国第一［EB/OL］．（2018-10-30）［2019-09-30］．http://www.sanqin.com/2018/1030/390996.shtml.

③ 西咸“微信办照”个体户营业执照 10 分钟办结［EB/OL］．（2018-04-19）［2019-09-30］．https://xian.qq.com/a/20180419/002617.htm.

融机构提供人民币业务服务的国际商品贸易交易平台，采取跨境电子商务人民币结算模式，主要服务于陕西出口企业及农户。“通丝路”平台积极探索“资金融通”新模式，直接通过银行实现跨境电子商务人民币结算，省去第三方支付机构的中间环节，结算效率更高，监管环节更集中。同时借助中资银行海外布局步伐，发挥中国银行等中资银行与“一带一路”沿线500余家金融机构建立的代理清算关系的作用，为陕西自贸区企业走进“一带一路”开辟通途。“通丝路”平台为小微企业定制供应链融资等金融服务，解决小微企业融资难的问题。平台专设了金融产品窗口，为小微企业提供出口贴现、打包贷款、出口双保理等十余种贸易融资产品和全产业链融资解决方案，小微企业可在线提交贸易融资申请，及时高效解决融资难题。“通丝路”平台为小微企业提供专属出口收款风险保障方案“小微企业信保易”保险产品，为小微企业拓市场、接订单、防风险提供了有力保障。小微企业可实现一键投保，符合条件的小微企业还可享受免费投保。“通丝路”平台创新“站点企业（按照‘一站一品’布点，一个站点企业主推一类陕西特色产品）＋农户”模式，即通过出口站点企业为农户提供出口代理、融资担保等服务，让农户足不出户就将“山里货”卖到国际市场①。自贸区海关、质监、税务、商务等各监管部门可以通过“通丝路”平台实现交易数据信息共享，进而加强跨境人民币、外汇、征信、反洗钱、支付结算与各监管部门对“通丝路”平台跨境资金流动风险监管合作，提高“穿透式”监管的执法效率。

（四）发展“长安号＋跨境电商”模式，优化跨境电商营商环境

电子商务对交通的要求不仅是运量大，而且还要安全、速度快、运价低，中欧班列的开行，为跨境电商快速发展提供了交通保障。二者完美融合，能够实现跨境进口备货，不断拓展进口货源种类，构建起便捷的物流贸易链条。陕西自贸区抓住建设跨境电商综合试验区的发展契机，与跨境电商产业发展的实际需求相结合，推动建设“洋货码头”跨境服务平台及相关配套产业服务链，开创了“长安号＋跨境电商”模式，利用“长安号”进行跨境备货，拓展进口货源种类。在流量、营销、交易等环节，以数字化的方式为企业提供更多商机、更高效率的服务，帮助企业获得更多海外订单，为自贸区内企业提供便捷、稳定、低成本的物流解决方案，提升利润空间，共享全球化红利，助力企业实现“买全球、卖全球”。通过打造一条连接西安与“一带一路”沿线国家的“网上丝绸之路”，推动贸易活动更加多元化、国际化，持续加大“走出去”力度，努力做大开放通道、做优开放平台、做强开放产业，成为新常态下培育经济增长新动能、创新国际贸

① 张永军，张静．创新成为最关键：陕西自贸试验区建设一年来创新案例分析［J］．西部大开发，2018（3）：34-41.

易方式的重要途径。阿里巴巴、京东、网易等全国前十强龙头电商纷纷落户西安港，2018 年园区电商交易额突破 1 500 亿元；注册跨境电商企业超过 300 家，跨境进出口单量连年保持 30%以上高速增长。

与此同时，陕西自贸区还加快建设“进口商品展示交易分拨中心”“跨境电商国际合作中心”。目前已建成近 20 个进口商品国家馆，总面积达 1.7 万平方米，涵盖上万件商品。西咸新区空港新城借助“临空＋保税＋跨境＋口岸”优势，开辟了阿姆斯特丹—西安、芝加哥—西安的跨境电商货运直飞航线，积极构建以国际快件和国际冷链运输为主的跨境电商新模式。

三、陕西自贸区贸易便利化发展存在的问题

（一）自贸区海关 AEO 高级认证企业数量较少

陕西自贸区自成立以来，积极复制推广自贸区改革试点经验，推动自贸区企业开展“国际海关经认证的经营者（AEO）互认制度”，获得 AEO 高级认证企业数量由 2017 年的 8 家增长至 2018 年的 25 家，但是与第三批自贸区的其他成员相比，陕西自贸区获得 AEO 高级认证企业的数量相对较少，仍有较大的差距（见表 1）。AEO 即“经认证的经营者”，是《全球贸易安全与便利标准框架》中的一项重要制度，通过 AEO 标准认证的企业，海关会将其作为诚信、守法、安全的企业，从而给予其本国和互认国海关的进出口货物通关便利，包括减少查验或与监管有关的风险评估等手续、安全贸易伙伴身份的承认、货物优先通关、贸易连续运行保障机制等①。目前，中国海关已同包括欧盟、新加坡、韩国、瑞士、新西兰在内的 8 个经济体（约 30 个国家和地区）签署并实施了“经认证的经营者”（AEO）互认安排，对信用状况、守法程度和安全措施良好的企业实施认证并予以通关便利获取。因此，AEO 高级认证可以看作是国际贸易的“绿色通行证”。

同时，获得 AEO 高级认证的企业还可以获得其他好处。首先，根据《关于对海关高级认证企业实施联合激励的合作备忘录》，为了建立健全守信联合激励机制，完善进出口领域诚信体系建设，获得 AEO 高级认证的企业可以额外获得国家部委 40 个部门的 49 项联合激励，如发展改革部门会根据实际情况提供“容缺受理”等便利服务，金融部门办理授信贷款等业务时提供“绿色通道”等②；

① 胡晓红. 论贸易便利化制度差异性及我国的对策：以部分“丝绸之路经济带”国家为视角 [J]. 南京大学学报（哲学·人文科学·社会科学），2015（6）：42-49.

② 陈隆. 中国海关进出口信用体系建设成效分析与关键问题研究 [J]. 海关与经贸研究，2017（5）：60-67.

其次，有助于树立优质商业形象，提升企业的国际综合竞争力，更好地开展国际、国内商务合作，进而获得更多的国内外客户订单；最后，借鉴 AEO 高级认证标准体系有助于规范企业进出口业务，细化企业的进出口内控程序，确保国际贸易的合规运作。

表 1 第三批自贸区获得 AEO 高级认证企业数量对比

排名	名称	数量
1	辽宁自贸区	56
2	重庆自贸区	53
3	河南自贸区	53
4	湖北自贸区	50
5	四川自贸区	27
6	陕西自贸区	25

资料来源：辽宁、重庆、河南、湖北、四川、陕西自贸区官方网站（时间截至 2018 年底）。

（二）自贸区企业融资渠道单一，跨境金融服务能力受限

自 2017 年陕西自贸区成立以来，结合陕西发展实际，积极推动全口径跨境融资等外债管理新政策在自贸区落地，并创新“税—银—企”合作机制以“纳税信用评级贷款”破解自贸区小微企业融资难题，但其实质都是通过银行贷款、债券等传统融资工具和手段解决企业融资难题。由于陕西整体经济金融水平有限，陕西自贸区中的内外资企业的融资手段主要以商业银行贷款为主，其他金融机构融资为辅；融资工具和手段以“银行、保险、证券、债券、信托”等传统融资工具为主，缺乏民营银行、外资银行、合资证券公司等多元融资来源。商业银行天生具有“金融加速器”等劣势（借款者和贷款者关系的重要影响是它使银行获得关于企业项目的信息成本较高），会增加企业的融资成本。民营银行、外资银行、合资证券公司等投融资机构的缺乏，会降低陕西自贸区的金融服务能力，特别是跨境金融服务能力，这不仅在一定程度上限制了自贸区企业的融资需求，而且也不利于陕西自贸区贸易便利化制度创新的进一步推进。

陕西自贸区自成立以来，在金融政策方面着力于搭建跨境电子商务人民币结算平台——“通丝路”，支持银行和符合条件的支付机构为企业和个人提供跨境贸易人民币结算服务，积极探索建立本外币账户管理体系，推行自贸区内跨国企业集团跨境双向人民币“资金池”业务，同时为区内境外机构开立人民币结算账户。但是，受限于自贸区内受众企业的数量和规模，园区内企业对外开放度不高直接导致企业金融交易业务的深度和广度有限，自贸区在跨境贸易结算与资本开放账户的力度和服务对象的突破上还处于初期阶段。

（三）跨境电子商务与跨境物流缺乏协调

陕西自贸区跨境电子商务的快速发展，与良好的跨境物流配套基础密不可分，但是，“跨境逆向物流协同缺失”会导致跨境电子商务与跨境物流之间缺乏协调。“长安号”国际货运班列打通货物直达中亚五国及欧洲腹地城市的通路，陆空联运打通跨境电商包机航线，海铁联运打通西安与全球的国际货运新航线等一系列活动推动了跨境物流的快速发展，为陕西自贸区和陕西省的商品“走出去”提供了便捷通道。但是，在跨境电子商务中，当退换货等现象发生时，逆向物流就会随之出现。退换货商品通过逆向物流回流到商品输出国，又要经历至少两次的清关和商检环节，不仅会增加物流成本，而且可能出现商品价值不足以弥补逆向物流成本甚至逆向物流所产生的成本严重超过商品价值的现象①。

跨境物流链环节多，涉及面广，流程复杂，每个节点都可能导致退换货问题产生，而跨境电子商务更会加剧因物流周期、商品质量、商家信用、商品丢失以及物流过程中出现破损、海关与商检风险、配送信息错误所导致的一系列问题，也是逆向物流产生的源头。陕西自贸区输出的跨境商品主要流向欧洲及中亚国家和地区，这些国家和地区更注重消费者权益保护，无理由退货的规定及文化更会加剧逆向物流协同的缺失。

四、陕西自贸区贸易便利化制度创新的对策

（一）采用综合措施推动自贸区企业参与 AEO 高级认证

AEO 高级认证在自贸区企业间的推广实施，不仅依托于自贸区海关的改革与推动，同时也需要政府、企业的共同参与、协作配合。

政府层面上，一方面，进一步加大对自贸区内海关和企业的 AEO 宣传与培训力度，举办面向海关内部管理人员及潜在目标企业的 AEO 专题说明会或培训会，向自贸区海关内部及相关企业提供详细的 AEO 认证制度及《信用办法》的政策说明与介绍，加强海关内部管理人员对 AEO 制度的认知度，提升业务水平，引导相关企业准确认知 AEO 制度的政策说明及便利措施，从而提升自贸区企业进行 AEO 高级认证的主动性和积极性。另一方面，成立专门的自贸区 AEO 认证咨询服务机构，组建专业的 AEO 认证专家队伍，为 AEO 认证工作提供专业咨询指导，提升 AEO 认证企业成功率。

海关层面上，一方面，加大对企业 AEO 认证服务力度，向企业提供专业的

---

① 张夏恒，郭海玲. 跨境电商与跨境物流协同：机理与路径［J］. 中国流通经济，2016（11）：83-92.

培训和指导，帮助企业及时解决申请过程中的疑难问题，提升企业的满意度和认可度，并引入绩效管理工具，将企业的满意程度纳入海关监管、服务工作绩效考核标准。另一方面，加强海关 AEO 专业人才队伍的建设，强化 AEO 制度政策、实施路径和基本理论的培训，进一步建立完善的人才培养及考核机制；积极借助第三方资源的引入和帮扶，通过外聘专家建立会计、审计、企业管理、信息技术等专业人才库，协助指导海关验证稽查和信用评估过程，以提升海关人才队伍的专业性。

企业层面上，一方面，企业应自觉接受自贸区内海关规定，积极参加海关组织的各项 AEO 制度相关座谈、指导和培训，熟悉掌握 AEO 认证、安全标准、法律法规、财务审计、自我监管等专业知识，并设立企业内部的 AEO 专门负责人，加强对企业内部安全管理、财务管理、单证处理人员的教育培训，提升识别企业内部风险的能力，提升 AEO 认证的主动性。另一方面，企业应增强守法自律意识，规范自身运营。具备诚信守法意识、规范内部运营流程是企业获得 AEO 高级认证的重要前提条件，企业应严格按照认证标准不断排查完善内控措施，进行风险管理，规范自身经营管理和通关行为，规避不合格管理现象，不断提升管理水平和安全等级。

（二）提高跨境金融服务能力，扩展企业融资来源

在现有的金融服务体系的基础上，建立类型丰富的新型金融服务机构，推行自贸区内跨国企业开展跨境双向人民币“资金池”业务，在现有以间接融资为主的基础上，通过证券市场派生更多的新的直接融资方式，扩展自贸区企业融资来源。支持符合条件的“一带一路”沿线国家的金融机构在自贸区内以人民币直接投资设立或参股金融机构。支持符合条件的法人在自贸区内依法设立金融租赁公司、财务公司等金融机构。支持符合条件的境内重资民营企业发起设立民营银行。支持全国性中资商业银行、陕西本地银行、符合条件的外资银行在自贸区内新设分行或营业机构。允许外商投资在自贸区内新设一家合资证券公司。进一步推进内资融资租赁企业试点。陕西自贸区积极复制国家自贸区试点经验，提升金融服务能力，如“放宽跨国公司外汇资金集中运营管理准入条件”，“允许自贸试验区内符合条件的融资租赁业务收取外币租金”等①。

陕西自贸区应深化借鉴上海自贸区的“投贷联动”融资模式，探索陕西自贸区“投贷联动”融资新模式，助力陕西自贸区企业发展。投贷联动主要是通过试点机构已设立的具有投资功能的子公司实施的，由其子公司开展股权投资，通过

① 探索陕西特色自贸区金融发展途径［EB/OL］.（2018-03-01）［2019-09-30］. http://www.liangjiang.gov.cn/Content/2018-03/01/content_414558.htm.

并表综合算大账的方式，用投资收益对冲贷款风险损失，特别注重风险控制并明确一系列风险控制措施，达到“风险可控，商业可持续”的目的①。包括但不限于建立“防火墙”，仅使用自有资金投资、限定单个项目投资比例，项目筛查、贷款审查等多项措施。一般情况下采用“投资机构主投+银行资金跟投”等多种方式，使得双方各自承担相应风险，并分享合理的收益回报。一方面，积极鼓励陕西省商业银行通过设立“境外子公司”开展股权投资的方式以规避商业银行不能进行股权投资的政策限制，这种模式是目前法律环境下合法有效的业务模式。目前国内多家大型商业银行主要通过在香港设立全资投资子公司的方式，采用设立产业投资基金的形式向内地企业开展投贷联动②。以中国工商银行为例，中国工商银行通过其在香港设立的子公司工银国际控股有限公司，与江西省政府成立江西鄱阳湖产业投资管理公司，并以此为基础设立总规模为150亿元的鄱阳湖产业投资基金。另一方面，采用商业银行与风险投资机构合作的模式为自贸区内企业输入资金。陕西省商业银行可以根据自贸区产业发展特点，通过在相应领域选择专业性好、经营业绩优良、治理结构完善、风险把控能力强的风投、私募股权基金等金融机构合作，以跟贷的形式向风投机构投资的企业发放一定数额的贷款，通过优先级的方式保证贷款的安全性，并获得一定的收益，或者以股权选择权的贷款形式，约定将贷款转化为相应股权，通过股权转让等方式为企业提供资金融通。

（三）推动跨境电子商务与跨境物流的协同发展

跨境电子商务与跨境物流两者之间的协作、沟通与彼此适应，成为推动跨境电子商务和跨境物流协同发展的重要策略之一。首先，跨境电商与跨境物流的战略协同需要从远期战略规划、硬件与软件资源、网络技术、数据共享与同步、供应链整合等方面入手；在具体运营层面，从商品的选择、包装、编码到运输路线优化、物流实况信息跟踪、消费者投诉与意见反馈，同样需要跨境电商与跨境物流之间的沟通、协调与配合；通过战略、计划与运营层面的协同，跨境电商与跨境物流能够在满足基本商品销售与流通需求的基础上，进一步缩短物流时间，降低物流成本，减少货物破损，提升服务满意度③。其次，依托陕西自贸区现有的海外仓和边境仓，与输入国第三方物流企业合作共同推动跨境物流本地化开发运作。一方面，利用第三方物流品牌本土化的优势，解决地方文化差异带来的沟通

① 张诚．基于投贷联动视角的科技型企业融资模式选择研究［J］．金融理论与实践，2018（3）：84-88.

② 王欢．我国商业银行开展投贷联动业务的研究分析［J］．中国市场，2017（15）：123-124.

③ 张夏恒，郭海玲．跨境电商与跨境物流协同：机理与路径［J］．中国流通经济，2016（11）：83-92.

难题，解决物流“最后一公里”问题以及退换货与售后服务等难题；另一方面，可以缩短输入国物流与配送周期，降低物流综合成本，减少各类物流风险。例如，美国电商平台 eBay 与非洲本土电商 MallforAfrica. com 合作，为美国卖家开发非洲电子商务市场提供契机。最后，推进跨境物流业务外包，借助第三方物流企业专业化的资源与经验，实现专业化经营。专业从事跨境电子商务业务的跨境物流资源以及新型的第三方物流资源、第四方物流资源，如速四方（4PX），能够有效整合物流供应链资源，在跨境物流中不再仅仅聚焦于库存、运输路线、终端配送等单一项目的改进，而是通过整合输出国与输入国相关基础设施、技术信息与数据资源，提供集约化、差异化、个性化的跨境物流整体解决方案，实现供应国物流、输出国物流、国际运输、输入国配送、输出国海关与商检、输入国海关与商检以及商品流、资金流、信息流等环节的整合，最终实现跨境物流业务的价值增值①。

参考文献

［1］陕西省商务厅. 2019 年上半年全省商务运行情况［EB/OL］.（2019-07-29）［2019-09-30］. http://sxdofcom. shaanxi. gov. cn/newstyle/pub_newsshow. asp? id=29037816&chid=100355.

［2］陕西自贸试验区推出供应链金融新模式［EB/OL］.（2019-06-12）［2019-09-30］. http://shaanxiftz. gov. cn/wzxw/2aYzme. htm.

［3］陕西持续建设交通商贸物流中心［EB/OL］.（2019-09-17）［2019-09-30］. http://snydyl. shaanxi. gov. cn/article/36164. html.

［4］陈小玮. 陕西自贸区：新丝路上的新探索［J］. 新西部，2017（4）：6-11.

［5］中欧班列 2018 年开行首超 1 000 列　高质量运营创造三个全国第一［EB/OL］.（2018-10-30）［2019-09-30］. http://www. sanqin. com/2018/1030/390996. shtml.

［6］西咸“微信办照”个体户营业执照 10 分钟办结［EB/OL］.（2018-04-19）［2019-09-30］. https://xian. qq. com/a/20180419/002617. htm.

［7］探索陕西特色自贸区金融发展途径［EB/OL］.（2018-03-01）［2019-09-30］. http://www. liangjiang. gov. cn/Content/2018-03/01/content_414558. htm.

① 张夏恒. 跨境电商与跨境物流协同模型构建与实现路径研究［D］. 西安：长安大学，2016：115-116.

［8］胡晓红．论贸易便利化制度差异性及我国的对策：以部分“丝绸之路经济带”国家为视角［J］．南京大学学报（哲学·人文科学·社会科学），2015（6）：42-49．

［9］陈隆．中国海关进出口信用体系建设成效分析与关键问题研究［J］．海关与经贸研究，2017（5）：60-67．

［10］万曙春．欧盟 AEO 立法实践及对我国的借鉴意义［J］．海关与经贸研究，2017（4）：74-87．

［11］张夏恒，郭海玲．跨境电商与跨境物流协同：机理与路径［J］．中国流通经济，2016（11）：83-92．

［12］张诚．基于投贷联动视角的科技型企业融资模式选择研究［J］．金融理论与实践，2018（3）：84-88．

［13］王欢．我国商业银行开展投贷联动业务的研究分析［J］．中国市场，2017（15）：123-124．

［14］白鹤祥．金融支持陕西丝绸之路经济带建设的思考［J］．西部金融，2017（8）：4-6．

［15］张夏恒．跨境电商与跨境物流协同模型构建与实现路径研究［D］．西安：长安大学，2016：115-116．

［16］马伊双．跨境电子商务物流模式创新与协调发展研究［J］．中国管理信息化，2016（20）：137．

对陕西经济发展的思考和建议

李忠民*

摘 要

陕西正处于追赶超越的关键时期，在此时如何实现陕西经济高质量发展？如何推进陕西乡村振兴？笔者进行了思考并提出了优化陕西营商环境和促进陕西乡村振兴的建议。

关键词：高质量发展；营商环境；乡村振兴

一、怎么看陕西发展

陕西发展既有总量问题，更重要的又有结构性问题，2019 年上半年的发展情况说明了这一点。过去往往因在总量上保持了一定的增速，处于全国第一梯队，使陕西发展的结构性问题显得不那么迫切，甚至有所掩盖。2019 年上半年的发展由于受减煤保安全、降制造保环保、少投资降风险等因素的影响，使陕西在发展速度上出现了新低（GDP 增速 5.4%），形成了一定的冲击，对人们的信心有了一定影响：陕西怎么啦？此时我们才发现，近年来陕西并没有因为把发展速度降下来了，以换取结构的调整，使经济走上高质量发展之路（或者说只有一些迹象，并没有明显的效果），相反，正是因为长期以来的结构性问题没解决好，

* 李忠民，陕西师范大学教授，民建陕西省委副主委。

才拖累了经济总量，出现了经济大幅下滑。如果不及时加大力度调结构，还是按部就班地推进，这必将会长期影响陕西的发展，影响实现追赶超越。

所有制结构、技术结构、企业结构、产业结构、区域结构、城乡结构、投资结构、收入结构、就业结构、企业家结构等又重新摆到了陕西高质量发展的面前，应该认真对待，下功夫加以集中解决。一般来说，能源、矿产、科技、文化、生物多样性资源的资源型工业化，大多需要大资本、大技术、大企业、大市场的优化配置。结构性问题的调整，也需要大投资，需要政府大推动，更需要优质的营商环境和基础设施条件才能实现。需要坚持央地融合、部省融合、军民融合发展的思路。需要坚持通过招大商、大招商的方式甚至领导亲自招商的方式来实现。

目前，对于陕西，在发展方式上应该说还是“三个没有变，一个在路上”，即“政府推动、投资拉动、资源开发”三个没变，“创新驱动”还在路上。但是，政府推动要切记不能搞成政府形象工程，投资拉动要忌讳房地产遍地开花，资源开发必须走绿色持续发展之路，创新驱动不能满地都搞成开发区。

长期看，陕西发展要以高质量发展为导向，要大力优化营商环境，大力培植企业家群体，弘扬企业家精神，要把“商”字写到三秦大地上。

（一）以高质量为导向，优化营商环境

优化营商环境要服务于以人民为中心的发展，体现以人为本、人才为要，增加人民的福祉，增加城乡居民的收入和福利。要服务于贯彻五大理念，坚持走市场化之路，变官本位为商本位。要服务于高质量发展，体现质量与速度的统一，让创新创意创造引领陕西。要服务于两个毫不动摇，坚持平等公平地对待国企和民企。要服务于供给侧结构性改革，坚持法治化思路，让企业轻资产经营。要服务于全省现代化经济体系的建立，坚持系统性思维，建立陕西资源禀赋的经济体系和产业结构。

（二）落实营造公平竞争环境、完善政策执行方式、构建亲清新型政商关系、保护企业家人身和财产安全等六个方面措施

学习浙江、上海、深圳等地优化营商环境的典型做法。摆在眼前的是从“要”到“做”，要有利于政策目标的行动分解，形成“颗粒化”方案，要坚决贯彻落实习近平总书记系列重要讲话精神，把 26 个“要”付诸社会实践。全省营商环境建设在思路上要从过去以“减量（工作时间）”为主逐步转移到“提质增效（工作质量和效果）”上来。还要加大力度，一是营造更加开放的贸易投资环境，放宽准入限制、专业人士执业许可，推动跨境商事登记全程电子化；二是探索建立和试点运营中国（西安）内陆型自由贸易港；三是打造综合成本适宜的产业发展环境和现代产业体系；四是建立更具吸引力的人才保障机制，明确提出建

设保障性住房为主、商品性住房为辅的比例为6∶4的住房供应体系，把人才留住；五是营造更加透明的政务环境和法治环境；六是营造更加美丽宜居的绿色发展环境；七是在西安实施严格的知识产权保护，建立创新型营商环境。

（三）良好的营商环境是陕西实现追赶超越发展的重要资源

优化营商环境既是新时代经济高质量发展的内在要求，也是改革开放四十年取得伟大成就的重要经验。40年来，市场的作用一步步得到发挥，营商环境不断得到改善，民营企业从无到有、从有到强，已经占据经济总量的“半壁江山”。要以优化营商环境为基础，全面深化改革，这意味着优化营商环境已成为推动国家治理手段和治理方式现代化，推进改革全面深化的关键性变革，成为国家实施稳增长、调结构、促改革、防风险、惠民生等诸多目标任务时的常态化推进手段。当前陕西省和周边经济发展情况比较好的一些省份，比如四川、重庆、河南相比，营商环境还有差距，改善营商环境对于释放陕西发展潜能、发挥陕西功能优势、推进陕西追赶超越发展具有重要意义。

（四）继续对标发达省份的营商环境

一是切实提升行政审批效率。陕西省企业施工许可证审批过程中，投资项目、建设用地预审需要20天，完成项目环评需要60天，而上海市带设计方案的不超过15个工作日，不带设计方案的不超过48个工作日。二是优化提升营商环境。各项政策落地不畅，有的政策条件苛刻，程序烦琐，操作困难，最为突出的是产业扶持政策难执行。中小微企业申请扶持资金条件太多。同时，仍然存在着公共信息不对称、推诿扯皮、奇葩证明等问题。三是改革不到位的现象仍很明显，放管服改革仍存在不到位、不够力的问题。国企改革力度不够，国企改革中观念守旧，在推进混合所有制改制、引入外部资金等方面力度小。简政放权不到位，主要是放权含金量不多，表现为审批事项下放多、减少少、精简少，有的部门放下的是责任，留下的是权力，该干的反而不干了，有的甚至形成新的障碍，对僵尸权力、群众关注度不高的权力下放的多，有些权力下放后无相关业务对应，处于空置状态。

（五）落实国家宏观战略，把它看作是建设陕西的宏观营商环境

营商环境不能仅限于改善个体企业运营的微观环境，还应包括国家对陕西定位和政策的宏观环境。国家对陕西的战略定位如“一带一路”核心区、国家级创新省份、西安国际化大都市等，这是历史赋予陕西千载难逢的宏观营商环境，应该得到高度重视。提升陕西营商环境应坚持这一战略定位和政策，做到宏观营商环境与微观营商环境建设并重。

（六）把激发企业家精神作为提升陕西营商环境的重要目标

企业家精神是市场创新的动力之源，是市场优势得以发挥的重要基础。企业家精神的本质是一种探险精神，是一种试错精神。陕西地处内陆，全社会思想都偏于保守，对于新事物的接受程度远不及东部沿海，经常将探险和试错视为“标新立异”乃至“异端”，民众舆论和政府行政均有着这方面的倾向。实现陕西追赶超越发展、推进陕西走向创新之路就需要建立容错机制，鼓励企业家探索创新，支持企业家担当作为。对大胆探索、锐意改革所出现的失误，只要不属于有令不行、有禁不止、不当谋利、主观故意等情形者，要予以容错，为担当者担当、为干事者撑腰。政府应当完善企业家正向激励机制，倡导鼓励创新、宽容失败的价值取向，增强企业家创新活力、创业动力，坚定企业家信心，稳定企业家预期。同时，要对民营企业家的产权做到真正尊重和法律保护，更好发挥企业家遵纪守法、恪尽责任的示范作用，营造尊重企业家、崇尚企业家、彰显企业家价值、发挥企业家作用的良好社会氛围。

（七）把推进行业协会发展作为提升陕西营商环境的重要手段

行业协会的宗旨在于促进本行业的集体性利益或共通性利益。其优势包括：一是市场经济条件下政府失败的一个重要的表象就是政府机关抑制不住的权力扩张冲动，政府总是希望扩大机构规模，提高行政级别与层次，其结果就是浪费社会资源，而行业协会的建立非常有助于发挥有效阻却作用。二是行业协会这种“公与私混合”的自治性组织是解决市场失灵与政府失败的有效方案。市场经济国家大量的公共资源的有效配置，在很多情况下既不是靠国家也不是靠市场，恰恰是依赖于社会自治组织。三是行业协会在信息网络的建构与互动方面发挥着不可小觑的作用。信息的获取与交换是要花费成本的，就同一行业而言，其所搜寻的信息大都一致，如果相互之间没有合作与协议，那么极易发生所有企业都为搜寻同一信息而各自付出费用的情形。而行业协会完全可以为同类企业搭建一个资源共享平台，费用在各个企业间平摊，以最低的成本支出获取最充分的信息就成为现实。四是行业协会是行业内部一致行动的组织者。行业协会通常会面临一些共同的威胁需要整个行业共同应对，也可能有一些一致的利益需要动员全行业力量来争取或抗衡。五是行业协会是自律规则的制定者和实施者。在一个行业内部，成员之间的冲突在很大程度上依赖其自身的规则就可以很轻松地得到解决，这是一种制度构建，是一种自觉、自愿、自律性的制度安排。六是行业协会组织的运作方式也能够体现对经济民主的追求。现代市场经济条件下的行业协会已经是一个民主、开放和积极进取的社会团体组织，其进入和退出的自由、表决的民主性等手段体现了行业协会在其内部运作方面也是民主的支持力量。

（八）把世界银行关于营商环境的评价体系作为提升陕西营商环境政策设计和评价的重要参考

世界银行关于营商环境的评价体系经过长期在众多国家的实践和不断修

正，覆盖范围从起初的133个经济体，扩展到2017年的190个经济体，评价指标体系从最初的5项一级指标、20项二级指标，逐步完善到现在的10项一级指标、42项二级指标，涵盖了企业从开办、扩建、经营到破产的全过程，体系不断完善。其完全可以作为陕西营商环境评价的重要参考用于分析当前存在的问题和对已制定政策的执行情况进行评价，其所设定的10项一级指标（开办企业、办理施工许可、获得电力、登记财产、获得信贷、保护投资者、纳税、跨境贸易、执行合同、办理破产）对于陕西省营商环境政策规划的框架设计具有重要借鉴意义。

短期看，融合创新发展是个方向，企业是主体，人才尤其是企业家是重点，党政干部是关键。一是要与全国市场乃至世界市场积极对接和融合发展，要立足市场，开发陕西的资源，而不是相反，基于自身的资源禀赋来找市场。过去，我们经常是根据能源、矿产、科技、文化资源禀赋来决定陕西开发与开放，这种“以产定销”的思维必须打破，找准市场是陕西的当务之急，要建立以市场定产业的发展新思路。二是传统技术创新与颠覆性技术创新要融合发展，这点要学习广东省、学习深圳市，不能为高科技而做高大上的追求，高技术一般意味着高风险、高投入，这是陕西目前无法承受的风险，西安硬科技之都的提法似有欠妥当，应该把西安建成“全球技术服务高地”，既有对传统技术的连续性创新，又有颠覆性技术的创新，它们的融合创新发展是方向。三要倡导制造业与现代服务业的融合发展，要像陕鼓公司一样，把制造业打造成现代服务业和金融产业，不能脱离制造业谈现代服务业的发展，如物流产业就要立足于陕西省的能源化工和制造业的发展，从这个意义上说，“三个经济”是基于陕西能源业、矿产业、制造业、文化产业的发展，是一种融合产业经济形态。四是城乡融合和产城融合，例如，不能离开关中乡村（中国农耕文明的农村部落代表）谈西安的大发展，也不能离开城市尤其是县城来谈乡村振兴。五是要推进人和产业、项目的融合发展，要大力发展有就业容量的产业和项目，要把人融入经济发展、产业发展和社会发展之中，让人民富起来。

就当前看，稳增长是陕西发展的当务之急，要在大开发和大保护中谋求大发展。但就稳增长来说，我们的政策选择手段不多、办法不多。一是还要坚持政府主导、投资拉动、资源开发并举这个一直以来的做法。二是全省上下的心思要聚焦到发展上，畅通机制，推进发展。三是重点抓投资，上项目，优结构，强企业。这里的关键是如何发挥党政干部的作用，如何发挥市场的决定性作用，如何提振企业家的信心，如何构建宽松的社会环境。首先要通过抓投资抓项目促发展，具体讲，当前可以通过包投资到项目、包户到企、包产到人，立足现有企业促发展，释放红利，打一场人盯人的发展战役。与此同时，还要招商到人到企，在市场中找新商机，谋求长远的发展，实现追赶超越。

二、关于推动陕西乡村振兴战略实施的建议

乡村振兴对陕西经济发展意义重大，对于如何在陕西推动乡村振兴战略的实施，笔者提出以下建议：

（一）要主动对接“一带一路”倡议及黄河流域生态环境保护和高质量发展国家战略

在杨凌建立全国（黄河）乡村振兴先行示范区，举办“一带一路”乡村振兴国际论坛和中国乡村振兴成果博览会。在地方法规制定上，建议制定“陕西省乡村振兴条例”，破除城乡二元发展体制机制，推动土地、资本、人才、技术、自然资源、基础设施等生产要素在城乡合理配置和自由流动，发挥市场资源配置决定性作用，更好地发挥地方政府尤其是县镇乡政府的作用和能动性，规范农村集体经济组织等。

（二）坚持城乡融合、产城融合和农民自身的全面发展

不能离开关中乡村（中国农耕文明的农村部落代表）谈西安的大发展，也不能离开城市尤其是县城来谈乡村振兴，要推进人和产业、项目的融合一体发展，要大力发展有就业容量、能使农民致富的产业和项目，要把人融入经济发展、产业发展和社会发展之中。在振兴乡村中坚持“一体两翼”发展思路，以关中城市群乡村振兴为“一体”，以陕北能源增长极和秦岭绿色产业极乡村振兴为“两翼”，在城市城镇和乡村建立 7 个协调发展走廊（涉及约 3 500 个农村），即黄河乡村走廊、汉江乡村走廊、渭河乡村走廊、红色乡村走廊、皇陵乡村走廊、能源乡村走廊、秦岭乡村走廊。

（三）有针对性地解决农村水、电、路、气、网等基础设施建设及环境保护和民生工程等历史欠账问题

务实完善乡村建设各类规划（用地、设施、产业发展、环保、民生等），实现多轨合一，增加基础设施建设、环境保护、产业发展和民生发展的规划性、整体性和前瞻性，使农村建设有规划、基础设施完善有方案、农房建设有序化、环境生态化、产业持续化、民生项目务实有效，统筹乡村资源综合利用、农村基本建设、产业发展、乡村生态保护修复和民生工程完善，推进农村农业的绿色发展、持续发展和共享发展。

（四）解决乡村发展要素投入多部门协调的问题

一要解决土地供应紧张、农村农业设施用地建设标准过低和审批手续繁杂等问题。二要建立稳定的乡村振兴资金投入机制。建立通过税收减免和风险补偿的

激励机制，鼓励金融资本和社会资本进入农业农村，加大土地出让金、政府债务资金用于乡村振兴的力度。三要建立多部门协调机制，集中归一处理财政、发改、住建、环保、农林、自然资源等部门的条条块块政策、项目和资金使用等。四是在金融富农和保险兴农上下功夫。由政府出资成立“现代农业发展基金”“农业融资担保风险补偿基金”，扩大农村创业人员和合作社信贷担保规模，加快完善农村中小金融体系，培育农村“内生”金融组织，如农村资金互助社等。大幅提高农业保险规模，要从目前的每年 2 亿元财政补贴一次性提高到每年 10 亿元财政补贴，做到农业生产能保尽保。

（五）进一步发挥农民推动乡村振兴的主体作用

一般说来，大政府（省市）靠国企，中政府（市县）靠平台，小政府（镇和乡村）靠自己。一要不断完善县镇政府和乡村基层组织，大力组织群众、发动群众，优化发展环境。二要以服务乡村振兴为导向，向乡镇和乡村优化配置人员力量，合理制定乡镇财政支出基数和增长率。三要坚持农民是乡村振兴的建设主体、受益主体和治理主体的地位。四要有效激活乡村振兴的各类人才，加强职业教育，培养实用人才，将与乡村产业发展相关的专项技能培训纳入财政补贴范围，利用好杨凌农业培训交流基地。参照师范生教育政策，在全国率先对定向培养、服务乡村振兴的专业学生免收各项学杂费等。

（六）大力发展农村集体经济，进一步通过强产业、扩就业、多转移、保兜底等方式，解决农村居民收入过低问题

一要着力推进农村集体产权制度改革，加快开展农村集体资产清产核资，摸清集体家底，明确集体资产所有权。二要抓好渭南市华州区、榆林市榆阳区 2 个国家农村集体产权制度改革试点和陕西省确定的农村集体产权制度改革试点县、试点村，对重点改革任务加快探索，加快经验总结。三要加快农村集体经济组织登记工作，推动农村集体经济组织在县级以上农业部门办理注册登记、赋予统一社会信用代码，并据此办理银行开户手续。四要制定税收、财政、金融、土地等方面支持农村集体产权制度改革的综合政策，为推进改革创造良好的政策环境。五要进一步加快农村集体经济组织与工商资本的合作，实现农村资源整合，壮大村集体的经济实力，提高村集体自我管理服务、自我提升的能力。

（七）全面对接产业扶贫成果，深化乡村产业振兴

要着力解决以下问题：户户有产业，但是产业小而全，产业链过短；产业扶贫中未能处理好产业扶贫对象和扶贫兜底对象的关系；特色产业发展中产生环境污染和资源浪费问题；培育集体经济促进内生发展动能，但流于形式；扶贫对口单位、扶贫干部能力不同导致扶贫效果差异较大；返乡农民工创业少，创业动机不足，产业发展缺乏带头人；扶贫政策的不平衡造成贫困边缘村与户和贫困户之间的矛盾；村集体经济组织建设依然存在“大锅饭”“空壳”现象；产业技术日渐成熟，产品销售仍是产业发展的短板；村集体经济领导班子与村领导班子一套人马；扶贫产业资金利用效率不高；各扶贫资金使用中的带贫减贫机制过于笼统；产业扶贫发展中集体经济带来的新债务及贫困户债务等。要以乡村振兴战略为统揽，坚持市场化、法制化、科学化原则开展产业扶贫工作，加大资金整合力度、金融扶持力度、保险保障力度、技术服务力度。建立健全扶贫干部选拔和激励机制，建议选调一大批县乡镇机关和事业单位专门人才及有能力的干部专门从事产业扶贫和农村集体经济工作。通过农业产业“后整理”，延伸农业产业链条，推动一、二、三产业融合发展，让广大农民分享产业链增值效益，以此拓宽农民增收渠道，确保农民早日脱贫致富，更为乡村振兴筑牢产业根基。

（八）持续构建一、二、三产业融合发展的乡村产业体系

一要大力发展农业龙头企业、农民合作社、社会化服务组织，壮大各类新型经营主体，实现农业生产方式转变。二要支持若干个覆盖整个产业链和跨行政区域的农产品产业龙头企业集团，吸引财政资金、工商资本和其他社会资本入股，设立一批混合所有制的农业企业集团，如陕西果业集团、杨凌农科集团、秦岭绿色食品集团、陕西农村电商集团等。三要对农民合作社在扶持类型、内容及环节等方面完善相关制度措施，引导合作社做大规模、做强主业。重点扶持发展以本乡本土本村居民为主体的生产经营合作社，土地先统一流转到合作社，再由合作社统一规划使用，提高土地使用效率。四要加快推进农业生产社会化服务创新，扶持农机作业、农田灌排、烘干仓储等经营性服务组织。

附录

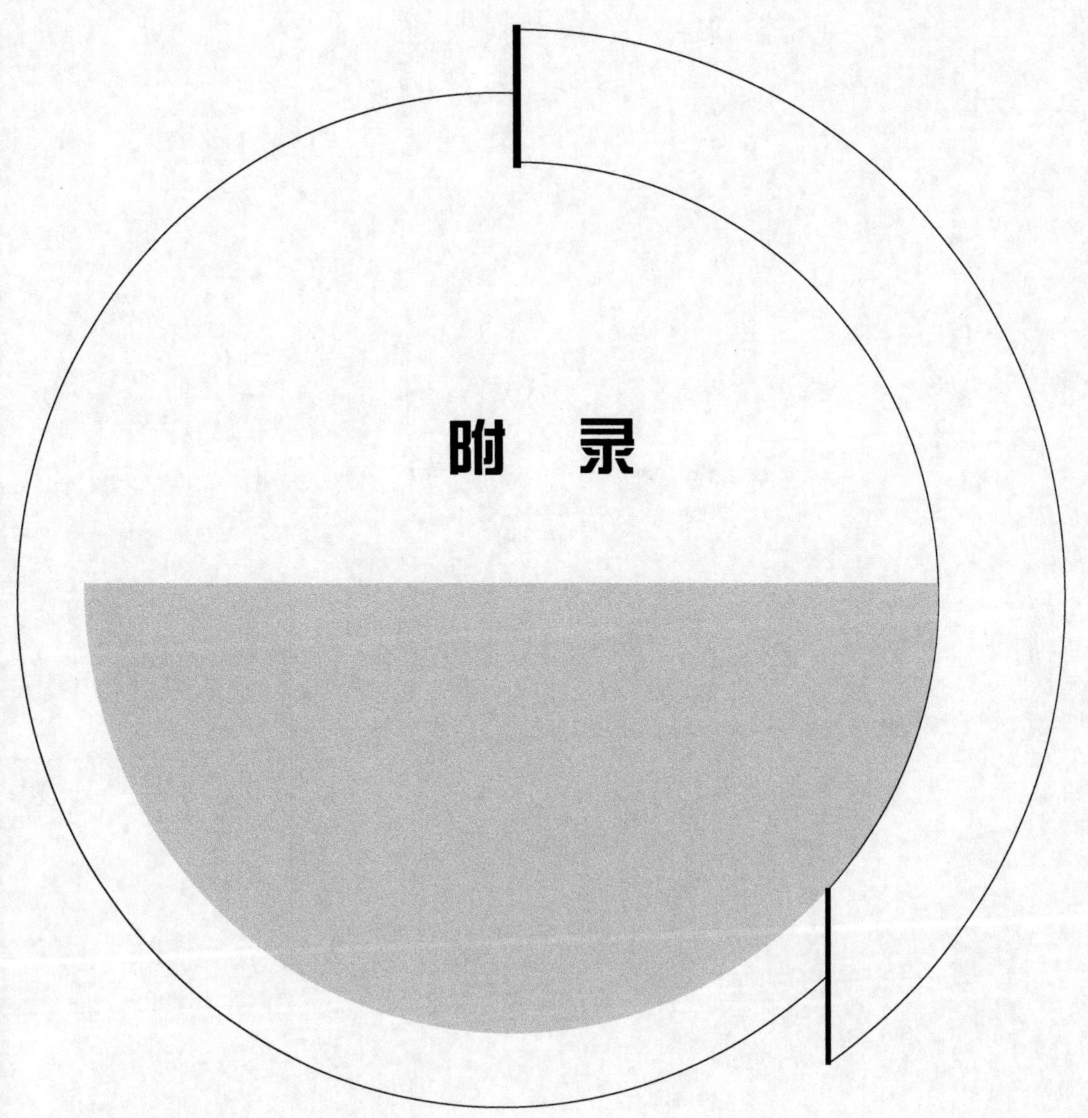

中国关中—天水经济区发展大事记

（2018 年 1 月至 2019 年 12 月）

樊荣　刘恋*

2018 年

1 月 2 日，宝汉高速公路坪坎至汉中段建成通车。

1 月 3 日，宝鸡市 10 家旅游景区被批准为国家 3A 级旅游景区。

1 月 5 日，西安航空基地综合保税区经国务院批复正式设立。

1 月 5 日，宝鸡天台山通过国家级风景名胜区验收。

1 月 8 日，法国总统马克龙在中国进行国事访问，首站访问西安。

1 月 8 日，旬邑至凤翔高速公路开工建设。

1 月 8 日，宝鸡市建成投用农村幸福院 1 112 个，实现中心村全覆盖。

1 月 8 日，西安市商务局出台《西安市补短板加快开放经济发展的意见》。

1 月 10 日，宝鸡市种子企业陕西九丰农业科技有限公司获得农科院选育的国审旱地小麦新品种“中麦 36”全国唯一生产经营权。

1 月 11 日，西安市与四川广元市签订《战略合作框架协议》。

1 月 11 日，西安市高新区与比亚迪汽车有限公司签署 30 万辆新能源乘用车扩产项目投资协议。该项目全部达产后预计实现年产值 400 亿元。

1 月 13 日，“智慧连接·共创共赢”2018“一带一路”中国文化艺术教育高峰论坛在咸阳举行。

1 月 14 日，陕西省冰雪旅游联盟在太白县成立。

1 月 14 日，《复兴中的世界城市：西安国际化大都市发展蓝皮书（2018）》

* 樊荣，西安财经大学公共管理学院硕士研究生；刘恋，陕西师范大学国际商学院本科生。

发布，首创政府、社会、媒体三方智库合作模式。

1月14日，铜川市第一张全流程信息化自动生成的“食品生产许可证”正式生成制发。

1月16日，咸阳市中药产业技术研究院揭牌仪式在陕西中医药大学举行。

1月16日，西安市与阿里巴巴集团第二批合作项目签约暨阿里巴巴丝路总部揭牌仪式举行，阿里巴巴丝路总部落户西安。

1月17日，大疆创新科技有限公司创新中心及全球技术支持中心项目落户西安高新区。

1月19日，《西安市旅游市场监督管理办法》正式出台，全面加强旅游市场监督管理，建立失信惩戒制度，规范网络旅游经营。

1月22日，陕西澳凯实业现代化产业园生产线在柞水县小岭镇启动。

1月22日，陕西省对药品经营企业实施信用等级分类监管。

1月23日，西安旅游发展基金成立大会暨签约仪式举行。

1月23日，铜川市与北京亿商联动国际电子商务股份有限公司、西安丰镐智库企业管理咨询有限公司、陕西照金世纪华耀科技有限公司、深圳市微源盛世投资管理有限公司、中泰国际控股集团有限公司等五家企业签署战略合作框架协议。

1月23日，西安市政府与太平洋建设集团战略合作框架协议签约仪式举行。此次签约双方将在交通、市政基础设施建设、公共服务等领域开展合作。

1月30日，陕西省交通运输厅、陕西省文物局、西安市人民政府分别与腾讯公司签署了战略合作协议。腾讯双创小镇（西安）项目落户浐灞生态区，腾讯公司、迈科投资控股有限公司与西安浐灞生态区签署共建腾讯双创小镇（西安）项目框架协议。

2月7日，渭南大数据云计算中心揭牌。

2月7日，经国务院同意，国家发改委、住房城乡建设部正式印发《关中平原城市群发展规划》。

2月9日，杨陵区监察委员会挂牌成立。

2月25日，陕西省湖长制启动暨泾河综合治理动员大会在咸阳举行。

3月7日，大荔县城至蒲城龙阳二级公路改建工程开工。

3月7日，渭南市新增临渭区鸿鹤谷现代农业园区、华州区柿村现代农业园区、华阴市胜丰现代农业园区等10个现代农业园区。

3月7日，渭南经开区管委会与杭州置地投资控股集团签署了浙商总部经济产业园区项目框架协议，园区占地418亩，总投资20亿元。

3月20日，耀州窑文化基地管委会与北京中红旅文化产业股份有限公司正式签订了“中国·耀瓷小镇”品牌营销、规划提升与投资合资合作协议。

3月22日，华山获国家地质公园资格。

3月26日，陇南成县机场正式通航。

3月26日，西安市260个项目集中开工，总投资5 021亿元，创历史之最。

3月26日，陇南市重点项目和农特产品推介展销会在青岛举行。

3月26日，西安市与星空传媒举行座谈会暨签约仪式，共同开拓国际化大西安文化产业大发展新天空。

3月27日，韩城市与陕西圣都工贸有限公司举行中德·汉斯菲尔德游乐休闲度假项目签约仪式，将联手打造西北地区首个世界级乐园。

3月28日，咸阳市与平安银行签署《战略合作框架协议》。

3月29日，澄城建成全省首家国家级樱桃试验示范基地。

4月4日，铜川三联果业公司基地入选全国“优质果品基地”。

4月10日，荷兰王国副首相兼农业、自然及食品质量大臣斯考滕女士率领代表团来铜川参观陕西海升集团铜川玻璃温室草莓种植基地。

4月10日，咸阳市在上海举行长三角地区咸阳招商恳谈会。

4月10日，2018第八届中国西部国际物流产业博览会暨中国（西安）智慧交通博览会（简称“西部物博会”）在西安开幕，签约及意向金额预计超30亿元。

4月11日，北新建材（富平）石膏板产业基地投产仪式举行，标志着年产3 000万平方米纸面石膏板生产线和年产5 000吨轻钢龙骨生产线正式投产。

4月12日，陕西服装创新大会暨西咸纺织创新园创新设计研讨会在咸阳举行，香港服装学院、深圳服装设计师协会分别与西咸纺织服装创新园签署了战略合作协议。

4月12日，甘肃省小贷行业监管服务经验交流会议在天水召开。

4月14日，2018全国消费促进月（宝鸡）春季商品博览会在宝鸡会展中心拉开帷幕。

4月15日，西安市在杭州与浙江大学签署合作协议，考察绿城中国控股有限公司，签约重点合作项目。

4月15日，渭南市10项成果获陕西省科学技术奖。

4月16日，咸阳市与光大银行西安分行签署战略合作协议。

4月18日，中国（陕西）自由贸易试验区西安国际港务区“一带一路”电子商务哈萨克斯坦培训班开班暨淘宝大学丝绸之路（西安）培训基地揭牌仪式举行。

4月21日，天水市政府与西安建筑科技大学签订合作框架协议。

4月22日，“十三五”西安电网第三批重点建设项目集中开工。

4 月 22 日，首届数字中国建设峰会在福建福州开幕。咸阳市申报的大数据精准扶贫案例被中央网信办、国家发改委、国家工信部联合授予“2018 数字中国示范案例”称号。

4 月 23 日，西安市人民政府与西北大学签署战略合作协议。

4 月 23 日，亚洲大洋洲地区投资基金业协会（Asia Oceania Investment Funds Association）第 23 届年会在西安举办。

4 月 23 日，庆阳市和华为技术有限公司在深圳市联合举办庆阳市招商引资重点项目推介会暨签约仪式，现场签约项目 14 个，总投资 32.47 亿元。

4 月 23 日，陇南市在甘肃招商推介会上签约两个项目，签约金额达 7 亿元。

4 月 26 日，2018 清华五道口全球金融论坛西安峰会举行。

4 月 27 日，法门寺景区和南京牛首山文化旅游区达成战略合作。

4 月 27 日，西安市人民政府与上海建工集团股份有限公司战略合作框架协议签约仪式举行。

4 月 28 日，九龙山旅游扶贫景区开园。

4 月 29 日，太白山重点项目集中签约暨万国酒店试营业宣传推介活动在太白山旅游区举行，集中签约项目共 6 个，总投资 77 亿元。

5 月 1 日，宝鸡海升集团千阳分公司 2 万株、总价值 120 万元的苹果苗木出口吉尔吉斯斯坦，打破了中国苹果矮化自根砧苗木出口“零纪录”。

5 月 1 日，《陕西省优化营商环境条例》正式施行。

5 月 1 日，宜君县皇姑庄核桃基地被国家林业局和草原局授予“第三批国家级核桃示范基地”荣誉称号。

5 月 4 日，陕西（澄城）经济技术开发区正式挂牌成立。

5 月 8 日，全国首届科技服务标准化高峰论坛在西安举行，论坛上陕西省科技服务标准化技术委员会正式成立。

5 月 9 日，中国（陕西）·韩国经贸合作洽谈会在咸阳举行，围绕陕韩合作与国际产业园区建设进行座谈。

5 月 11 日，第三届丝博会在西安开幕。共选定丝博会推介项目 472 个，作为本届西安推出的重点招商项目，总投资额 12 600 多亿元。

5 月 11 日，2018 年宝鸡·长沙推介招商会在长沙举行，会上长沙市与宝鸡市签订旅游合作框架协议。

5 月 12 日，由陕西省台办和咸阳市政府共同主办的咸台电子产业合作交流会在咸阳举行。

5 月 22 日，宝鸡市正式成立文物旅游专家咨询指导委员会、旅游资源开发管理评价委员会两个专家智库。

5月22日，全球首单苹果期货仓单在白水县盛隆（1802）交割仓库完成交割。

5月25日，咸阳市与省教育厅签订共建咸阳师范学院框架协议。

5月28日，咸阳2018丝绸之路文化艺术节开幕。

5月30日，白水现代苹果产业协同创新研究院挂牌成立。

5月31日，陕西猕猴桃产业综合服务中心落户眉县。

6月7日，陇南市与中良华太投资有限公司签订战略合作协议。公司将对陇南市油橄榄产业进行升级，通过1～2年时间将陇南市油橄榄产业推向资本市场，挂牌上市。

6月21日，冠捷年产400万台电视整机生产项目在咸阳高新区投产。

6月21日，咸阳绿优天然气能源公司组建签约仪式在咸阳市举行，总投资约8亿元。

6月22日，咸阳市与陕西省气象局签订局市共同推进咸阳更高水平气象现代化合作协议。

6月22日，天水市举行公祭伏羲大典。2018年是新中国成立以来天水恢复公祭伏羲典礼30周年。

6月26日，彬县撤县设市大会和揭牌仪式在彬州剧院举行。彬州市是国家重启撤县设市工作后全国第二批、陕西省第二个获批城市。

6月26日，景德镇陶瓷大学教学创作基地暨孟树锋陶瓷研究工作室研习创作基地在铜川市耀州区唐宋耀瓷文化产业园揭牌。

6月26日，麦积山文化旅游发展有限责任公司与华侨城旅游投资管理有限公司举行赋能管理服务签约仪式。

6月28日，咸阳市与中国铁塔陕西省分公司举行《战略合作协议》签约仪式。

6月28日，铜川市政协智库成立。

6月29日，宝鸡市上市（挂牌）后备企业达100家。

7月3日，西安市举行产业扶贫（农业）投资基金挂牌仪式，发布产业扶贫（农业）投资基金。

7月5日，国家税务总局咸阳市税务局正式成立，标志着原咸阳市国家税务局、咸阳市地方税务局正式合并。

7月6日，第二十四届兰洽会美丽陇南产业投资推介会暨陇南市招商引资项目签约仪式在兰州举行，共签约招商引资项目33个，签约资金60.98亿元。

7月6日，第二十四届中国兰州投资贸易洽谈会天水市招商引资项目推介暨签约仪式在兰州举行，共签约重点招商引资项目49项，总投资259.12亿元，拟引资额 259.12 亿元。

7 月 7 日，西安市 2018 年第二批扩大有效投资重大项目集中开工。总投资 2 620 亿元，共 315 个重大项目。

7 月 10 日，《西安市食品安全事件应急预案（2018 年修订版）》正式印发，明确按照危害程度将食品安全事件分为级别食品安全事件和非级别食品安全事件。

7 月 17 日，新西兰阿什伯顿市友好代表团一行来咸友好访问，并与咸阳市签署缔结友好城市关系协议书。

7 月 18 日，2018 武都花椒产销对接（电商）洽谈会招商引资项目暨花椒营销洽谈签约仪式举行。共签约花椒购销合同 20 个，签约量 6 000 吨，签约资金约 12 亿元。

7 月 18 日，咸阳渭河汽车工业走廊发展论坛暨雷丁汽车战略发布项目签约仪式在咸阳大剧院举行。

7 月 20 日，宝鸡市新增千阳县南寨镇、凤县双石铺镇十里店村、陇县温水镇坪头村等三个国家级一村一品示范村镇。至此，宝鸡市国家级一村一品示范村镇达 15 家。

7 月 26 日，陕西省第十三届人民代表大会常务委员会第四次会议高票表决通过《咸阳市湿地公园保护管理条例》。

7 月 26 日，2018·陕西粮食交易大会在西安举行。

7 月 26 日，《陕西口岸提升跨境贸易便利化若干措施（试行）》印发，实现 7×24 小时口岸通关。

7 月 26 日，渭南高新区获批装备制造（增材）国家新型工业化产业示范基地并授牌。

7 月 26 日，由西安市商务局等主办的西安港暨中欧班列（长安号）2018 推介会在上海举行。

7 月 31 日，陕西新丰禾制药有限责任公司与铜川市产业合作发展基金签订战略投资（增资扩股）协议。

8 月 1 日，陕西省房屋建筑和市政基础设施工程建设领域推行建筑工人实名制管理。

8 月 7 日，国务院网站发布相关批复，同意在西安设立跨境电子商务综合试验区。

8 月 13 日，咸阳市旅游集散中心挂牌运营。

8 月 16 日，陕西省第十六届运动会在咸阳开幕。

8 月 17 日，《大西安现代物流业发展规划（2018—2021 年）》正式印发，明确了大西安现代物流业发展规划范围为大西安地区，包括西安市和西咸新区，总面积约 10 752 平方公里，规划的重点区域为大西安都市区。

8 月 19 日，第二届世界奶山羊产业发展大会在富平县召开。

8 月 20 日，庆阳市金鑫源苹果期货交割仓库成立。

8 月 21 日，《西安市建立耕地保护奖补机制的实施意见》印发，每年设 5 000 万元专项补助资金。

8 月 22 日，《西安市推进企业上市和并购重组“龙门行动”计划（2018—2021 年）》印发，将加快推动西安市企业通过上市挂牌和并购重组发展，提升金融服务实体经济能力和水平。

8 月 24 日，西安丝路柏庭 CCRC 国际长者乐享小镇项目签约仪式举行，百亿级养老项目落户西安。

8 月 24 日，咸阳高新技术企业发展基金设立签约仪式暨融资工作座谈会在咸阳市举行。

8 月 26 日，西安市高新区与清华大学共建交叉信息核心技术研究院签约仪式举行。

8 月 27 日，咸阳市成功入选全国第二批北方地区冬季清洁取暖试点城市名单。

8 月 28 日，咸阳果蔬茶粮油进出口中亚战略合作协议签约仪式举行。

8 月 30 日，“澄城樱桃”获批国家地理标志保护商标。

9 月 1 日，《西安市文明行为促进条例》开始施行。

9 月 1 日，“2018 中国 500 强企业高峰论坛”在西安启幕。

9 月 6 日，西安市启动 2018 年西安市丝绸之路经济带专项资金项目申报，补助金额最多可达 100 万元。

9 月 9 日，2018 海绵城市建设国际研讨会在西安召开。

9 月 9 日，云轨示范线项目开工暨比亚迪 30GWh 动力电池项目签约仪式在西安举行。

9 月 11 日，2018 丝路电视国际合作共同体高峰论坛在西安开幕。

9 月 11 日，江苏药企与商洛市签订中药产业扶贫合作协议。签订年需 3 000 吨、总价值约 1.5 亿元的中药材订单，投资建设中药材加工厂和中药健康医养小镇，联合建立商洛中药材质量检测中心和中医药创新研究博士流动站等。

9 月 15 日，西安市 2018 年第三批扩大有效投资重大项目集中开工。总投资 3 084 亿元，共 277 个重大项目。

9 月 16 日，浙江大学研究生社会实践基地在商洛市揭牌。

9 月 17 日，天水市有轨电车示范线（一期）工程、张家川县北川热源厂工程、武山县第一高级中学分校建设工程、武山县城市污水处理厂异地新建工程 4 个 PPP 项目顺利通过审核进入财政部 PPP 项目管理库，总投资 32.58 亿元。

9 月 18 日，中国科协创新驱动示范市（咸阳）暨陕西省高校科技成果与企业对接洽谈会举行。

9 月 18 日，以"'一带一路'：文明互鉴与创新"为主题的第三届中法文化论坛在西安开幕。

9 月 19 日，第七届中国西部跨采会（渭南）国际农产品产销对接会在渭南市举办。

9 月 19 日，陇南市人民政府与甘肃省公航旅投资集团公司高速公路建设项目签订前期合作协议，标志余凡、洛礼、康宁 3 条高速公路前期工作正式启动。

9 月 20 日，陇南市与中信正业投资公司签订合作协议。

9 月 22 日，"2018 丝路国际小商品高峰论坛"在咸阳举办。

9 月 26 日，西安市出台《西安资本市场培育引导基金设立方案》，支持上市挂牌企业培育建设，总规模不低于 50 亿元。

9 月 26 日，青岛市政协与陇南市政协签署《协作交流框架协议》。

9 月 26 日，甘肃—四川两省经济社会发展专项行动计划签约仪式在敦煌举行，签署了《陇南广元经济社会发展合作行动计划》等 4 个专项行动计划协议。

9 月 28 日，咸阳市与浩泽集团在上海签订投资框架协议暨浩泽环保智慧产业园项目投资合同，经特别董事会研究批准，浩泽集团在咸阳实施"一部一区一基地"发展战略规划。

9 月 30 日，铜川市天众新型航空合金材料产业园项目开工。

9 月 30 日，庆阳市城市海绵运动绿地建成开放。

10 月 3 日，2018 世界篮球峰会在西安开幕。

10 月 8 日，第五届丝绸之路国际电影节开幕式暨西影 60 周年纪念大会在西安举行。

10 月 8 日，甘肃省市州首家大数据云计算中心在陇南建成投营。

10 月 9 日，以"融汇思想，共筑未来"为主题的 2018 世界文化旅游大会峰会在西安开幕。

10 月 11 日，第六届中国西部国际茶产业博览会暨 2018 首届丝路陕茶文化节在西安开幕。

10 月 12 日，西安航空产业合作发展恳谈会召开。

10 月 12 日，南京日报社与商洛日报社确定建立对口协作战略合作关系。

10 月 12 日，木王林场入选首批国家森林小镇建设试点单位。

10 月 13 日，2018 中国（甘肃）中医药产业博览会陇南市分会举办中医药产业招商大会。大会在主会场签约投资项目4个、合作协议36个，签约资金达14亿元。

10月13日，首届创新城市发展方式（西咸）国际论坛在西安举行，签约项目19个，总投资163.2亿元。

10月13日，天水市优抚医院揭牌运营。

10月14日，2018国际智能无人系统大会在西安开幕。

10月15日，渭南市智慧秦岭大数据平台正式上线运行。

10月16日，商洛市扶贫局和中国移动商洛分公司筹备建设的商洛市精准扶贫大数据平台上线试运行。

10月24日，第二届全球程序员节重点企业投资合作项目签约仪式在西安举行。现场共签约51个项目，合计金额近千亿元人民币。

10月24日，第二届全球程序员节在西安开幕。

10月29日，庆阳市澳美肉羊产业技术合作中心揭牌。

10月30日，中欧班列“长安号”2018年开行首超1 000列活动在西安国际港务区举行。

11月1日，中国国际文化传播中心陕西联络部在西安成立。

11月4日，阿里巴巴新型职业农民商学院在杨凌示范区正式揭牌。

11月5日，联合国全球卫星导航系统国际委员会第十三届大会在西安开幕。国家主席习近平发来贺信。

11月5日，第二十五届中国杨凌农业高新科技成果博览会咸阳展团招商引资项目签约仪式举行，咸阳市展团推介招商项目40个，申请签约项目39个，投资总金额118.11亿元。宝鸡展团签约项目投资额26.27亿元。

11月10日，商洛—珠三角经济合作招商推介会在深圳举行，共签约项目17个，总投资33.89亿元。

11月13日，陕西—深圳经贸合作推介会在深圳举行，西安两大重点项目签约，总投资额386亿元。

11月13日，铜川—深圳经贸合作产业推介会举行，铜川市共成功对接项目11个，涉及金额156.8亿元。

11月13日，深圳市陕西铜川商会成立。

11月15日，陕西—香港经贸合作交流大会在香港举行，现场签订19个合同项目，总投资82.11亿美元。

11月16日，首届中国国际进口博览会陕西省采购说明会暨签约仪式在西安举行，共签订采购及招商项目合同36个，总金额95.42亿元。

11月17日，陕西省政府、市政府分别与中国航空工业集团在西安签署深化国产民机产业发展合作以及西飞民机增资、支持幸福航空发展等系列协议。

11月21日，首部《中国城市创新竞争力发展报告（2018）》蓝皮书由社会科学文献出版社正式出版并向社会公布。蓝皮书显示，2018年中国城市创新竞争力西安全国排名第八，在中西部地区排名第一。

11月23日，咸阳市投资200亿元的雷丁秦星新能源汽车项目的第一辆商用车——G10客车顺利下线，标志着渭河汽车工业走廊建设步入快车道。

11月24日，西安市与空军军医大学举行战略合作协议签约仪式。

11月25日，第六届关中—天水经济区法治论坛在咸阳市举办。

11月26日，铜川市与中国铁塔股份有限公司陕西省分公司举行战略合作签约仪式。

11月29日，G244线打扮梁（陕甘界）至庆城段公路全线开工。

11月29日，“三一西安产业园”系列项目座谈会暨签约仪式举行。

11月29日，三星动力电池等系列项目在西安市高新区开工。

11月29日，京东（印台）云仓在铜川市印台区挂牌开仓。

12月2日，西安市与中南控股集团有限公司举行战略合作框架协议签约仪式。

12月3日，咸阳市“安居＋乐业”精准扶贫产业项目签约仪式举行。

12月4日，陇南市西和县脱贫攻坚项目推介会在深圳市举行，与深圳市15家企业签署了26个项目框架合作协议，涉及扶贫产业、工业商贸、电商扶贫和文化旅游等多个领域。

12月5日，广州霍英东鹤年堂中医城广州壹肆零伍中医药投资管理有限公司和广东省伏羲文化研究会与天水伏羲学院签订三方战略合作协议。

12月6日，天津医学高等专科学校与天水市卫生学校签订帮扶框架协议书。

12月7日，西安丝路国际金融中心核心区项目集中签约仪式举行，此次签约的20个重大项目总投资1 436亿元，涉及现代金融、智能制造、总部经济、生物医疗、文体教育、基础配套等多个领域。

12月7日，深圳民航机场实业控股有限公司与天水华昌文化旅游开发公司签订战略合作协议。深圳民航机场实业控股有限公司将以注资的方式参与“天水华昌欢乐城”建设。

12月12日，在2018美丽乡村博鳌国际峰会上，咸阳市礼泉县、兴平市、泾阳县、彬州市荣获“全国百佳乡村旅游目的地”称号。

12月15日，平凉市与启航未来投资集团（香港）有限公司举行平凉启航未来智能终端光电产业园项目签约仪式。

12月17日，242国道黄沙岭隧道实现顺利贯通。

12月17日，商洛市九天山、音乐小镇2家景区新增为国家4A级景区，金丝峡、木王山及安康悠然山旅游度假区新增为省级旅游度假区。

12月17日，正大集团庆阳15万头生猪现代农牧业产业化示范项目建成投产。

12月18日，《西安市鼓励甲醇汽车产业发展若干政策》出台，2018—2019年，全市将推广应用10 000辆M100甲醇出租车。

12月19日，西安市与阿里巴巴集团举行合作座谈会，签约第四批16个合作项目协议。

12月20日，渭南国家光伏应用领跑基地顺利并网发电。

12月20日，京东集团与商洛高新区签订了“互联网＋智能物流体系”合作协议，京东物流集团与陕西君威集团签订了战略框架合作协议，京东云仓与陕西君威集团签订了自动化智能仓设备采购协议。

12月21日，2018宝鸡市军民融合大会召开，共签约30个军民融合项目，总投资42亿余元。

12月24日，天水市政府与陕西白鹿仓签订项目合作投资框架协议。

12月24日，天水市漫泰谷·乡村旅居体验园项目在秦州区玉泉镇李官湾村正式启动。

12月24日，总投资80亿元的开沃新能源商用车智造基地项目正式签约落户渭南经开区。

12月25日，铜川市股权投资基金设立合作签约仪式举行。铜川市基金管理办公室与中企汇联投资管理（北京）有限公司、金沙江资本、深圳市天健源投资基金管理有限公司签订了《中企飞龙系列基金合作协议》《金沙江飞龙基金合作协议》《天健源飞龙基金合作协议》。

12月27日，宝鸡市中华石鼓园被确认为中国华侨国际文化交流基地。

12月27日，铜川市与蚂蚁金服集团合作启动“智慧金融，普惠铜川”项目。

12月27日，渭南市新增3A级以上景区16家。

12月29日，天嘉交运集团天水汽车西站正式启用。

2019年

1月2日，宝鸡入选国家物流枢纽承载城市，被定位为生产服务型国家物流枢纽承载城市。

1月2日，渭南市澄城县中小企业服务平台被认定为省级示范平台。

1月4日，西安入选2018年WFBA中国最具投资潜力城市50强，位居第8。

1月7日，宝鸡市工业互联网产业联合会成立，推动工业互联网产、学、研、用协同发展。

1月16日，渭南市政府与华润电力中车株洲所签订合作项目。

1月20日，西安市荣获“2018绿色发展示范城市”和“2018首批生态型城市”称号。此外，浐灞生态区获得“生态文明建设典范开发区”称号。

1月23日，咸阳市与中国移动陕西公司签订《战略合作协议》。

1月31日，渭南市驻欧盟经贸代表处分别与渭南职业技术学院、渭南市烹饪协会及潼关县盛潼餐饮管理有限公司签约。

2月2日，渭南经开区、陕煤建设集团与渭南市产投集团就开沃新能源商用车智造基地等项目建设签订战略合作协议。

2月20日，天水市政府与中国电信甘肃公司签署《5G新型智慧城市战略合作协议》。

2月22日，天水市政府与绿地集团签订《天水·绿地太极康养雅苑项目投资合作框架协议》。

2月28日，西安市新兴南路工程PPP项目中的新兴南路地面段道路工程正式通车。

3月3日，渭南主城区集中供热一期工程项目合作协议签订。

3月7日，天水市麦积区16个重点建设项目集中开工，总投资40多亿元。

3月7—8日，2019宝鸡·长三角地区推介招商活动拉开序幕。

3月9日，世界首个660MW超超临界CFB发电项目落户咸阳市彬长矿区。

3月11日，2019意大利国际合作博览会暨“一带一路”展会西安市推介会在西安创新设计中心举行。

3月15日，咸阳市渭城区9个重点项目集中开工。

3月16日，宝鸡凤翔新城规划启动，推进宝鸡凤翔机场建设步伐。

3月18日，咸阳市高新区4个重点项目集中开工。

3月18日，咸阳市三原县28个重点项目集中开工，总投资164.8亿元。

3月19日，咸阳市乾县招商引资项目集中签约，引进资金101.9亿元。

3月19日，中国移动在渭南市开通首个5G实验站点。

3月21日，西安市与菲律宾文珍俞巴市签署发展友好城市关系意向书。

3月21日，咸阳市长武县30个重点项目集中开工，总投资56.3亿元。

3月22日，咸阳市礼泉县第一批重点项目集中开工，项目共38个，总投资91.8亿元。

3月23日，粤陕合作·2019陕西苹果粤港澳大湾区（广州）宣传推介活动在广州开幕。

3 月 25 日，黄蒲高速公路蒲城段下穿包西铁路顶进涵开始施工。

3 月 28 日，陕西自贸区西安区域智库正式成立，15 位专家成为陕西自贸区西安区域的首批“智囊团”成员。

4 月 2 日，宝鸡市与西安交通大学签署《人才合作协议》。

4 月 8 日，陕西首单跨境电商网购保税进口商品在西咸保税物流中心（B 型）正式通关。

4 月 9 日，第 9 届中国西部国际物流产业博览会在西安开幕。

4 月 9 日，“青岛—西安‘经略海洋港城联动’融合发展推介会”在西安举行。

4 月 9 日，以“新丝路新枢纽新物流”为主题的第 16 届中国国际物流节暨青岛港·第 9 届中国西部国际物流产业博览会在西安召开。

4 月 17 日，咸阳市旬邑县政府与瞻望世纪航空集团有限公司签订《航空经济区项目合作框架协议》。

4 月 18 日，北京交通大学与天水锻压机床公司签订战略合作协议。

4 月 22 日，西安市与英国克罗伊登市签署发展友好城市关系意向书。

4 月 27 日，第四届周秦伦理文化与现代道德价值国际学术研讨会在宝鸡举行，开展周秦伦理文化的学术交流与研讨。

4 月 29 日，第六届国际商协会投资与贸易洽谈会在西安举行。

4 月 30 日，“青春心向党·建功新时代”纪念五四运动 100 周年座谈会在宝鸡举行，发扬“五四”精神，加快“四城”建设。

5 月 5 日，陕西秦川机床工具集团股份公司参加第十六届中国国际机床展，并收获 3 000 多万元的订单。

5 月 11 日，咸阳市在第四届丝博会首场签约 8 个项目，签约总金额 288.5 亿元。

5 月 12 日，西安市投资环境推介暨重点项目签约仪式举行，51 个合同项目集中签约，总投资额逾约 2 100 亿元。

5 月 12 日，第四届丝博会新型城镇化高端论坛在陕西宾馆召开，并成立“大西安都市圈研究联盟”。

5 月 16 日，2019 丝路经济国际论坛会议在西安召开。

5 月 20 日，丝路（西安）前海园项目签约。

5 月 21 日，第一届西安咖啡交易博览会在西安曲江国际会展中心开幕。

5 月 24 日，宝鸡市机关事务标准化国家级试点工作正式启动。

5 月 25 日，《大西安数字经济倡议书》发布。

5 月 28 日，2019 西安数字经济产业博览会在绿地笔克国际会展中心开幕，以“发展数字经济助力追赶超越”为主题。

5 月 31 日，咸阳汽车产业联盟成立。

6 月 3 日，宝鸡市行源众创空间、宝鸡高新智能制造创客空间、时代众创空间成为省级孵化基地。

6 月 11 日，天水南站动车组存车线工程正式开工建设。

6 月 13 日，西安市与奥什市互换友好城市关系协议书，正式缔结为友好城市。

6 月 13 日，以“汇聚双创活力，澎湃发展动力”为主题的 2019 全国大众创业万众创新活动周在西安正式启幕。

6 月 17 日，2019 首届创新驱动与合作发展论坛在西安开幕。

6 月 18 日，“春风又拂面　乡村振兴正当时——让世界倾听陕西声音”主题宣传活动在宝鸡扶风县举行。

6 月 21 日，“2019 北京两展一节”“咸阳茯茶”高铁品牌列车首发仪式在西安举行。

6 月 21 日，西咸新区泾河新城与华为公司就加快数字经济发展签订了战略合作协议，共同打造陕西首个 5G 产业应用示范试点区。

6 月 22 日，“一带一路”国际茶业高端对话暨咸阳茯茶产业高峰论坛举行。

6 月 26 日，西安市政府与安康市政府举行座谈会，对接脱贫攻坚结对帮扶工作。

6 月 27 日，咸阳市与中星微集团进行了战略合作签约。

7 月 3 日，西安地铁 3 期建设规划获批，共 7 个项目总长 150 公里。

7 月 3 日，《西安国际化大都市发展蓝皮书（2019）》暨“韧性城市・精明增长”高峰论坛举行，提出西安“强韧发展之策”。

7 月 8 日，总投资 11 亿元的年产 4 万吨新型合金材料产业化项目在宝鸡扶风县落户。

7 月 11 日，天水市政府与甘肃移动签订《5G＋智慧城市战略合作协议》。

7 月 12 日，2019 年全国博士后生物多样性保护与生态文明建设论坛在西安举行。

7 月 18 日，渭南市“体育＋互联网”智慧管理服务软件上线试运营。

7 月 27 日，第 29 届全国图书交易博览会在西安曲江国际会展中心开幕。

8 月 10 日，铜川玉皇阁二号桥及引线工程 PPP 项目纳入全国 PPP 综合信息平台项目管理库。项目估算总投资 15.4 亿元。

8 月 13 日，咸阳市武功县第二批重点项目暨隆祥智能停车建设项目开工。

8月21日，西安交通大学国家技术转移中心分中心落户渭南。

8月28日，西韩城际铁路上跨渭蒲高速公路特大桥“40＋64＋40”米连续梁顺利合拢。

8月29日，2019全球创投峰会开幕式在西安举行。

8月29日，渭南市签订9.71万吨果品销售协议。

8月30日，第八届宝鸡市文化旅游节暨凤县第十二届古凤州生态民俗文化旅游节在宝鸡凤县开幕。

9月5日，“智惠咸阳”高端智库科技创新论坛暨陕西省第四届“丝绸之路青年学者论坛”咸阳分论坛开幕。

9月7日，西安市与菲律宾卡巴洛甘市签署发展友好城市关系意向书。

9月9日，首届中国（西安）国际智慧城市建设论坛在西安举办。

9月10日，2019欧亚经济论坛科技分会开幕式在西安市高新国际会议中心举行。

9月11日，第七届丝绸之路经济带城市圆桌会议在西安举行，会议聚焦互联互通，实现互利共享。

9月13日，国际工业与能源物联网创新发展大会在咸阳举行。

9月15日，2019欧亚经济论坛分论坛暨中国国际投资仲裁常设论坛首届年会在西安召开。

9月16日，2019年西安市第六届国家网络安全宣传周在曲江新区正式启动。

9月17日，渭南市第一个集中供水式设备降氟试点工程在大荔县下寨镇正式启动运行。

9月18日，以“行动·发展·未来”为主题的2019丝绸之路大学联盟校长论坛在西安举行。

9月19日，渭南市与达刚控股集团投资项目签约。

9月20日，天津市慈善协会援助甘肃项目在天水签约，总资金614.9万元。

9月21日，2019国际智能无人系统大会在西安召开。

9月23日，西安市与马来西亚沙巴州亚庇市签署友好合作谅解备忘录。

9月23日，中西部五省贫困地区农产品产销推介会在渭南举行。

9月24日，咸阳第二届文化艺术节书法大赛作品展在三原举行。

9月25日，第二届咸阳市文化艺术节“金杯控”“咸阳辉煌70年”摄影展开幕。

9月26日，铜川市董家河循环经济产业园五大项目集中开工，总投资达9亿元。

9月28日，西安北至机场城际轨道项目开通运营。

9 月 28 日，陕西法士特智能制动系统有限责任公司在咸阳市落成，是国内首家缓速器研发制造基地。

9 月 29 日，甘肃公航旅天庄高速公路管理有限公司在天水成立。

10 月 9 日，渭南市入选中央财政支持养老服务改革试点地区。

10 月 14 日，中疆科技集团（深圳）有限公司天水智能终端制造产业园项目在天水正式签约。

10 月 17 日，2019 第六届中国国际通用航空大会在西安曲江国际会展中心开幕。

10 月 17 日，西安航展正式开幕，吸引 500 余家参展商，3 000 余展品参展，43 架飞行器展演。

10 月 20 日，2019“秦势论坛”在渭南市大荔县举行。

10 月 21 日，2019 传感器产业高峰论坛在宝鸡举行。

10 月 21 日，铜川市发改委与陕西尧禹联航航空产业集团有限公司就照金货运机场及航空保税物流园的项目建设签订了合作框架协议。

10 月 22 日，第 26 届中国杨凌农业高新科技成果博览会开幕。

10 月 22 日，咸阳市在第 26 届杨凌农高会上集中签约 40 个项目，金额超 121 亿元。

10 月 22 日，铜川金服转贷与多家金融机构签署战略合作协议。

10 月 23 日，2019 杨凌蜂业科技论坛成功举办。

10 月 23 日，以“文旅融合·智能驱动”为主题的 2019 世界文化旅游大会在西安开幕。

10 月 24 日，2019 国际柿产业论坛暨富平尖柿节在“中国柿子之乡”渭南市富平县开幕。

10 月 26 日，第二届咸阳文化艺术节“经典咏流传”中小学生国学经典诵读优秀节目展演活动举行。

10 月 28 日，西安市基础教育三年行动计划第一批 53 所新建改扩建学校统一开工。

10 月 28 日，天水市 6 个重大民生工程集中开工。

10 月 28—29 日，2019 西安国际创业大赛总决赛在西安索菲特国际会展中心举办。

10 月 29 日，2019 年全国 U20 青少年射击锦标赛（手枪项目）在宝鸡市射击射箭中心开赛。

10 月 30 日，第十八期钱学森论坛在西安举行。

10 月 30 日，2019 全球硬科技创新大会在西安举行。

10月30日，咸阳市长武县生产3 500万AH锂离子动力电池项目投产仪式举行。

10月31日，宝鸡市文联主办的第十届“秦岭文艺奖”暨第七届“秦岭文学奖”颁奖仪式在市行政中心举行。

10月31日，陕西工业职业技术学院新校区项目建设推进会在咸阳举行。

11月5日，西安市在第二届进博会陕西省采购与投资说明会上签订进口采购合同19个，共计85亿元；签订投资合作项目3个，总投资42亿元。

11月5日，第二届进博会中，西安（咸阳）文体功能区签订仓储物流投资项目5.5亿元。

11月6日，在上海举行的宝鸡·上海国际招商恳谈会暨项目签约仪式中宝鸡市签约16个项目，涉及总金额81.28亿元。

11月7日，咸阳市第二届全民健身运动会开幕。

11月12日，西安市政府和韩国大田市政府共同签署发展友好城市关系意向书。

11月13日，西北农林科技大学乡村振兴研究生专项基地在韩城市挂牌。

11月15日，西安市和摩洛哥非斯市结成友好城市，并签署《建立友好城市关系协议书》。

11月19日，中国·宝鸡（麟游）煤炭清洁利用产业发展大会在宝鸡市召开，共谋煤炭产业转型升级和高质量发展。

11月20—21日，第七届关中—天水经济区法治论坛在渭南召开。

11月21日，咸阳市健康城市建设工作正式启动。

11月23日，以“安全：数字经济发展新动能”为主题的2019华山论剑·网络安全大会在西安召开。

11月25日，西安市与中兴通讯签署深化5G战略合作框架协议。

11月25日，西安市再次荣膺“2019中国最具幸福感城市”。

11月27日，第13届中国菊花展在西安闭幕，西安获得29个奖项。

11月27日，宝鸡港务区五个重点项目开动，总投资34.49亿元。

11月28日，西安《全面贯彻新发展理念　加快国家中心城市建设　推进枢纽经济门户经济流动经济发展工作方案（2020—2022年）》正式公布。

11月28日，渭南市澄商高速公路澄城至韦庄段正式开工建设。

12月2日，2019中国网络诚信大会在西安召开。

12月2日，西安市发布了《关于加快建设先进制造业强市的实施意见》。

12月2日，广州市陕西渭南商会成立。

12月3日，第二届咸阳市文化艺术节“大秦故都德善咸阳”对外形象宣传片大赛颁奖典礼举行。

12月7日，“2019丝绸之路工商领导人（西安）峰会”在西安召开。峰会发布了《携手构建开放型世界经济的西安倡议》等多项成果。

12月10日，82个丝路相关国家商协会发布《西安倡议》，携手共建开放型世界经济。

12月10日，中国（西部）5G及物联网产业协同发展高峰论坛在西安举行。

12月11日，渭南市临渭区5个重点项目集中开工，总投资65.16亿元。

12月12日，西安市人民政府、陕西省教育厅、陕西省应急管理厅共建西安科技大学安全科学与工程学院签约仪式举行。

12月13日，新中国70周年纪录片盛典在西安举行。

12月13日，《西安市加强文化建设促进文化旅游产业融合发展三年行动方案（2020—2022年）》出台。

12月13日，咸阳市工信局与中国电信咸阳分公司签订《战略合作协议》。

12月13日，渭南市人力资源和社会保障局、渭南职业技术学院共建的全市首家“一体化”创新创业孵化平台正式成立。

12月13日，天水市城区水务一体化合作经营签约仪式举行。

12月14—15日，咸阳在美丽乡村博鳌国际峰会上获得四类七个大奖。

12月15日，咸阳市江苏商会成立。

12月16日，渭南市与中国移动陕西公司、华为公司签订5G＋战略合作协议。

12月18日，第四届中国创新挑战赛咸阳现场赛在咸阳高新区管委会举办。

12月20日，渭南市富耀红色旅游公路刘集至梅家坪段通车。

12月23日，西安市与华润、中兴、腾讯等企业集中签约一批电子信息产业重点项目。

12月23日，陕西鲲鹏计算产业峰会在西安举行，并进行了重点项目签约。

12月23日，渭南市城市投资集团回购市自来水公司合作方股权签约仪式在北京举行。

12月25日，西安三星电子高端存储芯片二期第二阶段项目建设正式启动。

12月25日，渭南市设立31个首批改革创新联系点。

12月25日，铜川市政府与中国地质大学（北京）在北京举行战略合作协议签约仪式。

12月27日，第三届西商大会开幕。

12月31日，《全域治水　碧水兴城　西安市河湖水系保护治理三年行动方案》印发，绘制全域治水蓝图，创水系治理新格局。

中国关中—天水经济区主要研究成果

（2018 年 1 月至 2019 年 12 月）

樊荣 高风琴*

2018 年

1. 全雨霏：《关中平原城市群城镇体系演化特征及优化策略》，《宏观经济管理》，2018 年第 1 期。

2. 吴爱娣、夏显力、翟黎明、赵健：《关中—天水经济区政府主导型农地流转对转出户非农就业的影响——基于 DID 模型的实证分析》，《中国土地科学》2018 年第 2 期。

3. 肖杰、郑国璋、罗悦、郭政昇、冯婧：《关中—天水经济区人类绿色发展指数测度及其分析》，《陕西理工大学学报（自然科学版）》，2018 年第 2 期。

4. 王丽霞、钟旭珍、刘招、张娟、余东洋：《基于人粮关系的关中—天水区土地资源承载力时空差异研究》，《安徽农业大学学报》，2018 年第 3 期。

5. 张美军：《基于功能层次分析理论的城际铁路网规划研究——以围绕宝鸡副中心的关中—天水经济区为例》，《甘肃科技纵横》，2018 年第 3 期。

6. 张燕：《高质量发展关中平原城市群建言——创新驱动 协同发展 全面建设》，《西部大开发》，2018 年第 3 期。

7. 张义学：《展望关中平原城市群》，《西部大开发》，2018 年第 3 期。

8. 李君轶：《高质量发展关中平原城市群建言二：打造传承中华文化的世界级旅游目的地》，《西部大开发》，2018 年第 3 期。

9. 章红、李超、党红斌、卓耀、郝威亚：《关中平原城市群经济金融发展情

* 樊荣，西安财经大学公共管理学院硕士研究生；高风琴，陕西师范大学国际商学院本科生。

况研究》，《西部金融》，2018 年第 4 期。

10. 张鸿：《加强军民融合　促进区域经济发展——评吴旺延教授著作〈国防工业发展的军民融合战略研究——基于关天经济区的实证分析〉》，《西安财经学院学报》，2018 年第 4 期。

11. 白阳：《铜川：全力推进协同创新　主动融入关中城市群》，《西部大开发》，2018 年第 5 期。

12. 金锋、赵秀文：《关天经济区的贫困问题及对策浅析》，《宁夏农林科技》，2018 年第 6 期。

13. 张义学：《渭北新局，撑起关中城市群新框架》，《西部大开发》，2018 年第 6 期。

14. 李克锡、王文芳：《关中平原城市群与天水特色产业培育》，《开发研究》，2018 年第 6 期。

15. 王保忠、段颖霞、陈方方、刘阳：《新时代关中—天水经济区创新体系及产业升级路径》，《西安工程大学学报》，2018 年第 6 期。

16. 金锋、赵秀文：《关天经济区农村贫困问题研究——以天水市秦安县为研究视角》，《知识经济》，2018 年第 7 期。

17. 王丽霞、钟旭珍、刘招、张娟、余东洋：《关中—天水经济区生态环境功能分区研究》，《环境污染与防治》，2018 年第 7 期。

18. 任白霏、任建武：《区域聚落演变视角下关中平原人居环境特征研究》，《建筑与文化》，2018 年第 7 期。

19. 肖杰、郑国璋、郭鹏军、罗悦、郭政昇：《基于主成分分析的关中—天水经济区水资源承载力评价》，《中国农业资源与区划》，2018 年第 7 期。

20. 廖沛玲、赵健、夏显力：《农地转出前后农户福利变化及差异研究——以关天经济区政府主导型农地流转为例》，《资源科学》，2018 年第 7 期。

21. 潘润秋、马世雄：《关中平原城市群城市流强度时空演变特征》，《中国房地产》，2018 年第 9 期。

22. 赵琪琪、李晶、刘婧雅、秦克玉、田涛：《基于 SolVES 模型的关中—天水经济区生态系统文化服务评估》，《生态学报》，2018 年第 10 期。

23. 张鸿：《用数字经济思维构建关中平原智慧城市群竞争新优势》，《新西部》，2018 年第 13 期。

24. 张新丽：《“一带一路”倡议下关中—天水经济区产业发展研究》，《现代商贸工业》，2018 年第 18 期。

25. 张宝通：《构建大西安为中心的大关中城市群》，《新西部》，2018 年 Z1 期。

26. 吴爱娣：《政府主导型农地流转对转出户非农就业的影响研究——以关中—天水经济区为例》，西北农林科技大学2018年硕士学位论文。

27. 赵健：《政府主导型农地流转对转出户收入的影响研究——以关中—天水经济区为例》，西北农林科技大学2018年硕士学位论文。

2019年

1. 马佳俊、王长燕、郁耀闯、韩景卫：《关中—天水经济区县域经济竞争力时空变化研究》，《宝鸡文理学院学报（自然科学版）》，2019年第2期。

2. 肖杰、郑国璋、闫丽莎、郭政昇、郭鹏军：《基于PSR模型的关中—天水经济区土地生态安全分析》，《云南农业大学学报（社会科学）》，2019年第2期。

3. 丁月清、杨建华、洪增林、薛旭平：《面向“三区三线”划定的城市群资源环境承载力评价方法研究——以关中平原群评价为例》，《西北地质》，2019年第3期。

4. 刘欢、孟德友：《高铁引导下关中平原城市群时间和费用可达性时空格局》，《太原师范学院学报（自然科学版）》，2019年第4期。

5. 万红莲、赵亚伟、石雯洁、毛楠、桑晓婧、白峰：《基于核心—边缘理论的关天经济区旅游圈构建研究》，《地域研究与开发》，2019年第5期。

6. 魏献花、白永平、车磊、王栋、效瑞、张文娴：《基于栅格的关中平原城市群人居环境质量综合评价》，《干旱区地理》，2019年第5期。

7. 张强、莫鹏辉：《基于点线面的关天经济区经济空间结构特征分析》，《当代经济》，2019年第5期。

8. 张强：《关中—天水经济区区域经济的差异与空间格局探析》，《改革与开放》，2019年第5期。

9. 徐嘉一、李占新：《关中地区应用储能式电采暖技术产品的可行性》，《资源节约与环保》，2019年10期。

10. 吴潇、李鑫、赵炜：《基于唐诗文本挖掘的关中地区人文景观格局研究》，《风景园林》，2019年12期。

11. 张渝萌、李晶、曾莉、杨晓楠、刘婧雅、周自翔：《基于OWA多属性决策的生态系统服务最优保护区选择研究——以渭河流域（关天段）为例》，《中国农业科学》，2019年第12期。

12. 朱雪明、杨虎锋、刘相宏：《金融深化改革背景下关中地区农村居民金融素养测评体系及其影响因素研究》，《北方园艺》，2019年第20期。

13. 陆启浩：《关中平原城市群经济效率研究》，《区域治理》，2019年第

31 期。

14. 薛宇博：《关中平原城市群金融协同发展研究》，《科技经济导刊》，2019 年第 32 期。

15. 王翠英、李艳旸：《关中茯茶品牌的文化意象分析》，《科技经济导刊》，2019 年第 36 期。

16. 史贵君、胡林、林涛、尹静、郭力源：《关中地区黄土边坡饱和渗透系数变异性和各向异性研究》，《灾害学》，2019 年第 A1 期。

17. 梁园芳、吴欢、马文琼：《地域文化背景下的关中渭北台塬传统村落的空间特色及保护方法探析——以韩城清水村为例》，《城市发展研究》，2019 年第 A1 期。

18. 贺玉周、张楠：《关中地区城市地下空间开发利用的探讨》，《城市发展研究》，2019 年第 A1 期。

19. 姚蕾、康志祥：《以中心城市建设引领带动关中平原城市群发展》，《西安日报》，2019 年 12 月 9 日。

20. 钟旭珍：《基于 GIS 的关中—天水经济区水土资源多情景配置方案模拟》，长安大学 2019 年硕士学位论文。

21. 袁涛：《失地农民就业保障研究——以陕西关中地区为例》，西北农林科技大学 2019 年硕士学位论文。

图书在版编目（CIP）数据

中国关中—天水经济区发展报告．2018—2019/李忠民，姚宇主编．--北京：中国人民大学出版社，2022.2

ISBN 978-7-300-30255-3

Ⅰ.①中… Ⅱ.①李…②姚… Ⅲ.①经济区-经济发展-研究报告-天水-2018-2019 Ⅳ.①F127.423

中国版本图书馆 CIP 数据核字（2022）第 019579 号

中国关中—天水经济区发展报告（2018—2019）

李忠民 姚 宇 主 编

杨 勇 庆东瑞 副主编

Zhongguo Guanzhong—Tianshui Jingjiqu Fazhan Baogao（2018—2019）

出版发行	中国人民大学出版社		
社 址	北京中关村大街 31 号	**邮政编码**	100080
电 话	010-62511242（总编室）		010-62511770（质管部）
	010-82501766（邮购部）		010-62514148（门市部）
	010-62515195（发行公司）		010-62515275（盗版举报）
网 址	http://www.crup.com.cn		
经 销	新华书店		
印 刷	固安县铭成印刷有限公司		
规 格	170 mm×228 mm 16 开本	**版 次**	2022 年 2 月第 1 版
印 张	21 插页 1	**印 次**	2022 年 2 月第 1 次印刷
字 数	386 000	**定 价**	69.00 元